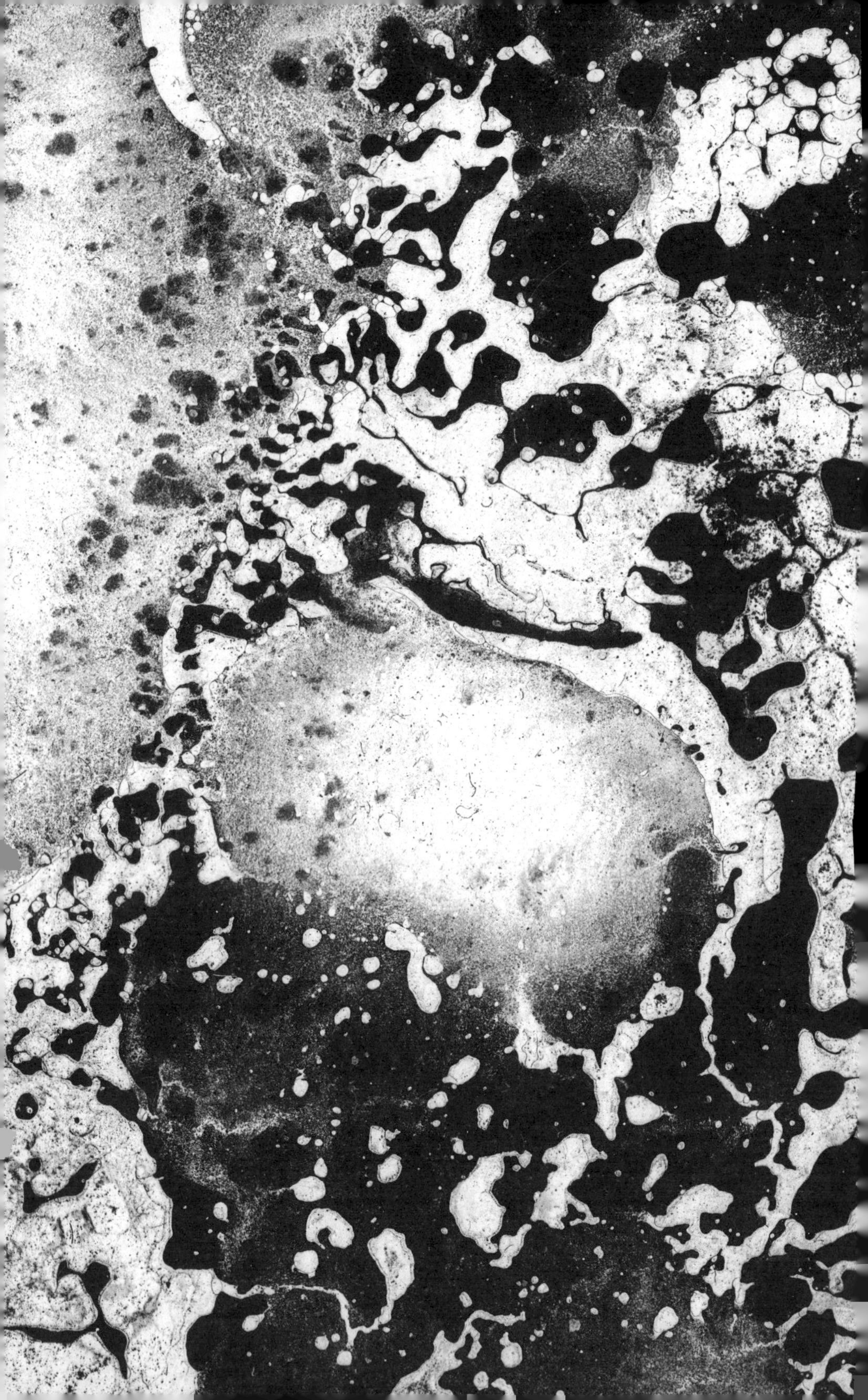

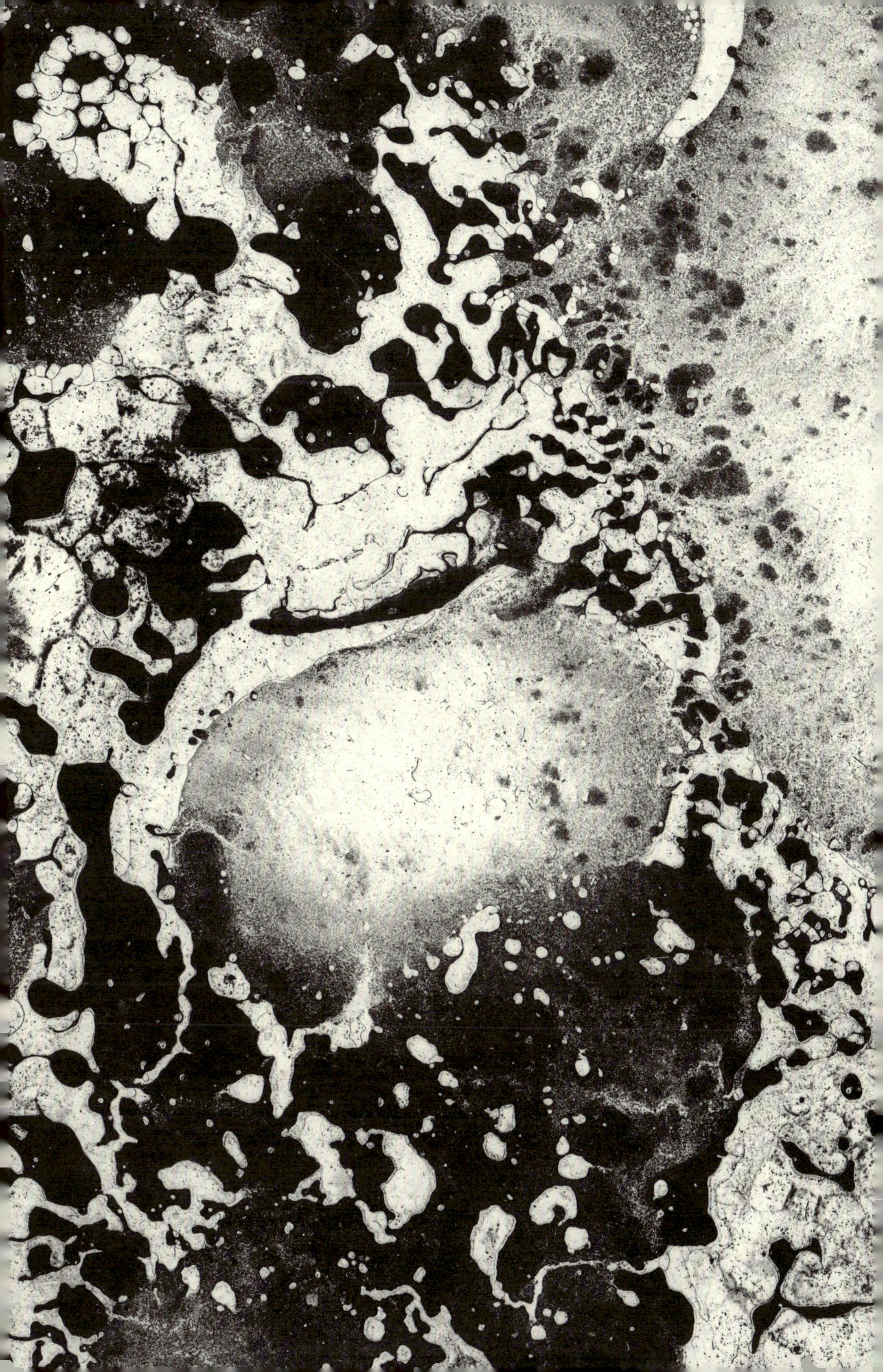

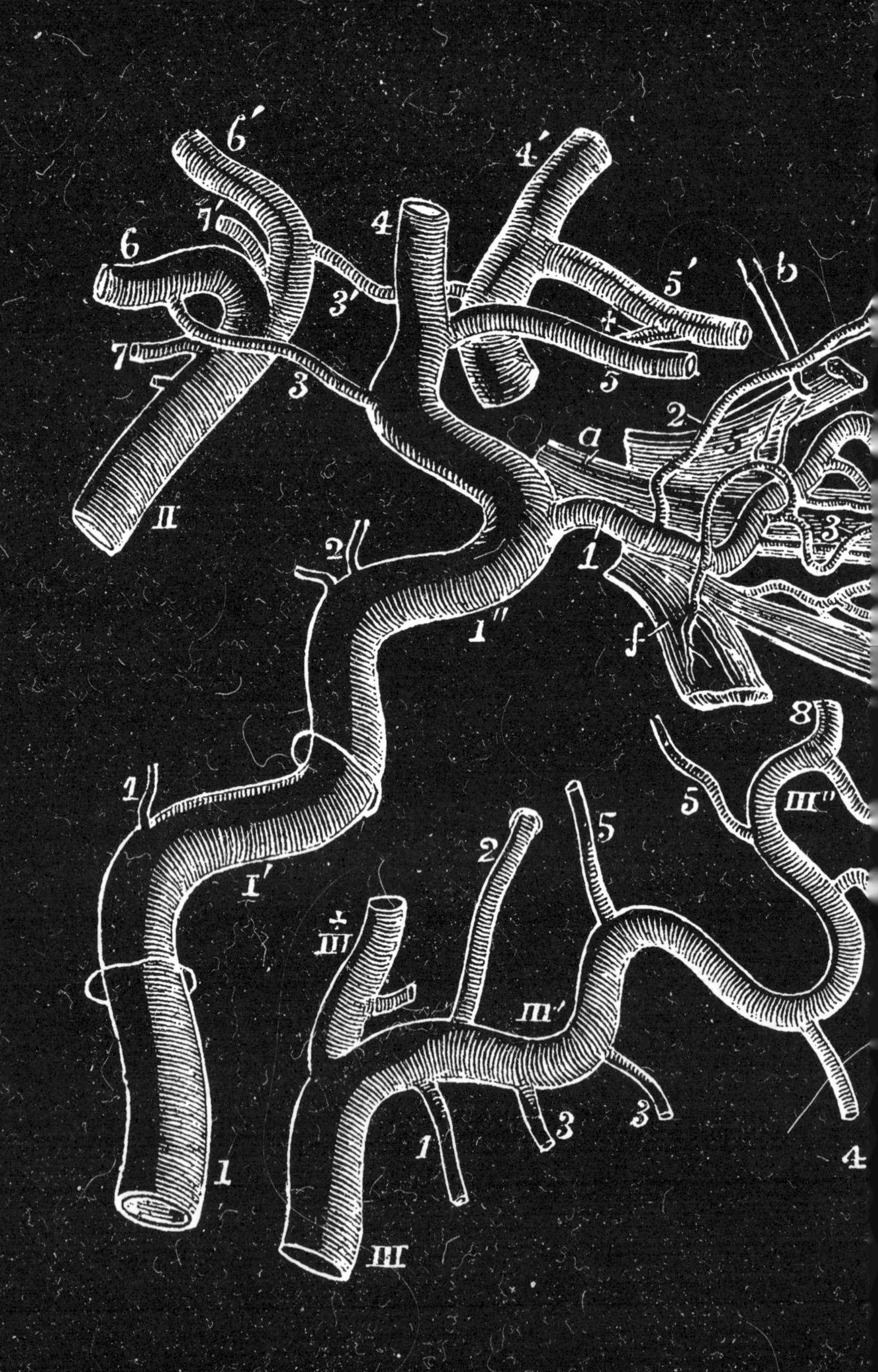

6'
4'
7'
4
6
3'
5'
b
7
3
5
2
a
II
2
1
3
f
1''
8
1
5
III''
5
2
I'
III
m'
1
3
3
4
1
III

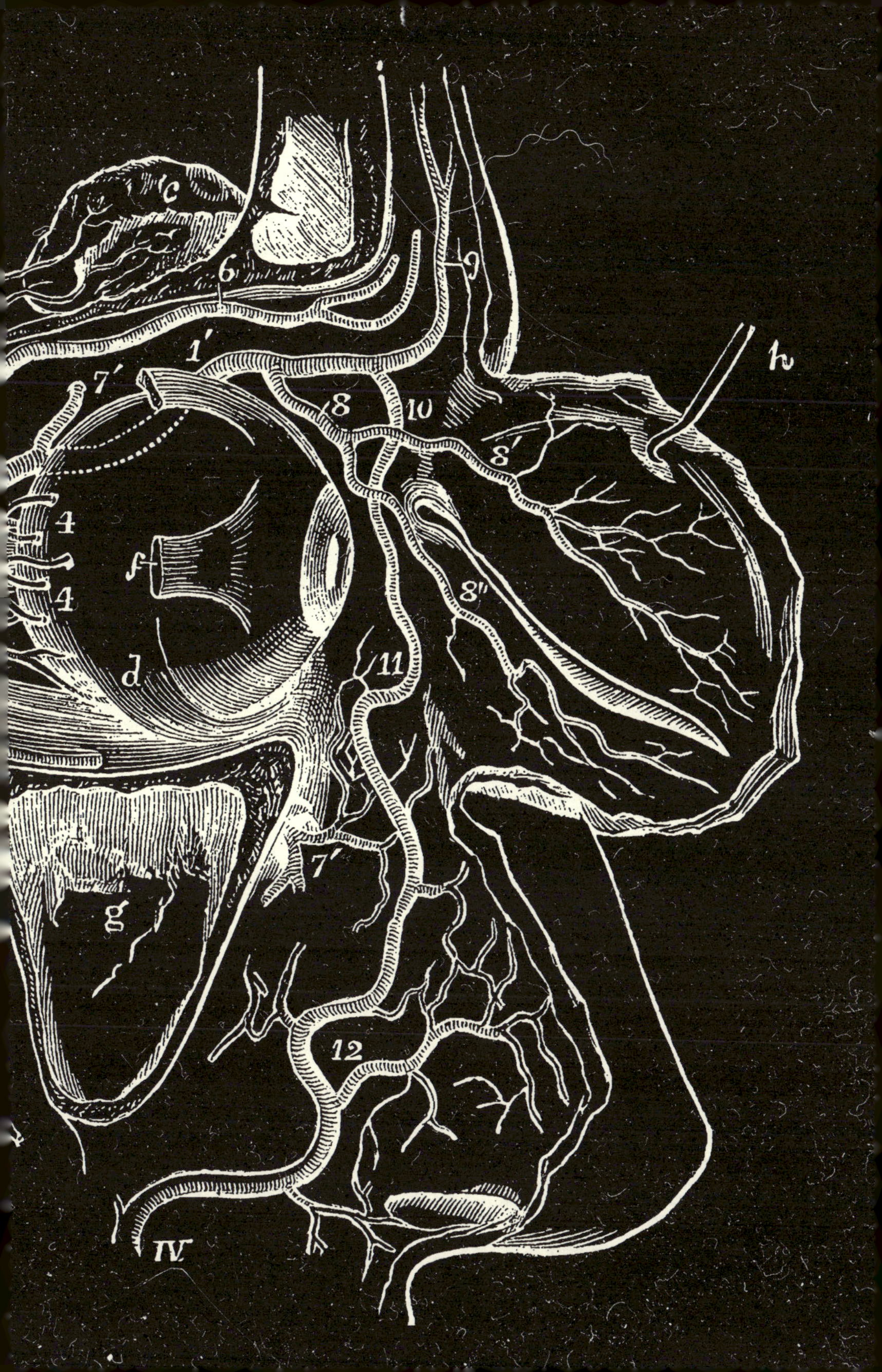
c
6
9
1′
7′
8
10
h
8′
4
4
f
8″
d
11
g
7′
12
IV

CRIME SCENE®
DARKSIDE

THE INKBLOTS

Diretor Editorial
Christiano Menezes

Diretor Comercial
Chico de Assis

Gerente Comercial
Giselle Leitão

Gerente de Marketing Digital
Mike Ribera

Gerentes Editoriais
Bruno Dorigatti
Marcia Heloisa

Editor
Lielson Zeni

Adaptação de Capa e Projeto Gráfico
Retina 78

Coordenador de Arte
Arthur Moraes

Coordenador de Diagramação
Sergio Chaves

Finalização
Sandro Tagliamento

Preparação
Cristina Lasaitis
Flora Manzione

Revisão
Isadora Torres
Retina Conteúdo

Impressão e acabamento
Coan Gráfica

DADOS INTERNACIONAIS DE CATALOGAÇÃO NA PUBLICAÇÃO (CIP)
Angélica Ilacqua CRB-8/7057

Searls, Damion
Teste de Rorschach / Damion Searls ; tradução de Cláudia Mello Belhassof. — 2. ed. — Rio de Janeiro : DarkSide Books, 2021.
496 p.

ISBN: 978-65-5598-155-1
Título original: Inkblots

1. Psiquiatras - Suíça - Biografia 2. Rorschach, Hermann, 1884-1922 — Biografia 3. Teste de Rorschach — História I. Título II. Mello Belhassof, Cláudia

22-1160 CDD 616.890092

Índices para catálogo sistemático:
1. Psiquiatras suíços - Biografia

[2022]

DarkSide® *Entretenimento LTDA.*
Rua General Roca, 935/504 — Tijuca
20521-071 — Rio de Janeiro — RJ — Brasil
www.darksidebooks.com

Damion Searls

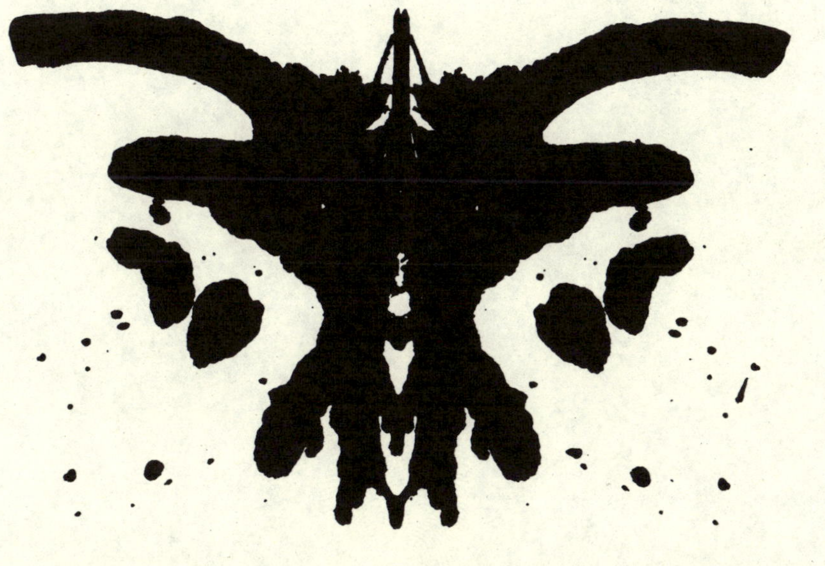

TESTE de Rorschach

a origem do diagnóstico
psicológico e seu criador.

inkblots
*crime scene

TRADUÇÃO CLÁUDIA MELLO BELHASSOF

2ª edição

DARKSIDE

A *alma da mente* exige maravilhosamente pouco para fazê-la produzir tudo que ela contempla e utilizar todas as suas forças de reserva *com o objetivo de ser ela mesma.* [...] Algumas gotas de tinta e uma folha de papel, como material para o acúmulo e a coordenação de momentos e atos, são suficientes.

— **PAUL VALÉRY**, *Degas Dança Desenho* —

Na eternidade, tudo é visão.

— **WILLIAM BLAKE** —

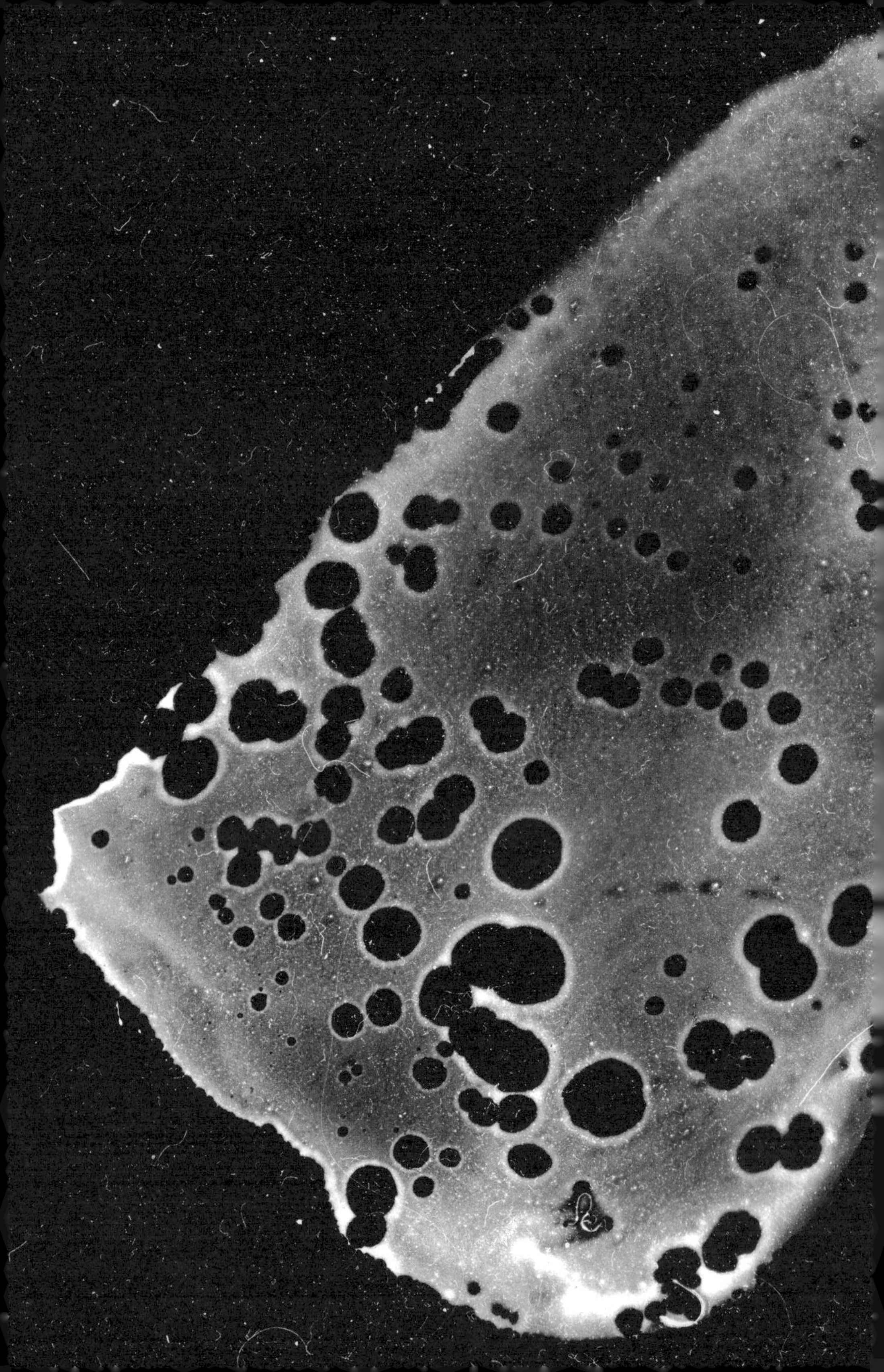

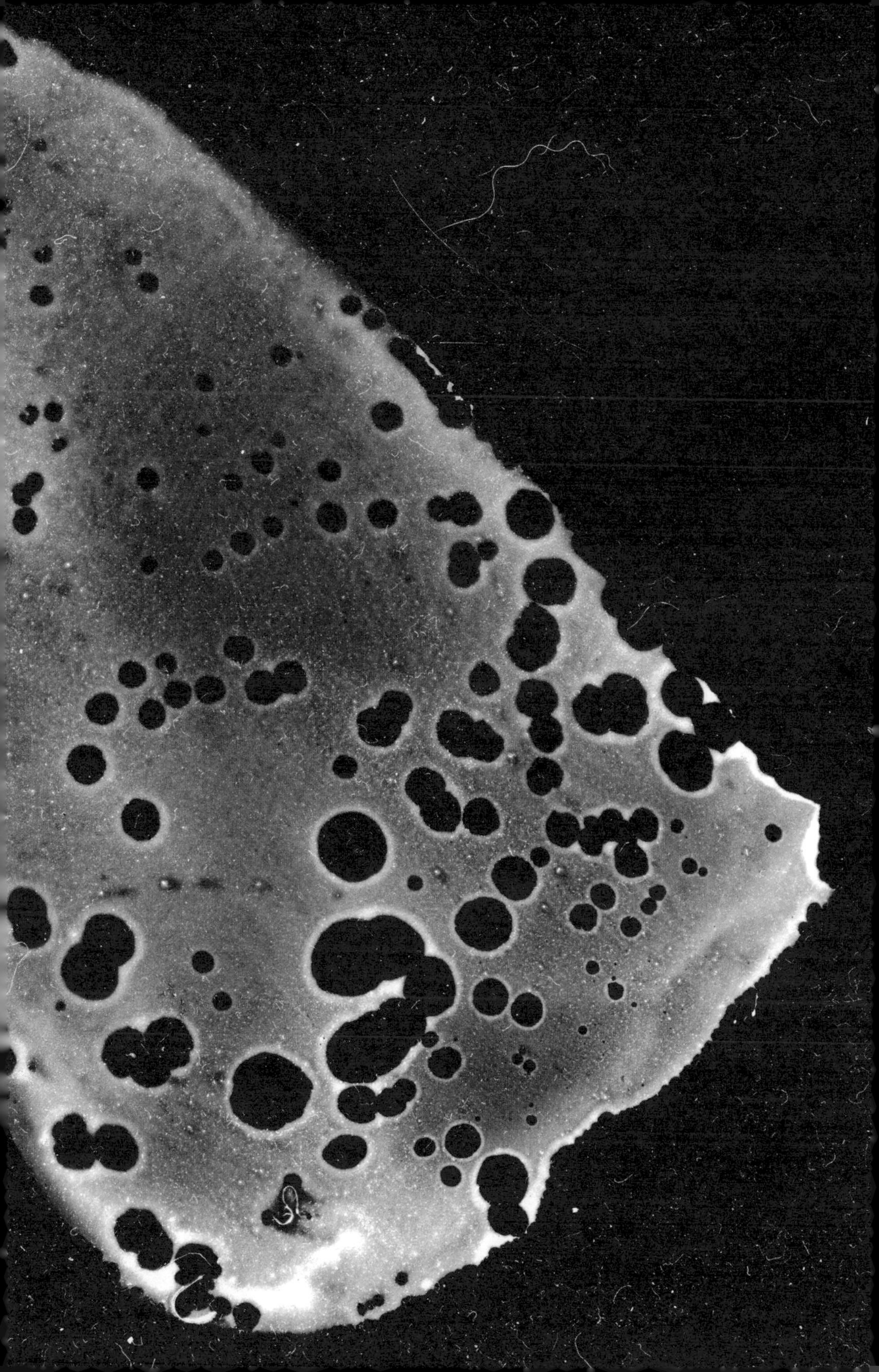

sumário

sumário

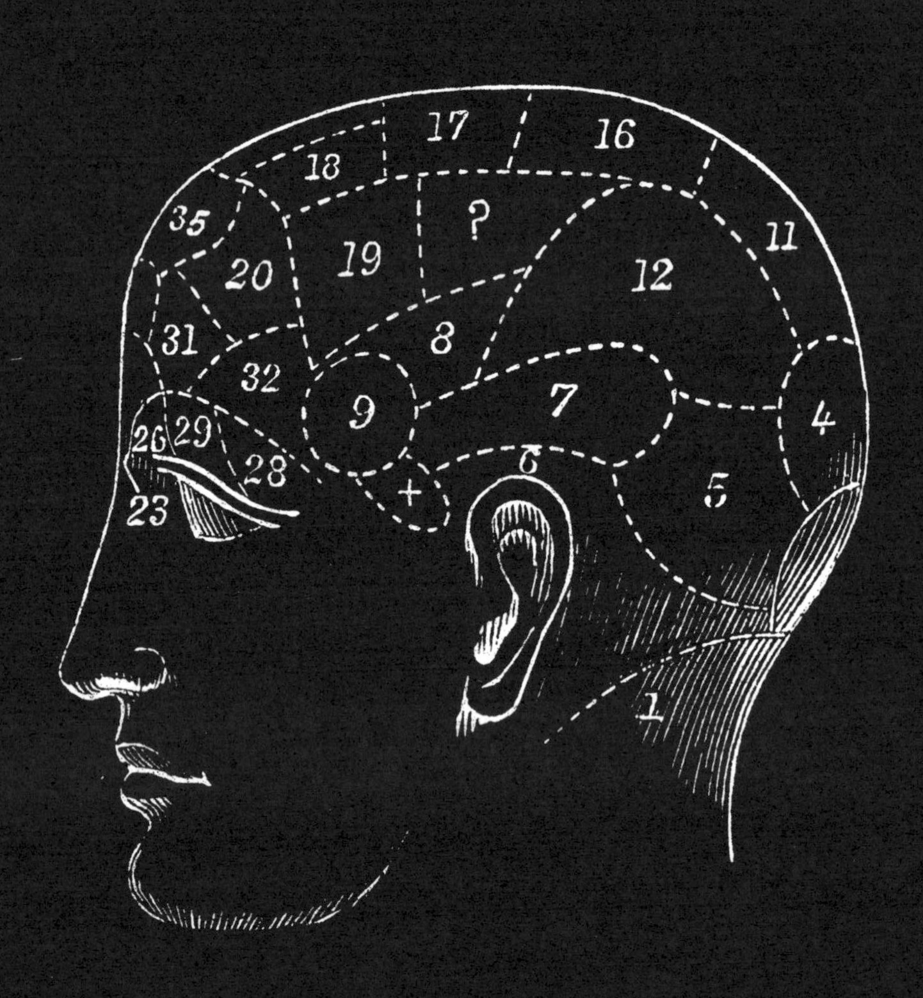
17
16
18
35
?
11
19
20
12
8
31
32
7
9
4
26
29
6
28
5
+
23
1

Rorschach X Richthofen

PREFÁCIO

Caminhos distantes e distintos que poderiam nunca se cruzar. De um lado, a busca pela verdade e, do outro, a possível mentira bem encenada. Rorschach e Richthofen se encontram onde fatos, manchas e mentiras duelam.

Em 2002, quase todos os brasileiros ficaram sabendo de um crime tenebroso e o nome de quem o orquestrou: Suzanne Von Richthofen, que organizou o assassinato dos próprios pais com ajuda do namorado e do cunhado (chamados de "irmãos Cravinhos").

Foi um acontecimento impactante na época (e ainda é hoje), com enorme repercussão midiática. Todos queriam entender os motivos dela para fazer aquilo com os próprios pais. Muitos a rotularam de "psicopata" e poucos acreditavam na versão de Suzane, que teria sido uma vítima manipulada pelo namorado e o cunhado, que queriam a fortuna da abastada família Von Richthofen.

Eu mesmo, quando iniciei meus estudos de perícia facial e linguagem corporal, me deparei inúmeras vezes com o caso de Suzane. Por exemplo, nesta foto:

Em um momento típico da família, podemos entender um pouco do seu estado de humor: na extrema direita, temos Manfred Albert von Richthofen (pai de Suzane), com olhar austero, leve sorriso e, com postura relaxada, envolve a esposa com o braço direito; à sua esquerda temos Marísia von Richthofen (mãe de Suzane), em sua face vemos um grande e aberto sorriso, juntamente de contrações na região orbicular dos olhos, uma face conhecida como "sorriso de felicidade genuína"; à esquerda dela, de camiseta vermelha, vemos Andreas Albert von Richthofen (irmão de Suzane), com sorriso similar ao da mãe, gesticulando energicamente; por fim, na extrema esquerda do sofá, Suzane Von Richthofen. Repare primeiro na diferença de sua postura comparada aos demais: ela está fechada, os ombros tensionados e apoia os cotovelos nas pernas (uma postura sólida), na face vemos um leve sorriso, não observamos contrações ao redor dos olhos, como na mãe e no irmão (conhecido como "sorriso social", ou seja, potencial indicador de ausência de felicidade genuína, hipótese reforçada pelos outros elementos de sua linguagem corporal neste momento).

Apesar dessa microanálise – e de quaisquer outras que poderiam surgir com base em vídeos ou outras fotos da família Von Richthofen –, ainda restavam grandes questões, como "Suzane é genuinamente má?" e "Ela pode voltar para a sociedade?".

Tais perguntas jamais poderiam ser respondidas usando a apenas a observação de linguagem corporal de Suzane ou mesmo com outras técnicas de entender o comportamento dela. Com o passar do tempo tais questões continuavam ganhando peso, pois se aproximava o momento de Suzane solicitar o cumprimento do restante da pena em liberdade. E ela tinha chances reais de conseguir, pois como seria possível provar perante a justiça que aquela mulher era um perigo para a sociedade? Como saber de verdade quem era Suzane Von Richthofen?

A própria Suzane, condenada a 39 anos por assassinato, não cometeu qualquer agressão física contra os pais. Não foi ela quem desferiu os golpes mortais, portanto era cada vez mais possível que a interpretação de mandante do crime acabasse virando coação a alguém obrigada a fazer o que fez, o que seria favorável para o pedido de regime aberto feito por ela em 2017.

Então, para obter alguma evidência sobre o comportamento de Suzane, para entender suas reais intenções, que o Ministério Público solicitou testes psicológicos, o que culminou em Suzane realizar o famoso Teste de Rorschach, e foi principalmente pelos resultados obtidos com esse teste, que ela teve seu pedido de regime aberto negado.

Os resultados contidos no laudo psicológico, com base no teste de Rorschach, diziam que Suzane tem personalidade egocêntrica, narcisista e é alguém influenciável por condutas violentas. Com base nos testes, a promotoria criminal recomendou que a detenta fosse mantida presa, ainda que em regime prisional mais brando. Suzane fez o teste de Rorschach outra vez, e os resultados foram similares, indicando personalidade extremamente perigosa.

Pare para pensar por um momento: e se não existisse tal teste? Como seria possível entender as reais intenções dela? Quais seriam as consequências para a sociedade de considerá-la mentalmente capaz de cumprir o restante da pena em regime semiaberto?

O peso do teste de Rorschach na decisão é evidente. Não é à toa que até hoje é um assunto que rende inúmeras discussões, e para realmente entender o que há por trás daquelas singelas manchas de tinta é necessário muito estudo na área da saúde mental. Por exemplo, as fichas reais do teste não são liberadas para a mídia – o que vemos em filmes, revistas ou séries, são meras variações das imagens originais. Portanto, pode ser que você nunca tenha visto as dez manchas originais, e talvez não imagine o significado por trás delas e até mesmo o histórico artístico da família de Rorschach, algo que influenciou seu pai, sua mãe, e até mesmo o então jovem Hermann Rorschach a perseguir formas de compreender o mundo que se assemelhassem a proporções e dimensões estéticas de obras de arte (o que, conforme relatado, quase levou o jovem para a carreira artística em vez da psiquiatria).

Fiquei fascinado com a ideia desse teste, queria saber cada vez mais sobre ele, pois assim como muitas pessoas já tinha ouvido falar do teste das manchas de tinta, já tinha visto em um ou outro desenho animado, em filmes, ou visto designs de roupas com estampas similares aos borrões do teste de Rorschach.

Eu estava admirado com a ideia de um teste, aparentemente sem sentido (alguns borrões sem padrão), ser capaz de quebrar todo o esquema racional que alguém como Suzane seria capaz de inteligentemente montar para responder positivamente a testes psicológicos e, assim, ser vista como uma personalidade inofensiva (basta levar em conta que a própria mãe de Suzane era psiquiatra e nunca teria emitido alguma opinião sobre a filha, julgando-a psicopática).

Foi exatamente nesse contexto que recebi este livro, tentando atentamente perceber os detalhes que levaram o psiquiatra suíço Hermann Rorschach a criar o seu conhecido método. Assim como seu teste, a história de sua vida nos revela a mente por trás da vontade de entrar na mente alheia, nos mostra as dificuldades enfrentadas, a maturidade muito precoce, as perdas familiares, decisões pessoais e até mesmo o latente lado artístico de Hermann Rorschach.

Tais momentos, similares a borrões de tinta, ora complexos demais ora simples demais para serem verdade, levam os leitores perspicazes por um caminho instigante para compreender não só a mente de Rorschach, como também suas motivações para querer ler o interior das pessoas, bem como o êxito em criar uma ferramenta capaz de fazê-lo.

Muitas dúvidas sobre a base teórica do teste, as aplicações, as controvérsias e os sucessos estão disponíveis nesta obra para aqueles que, como Hermann Rorschach, têm interesse em conseguir, ainda que brevemente, ter um vislumbre muito verossímil do interior da mente humana alheia e, assim, realmente saber com quem está lidando.

Boa leitura.

Vitor Santos.
Metaforando

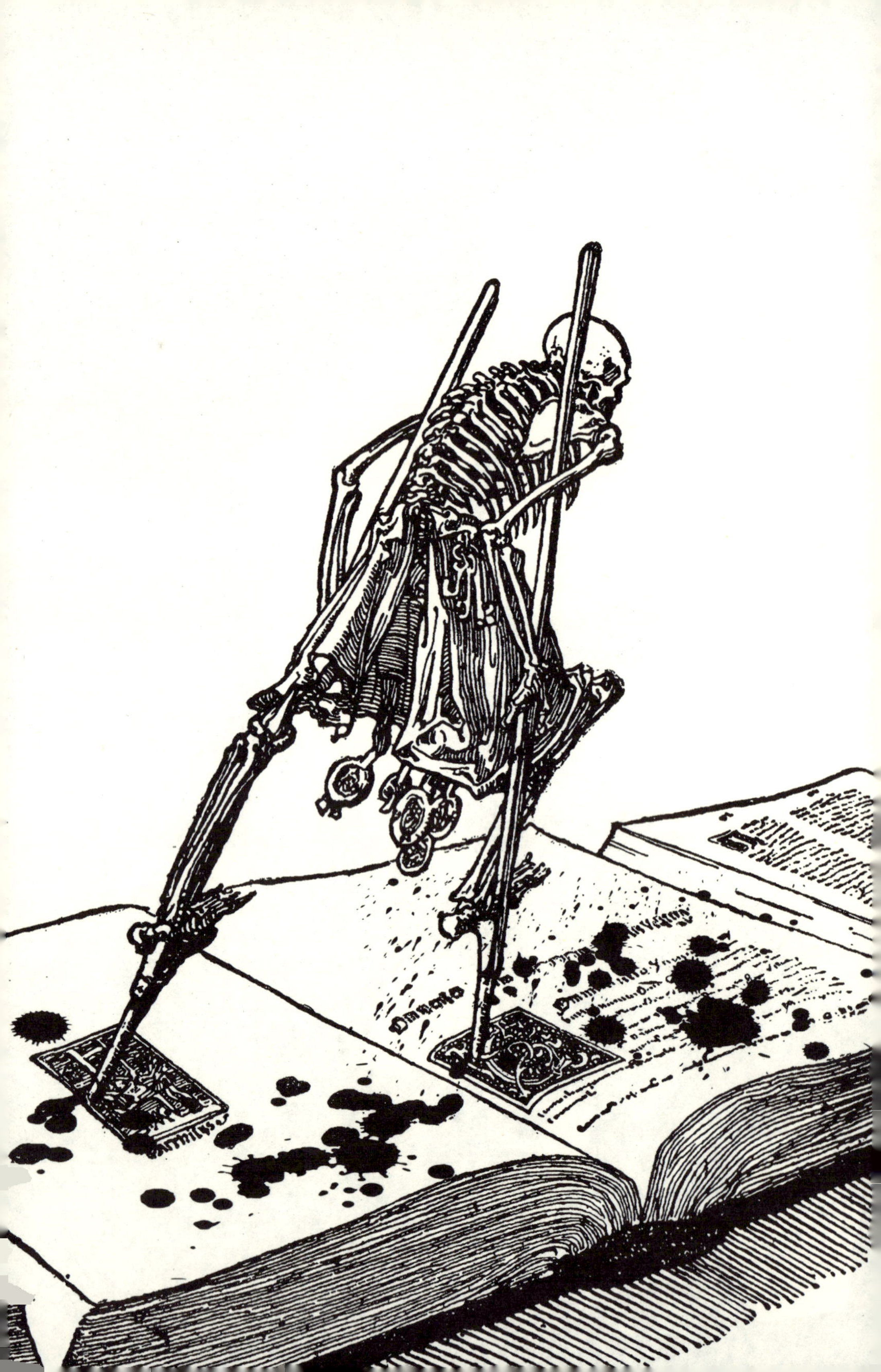

Nota do Autor

O TESTE DE RORSCHACH USA DEZ E, APENAS DEZ, MANCHAS DE TINTA ORIGINALMENTE criadas por Hermann Rorschach e reproduzidas em pranchas. Provavelmente são as dez imagens mais interpretadas e analisadas do século XX. As lâminas foram mostradas a milhões de pacientes; quanto às outras pessoas, a maioria viu versões das manchas de tinta em propagandas, na moda ou na arte. As manchas estão por toda parte — e, ao mesmo tempo, são um segredo muito bem guardado.

O Código de Ética da Associação Americana de Psicologia exige que os psicólogos mantenham os materiais do teste "protegidos". Muitos profissionais que usam o teste de Rorschach acreditam que revelar as imagens seria sabotá-lo, além de poder até mesmo prejudicar o público em geral, por privá-lo de uma valiosa técnica de diagnóstico. A maioria das manchas de Rorschach que vemos no cotidiano são imitações ou derivações das originais, em consideração à comunidade da psicologia. Mesmo em artigos acadêmicos ou exposições em museus, elas geralmente são reproduzidas em esboços, borradas ou modificadas para revelar alguma coisa das imagens, mas não tudo.

A editora deste livro e eu tivemos que decidir se íamos reproduzir ou não as verdadeiras manchas de tinta, pensando sobre qual opção seria mais respeitosa em relação a psicólogos clínicos, pacientes em potencial e leitores. Não existe um consenso entre os pesquisadores de Rorschach sobre quase nada relacionado ao teste, mas o mais avançado manual do sistema de teste declara que "o simples fato de ser previamente exposto às manchas de tinta não compromete a avaliação". Em todo caso, a questão agora é praticamente irrelevante, uma vez que os direitos autorais das imagens expiraram e elas estão disponíveis na internet — um fato que muitos psicólogos que se opõem à divulgação delas fingem ignorar. No fim, incluímos algumas das manchas de tinta no livro, mas não todas.

Também é necessário enfatizar que ver as imagens reproduzidas on-line ou aqui *não* é a mesma coisa que fazer o teste. O tamanho das lâminas (24 cm X 16,5 cm) é importante, assim como são o espaço em branco, o formato horizontal, o fato de você poder segurar as imagens e virá-las em outras direções. O contexto da avaliação também é importante, pois há a experiência de fazer o teste com motivos relevantes e de ter que dizer suas respostas em voz alta para alguém em quem você pode não confiar. Além disso, o teste é sutil e técnico demais para ser analisado sem um treinamento longo. Não existe um teste de Rorschach no estilo faça-você-mesmo, e não se pode experimentá-lo com um amigo, mesmo desconsiderando-se o problema ético de talvez descobrir traços da personalidade que ele pode não querer revelar.

Sempre foi tentador usar as manchas de tinta como se fossem parte de um jogo, mas todos os especialistas no teste, inclusive o próprio Rorschach, insistem que isso não pode ser feito. E eles estão certos. O contrário também é verdadeiro: um jogo que envolva o uso das imagens, seja ele on-line ou de tabuleiro, não é a mesma coisa que o teste. Em um jogo, você pode ver como são as manchas de tinta, mas não pode, por conta própria, saber como elas funcionam.

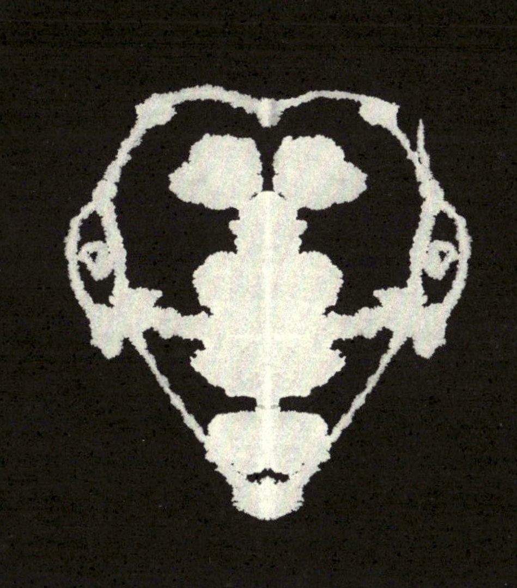

Rorsc

chach

TESTE Rorschach

POST OFFICE TELEGRAPHS

Handed in at— CRIME SCENE

DAMION SEARLS

Route— inkblots darkside books

Instructions— intro_xx*xxxxx_

O

TO INTRODUÇÃO:

Folhas de Chá

VICTOR NORRIS[1] TINHA CHEGADO À ETAPA FINAL DO PROCESSO DE SELETIVO para trabalhar com crianças pequenas; porém, nos Estados Unidos da virada do século XXI, ele ainda precisava de avaliação psicológica. Durante duas longas tardes de novembro, ele passou oito horas no consultório de Caroline Hill, psicóloga avaliadora de Chicago.

Pelas entrevistas, Norris parecia o candidato ideal — encantador e simpático, com o currículo adequado e referências impecáveis. Hill gostou dele. Sua pontuação nos testes cognitivos que ela aplicou era de normal a alta, incluindo a de QI, bem acima da média. No teste de personalidade mais comum nos Estados Unidos, uma série de 567 perguntas sim-ou-não chamada *Minnesota Multiphasic Personality Inventory* [Inventário Multifásico de Personalidade de Minnesota], ou MMPI, ele foi cooperativo e positivo - resultados considerados normais.

Quando Hill mostrou uma série de imagens sem legenda e pediu a Norris que inventasse uma história sobre o que acontecia em cada uma delas — outra avaliação padrão, chamada de Teste de Apercepção Temática, ou TAT —, ele deu respostas meio óbvias, mas inofensivas. As histórias eram agradáveis, sem ideias inadequadas e ele não demonstrou ansiedade nem outro sinal de desconforto ao contá-las.

1 Os nomes e os detalhes identificadores desta história foram alterados.

Teste de Rorschach, Pranchas I e II.

Quando a escuridão prematura de Chicago se instalou no fim da segunda tarde da avaliação, Hill pediu a Norris que deixasse a escrivaninha e fosse se sentar em uma cadeira baixa perto do sofá do consultório. Ela então puxou a própria cadeira para ficar de frente para ele, pegou o bloco de notas amarelo e uma pasta grossa, e em seguida entregou a ele, uma por vez, dez pranchas. Em cada uma havia uma mancha simétrica. Ao entregar cada uma delas, perguntava a Norris: "O que pode ser isso?" ou "O que você vê?".

Cinco imagens eram em preto e branco, duas tinham também formas vermelhas e três eram multicoloridas. Agora, Norris não deveria contar uma história nem dizer o que sentia ao ver as manchas, mas simplesmente declarar o que via nelas, sem limite de tempo, sem nenhuma instrução sobre quantas respostas deveria dar. Hill se afastou do cenário o máximo possível, deixando Norris revelar não apenas o que via nas manchas de tinta, mas também como lidaria com a tarefa. Ele tinha liberdade para pegar cada prancha, virá-las, segurá-las à distância de um braço ou perto dos olhos. Todas as perguntas que ele fez foram contornadas por Hill:

Posso virá-la para o outro lado?
Você decide.

Devo tentar usar toda a imagem?
O que você preferir. Pessoas diferentes veem coisas diferentes.

Essa é a resposta certa?
Existem vários tipos de respostas.

Depois que ele comentou todas as dez pranchas, Hill fez uma segunda passagem: "Agora eu vou ler o que você disse, e quero que você me mostre onde viu cada coisa".

As respostas de Norris foram chocantes: cenas sexuais elaboradas e violentas envolvendo crianças; partes das manchas de tinta vistas como uma mulher sendo punida ou destruída. Hill se despediu dele com muita educação — ele saiu do consultório após cumprimentá-la com um aperto de mão firme e um sorriso, olhando diretamente nos olhos dela —, e depois voltou para o bloco de notas virado para baixo na escrivaninha, no qual havia o registro do que fora dito. Ela atribuiu às respostas de Norris os diversos códigos do método padrão e categorizou-as como típicas ou incomuns usando as longas listas do manual. Em seguida, ela calculou as fórmulas que transformariam todos esses pontos em julgamentos psicológicos: estilo de personalidade dominante, Índice de Egocentrismo, Índice de Flexibilidade Cognitiva, a Constelação Suicida. Como Hill esperava, seus cálculos mostraram que as pontuações de Norris eram tão extremas quanto suas respostas.

O teste de Rorschach havia, no mínimo, estimulado Norris a demonstrar um lado de si que ele não deixava transparecer. Ele tinha plena consciência de que estava em avaliação para um emprego que desejava; sabia que imagem queria passar nas entrevistas e que tipo de respostas inofensivas deveria dar nos outros testes. No teste de Rorschach, porém, a máscara caiu. Ainda mais revelador do que as especificidades que havia visto nas manchas de tinta era o fato de que ele se sentira livre para dizê-las.

Foi por isso que Hill usou o teste de Rorschach. Ele propõe uma tarefa estranha e aberta, na qual não fica totalmente claro o que as manchas de tinta devem ser ou como se deve reagir a elas. Essencialmente, é uma tarefa visual, por isso contorna as defesas e estratégias conscientes de autoapresentação de alguém. É possível controlar o que se quer dizer, mas não o que se quer ver. Victor Norris não conseguiu dominar nem o que queria dizer *sobre* o que tinha visto. Nesse ponto, ele era considerado típico. Hill tinha aprendido na faculdade uma regra empírica que ela viu confirmada várias vezes na prática: uma pessoa de personalidade perturbada pode, muitas vezes, ser capaz de manter as aparências em um teste de QI e em um MMPI e de se sair muito bem em um TAT, mas tudo cai por terra quando ela encara as manchas de tinta. Quando alguém finge estar bem de saúde, ter uma doença, ou suprime de maneira intencional ou não outros lados de sua personalidade, o teste de Rorschach pode ser a única avaliação a acender um sinal de alerta.

Hill não colocou no relatório que Norris era ou poderia se tornar um molestador de crianças — nenhum teste psicológico tem poder de determinar isso. Ela concluiu que "o domínio de Norris sobre a realidade era extremamente vulnerável". Não podia indicá-lo para um cargo que envolvesse crianças e aconselhou os empregadores a não contratá-lo. Eles seguiram sua recomendação.

Os resultados perturbadores de Norris e o contraste entre sua superfície encantadora e seu lado sombrio oculto ficaram com Hill. Onze anos depois de aplicar o teste, ela recebeu a ligação de um terapeuta que estava trabalhando com um paciente chamado Victor Norris e tinha algumas perguntas. Ele não precisou dizer o nome do paciente duas vezes. Hill não podia compartilhar os detalhes dos resultados de Norris, mas revelou as principais descobertas. O terapeuta ficou surpreso: "Você conseguiu isso com um teste de Rorschach? Eu levei dois anos para descobrir! Achei que esse teste era como ler as folhas de chá!"

Apesar das décadas de controvérsia, o teste de Rorschach hoje é admitido em tribunais, reembolsado por planos de saúde e aplicado no mundo todo em avaliações de emprego, brigas por custódia e clínicas psiquiátricas. Para os defensores do teste, essas dez manchas de tinta são uma ferramenta bastante sensível e precisa para mostrar como a mente funciona e detectar uma variedade de condições mentais, inclusive problemas latentes que outros testes ou a observação direta não revelam. Já para os críticos do teste, tanto dentro quanto fora da comunidade da psicologia, seu uso continuado é um escândalo, um vestígio vergonhoso da pseudociência que deveria ter sido eliminado anos atrás, junto do soro da verdade e da terapia do grito primal. Na visão deles, o maior poder do teste seria a lavagem cerebral que faz nas pessoas para que acreditem nele.

Em parte por causa dessa falta de consenso entre os profissionais, e mais ainda devido à suspeita em relação aos testes psicológicos em geral, o público tende a ser cético quanto ao teste de Rorschach. Em um caso recente e muito famoso de síndrome do bebê sacudido, que levou a criança à morte, o pai, que acabou se provando inocente, achou que as avaliações às quais foi submetido tinham sido "perversas" e se ressentia especialmente de ter feito o teste de Rorschach. "Eu ficava olhando para imagens que pareciam arte abstrata e dizendo o que eu via. Vejo uma borboleta aqui; isso significa que eu sou agressivo e abusivo? Isso é loucura." Insistiu que, embora "apostasse na ciência", que, segundo ele, é construída sobre uma visão de mundo "essencialmente masculina", a agência de serviços sociais que o avaliou, por sua vez, tinha uma visão de mundo "essencialmente feminina", que "privilegiava relacionamentos e sentimentos". O teste de Rorschach, na verdade, não é essencialmente feminino nem um exercício de interpretação artística, mas essas atitudes em relação à avaliação são típicas. Ele não gera um número definido, como um teste de QI ou um exame de sangue. Mas nada que tenta compreender a mente humana conseguiria fazer isso.

As ambições holísticas do teste de Rorschach são um dos motivos pelos quais ele é tão conhecido além dos consultórios médicos ou dos tribunais. A Previdência Social é um teste de Rorschach, de acordo com a *Bloomberg*, assim como são o cronograma anual de futebol americano do Georgia Bulldogs (segundo o *Sports Blog Nation*) e os rendimentos de títulos espanhóis: "um tipo de teste de Rorschach do mercado financeiro, no qual os analistas veem o que está na mente deles naquele momento" (*Wall Street Journal*). A mais recente decisão da Suprema Corte, o mais recente tiroteio, o mais recente erro de vestuário de uma celebridade. "O polêmico impeachment do presidente do Paraguai, Fernando Lugo, está rapidamente se tornando um tipo de teste de Rorschach da política latino-americana", no qual "as reações a ele dizem mais do que o próprio evento", diz um blog do *New York Times*. Um crítico de cinema impaciente com a pretensão dos filmes de arte chamou o filme *Crônicas Sexuais de uma Família Francesa* de um teste de Rorschach no qual ele foi reprovado.

Essa piada brinca com a essência do teste de Rorschach na imaginação popular: é o exame em que você não consegue ser reprovado. Não existem respostas certas ou erradas. Você pode ver o que quiser. Em resumo, foi isso que tornou o teste o perfeito, desde os anos 1960, para uma cultura que duvidava da autoridade e estava disposta a respeitar todas as opiniões. Por que um veículo midiático diria que um impeachment ou um plano orçamentário é bom ou ruim e se arriscaria a perder metade de seus leitores ou espectadores? Basta chamar de teste de Rorschach.

A mensagem por trás disso é sempre a mesma: você tem direito a ter sua opinião, independentemente da verdade; sua reação é o que importa, seja ela expressa por uma curtida, uma pesquisa ou uma compra. Essa metáfora da liberdade de interpretação coexiste em um tipo de universo alternativo do teste literal aplicado a pacientes, réus e candidatos a emprego reais por psicólogos reais. Nessas situações, existem respostas certas e erradas muito reais.

Além de uma metáfora útil, as manchas de tinta do teste também são agradáveis aos olhos. Elas estão na moda por motivos que nada têm a ver com psicologia ou jornalismo — talvez sejam os sessenta anos que se passaram desde a última explosão da febre do teste de Rorschach nos anos 1950, talvez seja uma predileção por esboços em preto-e-branco que combinam com os móveis modernos de meados do século passado. Alguns anos atrás, a loja Bergdorf Goodman ocupou suas vitrines da Quinta Avenida com exibições de imagens do teste de Rorschach. Camisetas com manchas no estilo do teste estavam à venda havia pouco tempo na Saks, por modestos 98 dólares. "MINHA ESTRATÉGIA", dizia um destaque de página inteira na revista *InStyle:* "Nesta estação, estou me sentindo muito atraído por roupas e acessórios que têm simetria. MINHA INSPIRAÇÃO: Os padrões das manchas de tinta do teste de Rorschach são fascinantes." A série de terror *Hemlock Grove,* o *thriller* de ficção científica sobre clonagem *Orphan Black* e um reality show de tatuagem no Harlem chamado *Black Ink Crew* estrearam na TV com sequências de créditos inspiradas no teste de Rorschach. O videoclipe da canção "Crazy", da dupla Gnarls Barkley, eleita a Música #1 dos anos 2000 pela revista *Rolling Stone* e cujo *single* foi o primeiro a chegar ao topo das listas de vendas pela internet, era uma animação hipnotizante de manchas em preto-e-branco. Canecas, pratos, aventais e jogos com imagens do teste estão por toda parte.

A maioria desses produtos usa imitações das manchas, mas as dez originais, que já são centenárias, perduram. Elas têm o que Hermann Rorschach dizia ser o "ritmo espacial" necessário para conferir uma "qualidade pitoresca". Criadas no berço da arte abstrata moderna, seus precursores datam da efervescência do século XIX que deu origem à psicologia e à abstração modernas, e sua influência alcança a arte e o design dos séculos XX e XXI.

Em outras palavras: três movimentos históricos diferentes se juntam na história do teste de Rorschach.

Primeiro, a ascensão, a queda e a reinvenção dos testes psicológicos, com todos os seus usos e abusos. Militares e especialistas em antropologia, educação, administração e direito também tentam obter acesso aos mistérios de mentes desconhecidas há muito tempo. O teste de Rorschach não é o único

Vitrine da loja Bergdorf Goodman, Quinta Avenida, cidade de Nova York, primavera de 2011.

exame de personalidade que existe, mas por décadas foi o melhor, sendo tão determinante para a profissão de psicólogo quanto o estetoscópio foi para a medicina geral. Ao longo de sua história, o modo como os psicólogos o usam representou o que nós, como sociedade, esperamos que a psicologia faça.

Depois temos a arte e o design, desde as pinturas surrealistas até o vídeo da canção "Crazy" e o livro de memórias do *rapper* Jay-Z, cuja capa apresenta uma mancha dourada de Andy Warhol chamada *Rorschach*. Essa história visual não parece estar relacionada a diagnósticos clínicos — não há muita psicologia nas camisetas da Saks, afinal —, mas o aspecto icônico das manchas é inseparável do teste real. A agência que vendeu a ideia de um vídeo com o tema de Rorschach para "Crazy" conseguiu o trabalho porque o cantor CeeLo Green, um dos criadores da canção, se lembrava de ter feito o teste quando foi considerado uma criança perturbada. A controvérsia se acumula ao redor do teste de Rorschach por causa de sua notoriedade. É impossível traçar uma linha direta entre a avaliação psicológica e o lugar que as manchas de tinta ocupam na cultura.

Por fim, temos a história cultural, que levou a todos aqueles "testes de Rorschach" metafóricos que vemos nos noticiários: a ascensão, no início do século XX, de uma cultura individualista da personalidade; a desconfiança prevalente em relação à autoridade, iniciada na década de 1960; a atual polarização incontrolável, em que até os fatos parecem depender do olho do observador. Dos Julgamentos de Nuremberg às selvas do Vietnã, de Hollywood ao Google, do tecido social centrado na comunidade da vida no século XIX ao anseio por conexão no socialmente fragmentado século XXI, as dez manchas de Rorschach caminharam em paralelo à nossa história ou anteciparam boa parte dela. Quando mais um jornalista chama alguma coisa de "teste de Rorschach", pode se tratar apenas de um clichê conveniente para ele, do mesmo jeito que é perfeitamente natural que artistas e designers se voltem para impressionantes padrões simétricos em preto sobre branco. Nenhuma instância do teste de Rorschach na vida cotidiana exige uma explicação, mas sua presença duradoura na nossa imaginação coletiva exige.

Por muitos anos, o teste foi considerado uma radiografia da alma. Não é nem foi feito para ser, mas é uma janela singularmente reveladora das maneiras como entendemos nosso mundo.

Todos esses elementos — psicologia, arte e história cultural — levam ao criador das manchas de tinta. "O método e a personalidade do seu criador estão entrelaçados de modo complexo", como escreveu o editor no prefácio de *Psicodiagnóstico*, o livro de 1921 que apresentou as manchas de tinta para o mundo. Foi um jovem psiquiatra suíço e artista amador que, experimentando com um jogo de criança e trabalhando sozinho, conseguiu criar não apenas um teste psicológico muito influente, mas também um parâmetro visual e cultural.

Hermann Rorschach, nascido em 1884, era "alto, magro e louro, de movimentos, gestos e fala ágeis, de fisionomia expressiva e intensa". Se você o acha parecido com Brad Pitt, talvez com um leve toque de Robert Redford, saiba que não é o primeiro a pensar isso. Seus pacientes também se apaixonavam por ele. Era sincero e compreensivo, talentoso mas modesto, tinha uma aparência robusta e ficava bonito em seu jaleco branco de médico. Teve uma vida curta, porém repleta de tragédias, paixão e descobertas.

A modernidade estava irrompendo ao redor dele, na Europa da Primeira Guerra Mundial, na Revolução Russa e na própria mente. Para se ter uma ideia, apenas na Suíça, durante o período que Rorschach trabalhou ali, Albert Einstein desenvolveu a física moderna e Vladimir Lênin criou o comunismo moderno no seu emprego junto dos operários organizados nas fábricas suíças de relógios. Os vizinhos de porta de Lênin em Zurique, os dadaístas, inventaram a arte moderna; Le Corbusier, a arquitetura moderna; e Rudolf von Laban, a dança moderna. Rainer Maria Rilke terminou suas *Elegias de Duíno*, Rudolf Steiner concebeu as escolas Waldorf, o artista Johannes Itten inventou as cores sazonais ("Você é primavera ou inverno?"). Na psiquiatria, Carl Gustav Jung e seus colegas criaram o teste psicológico moderno. As explorações de Jung e de Sigmund Freud do inconsciente batalhavam pela hegemonia em meio a uma rica e neurótica clientela e à realidade dos hospitais suíços, lotados muito além da capacidade.

Essas revoluções cruzaram o caminho da vida e da carreira de Hermann Rorschach, mas, apesar de dezenas de milhares de estudos sobre o teste que criou, uma biografia completa dele jamais foi escrita. Um historiador da psiquiatria chamado Henri Ellenberger publicou um artigo biográfico de quarenta páginas com fontes superficiais em 1954 e essa tem sido a base para quase todos os registros de Rorschach desde então: como gênio pioneiro, diletante fracassado, visionário megalomaníaco, cientista responsável e tudo mais. Especula-se sobre a vida de Rorschach há décadas. As pessoas podiam ver nela o que quisessem ver.

A verdadeira história merece ser contada, mesmo porque ajuda a explicar a relevância duradoura do teste apesar das controvérsias que sempre o cercaram. O próprio Rorschach previu a maioria delas. Essa dupla biografia, do médico e de suas manchas de tinta, começa na Suíça, mas se estende por todo o planeta e mergulha na essência do que estamos fazendo toda vez que olhamos e vemos.

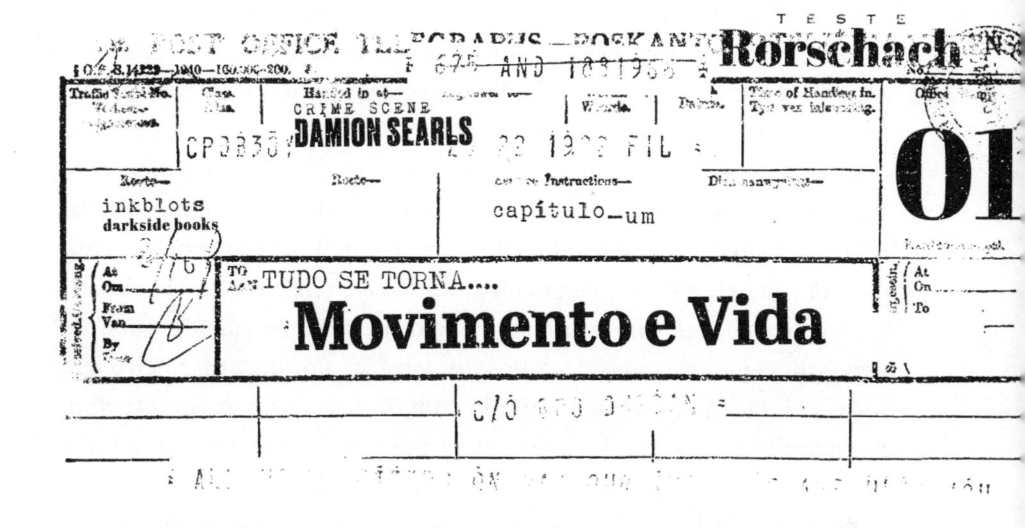

Em uma manhã do fim de dezembro de 1910, Hermann Rorschach, então com 26 anos, acordou cedo. Atravessou o quarto frio e abriu a cortina, para entrar a luz branca e pálida que aparece pouco antes de um tardio nascer do sol no norte — não o bastante para acordar a esposa, só o suficiente para revelar o rosto dela e o cabelo preto abundante escapando por baixo da coberta. Tinha nevado à noite, como imaginara. O lago de Constança estava cinza havia semanas; o azul da água estava a meses de distância, mas o mundo também era lindo assim, sem ninguém à vista na margem nem na estradinha em frente ao organizado apartamento de dois quartos. O cenário, além de esvaziado do movimento humano, estava também com as cores exauridas, como um cartão-postal barato, uma paisagem em preto e branco.

Ele acendeu o primeiro cigarro da manhã, fez café, se vestiu e saiu em silêncio enquanto Olga dormia. Era uma semana mais corrida do que o normal na clínica, pois graças à proximidade do Natal, só havia três médicos para cuidar de 400 pacientes, por isso ele e os outros estavam responsáveis por tudo: reuniões de equipe, visitar os pacientes em duas rondas diárias e organizar eventos especiais. Mesmo assim, Rorschach se permitia apreciar a caminhada matinal solitária até a clínica. O caderno que sempre carregava estava no bolso. Fazia frio, mas nada comparado ao do Natal em Moscou quatro anos antes.

Rorschach estava especialmente empolgado para o feriado este ano: ele e Olga estavam juntos e montaram sua árvore de Natal juntos pela primeira vez. A comemoração da clínica seria no 23; no dia 24, os médicos levariam de um prédio a outro uma pequena árvore iluminada com velas, para os pacientes que não pudessem participar da cerimônia comunitária. No dia de Natal, os Rorschach estariam livres para voltar à casa da infância dele e visitar sua madrasta. Isso ele tentou tirar da cabeça.

A época de Natal no manicômio significava cantoria em grupo três vezes por semana e aulas de dança ministradas por um enfermeiro que tocava violão, gaita e um triângulo com o pé, tudo ao mesmo tempo. Rorschach não gostava de dançar, mas, por Olga, ele se obrigava a fazer as aulas. Uma das tarefas daquele período que ele apreciava era dirigir as peças de fim de ano. Dessa vez, três seriam encenadas, incluindo uma que projetava imagens — fotografias de paisagens e pessoas da clínica. Que surpresa seria para os pacientes de repente verem surgir na tela, em formas descomunais, rostos conhecidos.

Muitos pacientes estavam fora do ar demais para agradecer aos parentes pelos presentes de Natal, então Rorschach escrevia pequenos bilhetes em nome deles, às vezes quinze por dia. Mas, no geral, seus pacientes gostavam das festas, até onde suas almas perturbadas permitiam. O conselheiro de Rorschach contava a história de uma paciente que era tão perigosa e incontrolável que foi mantida na cela durante anos. Sua hostilidade era compreensível no ambiente clínico restritivo e coercitivo, mas, quando foi levada a uma comemoração de Natal, se comportou muito bem: recitou os poemas que tinha decorado especialmente para o 02 de janeiro, o Dia de Berchtold[1]. Duas semanas depois, foi liberada.

Ele tentava aplicar ali as lições do seu professor. Tirava fotos dos pacientes, não apenas para si e para os arquivos deles, mas porque eles gostavam de posar para a câmera. Ele lhes dava material de arte: lápis e papel, papel machê, massa de modelar.

1 Feriado da Suíça e de Liechenstein.

Enquanto os pés de Rorschach esmagavam a neve nos arredores da clínica, com a cabeça pensando em novas maneiras de dar aos pacientes alguma coisa para apreciar, ele naturalmente refletia sobre as festas de fim de ano da própria infância e as brincadeiras que fazia na época: corridas de trenó, pique-bandeira, pique-pega, pique-esconde e o jogo em que você espalha tinta na folha de papel, dobra-a ao meio e vê a imagem que aparece ali.

HERMANN RORSCHACH NASCEU em novembro de 1884, um ano iluminado. A Estátua da Liberdade, oficialmente intitulada *Liberdade Iluminando o Mundo,* foi presenteada ao embaixador norte-americano em Paris no dia da Independência dos Estados Unidos. Temesvar, no Império Austro-Húngaro, tornou-se a primeira cidade da Europa continental a ter postes elétricos na rua, pouco depois de Newcastle, na Inglaterra, e Wabash, Indiana. George Eastman patenteou o primeiro rolo comercial de filme fotográfico, que pouco tempo depois permitiria que qualquer pessoa fizesse fotos com "o Lápis da Natureza", capturando a luz.

Aqueles anos, da fotografia pioneira e dos filmes arcaicos, são provavelmente a era mais difícil da história para *vermos* hoje: pelo que vemos na nossa mente, tudo parece rígido e frágil, preto e branco. Mas Zurique, onde Rorschach nasceu, era uma cidade moderna e dinâmica, a maior da Suíça. Sua estação ferroviária data de 1871; a famosa rua principal de lojas, de 1867; os cais ao longo do rio Limmat, de meados do século XIX. E novembro em Zurique é um choque de laranja e amarelo sob um céu cinza: folhas de carvalhos e olmos, bordos vermelho-fogo farfalhando ao vento. Naquela época, o povo de Zurique vivia sob céu azul-claro, caminhava por prados alpinos salpicados de gencianas de azul profundo e edelvais.

Rorschach não nasceu onde sua família vivera durante séculos: Arbon, cidade no lago de Constança a uns 80 quilômetros a leste de Zurique. A pequena cidade chamada Rorschach, que fica a seis quilômetros de Arbon, também na costa do lago, deve ter sido o local de origem da família, mas existem registros que indicam que em 1437 já havia ancestrais seus em Arbon, e a história dos "Rorschach" de lá se estende por quase mil anos antes, até 496 d.C. Isso não era incomum em um lugar onde as pessoas viviam por gerações, onde você era tão cidadão de um cantão (estado) e de uma cidade, quanto era do país. Alguns ancestrais migraram — um tio-bisavô, Hans Jakob Rorschach (1764-1837), conhecido como "o lisboeta", chegou até Portugal, onde trabalhou como designer e talvez tenha criado alguns dos hipnotizantes padrões que se repetem nos azulejos que cobrem a capital. Mas foram os pais de Hermann que realmente se afastaram.

Seu pai, Ulrich, um pintor, nasceu em 11 de abril de 1853, doze dias depois de outro futuro pintor, Vincent van Gogh. Filho de tecelão, Ulrich saiu de casa aos quinze anos para estudar arte na Alemanha, e chegou até a Holanda. Ele voltou para Arbon para abrir um estúdio de pintura e, em 1882, se casou com Philippine Wiedenkeller (nascida em 9 de fevereiro de 1854), de uma linhagem de carpinteiros e barqueiros - havia longo histórico de casamentos entre membros deles e dos Rorschach.

A primeira filha do casal, Klara, nascida em 1883, morreu com seis semanas de vida, e a irmã gêmea de Philippine morreu quatro meses depois. Depois desses duros golpes, o casal vendeu o estúdio e se mudou para Zurique, e lá Ulrich se inscreveu na Escola de Artes Aplicadas no outono de 1884. O fato de Ulrich se mudar para a cidade aos 31 anos, sem renda fixa, era incomum na sisuda Suíça, mas o casal estava ansioso para ter o próximo filho em um ambiente mais feliz. Hermann nasceu no número 278 da Haldenstrasse, em Wiedikon (Zurique), às 22h do dia 8 de novembro de 1884. Ulrich se saiu bem na escola de artes e conseguiu um bom emprego como professor de desenho e pintura no ensino fundamental em uma escola em Schaffhausen, cidade a uns cinquenta quilômetros ao norte de Zurique. No aniversário de dois anos de Hermann, a família já estava instalada no local onde ele cresceria.

Schaffhausen é uma cidade pequena e pitoresca, cheia de prédios e fontes renascentistas, à beira do Reno, o rio que forma a fronteira norte da Suíça. "Nas margens do Reno, as campinas se alternam com florestas cujas árvores se refletem, sonhadoras, na água verde escura", diz um guia da época. A ideia de colocar números em casas ainda não havia surgido, por isso os prédios tinham nomes — o Galho da Palmeira, a Residência do Cavaleiro, a Fonte — e decorações distintas: leões de pedra, fachadas pintadas, janelas salientes como relógios de cuco gigantescos, gárgulas, cupidos.

A cidade não ficou presa ao passado. O Munot, imponente fortaleza circular do século XVI localizada em uma colina coberta de vinhas, cercada por fosso e de onde se tem uma bela vista, tinha sido restaurado para o turismo no século XIX. As vias férreas tinham chegado e uma nova usina de eletricidade explorava a energia abundante da água do rio. O Reno saía do lago de Constança nas cataratas do Reno ali perto, que eram baixas, mas largas o suficiente para formarem a maior cachoeira da Europa. O pintor inglês J.M.W. Turner as desenhou e pintou durante quarenta anos, mostrando a água volumosa como uma montanha e as montanhas em si se dissolvendo em redemoinhos de tinta e luz; Mary Shelley descreveu a experiência de estar na plataforma inferior enquanto "o borrifo caía pesado sobre nós [...] e, ao olhar para cima, víamos ondas e rochas e nuvens e o céu claro através de seu véu reluzente sempre em movimento. Era uma nova visão, que superava tudo o que eu já tinha visto." Como dizia o guia da época: "Uma pesada montanha de água se arremessa sobre você como um destino sombrio; ela mergulha, e tudo o que é sólido se torna movimento e vida".

Depois do nascimento de Anna, irmã de Hermann, em 10 de agosto de 1888 em Schaffhausen, a família alugou uma nova casa em Geissberg, uma montanha íngreme a oeste da cidade, que se subia em vinte minutos. Lá nasceria o irmão de Hermann, Paul, em 10 de dezembro de 1891. A casa era mais ampla, com janelas maiores e telhado de mansarda, parecendo mais um chatô francês do que um chalé suíço, com florestas e campos para explorar ali perto. Os filhos do senhorio se tornaram amigos de Hermann e brincavam com ele. Inspirados pelas aventuras da série *Leatherstocking*, de James Fenimore Cooper, brincavam de pioneiros e índios, com Hermann e os amigos se esquivando uns dos outros em meio às árvores na pedreira de cascalho próxima dali e fugindo com Anna, a única "mulher branca" entre eles.

Esse era o ambiente das lembranças mais felizes das crianças. Hermann gostava de ouvir o marulho do oceano, que nunca tinha visto, na concha do mar que um missionário, parente do senhorio, havia trazido do exterior. Ele construía labirintos de madeira para seus ratinhos brancos de estimação correrem. Quando pegou sarampo, aos oito ou nove anos, seu pai criou fantoches de papel e Hermann os fazia dançar em uma caixa com tampa de vidro. Em suas caminhadas, Ulrich contava aos filhos a história dos belos prédios e fontes antigas da cidade e o significado das imagens que exibiam; ele os levava para caçar borboletas, lia para eles, ensinava o nome das flores e das árvores. Paul estava crescendo e se tornando gorducho e cheio de vida, enquanto Hermann, de acordo com um primo, "podia ficar olhando para alguma coisa por muito tempo, absorto em seus pensamentos. Era uma criança comportada, calada como o pai". Esse primo narrava contos de fadas para Hermann, então com nove anos — *João e Maria*, *Rapunzel*, *Rumpelstiltskin* —, "e ele gostava porque era um sonhador".

Philippine Rorschach, simpática e ativa, gostava de entreter os filhos com antigas canções populares e era excelente cozinheira: seu pudim com creme e frutas era o preferido das crianças, e todo ano ela fazia porco assado para todos os colegas do marido. Os pais de Ulrich brigavam com amargura, a ponto de Ulrich achar que nunca tinham se amado; portanto, para ele era importante criar um lar amoroso para os filhos, do tipo que ele nunca tivera. Ao lado de Philippine, conseguiu. Era possível brincar com ela — acender bombinha embaixo de suas saias largas, como o primo de Hermann se lembrou de terem feito uma vez —, e ela ria com eles.

Ulrich também era respeitado e verdadeiramente admirado por colegas e alunos. Tinha um leve impedimento na fala, provavelmente um ceceio, "que, no entanto, superava com esforço". Isso o fizera mais reservado, mas era bondoso com os alunos durante as provas, quando acenava com as mãos e a cabeça e sussurrava incentivos. "Ainda consigo ver diante dos meus olhos, mais de meio século depois, um homem modesto, sempre pronto para ajudar", lembrou-se um deles. Ulrich podia passar meia hora corrigindo o desenho de um estudante, traçando pacientemente linha após linha, apagando os erros, "até que finalmente a imagem aparecesse diante de mim sem diferir em nada do modelo. Sua memória para formas era impressionante; suas linhas eram absolutamente firmes e fiéis."

Embora os artistas da Suíça não frequentassem universidades nem fossem formados em artes liberais[2], Ulrich era um homem de cultura ampla. Aos vinte e poucos anos, tinha publicado uma pequena compilação

2 Artes Liberais era um conceito de educação de currículo amplo, muito comum até o surgimento do Iluminismo na Europa, quando o currículo de especialista se impôs. Atualmente, se refere a cursos interdisciplinares e abrangentes, sobretudo nos Estados Unidos e no Canadá.

de poemas: *Feldblumen: Gedichte für Herz und Gemüth* [Flores Silvestres: Poemas para o Coração e a Mente], e muitos foram escritos por ele. Sua filha Anna afirmava que o pai sabia sânscrito — e ele ter aprendido sânscrito ou de fingir falar sânscrito para enganar as crianças e se divertir corrobora o que diziam de sua personalidade.

Em seu tempo livre, escreveu um texto de 100 páginas intitulado "Esboço de uma Teoria da Forma, de Ulr. Rorschach, Professor de Desenho". Não era uma coleção de anotações de aula ou de exercícios do ensino fundamental, mas um tratado que começava com "Espaço e Distribuição Espacial" e "Tempo e Divisões Temporais". "Luz e Cor" se transformou em "as formas primárias, criadas por concentração, rotação e cristalização", e depois Ulrich discorreu sobre "um passeio orientador pelo âmbito da Forma": trinta páginas de um tipo de enciclopédia do mundo visual. A Parte II abrangeu "As Leis da Forma" — ritmo, direção e proporção —, que Ulrich encontrava em tudo, desde músicas, folhas de árvores e o corpo humano até esculturas gregas, turbinas modernas e exércitos. "Quem, dentre nós", refletiu Ulrich, "não voltou os olhos e a imaginação, com frequência e com prazer, para as formas e os movimentos em constante mudança das nuvens e da névoa?". O manuscrito terminava discutindo a psicologia humana: nossa consciência, escreveu Ulrich, também é governada pelas leis básicas da forma. Era um trabalho profundo e ponderado, mas sem muito uso prático.

Depois de três ou quatro anos na casa em Geissberg, os Rorschach se mudaram de volta para Schaffhausen e se estabeleceram em uma nova área residencial perto da fortaleza de Munot, mais perto da escola das crianças. Hermann era ativo, patinava muito bem no gelo, e participava de festas de trenó nas quais as crianças juntavam os trenós em fila e desciam a colina ao redor do Munot em ruas largas até a cidade, quando ainda não existiam tantos carros. Ulrich escreveu uma peça de teatro que foi encenada no telhado do Munot, atuada por Anna e Hermann; em outro momento, foi contratado para desenhar uma nova bandeira para o clube de Schaffhausen, e as crianças arranjaram flores silvestres para ele usar de modelo. Posteriormente, elas ficaram encantadas quando viram a bandeira bordada com o desenho dele nas cores das papoulas e centáureas que haviam colhido. Hermann, de sua parte,

Desenhos em carvão de Ulrich Rorschach (esquerda)
e Hermann (direita), feitos por volta de 1900.

demonstrara desde cedo habilidade para desenhar paisagens, plantas e pessoas. Sua infância foi criativa; ele fazia entalhes em madeira e recortes, costurava, escrevia romances e peças de teatro e até esboçava projetos de arquitetura.

No verão de 1897, quando Hermann tinha doze anos, sua mãe, Philippine, adoeceu por causa da diabetes. Naquela época ainda não havia tratamentos com insulina e ela morreu depois de quatro semanas de cama com uma sede terrível e constante. A família ficou arrasada. Várias governantas foram ajudar na casa, mas nenhuma era adequada. As crianças desprezavam em especial uma mulher fervorosamente religiosa que passava o tempo todo tentando convertê-los.

Em uma noite pouco antes do Natal de 1898, Ulrich entrou no quarto de brincar das crianças e anunciou: em breve eles teriam uma nova mãe. E não era uma desconhecida, e sim a tia Regina. Ulrich tinha decidido se casar com uma das irmãs mais novas de Philippine, madrinha de Hermann; Hermann e Anna já tinham passado férias com Regina em Arbon, onde ela possuía uma pequena loja de tecidos e material de costura. Ela viria a

Schaffhausen no Natal, disse Ulrich, para fazer uma visita. Anna começou a gritar e o jovem Paul caiu no choro. Hermann, então com quatorze anos, permaneceu calmo e argumentou com os irmãos: eles deviam pensar no pai, que não tinha um lar feliz para o qual retornar no fim do dia e isso não era vida. Ulrich não queria que aquelas governantas transformassem seus filhos em pequenos hipócritas que se fingem de santos. Tudo ficaria bem, disse Hermann.

O casamento aconteceu em abril de 1899, e menos de um ano depois um novo bebê nasceu dessa união. A criança foi chamada de Regina, como a mãe, e recebeu o apelido de Regineli. Os irmãos acolheram bem a nova meia-irmã e tiveram juntos "meses pacíficos, adoráveis e harmoniosos", nas palavras de Anna, "mas de fato apenas alguns meses".

Ulrich talvez já tivesse sintomas mais graves do que o ceceio: sua mão tremia na escola quando tirava o chapéu, a ponto de os alunos fazerem piada sobre sua paralisia. Depois do nascimento de Regineli, ele começou a ter fadiga e eventos de tontura, que levaram ao diagnóstico de doença neurológica resultante do envenenamento por chumbo quando era pintor artífice. Em poucos meses, ele teve que abrir mão de ensinar e a família se mudou pela última vez, para o endereço Säntisstrasse 5, onde Regina abriu uma loja para poder, ao mesmo tempo, sustentar a família e cuidar de Ulrich. Hermann começou a dar aulas particulares de latim para gerar um extra e todo dia corria para casa depois da escola para ajudar a madrasta a cuidar do pai.

Os últimos anos de Ulrich foram repletos do que seu obituário chamou de "tormentos indescritíveis": depressão, delírios e autocríticas amargas e sem sentido. Hermann ficou com o pai durante boa parte desse tempo e desenvolveu uma infecção pulmonar grave, exacerbada pelo estresse e pela tensão. Quando Ulrich morreu, às 4h da manhã de 8 de junho de 1903, Hermann estava doente demais para ir ao funeral. Seu pai foi enterrado no cemitério entre o Munot e a escola de Hermann, a poucos passos da casa, em uma estrada bonita e arborizada. Ele tinha cinquenta anos; Hermann tinha dezoito, e os irmãos quatorze, onze e três. Observar, impotente, a doença e a morte do pai fez Hermann querer se tornar médico neurologista. Mas, no momento, ele era órfão e sua madrasta viúva, não recebia pensão e precisava cuidar sozinha dele e de três crianças.

Os medos de Anna de ter uma madrasta malvada logo se provaram justificados. Regina era rígida, rigorosa ao ponto da crueldade. O primo de Hermann mais tarde a descreveu como uma pessoa que "só trabalha e não tem nenhum ideal", que pensava apenas em como ganhar a vida; ela havia se casado tarde, aos 37, "porque tinha sido vendedora durante trinta anos e não conhecia mais nada". Enquanto Philippine Rorschach tinha sido a primeira filha de seus pais e a primeira esposa do marido, Regina fora criada por uma madrasta, fora a segunda esposa de Ulrich e agora era madrasta de três crianças obstinadas e com personalidades muito diferentes da dela.

Ela brigava sempre com Paul e tornou miserável a vida de Anna, uma menina curiosa e extrovertida, mas que agora sentia que o lar da família era "estreito e coercitivo, quase sem ar para respirar". Mais tarde ela descreveu Regina como "parecida com uma galinha de asas curtas demais para voar. Ela não tinha as asas da imaginação." A madrasta, em seu regime avarento, mantinha a casa fria, e as mãos das crianças às vezes ficavam literalmente azuis de tão geladas. Elas não tinham tempo para brincar, o tempo livre era dedicado ao trabalho ou ao cumprimento de tarefas.

Hermann, na época ainda no ensino médio, teve que crescer rápido. Quando Anna pensava na infância, se lembrava de Hermann como "pai e mãe" dela. Ao mesmo tempo, ele era o principal suporte de Regina, o homem da casa, que se sentava e conversava com ela na cozinha durante horas. Ele entendia a madrasta e sua incapacidade de demonstrar amor — "acredito que, em seu orgulho tímido, ela nunca foi capaz de se envolver com alguém" —, e insistia para que Anna e Paul não a criticassem demais. Eles deviam perdoar o que pudessem e pensar na pequena Regineli.

Tudo isso deixou Hermann com pouco tempo para seu próprio luto. Posteriormente, ele admitiu para Anna: "penso no papai e na mamãe — na nossa mãe de verdade — muito mais do que antes; talvez eu não tenha sentido a morte prematura do papai há seis anos com a mesma profundidade que sinto agora". Isso também o deixou ansioso para ir embora. Hermann começou a considerar "todo esse esforço e desespero e lavagem de chão, tudo que rouba tanta vida e mata infinitamente boa parte da vitalidade" como "a mentalidade de Schaffhausen". Como ele escreveu para Anna: "Nenhum de nós consegue pensar em viver com a mamãe por muito tempo. Ela tem boas e ótimas qualidades e merece muitos elogios, mas... a vida com ela exige muito silêncio, não é para pessoas como nós, que precisamos de liberdade de movimento."

Todos os três filhos de Philippine acabaram viajando para muito mais longe que os pais, e Hermann foi o primeiro. "Temos um talento para viver a vida, você e eu", continuou Hermann para Anna. "Nós o herdamos do papai [...] e tudo que precisamos fazer é mantê-lo. Temos que fazer isso. Em Schaffhausen, esse tipo de talento é totalmente sufocado, ele se debate e luta por um instante, depois morre. Mas, Deus sabe, é por isso que temos o mundo! Para que haja um lugar que nos permita desenvolver nossos talentos."

Quando escreveu isso, Hermann já tinha escapado. Mas os anos em Schaffhausen, apesar de repletos de rupturas, foram importantes para seu desenvolvimento como pensador — e como artista.

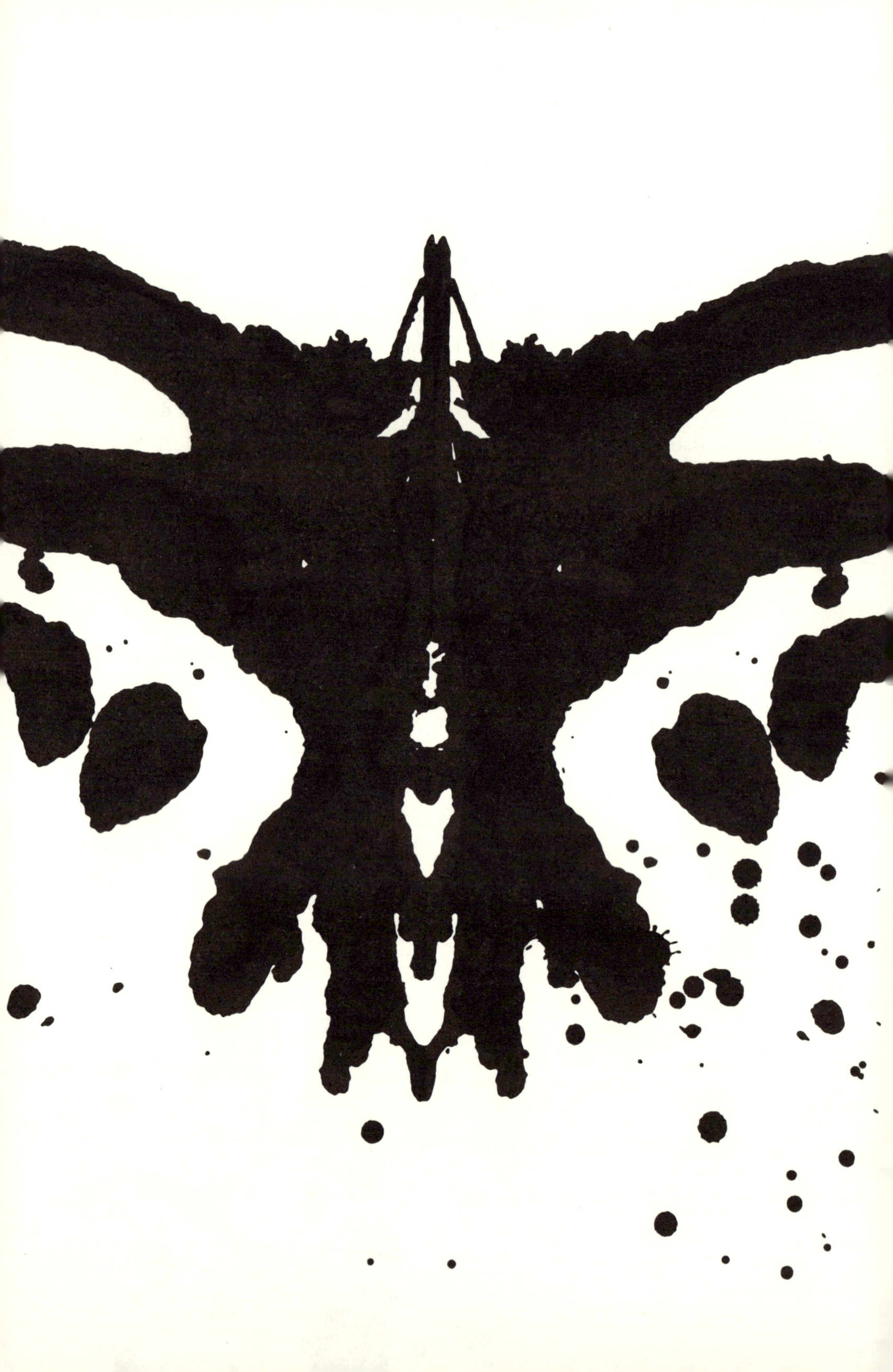

Jovem Klex

O DESTINO FEZ COM RORSCHACH UMA BRINCADEIRA QUE PARECE ATÉ BOA DEMAIS PARA SER VERDADE. Na escola, ele ganhou o apelido de "Klex"[1], palavra alemã que significa "mancha de tinta". Será que o jovem "Mancha" Rorschach já estava, de alguma forma, brincando com tinta, como se fosse uma profecia?

Apelidos eram uma parte importante da vida nas fraternidades alemãs e suíço-alemãs, às quais os alunos se uniam enquanto cursavam o *Gymnasium*, o ensino médio acadêmico de elite que tinha duração de seis anos. Seus integrantes faziam juramento de amizade e fidelidade e eram membros vitalícios; as conexões que faziam ali frequentemente lubrificavam as engrenagens de suas carreiras. Em Schaffhausen, a vida social era dominada pela fraternidade Scafusa (chamada assim em homenagem ao nome romano da cidade). Seus membros, incluindo Rorschach, trajavam orgulhosamente roupas em azul e branco na escola, nos bares e nas trilhas de caminhada. Eles também usavam o nome que tinham recebido ao ingressar na fraternidade para marcar sua nova identidade.

1 Em alemão, a palavra para manchas é "klecks". A palavra do título é uma variação da grafia dessa palavra.

As iniciações da Scafusa aconteciam em um bar local, em uma escuridão que só não era total por conta de uma vela acesa sobre um crânio humano. O iniciado, chamado de "Raposa", era um aluno do quarto ano que tinha dezesseis ou dezessete anos. Ele devia ficar em pé em um caixote que guardava o equipamento de esgrima do clube, segurar uma caneca de cerveja em cada mão e responder a uma difícil rodada de perguntas. Na Suíça, o trote se resumia a isso; já nas universidades alemãs, realmente acontecia uma batalha de esgrima, e com lâminas de verdade, resultando nas famosas cicatrizes de duelo de Heidelberg, que marcavam o rosto da elite alemã pelo resto da vida. Quando a Raposa de Scafusa passava no teste, recebia seu "batismo de cerveja" — as duas canecas de cerveja eram viradas sobre sua cabeça, ou então descartadas como sempre — e um nome: uma piada interna meio óbvia sobre sua aparência física ou suas tendências. O padrinho de Rorschach na fraternidade era "Chaminé" Müller, porque fumava muito; o padrinho de Chaminé era "Baal", um rico diabo mulherengo.

O novo nome de Hermann, "Klex", era devido à sua habilidade com a caneta e a tinta, se referia ao fato de ele desenhar rapidamente e bem. *Klexen*, ou *klecksen*, também significa "fazer borrões, fazer pinturas medíocres" — um dos artistas preferidos de Rorschach, Wilhelm Busch, era autor de um livro infantil ilustrado chamado *Maler Klecksel,* algo como "Borrado, o pintor" —, mas não se tratava de provocação, e sim de elogio, pois Rorschach era considerado um bom artista. Mais ou menos na mesma época havia em uma fraternidade diferente outra Raposa chamada Klex, um aluno que também desenhava bem e se tornou arquiteto.

Portanto, "Klex" não significava "mancha de tinta" na Scafusa, embora provavelmente fosse o que surgia na mente de Rorschach enquanto ele andava pelo manicômio, uma década depois, tentando inventar maneiras de estabelecer uma conexão com os pacientes esquizofrênicos. Mas o que importava era que Klex Rorschach era um Klex: um artista com sensibilidade visual.

RORSCHACH FREQUENTOU O *Gymnasium* de Schaffhausen de 1898 até 1904 — do ano posterior à morte da mãe até o ano posterior à morte do pai. Havia 170 alunos na instituição, dos quais quatorze formavam a turma de Rorschach. A escola era conhecida como a melhor da região, atraindo estudantes de outras partes da Suíça e até mesmo da Itália, além de professores alemães com mentalidade liberal e inclinações democráticas, que contrastavam com o autoritarismo de sua terra natal. O currículo era exigente, incluindo geometria analítica, trigonometria esférica e cursos avançados de análise qualitativa e física. Os alunos liam Sófocles, Tucídides, Tácito, Horácio, Catulo, Molière, Victor Hugo, Goethe, Lessing e Dickens no original, e também traduções dos mestres russos: Turguêniev, Tolstói, Dostoiévski, Tchékhov.

Rorschach se saía bem na escola sem se esforçar muito. Ele ficava entre os primeiros da turma em todas as matérias; aprendeu inglês, francês e latim, além do dialeto suíço nativo e do alemão padrão, e mais tarde aprendeu sozinho italiano e se tornou fluente em russo. Socialmente, era reservado, preterido nos bailes da escola, e preferia apenas distribuir seus cartões de visitas e observar o movimento em vez de se arriscar nos passos e manobras complexos da dança popular da época, a Torre de Munot ("Mão direita, mão esquerda, um, dois, três"). Gostava de trabalhar em um ambiente tranquilo e detestava interrupções. O melhor amigo de Hermann na escola, o extrovertido Walter Im Hof, que mais tarde viria a ser advogado, achava que era seu papel fazê-lo ser um pouquinho mais sociável; outros concordavam que festas para socializar e beber com os colegas de turma faziam bem a Hermann. Mas, apesar dessa característica, ele também se divertia; gostava de pregar peças com seu irmão Paul, mais expansivo, e depois ele se lembraria com deleite dessas brincadeiras por muito tempo. Hermann ia ter contato com a natureza sempre que podia — caminhava nas montanhas, remava nos lagos, nadava nu.

As preocupações financeiras eram constantes. A maioria dos colegas de turma de Rorschach vinha de famílias ricas e, em alguns casos, bem importantes. A International Watch Company, hoje IWC Schaffhausen e ainda muito conhecida, foi fundada na cidade por um fabricante que já era rico, e sua filha, Emma Rauschenbach — futura esposa de Carl Jung

— era uma das herdeiras mais ricas da Suíça. Nesse ambiente próspero, Hermann Rorschach era visivelmente pobre. Um colega de turma pensava, erroneamente, que a madrasta de Rorschach era uma "lavadeira" que "devia ter trabalhado muito, muito mesmo, para colocar o garoto na escola"; a mãe desse colega, uma aristocrata, via Rorschach e sua família como membros de uma classe inferior. Outro colega dizia que Rorschach parecia um caipira, "mas" que mesmo assim era inteligente. Apesar disso, Rorschach se recusava a deixar tais circunstâncias interferirem em sua independência. Ele foi liberado das obrigações da fraternidade e foi eleito bibliotecário do grupo, de modo que podia comprar livros novos quando precisava.

E também tinha acesso a pelo menos um sujeito para seus experimentos: ele mesmo. Depois de ler que o humor pode fazer as pupilas aumentarem ou diminuírem, Rorschach, ainda adolescente, descobriu que podia contrair e dilatar as próprias pupilas quando quisesse. Em um quarto escuro, ele imaginava procurar o interruptor de luz e suas pupilas diminuíam visivelmente; ao ar livre, sob a luz forte do sol da tarde, ele fazia com que aumentassem. Em outro experimento da mente sobre a matéria, tentou substituir o desconforto da dor de dente por música, transformando as dores "latejantes" em notas graves e as "intensas" em notas agudas. Uma vez, curioso para descobrir por quanto tempo era possível trabalhar sem comer, jejuou por 24 horas enquanto serrava e cortava madeira. No fim, concluiu que, se não trabalhasse, conseguiria fazer um jejum mais longo. Isso foi mais ou menos na época do segundo casamento do pai.

Ninguém recebe um prêmio por ser capaz de dilatar as próprias pupilas quando quiser; se ganha a noção de que isso é possível. Esses exercícios eram explorações: Rorschach exercia sua vontade sobre si mesmo, como o pai, que conseguia superar o ceceio e o tremor "quando se esforçava". Ele estava testando seus limites, investigando como seus diferentes "sistemas" — comida e trabalho, dor e música, mente e olhos — se encaixavam e podiam ser conscientemente controlados. Outra experiência que ele achou estimulante foi a seguinte:

> Tenho uma memória musical muito ruim, então, quando estou aprendendo uma melodia, posso contar muito pouco com as imagens de memórias auditivas. Uso com frequência a imagem óptica das notas como maneira de me lembrar da melodia; quando era mais jovem, algumas vezes, nas aulas de violino, acontecia de não conseguir imaginar o som de uma passagem, mas mesmo assim ser capaz de tocá-la de cor; em outras palavras, a memória do movimento era mais confiável do que a auditiva. Também já usei muito a imitação dos movimentos dos dedos para despertar memórias auditivas.

Rorschach tinha um interesse imenso por experiências que podiam se desdobrar em outras.

Também gostava de se colocar no lugar dos outros, transformando em suas as experiências deles. Em 4 de julho de 1903, aos dezoito anos, Rorschach fez o discurso que os membros da Scafusa costumavam fazer para os colegas: o dele se chamava "Emancipação das Mulheres", um verdadeiro apelo pela igualdade total de gênero. As mulheres, argumentou, não eram "física nem intelectual nem moralmente inferiores aos homens por natureza", não eram menos lógicas e eram pelo menos tão corajosas quanto os homens. Elas não existiam para "fabricar crianças", assim como os homens não eram apenas "um fundo de pensão para pagar as contas". Fazendo referência à história de um século do movimento feminista e a leis e estruturas sociais de outros países, incluindo os Estados Unidos, ele defendeu o direito universal ao voto e o acesso à universidade e a profissões, especialmente as médicas, já que "as mulheres preferem revelar suas doenças íntimas para outra mulher". Ele fortaleceu seus argumentos com sagacidade e empatia, destacando que, enquanto as intelectuais da Blue Stockings Society horrorizavam a geração mais velha, "um homem intelectual exibicionista também é uma figura azeda e repulsiva". Quanto à suposta tendência fofoqueira das mulheres, "A questão é se existe mais papo furado em uma cafeteria ou em um bar", isto é, entre homens ou mulheres. Ele questionava se os homens não eram "tão ridículos quanto elas" — tentando, como fazia com frequência, ver a si mesmo de fora.

Naturalmente, o filho de Ulrich contribuiu com vários trabalhos artísticos para o álbum de recortes da Scafusa. Certa vez, em uma página de partitura de violino, ele fez, no lugar das notas, manchas em forma de gatos pelas pautas, numa brincadeira com a música cacofônica e estridente, chamada de "música de gato" em alemão. Uma tensa cena em silhueta, com a legenda *Uma imagem sem palavras,* também foi assinada por "Klex". Entre outros trabalhos artísticos de Rorschach, fora do álbum de recortes da Scafusa, estava um desenho em carvão, primorosamente detalhado, de seu avô materno, datado de 1903 e feito a partir de uma pequena fotografia. Rostos expressivos e gestos o interessavam mais do que objetos estáticos ou texturas. Em um dos desenhos, as roupas e os móveis de um aluno são menos marcantes do que sua postura; a fumaça do charuto não parece fumaça, mas ondula como se fosse.

Do álbum de recortes da Scafusa, assinada por "Klex", uma cópia modificada da Sinfonia dos Gatos, feita pelo artista austríaco Moritz von Schwind. Rorschach simplificou a imagem, removendo vários gatos e notas. Embora alguns dos felinos se pareçam um pouco com ratos, a imagem como um todo tem um movimento mais vívido.

Outra das palestras de Rorschach em Scafusa, intitulada "Poesia e Pintura", incentivava o treinamento do olhar. Do jeito típico e atemporal dos adolescentes, ele criticou a escola: "Há uma falta de entendimento da arte visual entre as pessoas, até mesmo na classe mais instruída, uma desvantagem que pode ser rastreada até a nossa educação. [...] Procuramos em vão as disciplinas de história da arte no currículo do nosso *Gymnasium*, mas as crianças conseguem pensar tão artisticamente quanto alguns adultos.". Ele também fez três palestras sobre Darwin e o relacionamento dos humanos com a natureza. Darwin não era estudado na escola, então as conferências acabavam desempenhando um papel realmente educativo, e nelas Hermann sempre se concentrava na questão do olhar. Quando lhe perguntaram se o darwinismo devia ser ensinado às crianças, Klex respondeu, de acordo com as atas do evento, "decididamente sim. Pois apenas pelo tratamento acurado desses temas, adaptados à compreensão da criança, o jovem aprende a 'ver a natureza'. Só desse jeito sua motivação para observar será estimulada. Só desse jeito uma felicidade genuína em relação à natureza será despertada aos olhos dos jovens.". O que importava era como ver e como ver com "alegria". Rorschach terminou a palestra com um elogio a outro artista: "O grande discípulo de Darwin em terras alemãs: Haeckel". Ilustrando sua conferência com imagens de *Kunstformen in Natur* [Formas Artísticas na Natureza], de Haeckel, ele chamou atenção especificamente para "como Haeckel, com seu método de observação natural, tinha o olhar aguçado para as formas artísticas na natureza".

Ernst Haeckel (1834-1919) foi um dos cientistas mais famosos do mundo. Um biógrafo recente escreve que "mais pessoas aprenderam sobre teoria da evolução com suas extensas publicações do que com qualquer outra fonte", incluindo o trabalho de Darwin; *A Origem das Espécies* vendeu menos de 40 mil exemplares em trinta anos, enquanto a popular obra de Haeckel, *Die Welträthsel* [O Enigma do Universo], vendeu mais de 600 mil só em alemão, além de ter sido traduzida para idiomas como sânscrito e esperanto (Gandhi queria traduzi-lo para gujarati, acreditando que era "o antídoto científico para as mortais guerras religiosas que atormentavam a Índia".) Além de popularizar Darwin, entre as realizações científicas de Haeckel estão a catalogação de milhares

Acima: Duas imagens em preto e branco de *Kunstformen in Natur*, de Ernst Haeckel: "Estrelas delicadas" e "Mariposas", entalhadas por Adolf Giltsch com inspiração nos desenhos de Haeckel. Abaixo: desenho de Ulrich Rorschach.

de espécies — 3500 em apenas uma de suas expedições polares —, a previsão correta de onde fósseis do "elo perdido" entre o homem e o macaco seriam encontrados, a formulação do conceito de ecologia e ser pioneiro na embriologia. Sua teoria de que o desenvolvimento do indivíduo reconstitui o desenvolvimento das espécies — "A ontogênese recapitula a filogênese" — teve uma enorme influência na biologia e na cultura popular.

Haeckel também era artista. Aspirante a pintor de paisagens na juventude, acabou combinando arte e ciência em trabalhos ilustrados com exuberância. Darwin elogiou Haeckel por sua atuação nas duas áreas, chamando seu inovador livro, dividido em dois volumes, de "o trabalho mais magnífico que já vi" e seu *Natürliche Schöpfungsgeschichte* [História Natural da Criação] de "um dos livros mais notáveis da nossa época".

Kunstformen in Natur, que Rorschach usou para ilustrar a palestra na Scafusa, era um compêndio visual de estrutura e simetria no mundo natural, sugerindo harmonias entre amebas, águas-vivas, cristais e todos os tipos de formas superiores. As cem ilustrações, originalmente publicadas em conjuntos de dez entre 1899 e 1904, foram reunidas em um livro, publicado em 1904, que influenciou a ciência e a arte, criando um tipo de vocabulário visual para a *art nouveau*, ao mesmo tempo em que sobrepunha essa visão à natureza. O fato de que, para nós, formas horizontalmente simétricas parecem "orgânicas" é, em parte, um legado do jeito dele de observar. *Kunstformen in Natur* era uma peça em exposição nos lares da Europa germanófona e de outras regiões; os Rorschach certamente possuíam pelo menos algumas das ilustrações. *Esboço da teoria da forma*, de Ulrich, apesar de não mencionar o nome de Haeckel, é praticamente análogo ao livro dele, repleto de seu vocabulário de "formas".

Também fundamental para a reputação de Haeckel era sua cruzada contra a religião. Foi provavelmente por causa do ativismo antirreligioso de Haeckel que o darwinismo se tornou, na época, a principal ciência ateia, no centro da contenda entre ciência e religião, embora a geologia, a astronomia e outros campos de conhecimento contenham fatos que acabem por desafiar conceitos bíblicos. Hermann também admirava isso. Assim como seu pai, ele era um pensador livre e tolerante com assuntos relacionados a fé, mas se recusava a ver o mundo natural por um viés religioso. Em uma de suas palestras sobre Darwin, de acordo com o secretário da Scafusa, "Klex tentou repudiar completamente o argumento de que o darwinismo destrói a moralidade cristã e o significado da Bíblia".

Nessa época, Rorschach já trabalhava como tutor particular, mas estava considerando tornar-se professor de escola, como o pai; contudo, isso exigiria que ensinasse também religião, o que o deixava desconfortável. Então, numa atitude incomum para ele, escreveu a Haeckel para pedir conselhos e o famoso anticristão respondeu: "Seus temores me parecem inapropriados. [...] Leia meu livro sobre o Monismo, um compromisso com a Igreja oficial. Centenas de alunos meus fazem isso. As pessoas *precisam* ficar diplomaticamente em paz com a ortodoxia reinante (*infelizmente!*)."

O questionamento ousado do então rapaz de dezessete anos foi posteriormente exagerado e transformado em algo mais. Nas lembranças de diversas pessoas próximas a Rorschach, ele tinha perguntado a Haeckel se devia estudar desenho em Munique ou seguir uma carreira em medicina, e o grande homem o aconselhou a seguir a ciência. É improvável que Rorschach tenha colocado todo o seu futuro nas mãos de um desconhecido e o que se sabe é que ele escreveu apenas uma carta para Haeckel. Mesmo assim, disso nasceu um mito fundador para a carreira de Rorschach. Uma pergunta prática sobre ensino tinha se transformado em uma escolha simbólica entre arte e ciência, e o artista-cientista mais influente da geração anterior tinha passado o bastão para o artista-psicólogo da nova geração.

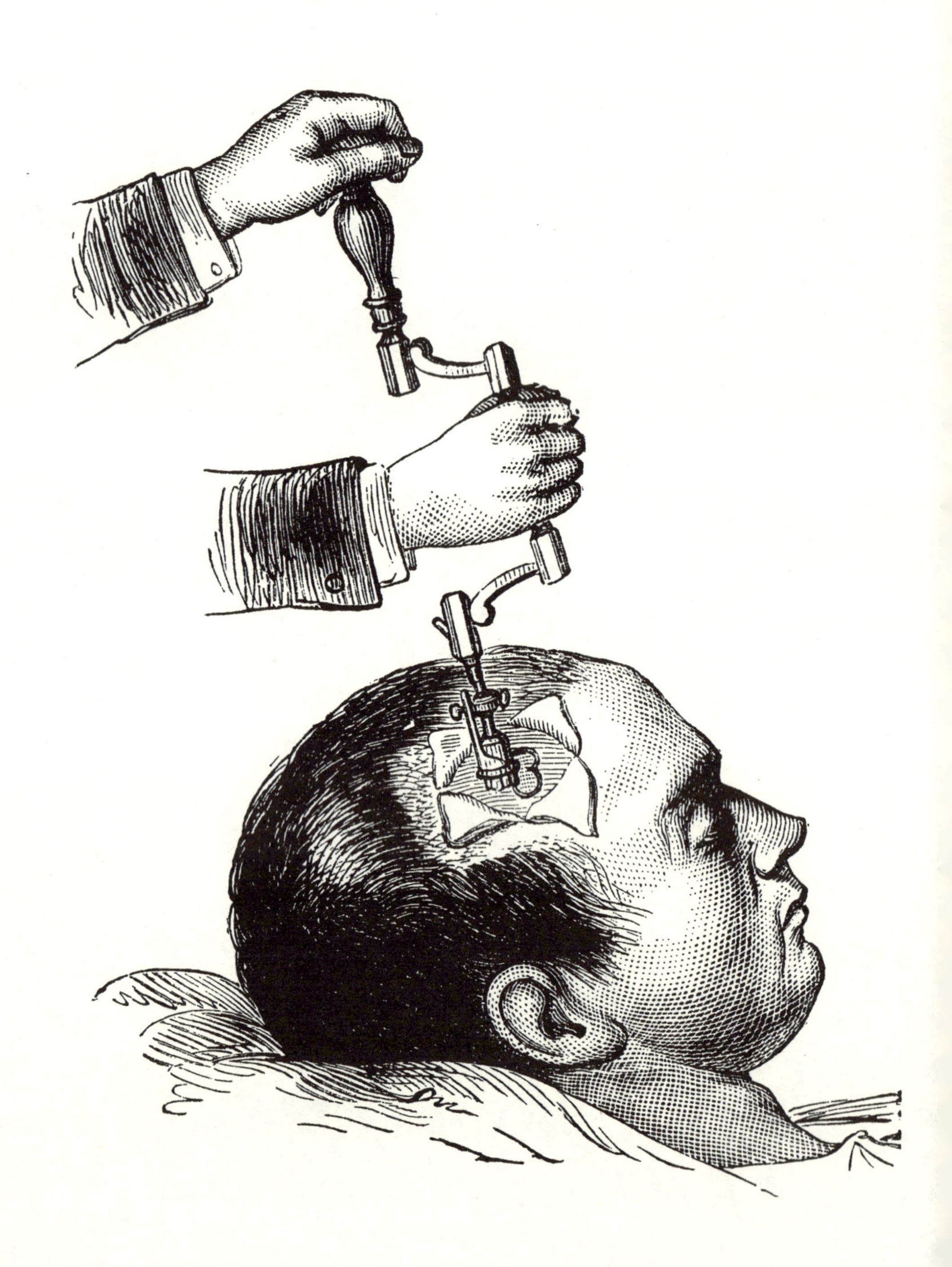

EU QUERO.... Ler as Pessoas

"Pelo que sei, aquela bolha na encosta da montanha pode deslizar para o lago, provocar um estrondo e fazer subir um cheiro de enxofre, assim como Sodoma e Gomorra nos velhos tempos" — Rorschach não era fã de Neuchâtel, cidade no oeste francófono da Suíça, onde passou vários meses depois de se formar no ensino médio em março de 1904. Muitos suíços germanófonos tiravam um semestre para melhorar o francês antes de começar a universidade; Rorschach queria poder dar aulas particulares de francês, além das de latim, para mandar dinheiro para a família. Ele estava desesperado para ir direto a Paris, mas sua rígida madrasta não permitiu. Em comparação com Schaffhausen, onde Rorschach se sentia "um verdadeiro 'acadêmico'", a Académie de Neuchâtel era entediante: "Não havia um lugar mais idiota para estar do que aquela mistura lúgubre de Alemanha e França".

A grande vantagem da Académie era o curso de idiomas com duração de dois meses em Dijon, na França. Lá, Rorschach fazia passeios ocasionais aos bordéis franceses legalizados, mas quase nunca tinha dinheiro. "Trinta de agosto", ele escreveu em seu diário particular, com algumas passagens importantes escondidas em formas abreviadas: "Visita à casa de tolerância: lampiões vermelhos no beco estreito, uma casa bonita e escura [...],prostitutas por toda parte, [*ilegível*]; tu me paye un bock? Tu vas coucher avec moi? [Compra uma cerveja para mim? Você vai dormir comigo?]".

Também foi em Dijon que os interesses de Rorschach deram uma virada decisiva. Inspirado pela literatura russa que tinha lido em Schaffhausen, ele procurou a companhia de russos: "Todo mundo sabe que os russos aprendem línguas estrangeiras com facilidade", relatou a Anna e, ainda mais importante para um jovem solitário no exterior, "Eles gostam de falar e fazem amizades com facilidade". Ele logo se interessou por um homem específico, um reformista político e "amigo pessoal" de Tolstói. "Esse bom camarada já tem cabelo grisalho", escreveu Rorschach, "e não é à toa."

Ivan Mikhailovich Tregubov, nascido em 1858, era um russo exilado e, assim como Rorschach, estava em Dijon para fazer o curso de francês. Rorschach o chamava de "alma muito profunda" e escreveu "espero me beneficiar ainda mais por conhecê-lo". Tregubov não era apenas amigo pessoal de Tolstói; estava no âmago do círculo mais fechado do escritor, como líder dos doukhobors, a seita pacifista e extrema com a qual Tolstói tinha envolvimento havia décadas. Esse foi o primeiro encontro de Rorschach com esses movimentos espirituais tradicionalistas. A Rússia, havia muito tempo, tinha sido dominada por eles — desde os Velhos Crentes, os Eremitas e os Itinerantes até os Saltadores, os Bebedores de Leite e os Autocastradores —, todos sem direitos civis até a Revolução de 1905 e mais ou menos assediados ou reprimidos pela Igreja Ortodoxa e pelo estado czarista. Os doukhobors eram um dos mais veneráveis desses grupos e sua origem data pelo menos de meados do século XVIII.

Em 1895, Tolstói chamou os doukhobors de "fenômeno de extraordinária importância", tão avançados que pareciam ser "pessoas do século XXV"; ele comparou a influência deles à aparição de Jesus na Terra. Em 1897, quatro anos antes de receber o primeiro Prêmio Nobel da Paz, Tolstói escreveu uma carta aberta para um editor sueco argumentando que o dinheiro do Nobel deveria ir para os doukhobors, e saiu da aposentadoria autoimposta para escrever seu último livro de ficção, *Ressurreição*, e doar todo o lucro das vendas para a seita. A essa altura, Tolstói não era apenas o autor de *Anna Kariênina* e *Guerra e Paz*, mas um líder espiritual que defendia "a purificação da alma". Ele inspirou pessoas do mundo todo a usarem túnicas brancas e simples, ao vegetarianismo e a trabalharem pela paz — ou seja, a se tornarem tolstoianos. O que ele representava, para Rorschach e milhões de outras pessoas, não era apenas a literatura, mas uma cruzada moral para curar o mundo.

Tregubov abriu os olhos de Rorschach. "Enfim, começa a se esclarecer para este jovem suíço", escreveu ele em Dijon, descrevendo-se na terceira pessoa, "para alguém que, em geral, não poderia se importar menos com política, o que a política realmente significa — um agradecimento especial aos russos, que têm de estudar tão longe de casa para encontrar a liberdade de que precisam." Pouco tempo depois, Rorschach escreveria: "Acho que veremos que a Rússia, no fim das contas, será o país mais livre do mundo, mais livre que a nossa Suíça". Ele começou a estudar russo, e aparentemente dominou o idioma em dois anos, sem fazer aulas.

Foi nesse contexto que Rorschach encontrou sua vocação. Ele já queria ser médico, se conseguisse — "Quero saber se não teria sido possível ajudar o papai", Anna se lembrava de ouvi-lo dizer. Mas, em Dijon, ele decidiu que "nunca mais quero só ler os livros, como eu fazia em Schaffhausen. Quero ler as pessoas. [...] Quero é trabalhar em um hospício. Isso não é motivo para não ter treinamento completo de médico, mas a coisa mais interessante na natureza é a alma humana, e a melhor coisa que uma pessoa pode fazer é curar essas almas, essas almas doentes." Seu interesse pela psicologia não tinha raízes em ambições profissionais ou intelectuais, mas no impulso tolstoiano de curar almas e na afinidade com russos como Tregubov. Quando Rorschach deixou a bolha na encosta da montanha, foi para perseguir seus estudos em uma faculdade de medicina psiquiátrica de altíssimo nível e que contava com uma das maiores comunidades de russos na Europa.

RORSCHACH FINALMENTE TINHA conseguido guardar dinheiro suficiente para ir à universidade. Como seu pai era cidadão tanto de Arbon quanto de Schaffhausen, Hermann pôde pedir ajuda financeira a ambas: em termos concretos, esse foi o maior presente que a mobilidade dos pais lhe deu. No outono de 1904, a poucas semanas de seu aniversário de vinte anos, Hermann apareceu em Zurique com um carrinho de mão repleto de pertences e menos de mil francos em seu nome.

Tinha 1,78 m, era esguio e atlético. Andava de modo ligeiro e decidido, com as mãos unidas nas costas, e falava baixo e com calma; era vigoroso, sério e ágil com os dedos, quer quando fazia desenhos rápidos, recortes meticulosos ou entalhes em madeira. Seus olhos eram azul-claros, quase cinzas, embora a cor indicada seja "castanho" ou "cinza-castanho" em alguns documentos oficiais, como no registro de serviço militar, o livreto que todos os homens suíços guardam por toda a vida. Hermann foi declarado incapaz de servir ao exército, assim como diversos jovens considerados inúteis em um país com serviço militar universal. O motivo dado foi a visão ruim: 20/200 no olho esquerdo.

Rorschach havia deixado sua terra natal em Zurique jovem demais para se lembrar de quando morava lá, mas voltara algumas vezes em visitas com os pais. Na primeira carta para Anna depois de chegar na cidade, em 1904, Rorschach escreveu: "fui a duas exposições de arte ontem, pensando de novo no nosso querido pai. Alguns dias atrás, também fui procurar um banquinho em que me sentava com ele, e o encontrei." Mas em pouco tempo uma nova vida substituiu as lembranças da infância.

Ele tinha planejado ficar na pousada de um amigo da família, ajudando nas tarefas em troca do aluguel, mas seguiu o conselho de um colega de turma e se mudou para um alojamento mais independente. Um dentista e a esposa alugavam dois quartos de hóspedes iluminados e espaçosos no quarto andar de um prédio no número 3 da Weinplatz, a poucos passos de distância do rio Limmat, que passa pelo centro de Zurique (que era também o local dos antigos banhos romanos, da época em que a cidade se chamava "Turicum"). Rorschach alugou os cômodos com um colega de Schaffhausen, também estudante de medicina, e um estudante de música. Um dos aposentos servia como quarto comum e o outro como ambiente de trabalho, onde ficavam os livros que compartilhavam — que "aproveito mais do que eles", admitiu Rorschach. O estudante de medicina, Franz Schwerz, acordava às quatro da manhã para ir à aula de anatomia e dormia às nove da noite, o músico saía à noite e nos fins de semana, e Rorschach fazia seu trabalho no fim das manhãs e à noite. Sua única reclamação era que a janela do quarto ficava logo abaixo da torre da igreja de São Pedro, que ostentava o maior relógio de igreja da Europa; os sinos o acordavam.

Mas era barato: 77 francos por mês, incluindo duas refeições por dia, que Schwerz se lembra de serem deliciosas e enormes e que, segundo Rorschach contou à madrasta, eram "muito boas, quase exatamente iguais à comida caseira". (As hospedarias de Zurique normalmente cobravam pelo menos 4 francos por dia, e um almoço acessível em restaurante custava um franco.) Os estudantes eram responsáveis pelo próprio almoço aos domingos, então, nas noites de sábado compravam linguiças *schübling* no açougue da esquina e as assavam no apartamento na manhã seguinte, enchendo a escadaria com um aroma que aumentava o seu próprio apetite. Havia pouca coisa para se fazer nos fins de semana além de andar pelas ruas da cidade, estivesse o clima bom ou ruim — eles não tinham dinheiro para bares, cinemas ou teatros. Os colegas de quarto muitas vezes "voltavam para casa entediados e congelados, prontos para devorar o que tivesse sobrado do almoço".

Toda oportunidade de ganhar dinheiro extra era providencial. Quando Rorschach, figurante no teatro estudantil, lembrou-se de que o sindicato dos estudantes estava patrocinando um concurso para cartazes de teatro, correu para fazer a caricatura de um professor, acrescentando embaixo um dístico rimado do livro infantil de Wilhelm Busch sobre uma toupeira; duas semanas depois, 10 francos bem necessários chegaram pelo correio: o prêmio pelo terceiro lugar.

Apesar do cronograma cansativo de uma das melhores faculdades de medicina do mundo — dez disciplinas no seu primeiro semestre de inverno (de outubro de 1904 até abril de 1905) e outras doze no primeiro semestre de verão (de abril a agosto de 1905) —, Rorschach não estudava o tempo todo. Seu melhor amigo na universidade, Walter von Wyss, se lembrava dele como um leitor voraz, curioso sobre tudo. Havia tempo para arte, conversas e para vasculhar os excelentes sebos na "Atenas do Limmat", como Zurique era chamada.

Rorschach costumava passar as longas tardes de sábado no Künstlergütli, o único museu de arte público, que ficava do outro lado do rio, na pequena colina em direção à universidade. Os amigos e ele exploravam as galerias de arte ainda não moderna, principalmente de suíços: cenas camponesas de Albert Anker, pintor do século XIX, considerado o Norman Rockwell da Suíça; cenas da natureza do neorromântico Paul Robert; trabalhos sentimentais como a obra *Alter Mönch vor der Klause* [Velho Monge em Frente ao Hermitage], de Carl Spitzweg. A coleção incluía a pintura mais famosa do mestre realista Rudolf Koller, intitulada *Die Gotthardpost* [Carruagem de Correspondência de São Gotardo], excepcionalmente dinâmica, e a obra *Heroische Landschaf* [Paisagem Heroica], do maior escritor de Zurique, e também poeta preferido de Rorschach, Gottfried Keller. Alguns trabalhos apontavam o caminho para o futuro: *Das Turnerbankett* [O Banquete dos Ginastas], de Ferdinand Hodler, ou o pesadelo de *Der Krieg* [Guerra], do pioneiro da *Art Nouveau* e protossurrealista Arnold Böcklin, que, aliás, fora um dos assuntos da palestra "Poesia e Pintura" de Rorschach no ensino médio.

Em conversas posteriores a essas visitas ao museu, Rorschach as conduzia e perguntava aos amigos como eles viam a arte. Ele gostava de comparar os diferentes efeitos que cada peça tinha em cada pessoa. Por exemplo: o que poderia ser o quadro *Frühlingserwachen* [Despertar da Primavera], obra escandalosamente psicossexual de Böcklin, na qual se vê uma mulher de seios expostos e saia vermelha em uma paisagem, um sátiro, cabeludo e com pés de bode, tocando flauta e, entre eles, um rio de sangue?

Rorschach estava começando a categorizar as pessoas ao mesmo tempo em que se orgulhava de continuar singular. Depois de passar nas provas preliminares com notas excelentes em abril de 1906 — "Fui o único que as fiz depois de quatro semestres", se vangloriou para Anna em uma carta, "os outros estavam no quinto, sexto, sétimo, oitavo, mas dois alunos de quinto semestre e eu tivemos os melhores resultados" —, e olhava com frieza para os colegas de turma:

> Fiquei especialmente feliz porque eu fazia muita coisa "diferente" antes e durante as provas, embora eu trabalhasse bastante. Há um tipo muito comum entre os estudantes de medicina: uma pessoa que bebe cerveja, quase nunca lê os jornais e, sempre que quer dizer alguma coisa respeitável, só fala de doenças e professores; que se orgulha demais, especialmente do emprego que planeja conseguir, que pensa com afeto na esposa rica, no carro pomposo e na bengala com punho de prata; para esse tipo de gente, é muito desagradável quando alguém faz as coisas "de maneira diferente" e consegue passar nas provas mesmo assim.

Muitos rapazes sensíveis de 21 anos já tiveram pensamentos desse tipo, mas Rorschach não teria escrito uma carta assim se não fosse por suas experiências em Dijon.

O sinal mais óbvio de sua "diferença" era o tempo que ele passava com os estrangeiros exóticos na cidade. Zurique era cheia de russos, porque a liberdade política do país atraía inúmeros anarquistas e revolucionários. Vladimir Lênin morou lá em exílio entre 1900 e 1917, e preferia Zurique a Berna por causa da "grande quantidade de jovens estrangeiros com mente revolucionária", sem falar das excelentes bibliotecas, "sem fita vermelha, com ótimos catálogos, estantes abertas e o interesse excepcional no leitor": um modelo para a futura sociedade soviética. Havia um bairro conhecido como "Pequena Rússia" perto da Universidade de Zurique, com pensões, bares e restaurantes russos; como diziam os respeitáveis suíços, na Pequena Rússia os debates eram acalorados, e as refeições frias.

Na época de Rorschach, metade dos mais de mil estudantes da universidade eram estrangeiros, dentre os quais muitas mulheres. Duas suíças tinham estudado filosofia em Zurique na década de 1840, abrindo caminho para as mulheres estudarem medicina ali na década de 1860. A primeira a conseguir um doutorado em medicina, em 1867, foi uma russa que morava em Zurique: Nadezhda Suslova. Enquanto isso, as universidades russas continuaram a excluir as mulheres até 1914, e as universidades alemãs, até 1908.

As estrangeiras eram, por sua vez, a maioria das mulheres estudantes em Zurique, porque os pais suíços não deixavam suas filhas "bem-criadas" se misturarem com a "ralé". Emma Rauschenbach, herdeira de Schaffhausen e futura esposa de Carl Jung, se formara em primeiro lugar na sua turma de ensino médio, mas a família não permitiu que estudasse ciências na Universidade de Zurique: "Era simplesmente inconcebível que a filha de um Rauschenbach sequer pensasse em se misturar com a grande variedade de estudantes que se inscreviam na universidade", de acordo com um recente biógrafo de Carl Jung. "Quem poderia prever que ideias uma garota como Emma poderia assimilar por estar em tal companhia? [...] Uma educação universitária a tornaria imprópria para o casamento com alguém da mesma classe social." No entanto, as mulheres russas se concentravam em Zurique, enfrentando não apenas o machismo de estudantes e professores suíços, mas também protestos de algumas suíças que diziam que aquela "onda" de "invasoras semiasiáticas" roubava vagas de nativas mais merecedoras e transformava a universidade em "escola de aperfeiçoamento eslavo".

Quando não eram caricaturadas como intelectuais da Blue Stockings Society ou revolucionárias agitadas, as russas em Zurique muitas vezes eram cultuadas como beldades. Uma delas, de cabelos pretos, chamada Braunstein era conhecida na cidade como "o anjo de Natal"; desconhecidos se aproximavam dela na rua e pediam para tirar uma foto, mas ela sempre recusava. Quando alguns estudantes de química mandaram a ela um convite para a festa anual do departamento, endereçaram o envelope com o nome de uma rua e "MnO2" — a fórmula química do dióxido de manganês ou, em alemão, *Braunstein* —, e os zelosos carteiros não descansaram até encontrá-la. Mesmo assim, ela recusou. Rorschach, que queria desenhar seu retrato, teve sucesso onde outros falharam, ao convidar a moça e um amigo para irem a seus aposentos, com a promessa de mostrar aos dois uma carta manuscrita de Liev Tolstói. Ele falava um russo razoável, respeitava as mulheres russas naquele ambiente hostil e, possivelmente, sua aparência o ajudava. Naquela tarde de sábado, a arte no museu foi negligenciada, e um cavalete foi montado na Weinplatz 3.

Os russos em Zurique eram um grupo diverso: alguns eram jovens, outros mais velhos; uns eram mesmo revolucionários, como uma colega de turma, forçada a fugir da Sibéria para o Japão e mais tarde voltara de navio para a Europa, enquanto outros eram "completamente burgueses, humildes, trabalhadores árduos, desejosos de evitar a política". Alguns eram ricos, como a paciente, aluna, colega e amante de Jung, Sabina Spielrein, que chegara em Zurique em 1904, como Rorschach. Outros eram pobres, incluindo a filha de um farmacêutico de Kazan chamada Olga Vasilyevna Shtempelin.

Assim como Hermann, Olga era a mais velha de três filhos, obrigada pelas circunstâncias a assumir o papel de chefe da família. Era filha de Wilhelm Karlovitch e Yelizaveta Matveyevna Shtempelin e nasceu em 8 de junho de 1878, em Buinsk, perto de Kazan, um centro de comércio no rio Volga e a "porta de entrada" do império russo "para o ocidente". Embora as escolas de garotas na Rússia fossem voltadas para as filhas dos ricos, ela conseguiu estudar de graça no Instituto Rodionov para Meninas de Kazan, um privilégio advindo do serviço militar do bisavô. Chegou a Berlim em 1902, tirou um tempo para trabalhar e sustentar a família e pediu transferência para a faculdade de medicina de Zurique em 1905. Ela seria lembrada por aqueles que a conheceram lá como a mais inteligente da turma.

No início de setembro de 1906, Rorschach deu a sua irmã Anna uma descrição impressionante do passado e da personalidade de Olga. "A maioria dos meus amigos russos foram para casa" depois do semestre de verão, mas

> Uma mulher que conheci recentemente, há cerca de dois meses, está indo embora agora. Já pensei várias vezes que é uma pessoa que você deveria conhecer; ela é muito sozinha e, quando tinha vinte anos, teve que sustentar toda a família (o pai doente, a mãe e dois irmãos) por um ano e meio, com aulas particulares e cópias de documentos. Agora está no último ano da faculdade de medicina, prestes a completar 26 anos, cheia de vida e bom humor, e quando se formar, quer ser médica em uma aldeia, longe das pessoas das classes mais altas e cuidar de camponeses doentes até, talvez, que alguns a aborreçam mortalmente. Você poderia imaginar que existem vidas como essa? Esse orgulho, essa coragem, é isso que distingue as mulheres russas das outras.

Nobre, talentosa, histriônica: Hermann capturou a personalidade de Olga logo de cara. Além de não ser totalmente confiável: ela era seis anos mais velha do que Hermann e estava prestes a completar 28.

Olga personificava para Rorschach a imagem da Rússia que ele havia projetado quando estava em Dijon. Quando Tregubov voltou para a Rússia e Rorschach perdeu contato com ele, o jovem estudante deu um jeito de localizá-lo: "Caro conde Tolstói", escreveu em janeiro de 1906, "Um jovem que está preocupado com um amigo seu espera que você lhe conceda alguns minutos do seu tempo." A secretária de Tolstói respondeu, e o contato com Tregubov foi restabelecido. Nesse meio-tempo, Rorschach tinha aberto seu coração para o grande escritor:

> Aprendi a amar o povo russo, [...] seu espírito contraditório e seus sentimentos genuínos. [...] Eu os invejo por serem tão alegres, e também porque eles podem chorar quando estão tristes. [...] A capacidade de moldar o mundo, como os povos do Mediterrâneo; de pensar o mundo, como os alemães; mas de sentir o mundo, como os eslavos — será que esses poderes um dias serão reunidos?

A palavra que definia a essência russa, para Rorschach, era *sentimento*: estar em contato com emoções fortes e genuínas e ser capaz de compartilhá-las. E "ser entendido, de coração, sem formalidades e truques e montes de palavras eruditas", escreveu ele para Tolstói: "é isso que todos estamos procurando".

Ele não estava nem um pouco sozinho ao imaginar aquele povo nesse papel. Os romances e peças russos tinham leitores surpreendentes, de Virginia Woolf a Knut Hamsun e Sigmund Freud; o balé russo era o queridinho de Paris; a imensidão física da Rússia, sua combinação de civilização semieuropeia e alteridade épica, profundidade espiritual e atraso político inspiraram veneração e ansiedade em todo o continente. Quer essa visão de uma terra agitada por paixões fosse exata ou não, ela enquadrava o desejo constante de Rorschach de ser, em suas próprias palavras, compreendido a partir do coração.

Foi Zurique que tornou possível a conexão cultural e pessoal cada vez mais íntima de Rorschach com a Rússia. Ao mesmo tempo, a questão sobre o que significava ser compreendido seguia em investigação. Os professores de Rorschach travavam uma batalha sobre o próprio significado da mente humana e seus desejos. A psiquiatria estava abrindo novos caminhos na primeira década do século XX, e Zurique estava na encruzilhada.

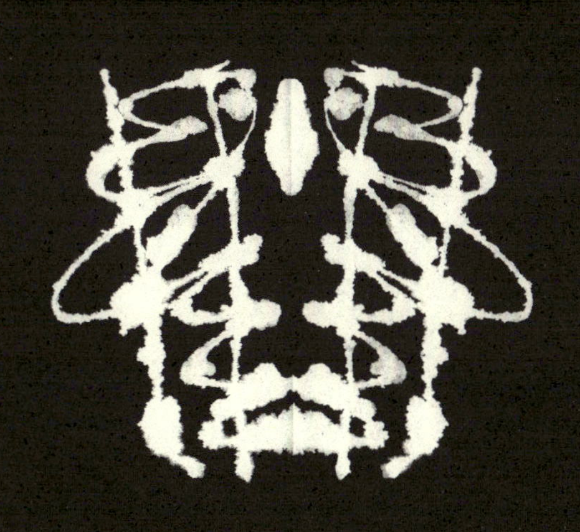

DESCOBERTAS EXTRAORDINÁRIAS.... e Mundos Beligerantes

Era possível reconhecer a silhueta compacta do professor de longe. Ele vinha apressado do hospital no último minuto para chegar ao palanque, onde ficava em pé com seus 1,60 m e sua barba robusta, com postura intensa, ligeiramente inclinado para a frente. Seus movimentos eram angulosos e bruscos e, quando ele falava, o rosto assumia uma expressão estranhamente vigorosa, quase encantada. As palestras abordavam técnicas clínicas e laboratoriais de maneira competente, recorrendo frequentemente à estatística, mas também enfatizavam repetidas vezes a importância da afinidade emocional com os pacientes. Consciencioso, profissional e às vezes exigente, ele também era modesto e gentil. Às vezes era difícil lembrar que esse era Eugen Bleuler, um dos psiquiatras mais respeitados do mundo, cujos métodos eram ensinados em salas de aula de toda a Europa e debatidos por estudantes cheios de entusiasmo.

Outro professor do mesmo departamento era tudo, menos modesto. Alto, vestido de maneira impecável, com tom aristocrático na voz e nos modos, era neto de um médico ilustre que, diziam, era filho ilegítimo do grande Goethe. Ele exalava uma mistura sedutora de confiança e sensibilidade, até certa fraqueza, e chegava cedo para se sentar em um banco no corredor, o que dava oportunidade a qualquer um que quisesse de se aproximar e conversar com ele. Suas palestras eram abertas para alunos e não alunos, e graças a sua repercussão e por serem tão envolventes, se tornaram tão populares que precisaram ser transferidas para um auditório maior. Em pouco tempo, ele "conquistou seguidoras dedicadas e chamativas", conhecidas como Zürichberg Fur-Coat Ladies [Senhoras de Casaco de Pele de Zürichberg], assim apelidadas em homenagem ao bairro mais rico da cidade, que "entravam com equilíbrio e autoconfiança em todas as suas palestras, ocupavam os melhores assentos e, assim, conquistaram a inimizade dos estudantes, que tinham que ficar nos fundos". E isso foi antes de as Senhoras começarem a convidá-lo para grupos particulares de discussão em suas casas. A filha de uma delas desprezava as fãs do professor, referindo-se a elas como "tietes famintas por sexo ou histéricas na pós-menopausa".

Em vez de oferecer estatísticas secas e instruir os futuros profissionais sobre técnicas de laboratório, Carl Jung falava sobre dinâmicas familiares e histórias humanas, muitas vezes usando como exemplo casos de mulheres como as suas ouvintes. Ele insinuava, e até mesmo chegou a dizer diretamente, que as "histórias secretas" delas continham a chave para mais verdades do que os médicos poderiam encontrar por conta própria. A mensagem era empolgante; sua percepção incisiva às vezes parecia quase mágica.

Esses eram os professores de Rorschach, que moldaram não apenas a trajetória dele, mas também o futuro da psicologia.

NA PRIMEIRA DÉCADA do século XX, Zurique estava no centro de uma enorme transformação da compreensão e do tratamento das doenças mentais. Naquela época, o campo estava bastante dividido entre o respeito pela experiência interior subjetiva e o esforço para alcançar o respeito científico por meio do foco em dados objetivos e leis gerais. Havia cientistas conhecidos como "psicopatologistas", a maioria francesa, que começaram a explorar a mente, e outros, a maioria alemã, que perseguiam a chamada "psicofísica", que preferia dissecar o cérebro. Essa divisão profissional e geográfica se sobrepunha, mas não inteiramente, a uma divisão institucional entre psiquiatras, que geralmente trabalhavam em hospitais ou clínicas, e psicólogos, que passavam mais tempo em laboratórios de universidades. Os primeiros tentavam curar pacientes, enquanto os últimos estudavam casos. Havia um cruzamento, e os maiores avanços da psicologia vinham quase sempre de psiquiatras especializados — Freud e Jung, por exemplo, eram psiquiatras e médicos. Mas esses profissionais tinham formação em medicina; os psicólogos, por sua vez, eram pesquisadores com doutorado.

Apesar dos avanços na neurologia e na classificação de doenças, um psiquiatra do século XIX não podia fazer quase nada para ajudar as pessoas. Isso era verdade na medicina em geral — não havia antibióticos, anestesia ou insulina. Janet Malcolm, para descrever os médicos de uma época um pouco anterior à sua, declara que "a medicina do tempo de Tchékhov não conseguia curar como a de hoje. Os médicos entendiam as doenças, mas não tinham como curar os pacientes. Um médico honesto devia achar seu trabalho muito deprimente." A psiquiatria, nesse sentido, era ainda pior.

Além da medicina, as próprias fronteiras entre a ciência e as humanidades estavam sendo redesenhadas. O objetivo da psicologia deveria ser *definir* cientificamente uma doença, com listas de sintomas e leis sobre como as doenças progridem, ou *entender*, de forma mais humanística, um indivíduo singular e seu sofrimento? Em termos práticos: um jovem aspirante a psicólogo deveria estudar ciência ou filosofia? Na época inicial — antes de Freud, antes da neurociência moderna —, a psicologia geralmente era classificada como um ramo da filosofia. Simplesmente não havia outro jeito de entender a mente. As doutrinas médicas também coincidiam, em grande parte, com os ensinamentos religiosos sobre a virtude e o pecado, o caráter e o autocontrole. Os psiquiatras tentavam curar casos de possessão demoníaca e sua tecnologia mais avançada era o mesmerismo.

Rorschach ainda era um estudante quando tudo isso começava a mudar. Freud tinha sintetizado uma teoria da mente inconsciente e dos impulsos sexuais que reunia a psicopatologia, a psicofísica e uma psicoterapia nova e eficaz, ao mesmo tempo em que reintegrava as humanidades à ciência natural e redefinia a distinção entre normalidade e doença. As fantasias aparentemente sem sentido de pacientes psicóticos estavam sendo decifradas — e curadas — com métodos baseados em suposições que pareciam inacreditáveis para pesquisadores materialistas do cérebro.

Quando Rorschach entrou na faculdade de medicina, tudo o que Freud tinha era um sofá em Viena e uns poucos neuróticos de classe alta como clientes. *A Interpretação dos Sonhos*, publicado em 1899, vendeu 351 cópias em seis anos. Em termos de respeito científico e institucional, e de recursos e reputação internacional necessários para estabelecer a psicanálise como movimento duradouro, o melhor lugar era Zurique.

A faculdade de medicina da Universidade de Zurique era uma instituição híbrida ligada ao Burghölzli: um complexo inaugurado em 1870, que compreendia um laboratório, uma clínica psiquiátrica universitária e um hospital universitário. Na época de Rorschach, era considerado o melhor hospital psiquiátrico do mundo. Era uma grande instalação administrada pelo cantão de Zurique e que abrigava principalmente pacientes de classe baixa, sem instrução, que sofriam de esquizofrenia, sífilis terciária ou outras demências com causas físicas, com diretoria ligada à recém-fundada cadeira de psiquiatria da universidade.

Na maioria das universidades, os prestigiados professores de psiquiatria eram pesquisadores do cérebro, com consultórios pequenos e alguns casos de curto prazo para usar de exemplo. Mas, como escreve o historiador John Kerr, qualquer docente de psiquiatria em Zurique era responsável por mais de cem pacientes, quase todos incuráveis. E eles eram nativos, falavam baixo-alemão ou o dialeto de Zurique do alemão suíço: o professor literalmente não conseguia entender o que eles diziam. Como já era de se esperar, uma série de diretores clínicos rapidamente pulou do barco e, embora o professorado da universidade tenha ganhado estatura, o Burghölzli logo se tornou "mais conhecido, entre os locais, pelo bordel situado na parte mais distante de seu terreno" do que pelo hospital em si. A situação começou a melhorar sob o comando do diretor Auguste Forel, mas até ele se aposentou precocemente e passou o cargo, em 1898, para Eugen Bleuler (1857-1939, contemporâneo de Freud).

Bleuler era de Zollikon, aldeia agrícola perto de Zurique, adjacente ao Burghölzli. Seu pai e seu avô fizeram parte da luta, na década de 1830, para conquistar direitos iguais para os agricultores e, ainda mais importante, estabelecer a Universidade de Zurique. Bleuler foi a segunda pessoa de sua aldeia a obter grau universitário e a primeira a frequentar a faculdade de medicina. Ao longo da vida, continuou profundamente consciente de sua aparência e seus antecedentes rústicos, e também da luta de classes e da organização política que tornaram sua carreira possível. Ele falava o idioma local, o que era de grande importância, pois conseguia entender o que os pacientes diziam.

A sabedoria predominante era que o tipo de gente sob os cuidados de Bleuler não tinha esperança. Nas palavras de Emil Kraepelin, psiquiatra que deu o nome de *demência precoce* ao que hoje é chamado de esquizofrenia: "Sabemos agora que o destino de nosso paciente é determinado principalmente pelo desenvolvimento da doença; raramente podemos alterar o curso dela. Devemos admitir abertamente que a grande maioria dos pacientes internados em nossas instituições está perdida para sempre." E de forma ainda mais brutal: "A grande massa de pacientes não curados que se acumula nas nossas instituições mentais pertence à *demência precoce*, cujo quadro clínico é marcado sobretudo pelo colapso mais ou menos abrangente da personalidade". Eles "pertenciam" à doença. Freud também disse que esses pacientes eram inacessíveis. Mas Bleuler, nas trincheiras, descobriu o contrário: a linha entre a doença e a saúde mental não era tão rígida e permanente quanto seus colegas da universidade acreditavam, e ver os pacientes como uma "grande massa empilhada" era parte do problema.

Antes de se tornar diretor do Burghölzli, Bleuler vivera durante doze anos no maior manicômio da Suíça, um hospital-mosteiro (originalmente uma basílica do século XII) na ilha de Rheinau que abrigava entre 600 e 800 pacientes. Ali e no Burghölzli, Bleuler mergulhou no mundo dos psicóticos graves, visitava as enfermarias até seis vezes por dia e conversava por horas com catatônicos sem reação. Ele dava aos assistentes uma carga de trabalho enorme, tipicamente de oitenta horas semanais — com rondas matutinas antes das 8h30, anotando históricos de casos depois das rondas noturnas, muitas vezes até as 22h ou 23h —, além de obrigá-los ao celibato monástico e à abstinência de álcool. Os médicos e funcionários dormiam em grandes quartos compartilhados, com poucas exceções. Não podiam reclamar, já que Bleuler trabalhava mais do que qualquer um.

Vivendo em contato tão próximo com seus pacientes, Bleuler percebeu que eles tinham reações mais sutis e menos compulsivas ao ambiente do que se pensava. Por exemplo, se comportavam de maneira diversa com parentes diferentes ou com membros do sexo oposto. O determinismo biológico não conseguia explicar completamente seus sintomas. Eles também não estavam condenados, pelo menos não necessariamente — até a progressão dos casos mais graves podia, às vezes, ser interrompida ou revertida se os médicos desenvolvessem um bom relacionamento com os pacientes. Bleuler subitamente dava alta para pacientes que pareciam gravemente doentes, ou então convidava um especialmente violento para um jantar formal em sua casa. Ele foi pioneiro na terapia do trabalho e em outras "tarefas orientadas para a realidade" — como cortar lenha e cuidar de outros pacientes que tinham tifo — para casos crônicos considerados perdidos, e obteve curas que pareciam quase milagrosas. Quando os pacientes esquizofrênicos trabalhavam nos campos, se juntava a eles, em tarefa que lhe era familiar desde a juventude em Zollikon. Bleuler dedicou a vida a estabelecer uma conexão emocional com todos sob seu cuidado. Tanto os pacientes quanto os funcionários costumavam chamá-lo de "pai".

Foi Bleuler quem chamou a doença de *esquizofrenia* — sua contribuição mais famosa para a ciência, além da invenção dos termos *autismo, psicologia profunda* e *ambivalência*. Ele fez isso porque o rótulo anterior de Kraepelin, *demência precoce*, significa "perda precoce da mente", algo biológico e irreversível, enquanto "uma mente dividida" (significado de *esquizofrenia*) não é irremediável, podendo ter ainda poderes ativos e funcionais. Bleuler também queria um novo termo porque não há como usar *demência precoce* como adjetivo. Na opinião dele, a doença não deveria ser um objeto médico, mas um caminho entre muitos para descrever um sofredor humano específico.

Essa empatia pelos pacientes tinha raízes pessoais: quando Bleuler tinha dezessete anos, sua irmã desenvolveu catatonia e foi hospitalizada perto de sua aldeia no Burghölzli. A família ficou indignada com os médicos do cérebro, pois, como os moradores locais diziam, eles pareciam mais interessados em microscópios do que em pessoas, além de nem saberem falar o idioma da moça. Bleuler decidiu (segundo algumas versões da história, estimulado pela mãe) se tornar um psiquiatra que realmente conseguisse entender os pacientes. Embora nunca tenha escrito ou falado publicamente sobre a doença da irmã Anna-Paulina, a influência decisiva dela é inegável. Um dos assistentes de Bleuler que trabalhou no Burghölzli entre 1907 e 1908 se lembrava: "Bleuler muitas vezes nos dizia que mesmo os catatônicos mais graves podem ser influenciados pela persuasão verbal. Ele deu a própria irmã como exemplo. [...] Uma vez, Bleuler teve que tirar ela do prédio enquanto estava em estado de excitação aguda. Ele se recusou a usar a força e [...] conversou com ela durante horas e horas, até ela aceitar vestir as roupas e sair com ele. Bleuler usava esse exemplo como prova de que a persuasão verbal era *possível*."

A irmã morou com ele no seu apartamento no Burghölzli durante quase trinta anos, desde a morte dos pais, em 1898, até a morte dela, em 1926. Seu assistente se recordava: "Do meu quarto do outro lado do corredor, eu a via andando monotonamente de um lado para o outro, o dia todo. Os filhos de Bleuler eram muito novos na época e não pareciam notar a tia. Sempre que queriam subir em algum lugar, eles simplesmente a tratavam como um objeto inanimado, como uma cadeira. Ela não demonstrava reação, nenhuma relação emocional com as crianças." Bleuler convivera com a esquizofrenia extrema durante décadas antes da invenção do termo e durante toda a sua carreira no Burghölzli teve um exemplo vivo da humanidade dos esquizofrênicos bem ali em sua sala. Seus esforços pioneiros haviam começado em casa.

Naturalmente, toda geração se propõe a corrigir os erros da anterior; os psiquiatras frequentemente acusam seus predecessores de serem desalmados ou, no mínimo, mal orientados. Na verdade, os psiquiatras antes de Bleuler, de Forel a Kraepelin até o pai da psiquiatria centrada no cérebro, Wilhelm Griesinger, também eram, em todos os aspectos, médicos compreensivos e cuidadosos. Mas o Burghölzli era realmente diferente. O assistente de Bleuler disse: "A maneira como olhavam para o paciente, o modo como o examinavam, era quase como uma revelação. O que eles faziam não era simplesmente classificar o paciente. Eles pegavam suas alucinações, uma por uma, e tentavam determinar o que cada uma significava, e por que o paciente tinha aqueles delírios específicos. [...] Para mim, isso era totalmente novo e revelador." A transformação do trabalho em cuidados centrados no paciente não começou no Burghölzli, nem terminou lá, mas Bleuler orientou gerações de psiquiatras, tanto estudantes quanto assistentes — incluindo seu filho Manfred, Carl Jung e Sabina Spielrein, dois dos chefes posteriores de Rorschach, e o próprio Rorschach. Se hoje é impensável que um psiquiatra seja incapaz de falar a língua do paciente, isso se deve, em grande parte, a Eugen Bleuler.

Carl Jung chegou ao Burghölzli em dezembro de 1900 para ser assistente de Bleuler. Nas décadas seguintes, se tornou a figura notável e, depois, extraordinária que transformaria o campo da psicologia repetidas vezes.

A partir de 1902, Jung e o outro médico assistente do Burghölzli, Franz Riklin, desenvolveram o primeiro método experimental para revelar padrões no inconsciente: o teste de associação de palavras. Nele, alguém lia uma lista de cem palavras prontas e solicitava à pessoa que dissesse a primeira coisa que lhe vinha à cabeça ao ouvir cada uma delas, enquanto isso, o médico cronometrava o tempo das respostas; em seguida, a lista era repassada e pedia-se à pessoa que se lembrasse das respostas que dera na primeira vez. Quaisquer aberrações — longas demoras, lapsos de memória na segunda rodada, *non sequiturs* surpreendentes, não conseguir dizer nada e repetição de respostas — só podiam ser explicadas por atos inconscientes de memória e repressão, uma espécie de buraco negro escondido que extraía e distorcia as respostas da pessoa em relação a desejos ocultos ou induzia simulações na direção oposta. Jung chamou esses centros latentes de "complexos". O teste descobriu, empiricamente, que a maioria deles era sexual.

Com isso, os médicos do Burghölzli fizeram uma descoberta "inédita e extraordinária". Independentes de Freud — e fazendo algo totalmente diferente ao deixar um neurótico tagarelar em um sofá —, eles conseguiram produzir provas concretas de processos inconscientes em ação, tanto em pessoas "normais" quanto em doentes mentais. Eles logo reconheceram que os resultados tinham confirmado o que Freud dizia, e em pouco tempo, o teste de associação de palavras foi incorporado à psicanálise, já que os médicos improvisavam palavras-estímulo para buscar certas linhas de pensamento ou usavam os complexos encontrados como pontos de partida para a terapia. O método tinha um enorme potencial na criminologia. Jung e Riklin tinham criado o teste psicológico moderno.

O que surgiu em seguida no Burghölzli foi nada menos que um excesso de testes, com os médicos cronometrando, interpretando sonhos e usando a psicanálise para tratar seus pacientes, suas esposas, seus filhos e uns aos outros. Eles mergulharam durante anos em todos os sinais do inconsciente que conseguiram encontrar: cada deslize da língua ou da caneta, lapsos de memória, uma melodia cantarolada de maneira distraída. "Foi assim que conseguimos conhecer uns aos outros", escreveu Bleuler. Seu filho mais velho, Manfred (nascido em 1903), e a filha mais velha de Jung, Agathe (nascida um ano depois), se lembravam de uma sensação de estarem sob total observação psicanalítica quando crianças. As publicações sobre o experimento de associação de palavras incluíram resultados anônimos de Bleuler, de sua esposa, de sua mãe, de sua irmã e do próprio Jung.

Bleuler ficou empolgado com as descobertas de Freud e logo quis usá-las para ajudar pacientes profundamente psicóticos, e não apenas os particulares que tinham complexos sexuais. Em pouco tempo, encontrou resultados tão convincentes que entrou em contato com Freud. Ele aproveitou a ocasião da revisão de um livro de 1904 para se expressar do jeito mais convincente possível, dizendo que os livros *Estudos Sobre a Histeria* e *A Interpretação dos Sonhos,* ambos de Freud, "abriram um novo mundo" — endosso poderoso de um dos principais psiquiatras da Europa. Depois, escreveu diretamente a ele: "Caro e honrado colega! Nós aqui do Burghölzli somos admiradores fervorosos das teorias freudianas na psicologia e na patologia." Como parte da autoanálise entusiasmada no Burghölzli, ele chegou a enviar a Freud descrições de vários de seus sonhos, pedindo dicas de como interpretá-los.

A notícia da fervorosa admiração de Bleuler foi uma das cartas mais animadoras que Freud recebeu e o primeiro sinal que ele viu da aceitação de sua teoria no meio acadêmico. Pode ter sido isso que o inspirou a encerrar seu hiato de vários anos na escrita e produzir as três grandes obras que publicaria em 1905 (*Três Ensaios Sobre a Teoria da Sexualidade, O Chiste e Sua Relação com o Inconsciente* e *Fragmento da Análise de Um Caso de Histeria*). Freud alardeou para os amigos: "Um reconhecimento absolutamente impressionante, do meu ponto de vista. [...] Pensem: um professor oficial de psiquiatria e meus † † † estudos de histeria e sonhos, até então invocados com repulsa e aversão!" (Três cruzes eram gravadas com giz nas portas das casas dos camponeses para afastar o perigo e o mal — Freud as usava nas cartas para indicar, de forma irônica, coisas terríveis e diabólicas.) Ele escreveu para Bleuler: "Estou confiante de que em breve nós vamos conquistar a psiquiatria".

Esse "nós" passava por algo que Freud sabia muito bem: Bleuler, no auge da psiquiatria profissional em Zurique, era muito mais importante para as ideias freudianas do que o contrário. Ao tornar o Burghölzli a primeira clínica psiquiátrica universitária no mundo a usar métodos de tratamento psicanalíticos, Bleuler e seus assistentes inseriram Freud na medicina profissional. Zurique, onde Rorschach estudava, substituiu Viena como o epicentro da revolução freudiana.

Em 1906, o Burghölzli estava completamente envolvido nas controvérsias em torno das ideias freudianas — o que Freud chamou de "a guerra dos mundos" da psiquiatria acadêmica e da psicanálise. Com os estudos de associação de palavras de Jung e Riklin oferecendo provas aparentemente irrefutáveis das teorias de Freud, os antifreudianos atacaram. Gustav Aschaffenburg, o psiquiatra alemão que ensinara a Riklin como realizar os testes de associação de palavras, proferiu uma denúncia feroz contra Freud em uma convenção psiquiátrica e depois a publicou.

Bleuler havia defendido Freud em 1904, dois anos antes, mas depois disso ousou fazer algumas perguntas difíceis. A teoria de Freud parecia extrema, escreveu Bleuler — será que *tudo* tinha raízes na sexualidade? Onde estavam as evidências que tanto enriqueciam o trabalho anterior de Freud? Será que ele não estava generalizando a natureza humana de forma não científica a partir de um único caso? Bleuler achava produtivo que as opiniões fossem desafiadas; Freud, por sua vez, nem tanto, já que desprezou todas as dúvidas razoáveis de Bleuler, classificando-as como resistência à grande verdade e voltou sua atenção para o colega mais novo do médico.

Foi Jung, não Bleuler, que respondeu a Aschaffenburg em 1906 — uma crítica arrasadora que muito promoveu a reputação de Freud. Jung já tinha passado por cima de Bleuler para escrever a Freud, deixando escapar, na primeira carta, que "tinha publicado o caso que inicialmente chamou a atenção de Bleuler para a existência de seus princípios, embora, naquela época, com vigorosa resistência por parte dele". O oposto era mais próximo da verdade. Jung aproveitou a oportunidade de seu primeiro encontro pessoal com Freud, em 1907, para criar outra cisão entre os dois e convencer Freud de que ele, Jung, era seu representante em Zurique.

As cartas de Jung para Freud foram ficando cada vez mais traiçoeiras, até virarem punhaladas nas costas de Bleuler, atacando seu espírito pedante e tacanho e sua total incompetência na psicanálise: "As virtudes de Bleuler são distorcidas por seus vícios, e nada vem do coração"; a palestra de Bleuler "foi terrivelmente superficial e esquemática"; "a verdadeira e única razão" para as objeções de Bleuler "é a minha deserção do grupinho da abstinência"; "Admiro a maneira como você aguenta Bleuler. Sua palestra foi horrível, não acha? Você recebeu o livro grande dele?" Estava falando do livro sobre esquizofrenia — o trabalho da vida de Bleuler. "Ele fez umas coisas muito ruins ali."

Se Bleuler é injustamente esquecido hoje, é em grande parte porque Jung o expulsou da história — nunca o mencionando pelo nome em suas memórias, chegando a dizer que os psiquiatras do Burghölzli só se importavam com rótulos e que "a psicologia do doente mental não desempenhava nenhum papel". Foi Jung, segundo o próprio Jung, quem foi levado a descobrir as histórias individuais de seus pacientes: por que cada um acreditava em algo diferente, e de onde vinham essas crenças particulares e específicas? Se um paciente achava que era Jesus e outro dizia: "Eu sou a cidade de Nápoles e tenho que fornecer macarrão para o mundo", qual era o sentido de juntar os dois sob o rótulo de "delirante"? A acusação de Jung de que Bleuler "preferia fazer diagnósticos comparando sintomas e compilando estatísticas" em vez de "aprender a língua de cada paciente" foi um golpe especialmente baixo, considerando a história do uso do dialeto suíço no Burghölzli.

O que muitas vezes era visto como um dueto de atração, repulsa e interesse pessoal entre Freud e Jung era, na verdade, um triângulo: Jung se vendeu muito para Freud porque queria substituir Bleuler; quando Bleuler se tornou menos confiável, a necessidade de Freud por Jung se intensificou; Jung, enfurecido pela autoridade de Bleuler, arquitetou a luta pelo poder que estava por vir contra Freud. Nessas disputas, quem se sai melhor é Bleuler, às vezes visto como alguém hesitante e sem imaginação, mas com o menor ego e a maior disposição para aprender com os outros. No entanto, a estrela dele desabava enquanto a de Jung se erguia.

Sob as diferenças intelectuais havia um conflito básico de classes: enquanto os Bleuler viviam de um jeito modesto, se alimentavam no refeitório do hospital e compartilhavam a vida com a irmã catatônica de Eugen, Jung, em 1903, tinha se casado com uma das mulheres mais ricas da Suíça. Então, se mudaram de seu apartamento no Burghölzli, logo abaixo do de Bleuler, e suas refeições eram particulares e preparadas por criados, isso quando não saíam para desfrutar os melhores restaurantes de Zurique. Jung pediu uma série de licenças sem vencimento para continuar sua própria pesquisa ou para viajar — já que agora podia pagar por essas viagens —, e Bleuler aprovou todas; porém, ele ficava cada vez mais rancoroso conforme os anos passavam, e as obrigações de administrar um grande hospital o afastavam do próprio trabalho. O crescente desdém de Jung por Bleuler, que trabalhava muito, era um sinal do aumento da sua própria sorte.

Os dois se desentenderam com Freud poucos anos depois e continuaram brigando entre si durante décadas — "vinte anos de inimizade ativa" que, "enquanto ambos ainda estavam no Burghölzli, variavam de observações veladas ocasionais a injúrias abertamente hostis; muitas vezes diante de médicos chocados ou pacientes assustados". Qualquer psiquiatra de Zurique tinha que andar por um campo minado de "mundos em guerra" em constante mudança, onde até a recusa de tomar partido era sentida como traição pelos dois lados. Esse era o dilema que Bleuler tinha que enfrentar agora. Ele sentia que a autoridade absoluta era inimiga do debate e do progresso científico: "Esse negócio de 'você está conosco ou contra nós' é, na minha opinião, necessário para comunidades religiosas e útil para partidos políticos, mas o considero prejudicial para a ciência", disse ele diretamente a Freud. Buscando a pluralidade, ele se juntou a organizações criadas para se oporem ao campo fechado de Freud, que discordou, enquanto a maioria dos pesquisadores criticou Bleuler por tê-lo apoiado.

RORSCHACH OBVIAMENTE NÃO soube das intrigas reveladas apenas nas cartas particulares entre Freud, Jung e Bleuler. No início de 1906, enquanto Freud transferia sua lealdade de Bleuler para Jung, Rorschach estava no segundo ano da faculdade, nas provas preliminares e assistindo às palestras de Jung; que, aliás, mais tarde disse que nunca conhecera Rorschach pessoalmente. Mesmo assim, Rorschach não deixou de saber das brigas entre esses pioneiros e das questões em jogo.

Como estudante, e pelo resto da vida, Rorschach respeitou as ideias de Freud e preservou certo ceticismo em relação a elas. Ele continuou a usar a psicanálise, mas, ao mesmo tempo, reconhecia suas limitações. Em uma palestra posterior para um público geral de médicos, longe de Zurique, ele falou com autoridade de como a psicanálise funcionava e o que ela podia ou não fazer; porém também brincou que "em Viena, em breve vão explicar a rotação da Terra em termos psicanalíticos".

Rorschach usou o teste de associação de palavras em pacientes e em casos criminais durante anos, mesmo depois de Jung ter abandonado a ideia, além de se inspirar no trabalho posterior dele. O livro de Jung de 1912, *Transformações e Símbolos da Libido* [posteriormente publicado como *Símbolos da Transformação — vol.* 5], definiu a "Escola de Zurique", que ampliava as explorações psicanalíticas para uma enorme variedade de fenômenos culturais, desde mitos gnósticos e religiões até a arte e ao que viria a ser chamado de inconsciente coletivo. Jung tinha rejeitado a compreensão literal de Freud sobre as pulsões sexuais, vendo-as de maneira mais mitológica e simbólica como a "energia vital" compartilhada pela sexualidade, o fogo e o sol. Rorschach também era "fascinado pelo pensamento arcaico, pelos mitos e pela construção das mitologias", segundo Olga. "Ele buscou os traços dessas ideias antigas em diversos pacientes, procurou analogias e descobriu nos delírios de um fazendeiro suíço doente, que levava uma vida de eremita, alusões estarrecedoras ao mundo dos deuses egípcios."

Assim como fez com as ideias de Freud, Rorschach usou as de Jung sem deixar se influenciar de todo por elas. Jung tomou partido: embora reconhecesse que certamente havia causas fisiológicas para as doenças mentais, ele logo apontou que a maioria de seus pacientes tinha cérebros intactos ou, pelo menos, que não havia como conectar seus distúrbios psicológicos ao cérebro. "Por essa razão", disse Jung em janeiro de 1908, em palestra na Prefeitura de Zurique, "abandonamos totalmente a abordagem anatômica na nossa Clínica de Zurique e nos voltamos para a investigação psicológica da doença mental." Tenha Rorschach assistido ou não a essa fala específica, o fato é que ele absorveu a mensagem. Ele ofereceu seu tributo às ciências puras, realizando uma pesquisa anatômica confiável sobre a glândula pineal no cérebro, mas achava que o futuro da psiquiatria estava em encontrar maneiras de interpretar a mente e não apenas na dissecação do cérebro.

Mas Rorschach era mais próximo em espírito ao terceiro grande pioneiro, que era constitucionalmente incapaz de "abandonar por completo" a abordagem interpretativa ou a anatômica. Se uma doença é biológica, argumentava Bleuler, talvez ela deva ser tratada independentemente dos delírios específicos do paciente ou de sua "história secreta". Rorschach também continuou acreditando que a psicologia se apoiava em uma base fisiológica — no caso dele, a natureza da percepção.

Rorschach tinha em comum com Bleuler o modesto passado social, um interesse humano por portadores de doenças mentais graves e a capacidade, que seus colegas muitas vezes não tinham, de respeitar e aprender com os outros mesmo ao trilhar os próprios caminhos. Enquanto Freud via as mulheres como seres de psicologia misteriosa muito diferente da dos homens, e Jung escrevia sobre o suposto interesse predominante das mulheres pela vida doméstica e a tendência a usar a emoção em detrimento do intelecto, Rorschach — defensor dos direitos das mulheres no ensino médio — e Bleuler não concordavam com nenhum desses preconceitos e, mais importante, nunca criaram suas teorias em torno deles.

Eles também rejeitavam racionalmente a psicologia paranormal. Freud e Jung — e também William James, Pierre Janet, Théodore Flournoy e os outros psicólogos proeminentes da época — frequentavam sessões espíritas e estudavam médiuns não como passatempo, mas porque era ali que esperavam ter acesso ao mundo "subliminar" que em breve seria chamado de inconsciente. Rorschach, assim como Bleuler, entendia essas práticas nos termos de hoje. Quando sua irmã Anna zombou da avó por se voltar ao espiritualismo, Hermann, então na faculdade de medicina, respondeu que "se uma pessoa idosa está entristecida e se volta para os espíritos, ela o faz apenas porque as pessoas não a querem mais. Ela tenta se comunicar com fantasmas porque não tem mais ninguém vivo que seja próximo dela. Essa é uma situação de tragédia real e profunda, e não é motivo para se irritar."

Rorschach nunca trabalhou no Burghölzli, mas, por causa da natureza simbiótica que Universidade de Zurique mantinha com aquela instituição, ele pôde ter como orientador acadêmico um clínico de nível internacional. Ele se tornou tão bleuleriano que até assumiu, em janeiro de 1906, a promessa de abstinência do álcool, algo que manteve pelo resto da vida. Bleuler era exceção entre os psiquiatras universitários de sua época, apoiando, aplicando e ensinando as ideias de Freud, mas a independência entre Zurique e Viena era crucial: Rorschach estava no único lugar do mundo onde a psicanálise era, ao mesmo tempo, levada a sério e aberta a mais refinamento e exploração. Ele estudou com os inventores do primeiro teste psicológico do inconsciente. Tudo isso, depois, se provaria como a formação ideal.

Em 1914, quando Rorschach já era um psiquiatra experiente, Johannes Neuwirth, soldado de uma tropa ciclista do exército suíço, foi enviado à clínica para avaliação. Neuwirth tinha tirado uma licença de dez dias, pagara 2900 francos para abater dívidas da empresa do padrasto e, na quinta-feira, 3 de dezembro, dois dias antes de voltar ao serviço, desapareceu de repente. A polícia o encontrou em uma taverna seis dias depois, debruçado sobre o prato de comida com uma grande caneca de cerveja à sua frente, comendo devagar e com calma. Depois de um tempo, o policial perguntou: "Neuwirth, por que não voltou ao serviço no sábado?" O soldado levantou o olhar e disse, hesitante e envergonhado: "Preciso ir embora agora".

Ele seguiu de bom grado com o policial e quis se reunir com sua tropa de imediato — ele gostava de servir ao exército. Quando lhe perguntaram que dia era, respondeu "quinta-feira" e se recusou a acreditar que já era quarta-feira, dia 9; parecia confuso de forma geral. Transferido para o hospital, Neuwirth disse que sua bicicleta tinha virado na neve na noite do dia 3 e que ele havia caído perto da ponte próxima à estação de trem. Ele não se lembrava de mais nada até o policial falar com ele na taverna. "Era como se eu estivesse acordando de um sonho. Eles me acusaram de querer fugir, mas, se eu quisesse mesmo, teria feito isso com 2900 francos no bolso, não depois de ter gastado tudo pagando contas."

Depois de conhecer o longo histórico da vida, da saúde física e das circunstâncias familiares de Neuwirth, Rorschach usou o experimento de associação de palavras de Jung-Riklin, a associação livre freudiana e a hipnose — uma das especialidades de Bleuler — para ajudar Neuwirth a se lembrar do que tinha acontecido. O teste de associação de palavras não apresentou nada que tivesse acontecido no incidente em si, mas revelou complexos que explicavam *por que* o ataque de Neuwirth assumira aquela forma (hostilidade em relação ao padrasto, desejando que o pai ainda estivesse vivo para que "tudo voltasse a ser como antes"). A associação livre freudiana levou o paciente a um estado dissociado, o que demonstrou *como* ele havia agido: começara a ter alucinações de imediato e depois não conseguia se lembrar de nada além da primeira coisa que tinha visto. A hipnose funcionou melhor para descobrir os fatos do *que* tinha acontecido, como Rorschach esperava; ele a guardou para o final para poder comparar os resultados dos diferentes métodos. Sob hipnose, Neuwirth revelou que tinha deixado a bicicleta deitada perto da estação, se sentou em um banco no parque, voltou ao trabalho do padrasto, não conseguiu encontrar o caminho para casa, teve o que parecia ser um ataque epilético... A história era sempre consistente, mas ele se lembrava de tudo ter acontecido em um único dia.

Depois da hipnose, Rorschach conseguiu interpretar as visões da associação livre e os resultados da associação de palavras para remontar boa parte da história. "Foi especialmente importante", resumiu, "mostrar, usando o material posteriormente recuperado na hipnose, que *as chamadas 'associações livres' são, na verdade, determinadas*", ou seja, não são aleatórias, e sim produtos de "memórias inconscientes". Cada técnica tinha uma função importante. Rorschach concluiu que uma análise completa teria sido a melhor de todas, pois daria mais detalhes não revelados sob hipnose e provaria que todos os aspectos do caso, em suas palavras, "se juntaram em um quadro unificado".

Mas não houve tempo para tal análise. O que ele precisava era de um método que pudesse funcionar em uma única sessão, produzindo "uma imagem unificada" imediatamente. Teria que ser estruturado, com elementos específicas aos quais reagir, como as fichas em um teste de associação de palavras; também precisaria ser desestruturado, como a tarefa de dizer a primeira coisa que vem à cabeça; e, como a hipnose, capaz de contornar nossas defesas conscientes para revelar o que não sabemos saber ou o que não queremos saber. Rorschach tinha três técnicas valiosas à disposição, de seus três principais influenciadores, mas o teste do futuro teria que combinar todas elas.

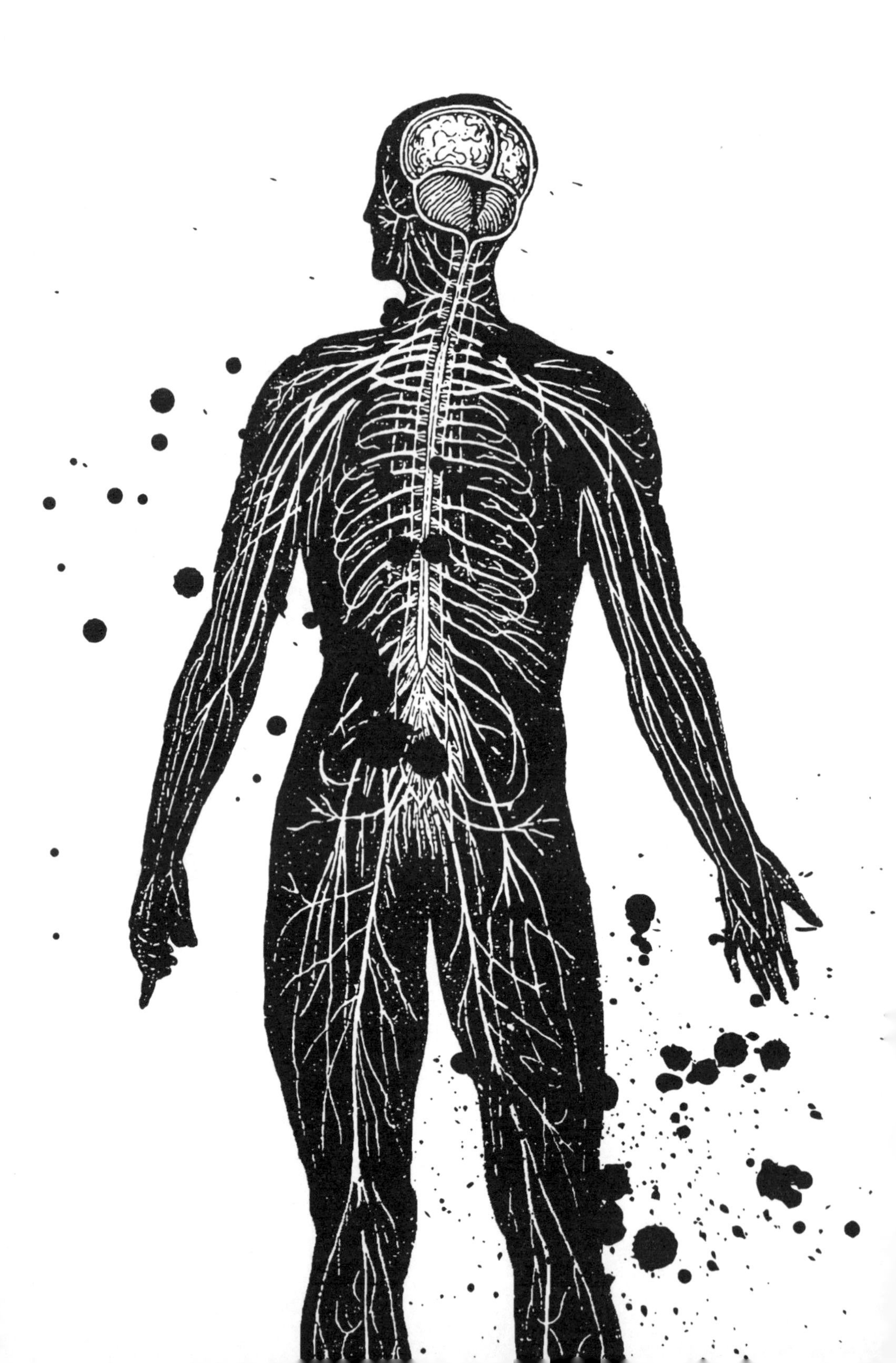

Caminho Próprio

Na primavera de 1906, depois de passar nas provas preliminares e se tornar médico-estudante, Rorschach não estava em posição de imaginar essa síntese, muito menos de criá-la. Ele ansiava por ter experiência, mas não tinha permissão para fazer muita coisa por conta própria além de exames oftalmológicos e físicos ou autópsias. Conforme escreveu para Anna, no entanto, estava emocionado por finalmente praticar medicina: "Trabalho real com pacientes reais, um vislumbre da minha futura carreira!" Ele só podia "observar, principalmente. Mas há muita coisa para ver." Depois de duas semanas em sua primeira residência, trabalhando mais de cinquenta horas por semana: "Acho que nunca vou me esquecer desses quatorze dias".

Ele tinha muitas histórias para contar, como a de um menino de dezesseis anos que tinha atravessado um telhado de vidro e que os médicos acharam que podiam salvar, "mas três dias depois seu cérebro estava na mesa de demonstração anatômica".

> Uma idosa com rosto amarelo pálido nos foi mostrada; ela não abriu os olhos nem uma vez, e dois dias depois eu vi pessoalmente seu corpo sendo dissecado. Um jovem com a mão direita terrivelmente inchada foi dopado e operado e, quando acordou, notou, com um berro do qual jamais me esquecerei, que não a tinha mais. Um estudante de 21 anos foi exposto: tinha feito incisões no local do antebraço onde se sente

> a pulsação — ele queria se matar. Uma menina de cerca de 18 anos, que tinha uma doença venérea grave, teve que se exibir para 150 alunos, e assim acontece todos os dias, e tudo porque os pobres não têm dinheiro suficiente para serem admitidos como pensionistas. Essa é a tragédia da clínica.

Ele ficava chocado com o modo como os colegas de turma, aqueles das cervejadas e das bengalas com punho de prata, se portavam nessas situações: "Imagine como os tipos de alunos que descrevi antes reagem a tudo isso. Temos que ser frios, é assim que funciona; mas ser grosseiro, transformar-se em um idiota moral, não, os médicos não têm que fazer isso."

Essas experiências, por mais que fossem atraentes, certamente não o fizeram se sentir compreendido. A realidade de ver dezenas de pacientes por dia, além das intermináveis horas de consulta, "expunha todos os tipos de ideais à luz fria do dia", escreveu ele a Anna. "O médico encontra mais desconfiança do que gratidão, mais grosseria do que compreensão." Naquela primavera, ele colocou um livrinho em sua sala de Zurique para os visitantes escreverem seu nome; seis meses depois, e com trinta nomes anotados — "nem de perto abrangendo todos" os seus visitantes —, a única coisa que o livrinho lhe dizia era que ele precisava fugir. Esse padrão era constante na vida de Rorschach. Anos depois, após "dois meses agitados sendo extrovertido", ele escreveu para um amigo dizendo que "estava cansado e ansiando por algo mais íntimo. O homem não vive apenas de extroversão."

"Eu já conheço pessoas demais aqui", escreveu ele para Anna, de Zurique, na carta de 1906 que descrevia Olga Shtempelin pela primeira vez. "Você sabe o que isso significa? Eles vêm e convidam você para sair, depois aparecem de novo e ocupam o único momento que você tem quando precisa ficar sozinho. Eles arruínam a liberdade." Olga foi para a Rússia e, apesar de todo o seu interesse pelas pessoas, Rorschach estava "pronto para se mudar e se libertar dos dispensáveis".

Ele passou o resto da faculdade de medicina alternando seu tempo em Zurique com estudos no exterior, viagens e uma série de empregos de curta duração em várias regiões da Suíça. Os alunos de medicina avançados costumavam passar os semestres em diferentes universidades de especialidades diversas e substituíam médicos em consultórios particulares durante os verões, mas Rorschach teve experiências mais amplas do que a maioria deles — em parte por causa de sua determinação pessoal de ser "diferente" dos colegas mais privilegiados, em parte porque precisava do dinheiro de qualquer trabalho que conseguisse.

Inicialmente, passou um semestre em Berlim, sua primeira fuga da Suíça desde Dijon. "Berlim, com seus milhões de pessoas, vai me permitir ficar mais sozinho do que Zurique", escreveu para Anna. No início, encontrou o que achava querer: "Estou em total solidão aqui. [...] Fiquei absolutamente sozinho nos primeiros dias e ainda estou na maior parte do tempo — felizmente." Ele morava em um típico cômodo berlinense, no quarto andar, janela com vista para muitas outras janelas e para um pequeno pátio — "um pouco de pedra e um pouco de grama" —, com uma árvore "que *me* dá muito prazer", sem contar os outros tipos urbanos aglomerados no prédio. Rorschach passava as noites em casa ou vagando pelas ruas, sempre cheias de pessoas até quase amanhecer. Ele gostava do teatro, do circo, do cinema.

Mas o caos da metrópole moderna não era para ele. No início dos anos 1900, Berlim era uma das maiores cidades do mundo e crescia muito rapidamente, quintuplicou a população em 60 anos, chegando a 2 milhões de pessoas, sem contar outro milhão e meio nos novos subúrbios que cercavam a cidade. Os bondes funcionavam até as 3h da manhã — algumas linhas circulavam durante toda a noite nos fins de semana —, e os bares ficavam abertos até amanhecer. A construção perpétua da cidade só aumentava o barulho e a confusão: andar apenas cem passos pela movimentada Friedrichstrasse na virada do século era enfrentar o que um cronista descreveu como "uma cacofonia de buzinas no trânsito, melodias dos tocadores de realejo, gritos de vendedores de jornais, sinos dos leiteiros da Bolle, vozes de vendedores de frutas e legumes, apelos roucos de mendigos, sussurros de mulheres fáceis, o rugido baixo de bondes e seu guincho nos velhos trilhos de ferro e milhões de passos se arrastando, tropeçando e se batendo. Ao mesmo tempo, um caleidoscópio de luzes de neon [...] coloridas, luzes elétricas brilhantes em escritórios e fábricas, [...] faróis em carroças puxadas por cavalos e automóveis, lâmpadas voltaicas, lâmpadas incandescentes, lâmpadas de carboneto." Mesmo comparada a Viena, Paris e Londres, Berlim era vista como especialmente fluida, indeterminada e instável, um lugar que "estava sempre se tornando e nunca chegava a ser". Como disse um dos principais jornais diários da cidade, que se autointitulava "o jornal mais rápido do mundo", sobre a Potsdamer Platz em 1905: "A cada segundo, uma nova imagem".

Muitos recém-chegados encontravam liberdade e possibilidades em Berlim, mas o coração de Rorschach estava na Suíça, ou talvez já estivesse com Olga. Suas percepções da cidade não eram nem um pouco generosas: "Daqui a poucos anos, Berlim terá muito mais habitantes do que todo o nosso país, mas é a qualidade que importa, não a quantidade", escreveu para o irmão de então quinze anos, Paul. "Fique feliz por não ser um berlinense. Há idosos aqui que provavelmente nunca viram uma cerejeira na vida. Não vejo um gato nem uma vaca há dois meses." Ele estimulou Paul a desfrutar "o ótimo ar suíço e as montanhas, e espero que você se torne verdadeiro, livre e honesto, com uma experiência real de vida, não como os tipos que vejo aqui todos os dias". Ele achava as pessoas "frias" e "chatas", a sociedade "desprezível", toda a experiência "idiota".

O pior de tudo era o conformismo dos alemães, que Rorschach achava menos livres do que os russos sob o comando do czar. Ele chegou a Berlim durante um dos incidentes mais famosos de obediência irracional à autoridade na história alemã: em 16 de outubro de 1906, quatro dias antes da chegada de Rorschach, um vagabundo, que tinha comprado diferentes peças do uniforme de um capitão da Guarda Prussiana em diferentes lojas da cidade, vestiu a roupa e se tornou um novo homem. Ele saiu comandando soldados, prendeu o prefeito de Köpenick e confiscou o tesouro da cidade, alegando agir de acordo com as ordens do Kaiser, enquanto todos obedeciam ao seu uniforme sem questionar. Histórias sobre o "Capitão de Köpenick" dominaram a imprensa antes e depois de sua prisão em 26 de outubro; ele se tornou um herói popular. Os alemães "adoram o uniforme e o Kaiser", escreveu Rorschach para Anna quando estava em Berlim, "e pensam que são as melhores pessoas do universo, quando, na verdade, são apenas os melhores burocratas".

A Rússia continuava atraindo Rorschach. Anna Semenoff, outra estudante russa de medicina que havia passado por Berlim e Zurique, o convidou para visitar Moscou em julho de 1906, antes do início do semestre de Berlim, mas a política atrapalhou. A Rússia estava abalada por sua primeira revolução do século xx, desencadeada pela guerra desastrosa contra o Japão, e Rorschach preferiu não arriscar e se pôr em perigo, já que ainda era o principal sustento da família. Quando Semenoff voltou para Berlim e renovou o convite para as festas de Natal, Rorschach aceitou. Em dezembro de 1906, ele viajou para Moscou.

Foi o mês mais emocionante de sua vida. Ele veria pela primeira vez, com seus próprios olhos, o lugar que chamava de "a terra das possibilidades ilimitadas". O relato brilhante e expansivo que enviou à irmã depois de retornar era repleto de maravilhosas descrições sensoriais de Moscou — a vista da torre do Kremlin, o silêncio total de 25 mil trenós se movimentando pela cidade, condutores de trenó congelados que "derretiam as geleiras das barbas" em fogueiras no meio das ruas. Ele participou de eventos culturais, como o Teatro de Arte de Moscou, "que as pessoas dizem ser o melhor do mundo", a Grande Ópera, palestras, reuniões de seitas, encontros políticos; e reviu o velho amigo Tregubov. Os russos o ajudaram a ser mais extrovertido. Um ditado popular dizia que São Petersburgo era a cabeça da Rússia e Moscou, o coração e Rorschach concordava: "É possível ver e entender mais sobre a vida russa em duas semanas em Moscou do que em um ano em São Petersburgo".

Também foi na viagem à Rússia que Rorschach atingiu de forma consciente a idade adulta. Ele originalmente queria sair de Berlim "refazendo os passos do nosso pai", escreveu no relato para Anna. "Mas é melhor procurar um caminho próprio; se o filho não tiver coragem suficiente para encontrar seu próprio rumo, sempre poderá seguir o de alguém depois". Desse ponto em diante, Hermann passou a mencionar menos o pai nas cartas, deixando isso para quando eventos familiares importantes se aproximavam. Ele sofreu a perda do pai de maneira produtiva, tornando-se médico por ele enquanto continuava a nutrir a paixão por viagens e arte que herdara também dele.

A Rússia satisfez a necessidade de horizontes mais amplos que Rorschach tinha e que ele sem dúvida teria resolvido de outra maneira, mesmo que nunca tivesse conhecido Tregubov em Dijon. Ninguém relê *Guerra e Paz* durante o exaustivo período de provas finais da faculdade de medicina, como Rorschach fez em 1909, só por interesse pela cultura russa — isso é coisa de quem se recusa a ser definido pelo seu ambiente próximo, alguém que está buscando uma vida intelectual e emocional em outro lugar.

Depois da Rússia, a Europa Ocidental foi uma decepção. Rorschach deixou Berlim no início de 1907, "decepcionado e um pouco deprimido", e o semestre seguinte não foi muito melhor. "Berna não é ruim", escreveu ele para Anna, "apesar de ser um pouco sem cultura e desanimada, e as pessoas daqui são desagradáveis e grosseiras, a ponto de eu mesmo, que não sou a pessoa mais refinada do mundo, afinal, se espantar." Ele passou o resto de 1907 e o ano de 1908 inteiro em Zurique ou como médico substituto em outros lugares, mas sentia que a vida estudantil e a Suíça quase não tinham mais o que lhe oferecer.

Pelo menos sua irmã saiu do país. No início de 1908, depois de ter passado dois anos como governanta no oeste da Suíça francófona, Hermann a ajudou a encontrar um emprego igual na Rússia, e Anna agarrou a oportunidade de conhecer a "terra de possibilidades ilimitadas", da qual tanto tinha ouvido falar. Nos meses seguintes, as cartas de Hermann à irmã eram quase exultantes de empolgação por ela: páginas e mais páginas ajudando-a com a gramática russa, falando sobre rotas e horários dos trens, quanta bagagem levar e como passar pela alfândega.

A jornada de Anna foi uma segunda visita indireta de Hermann à Rússia. Preso na Suíça, conseguia ver os pontos turísticos que ela descrevia, transpondo as imagens escritas em imaginação: "Quando li sua primeira carta, eu realmente fiz um passeio muito visual por Moscou com você". As lembranças de sua própria viagem ressurgiam enquanto ele lhe dava conselhos, enchendo-a de perguntas e sugestões, recomendando visitas ao teatro de Moscou, à ópera, ao Teatro Bolshoi, a seu amigo Tregubov, a Tolstói, a todas as pessoas e todos os lugares. Rorschach pediu a ela que lhe enviasse reproduções de pinturas russas e a incentivou a comprar uma câmera para ajudá-la a ver: "Faça isso. Mesmo que custe o salário de um mês, vai lhe dar tanto prazer que vai valer muito a pena. Mais tarde, em dias sedentários, é maravilhoso ver fotos dos lugares pelos quais passou — tudo permanece muito mais vivo na sua memória. Além disso, você observa melhor os lugares quando tem uma câmera." Ele começou aconselhando-a — "Posso lhe enviar algumas instruções, mas você só vai aprender depois de tirar sua quinquagésima foto" —, mas em pouco tempo era ele quem pedia conselhos a ela:

"Estou anexando uma das minhas fotos, mas ela tem problemas. Está muito marrom e sufocante. Você sabe o que está errado? Subexposição ou superexposição? Sub-revelada ou super-revelada?"

Depois de ser "ao mesmo tempo pai e mãe" de Anna após a morte dos pais, ele estava aceitando o papel de irmão mais velho. "Eu podia ir até ele com qualquer pergunta", sentia Anna. "Como estudante de medicina e jovem médico, ele me apresentou os segredos da origem da vida e deu alimentos infinitos para minha alma faminta." Além de todos os tipos de conselhos e instruções, Hermann também enviou à irmã de 18 anos uma descrição do "mercado de carne" das prostitutas de Berlim: "Elegantes da cabeça aos pés, vestidas de veludo e seda, maquiagem, pó de arroz, sobrancelhas desenhadas a lápis e olhos pintados de rímel e delineador vermelho. — Elas andam por aí assim, mas os homens que as observam com olhos desavergonhados, zombeteiros e lascivos são ainda mais tristes de se ver, e a coisa toda é culpa deles."

Quando Anna começou a ter suas próprias experiências sexuais, ele continuou a apoiá-la: "Surpreendentemente, muitos homens veem as mulheres como objetos sexuais. Eu não sei o quanto você tem refletido sobre esse problema, mas espero que tenha pensado nisso. Agarre-se à convicção de que uma mulher também é um ser humano, que pode ser independente e que pode — e deve — melhorar a si mesma e se completar sozinha. Também compreenda que deve existir igualdade entre homens e mulheres, não em brigas políticas, mas na esfera doméstica e, acima de tudo, na sexual." Ele achava que a irmã tinha tanto direito de saber sobre sexo quanto ele. Assim como todos, na verdade: "A pergunta da cegonha é a mais delicada da vida da criança, mas claro que você *nunca* deve contar essa história da cegonha!", ele aconselhou quando ela era governanta. Em vez disso, ela devia mostrar à criança as flores sendo fertilizadas, um animal prenhe, o nascimento de um bezerro ou de gatinhos. "A partir disso, as coisas ficam mais fáceis."

Anna ansiava por um conhecimento de mundo mais amplo, e ele ficava feliz em fornecer, e ao mesmo tempo esperava aprender com ela. "Em breve você provavelmente vai saber mais sobre as condições russas do que eu", escreveu. Os homens "enxergam um país apenas quando há outras pessoas por perto, onde as relações sociais, as mentiras, as tradições, os costumes etc. são represas que bloqueiam nossa visão da vida real", mas são as mulheres que "entendem tudo muito melhor", porque têm acesso à vida familiar privada. "Você está no meio de um ambiente muito diferente agora. É assim que alguém conhece de verdade um país. Aproveite e realmente observe as pessoas daí. E escreva para mim para contar. É você que precisa *me* contar sobre as famílias de oficiais russos, pois não sei nada disso." Rorschach ardia de curiosidade em relação ao que não podia ver diretamente e estava convencido desde o início de que pessoas diferentes — especialmente as de outro gênero — tinham perspectivas distintas, mas comunicáveis. O conhecimento exigia ao mesmo tempo proximidade e distância: "Você só aprende a amar sua própria pátria quando vai para o exterior", escreveu certa vez para ela. Hermann queria explorar todos os aspectos possíveis da natureza humana, por isso precisava de Anna. "Você precisa me escrever o máximo que conseguir extrair da sua cabeça e da sua caneta, está bem? [...] Como são as pessoas? Como são o interior e seus habitantes? Escreva muito para mim!"

Ele também queria manter o vínculo com a irmã. "Sabe, Annali", escreveu em 1908, "o que eu quero de verdade é que nos escrevamos muito, que fiquemos próximos apesar de todos os muitos países e montanhas e fronteiras que nos separam, ou que nos aproximemos ainda mais, e acho que vamos conseguir." Eles conseguiram. Exceto por um breve retorno à Suíça em 1911, Anna ficou na Rússia até meados de 1918, atravessando a guerra e a revolução e perdendo a maioria dos pertences no caos. As cartas de Hermann para ela depois de 1911 se perderam, mas seu coração sem dúvida continuou na Rússia com a irmã — e com Olga.

Os ANOS POSTERIORES ao verão de 1906, quando Olga conhecera Hermann, também foram uma época de estudo e viagens para ela, mas, no início de 1908, a linda russa e o belo russófilo eram um casal. Ele tinha opiniões fortes, sentimentos fortes, mas os mantinha fortemente sob controle; vivia por meio das explosões de emoção de outras pessoas, e em Olga ele encontrou alguém que lhe fornecia muitas. Mais tarde, diria que ela lhe mostrou o mundo, lhe deu um caminho para viver nele. Ela era sinestésica, habilidade que fascinava Hermann — aos quatro anos, ela havia desenhado sete quadros de arcadas em cores diferentes para se lembrar dos dias da semana só de passar os olhos. De sua parte, ela não sentia muito entusiasmo pela Suíça e pelos modos suíços, mas os aceitou bem e estava tão ansiosa quanto Hermann para ter um pouco de estabilidade.

Olga voltou para a Rússia no fim de julho de 1908. Hermann a acompanhou até Lindau, uma atraente cidade fronteiriça alemã na margem leste do lago de Constança. Ela tinha 30 anos, ele tinha 24. Rorschach estava sempre ansioso por notícias de Anna, mas suas cartas que sobreviveram para Lola, como Olga era chamada pela família e por amigos, eram desesperadas: "Meu amor, minha querida Lolyusha, faz tanto tempo desde que tive notícias suas, mais de 24 horas já. Escreva, Lola, escreva. Aqui é terrivelmente chato e vazio para mim. [...] Estou sentado aqui depois do almoço, fumando e pensando em você. O correio da tarde vai chegar daqui a uma hora. Mas nada veio no correio da manhã, será que virá alguma coisa hoje? Quero saber como está a minha garota!!". Mais tarde, com um lápis diferente: "Agora são 4h da tarde, e eu não recebi nenhuma correspondência hoje!".

Olga estava ocupada trabalhando com pacientes de cólera em sua cidade natal, Kazan, e no fim de novembro se mudou para uma cidade menor e mais pobre, a mais de 500 quilômetros a leste. "Ela não se sente nada bem lá", relatou Hermann. "Tudo que vê é sujeira e brutalidade. [...] Ela está abandonada." Deixado para trás em Zurique, Rorschach passou outro verão trabalhando, em Kriens, perto de Lucerna, e em Thalwil, no lago de Zurique, e continuou a acumular histórias para compartilhar com Anna:

> Quatro pessoas morreram nas minhas mãos, mas eram todos velhos abandonados, destruídos a ponto de, bem, morrer. O médico também não poderia tê-los salvado. Por outro lado, consegui fazer que um parto complicado tivesse final feliz, um parto pélvico muito difícil, no qual precisei puxar o bebê com um laço. A parteira ficou parada lá, falando sobre os "casos milagrosos e raros" em que tais crianças foram trazidas ao mundo com vida. Ela já estava preparada para dar a ele um batismo de emergência pelo bumbum, já que a família era católica, mas consegui tirar o bebê e agora ele está vivo e não precisa mais ser batizado pelo bumbum.

Além disso, ele continuou com seu trabalho acadêmico, estudando toda noite com um amigo durante o outono e o inverno. "Já estou cansado de todo esse estudo, e praticamente tenho escaras de tanto ficar sentado", escreveu; mal podia esperar para "finalmente, finalmente!, acabar com os assuntos da faculdade". Em 25 de janeiro de 1909, declarou: "Não há nada que me mantenha na Suíça além das nossas montanhas". Exatamente um mês depois, ele passou nas provas finais.

Rorschach agora estava apto a praticar medicina, mas suas opções profissionais eram limitadas. Ele podia trabalhar em uma clínica universitária por uma remuneração baixa — impossível, na sua situação financeira — ou em um manicômio mais isolado, com um salário ligeiramente melhor e a oportunidade de ter uma experiência psiquiátrica mais prática, mas sem nenhuma possibilidade de prosseguir com a carreira universitária. Ele conseguiu um emprego no manicômio de Münsterlingen, cujo diretor conhecera em 1907, enquanto fazia estágio no hospital ali perto. Ia começar em agosto, mas antes queria se encontrar com Olga, conhecer sua família e preparar o caminho para a mudança permanente para a Rússia. Ele esperava poder ganhar em um ano lá o suficiente para pagar suas dívidas, o que levaria seis anos ou mais na Suíça.

Imediatamente depois das provas finais, ele foi visitar Anna em Moscou, depois viajou para Kazan. Hermann conseguiu aperfeiçoar a fluência em russo e trabalhar. Ele observou alguns casos em uma clínica neurológica e passou quatro semanas lidando com a burocracia para conseguir permissão para visitar o grande manicômio de Kazan, que abrigava 1160 pacientes e montanhas de material inexplorado. "A ciência não está muito avançada aqui," disse ele a Anna, "mas pelo menos os arquivos estão em ordem." Ele viu "uma estranha mistura de povos entre os pacientes: russos, judeus, colonos alemães, pagãos siberianos", embora "os médicos aqui não se preocupem com as interessantes questões da psiquiatria racial", e por esse termo parecia se referir à hereditariedade da doença mental e às diferenças raciais ou étnicas na psicologia. Estava confiante de que conseguiria encontrar um emprego na Rússia com facilidade e se viu "muito tentado a trabalhar no manicômio de Kazan" ou em um dos muitos outros semelhantes na Rússia. Rorschach valorizava o fato de que as pessoas eram "infinitamente mais livres, mais abertas, mais espontâneas e mais sinceras umas com as outras aqui". Em outro lugar, ele escreveu: "Eu gosto da vida russa. As pessoas são diretas, e você pode progredir rapidamente (se não precisar lidar com as autoridades)."

Infelizmente, porém, ele precisava, e a burocracia enlouquecidamente obtusa e arbitrária que encontrou impossibilitou seu credenciamento para trabalhar. "Essa espera! Na Rússia, você simplesmente precisa aprender a esperar. [...] O que mais desagrada é que é muito difícil conseguir uma resposta clara. [...] Vou precisar passar pelos mesmos desvios" que outro colega suíço, que passara oito meses em São Petersburgo em vão. Hermann também teria que retornar ao trabalho escolar que ficara tão feliz em abandonar: literatura, geografia e história, dessa vez em russo. Apesar de entender a necessidade de passar por essas provações — se um paciente delirante acreditasse que era o czar X ou o conde Y, o médico precisava saber do que ele estava falando —, Hermann continuava não gostando da perspectiva.

Foi um momento de testes também na vida pessoal. "Kazan não é uma cidade grande como Moscou, mas uma cidade pequena muito grande, e você sente isso em tudo, inclusive nas pessoas", escreveu Hermann. Era maior do que Zurique, mas provinciana, embora tivesse um parque conhecido como Suíça Russa, uma espécie de espelho da Pequena Rússia de Zurique. Hermann ajudou Olga a estudar para suas provas, todas as 23, e a mãe dela lembrava sua madrasta: opressora quando estava por perto e "sem sabedoria". Ele e Olga tinham planejado se casar na Rússia, mas no fim não tiveram dinheiro suficiente, "e obviamente não queríamos nos casar a crédito. Eu realmente queria fazer a cerimônia, já que Olga vai assumir outro emprego por mais cinco meses e nunca se sabe o que pode acontecer. Eu queria dar pelo menos isso a ela."

Rorschach ficou cinco meses na Rússia antes de voltar para a Suíça, não mais como estagiário nem como candidato que enfrentava as autoridades, mas como psiquiatra experiente. Àquela altura, ele tinha se irritado um pouco com a terra natal de Olga. Ele ficara pasmo ao encontrar o livro profundamente misógino de Otto Weininger, *Geschlecht und Charakter* [Sexo e Personalidade], traduzido para o russo e amplamente lido no país, pois, como havia escrito anteriormente para Anna:

Rorschach manteve um caderno de desenhos enquanto esteve na Rússia, com desenhos a carvão e cores das cenas que lhe chamaram a atenção. Em uma das páginas, após um domo abobadado de igreja ao lado do rio Volga, está a forma acima, possivelmente uma fumaça de chaminé. A legenda da arte em russo é “Barco a vapor Trigorye”. À esquerda, anotou: Bolo? Montanha? Nuvem?

> Nenhuma sociedade humana trata as mulheres com tanto respeito quanto a russa. [...] Na Suíça, na maioria dos casos basta que uma mulher não seja burra demais, não seja terrivelmente feia e não seja pobre como um rato de igreja para que o homem fique satisfeito; quanto ao que ela *realmente é*, não importa muito. Esse não é o caso da Rússia, pelo menos não entre a elite intelectual. [...] Na Rússia, as mulheres, especialmente as mais intelectuais, são uma força que quer ajudar a sociedade como um todo, pode ajudar e *realmente* ajuda; elas não ficam só varrendo o chão e lavando a roupa das crianças.

Ele esperava que um livro para "provar que a mulher não vale coisa alguma e que o homem é tudo" fosse "apenas ridicularizado" lá — ele próprio o desprezou, afirmando ser "o mais bizarro dos absurdos", produzido por alguém "em breve declarado insano". Em vez disso, era um sucesso.

Assim como suas primeiras experiências como médico-estudante tinham exposto todos os tipos de ideais à luz fria do dia, a viagem de 1909 de Rorschach acabou com sua imagem romantizada da Rússia. Ele começou a insistir, ainda mais irritado do que quando estava em Berlim, que o princípio da igualdade de direitos para todos tinha surgido nas famílias suíças e que "*é* verdade e *continua* sendo verdade que nós, ocidentais, estamos em um nível cultural muito mais elevado" do que as "massas semiasiáticas" da Rússia. Quando Anna pensou em se casar com um oficial russo, Hermann se opôs com veemência: além de ela estar interessada em um oficial, não em "um médico ou engenheiro ou algo assim", alertou que "você teria que se tornar russa, e isso não é bom". "Pense nisso: você é cidadã de um país livre, da mais antiga república do mundo! E a Rússia é a única monarquia absoluta do mundo, fora alguns países africanos. [...] Você estaria gerando crianças para o estado mais reacionário do mundo, e não o mais avançado, e seus filhos poderiam até acabar no exército mais reacionário de todos: o russo."

Quanto a si mesmo, "um dia voltarei para a Rússia, mas minha pátria continuará sendo a Suíça, e posso lhe dizer que os acontecimentos dos últimos anos me tornaram mais patriota do que antes. Se a nossa Suíça estivesse em perigo, eu lutaria ao lado de todos pela nossa velha liberdade, pelas nossas montanhas." Em julho de 1909, ele voltou à Suíça para assumir seu novo emprego em Münsterlingen — mas não sem antes passar por um último incidente enlouquecedor: ser parado na fronteira e obrigado a pagar um suborno para sair do país.

06

capítulo seis

PEQUENAS MANCHAS DE....

Tintas Cheias de Formas

Um pintor de 24 anos, sempre que vê torres de igrejas, tem o pensamento obsessivo de que um objeto afiado com a mesma forma existe dentro de seu corpo. Ele tem intensa aversão pelos arcos pontiagudos góticos e se tranquiliza com o estilo rococó, porém, acha que olhar para essas linhas, que fluem suavemente, faz suas células nervosas darem voltas e reviravoltas em rococó. Quando anda em tapete estampado, sente cada forma geométrica em que pisa pressionar um hemisfério do cérebro.

J.E., um esquizofrênico de 40 anos, se pensa transformado nas imagens que vê em livros. Ele adota a pose das pessoas retratadas, se metamorfoseia nos animais ou até mesmo em objetos inanimados, como as letras grandes numa folha de rosto. Quando olha para a lâmpada acima da cama, às vezes sente que foi transformado no filamento dela: miniaturizado, rígido, inserido na lâmpada e brilhando.

L.B. desenha um dos espíritos com os quais alucina, uma figura humana, mas se esquece de desenhar os braços dela. Quando o dr. Rorschach aponta isso, ela coloca o papel na sua frente, diz "Opa!" e levanta os braços, encarando o espírito o tempo todo. Em seguida, diz: "Veja, agora tem os braços".

Esses eram alguns dos pacientes de Rorschach em Münsterlingen. Ao montar uma coleção de casos psiquiátricos, ele inseriu elementos visuais: fotografou centenas de pacientes e os encadernou em livretos que organizava por diagnóstico: "Doenças Nervosas", "Imbecilidade", "Psicose

Maníaco-Depressiva", "Histeria", "Demência Precoce: Hebefrenia" (hoje chamada de esquizofrenia desorganizada), "Demência Precoce: Catatonia", "Demência Precoce: Paranoia" e "Casos Forenses". Rorschach entendia pelo olhar e pela visão, se conectando às pessoas ao fotografá-las e desenhá-las. Alguns de seus esboços de pacientes nos arquivos da clínica capturaram tão bem os gestos característicos que os pacientes ainda vivos eram reconhecíveis a partir dos desenhos, mesmo décadas depois. Os rostos nas fotografias às vezes gritavam ou tinham o olhar vazio, algumas cabeças saíam das caixas trancadas que prendiam seus corpos, mas muitos dos pacientes mostravam sinais de afinidade com o jovem médico que os fotografava.

A Clínica de Münsterlingen, onde Rorschach trabalhou de 1º de agosto de 1909 até abril de 1913, é um tranquilo complexo de prédios às margens do lago de Constança, construído no local do mosteiro fundado em 986 pela filha de Eduardo I da Inglaterra. O mosteiro fora demolido no século XVII e reconstruído como igreja barroca em uma colina, a 400 metros acima do nível do mar, e mais tarde foi adaptado para ser um hospital. Alguns dos antigos muros do claustro ainda estão de pé, perto do lago, com uma linha baixa de pedra separando o nada do outro nada em um círculo de construções dos séculos XIX e XX. Uma atraente brochura de 1913 que apresentava uma nova ala para internos prometia um edifício "em estilo senhorial, cercado por um lindo jardim, localizado diretamente à beira do lago e com uma vista magnífica para a nossa bela vizinhança". Os pacientes que não tivessem "condições de pagar pelas instalações privativas, naturalmente caras para uma doença de longa duração," receberiam um "nível apropriado de tratamento e cuidados de acordo com os requisitos modernos da psiquiatria".

Há um mundo de detalhes, de triviais a desoladores, enterrados nos já centenários relatórios anuais da clínica: curas, mortes, tentativas de fuga (uma em 1909, pela janela com uma hera que, na época, ficava sobre a parede externa que dava para o lago; quatro em 1910), alimentação forçada (972 vezes no total, para dez pacientes). O número de horas de terapia de trabalho ao longo de um ano: agricultura, transporte de carvão, marcenaria, trabalhos domésticos, jardinagem e cestaria para os homens; cozinha, lavanderia, passadoria, trabalho no campo, tarefas domésticas e "artesanato feminino" para as mulheres. O preço da carne (que subia). "No ano passado", relatou a gerência em 1911, "também não conseguimos evitar o uso de equipamentos de contenção mecânica": luvas de couro para pacientes que, de outra forma, estraçalhavam sistematicamente tudo o que tocavam e, em alguns casos, banheiras cobertas. "Quando vemos que esses pacientes, apesar de tomarem altas doses de sedativos, perturbam o sono dos outros nos dormitórios com barulho e agitação constantes, incomodam os pacientes quando estão acordados, são tão brutos que destroem tudo que conseguem alcançar nos quartos de isolamento e sujam os quartos e a si mesmos com restos de comida, excrementos e coisas do tipo, fica impossível não concluir que as estadias forçadas na banheira são verdadeira bênção para esses pacientes e para os que estão ao seu redor." O relatório oficial de 1909 listava 400 pacientes: 60% era mulher, menos da metade esquizofrênico e um número significativo tinha psicose maníaco-depressiva, entre diversos outros diagnósticos. Esses eram os pacientes de Rorschach descritos em massa, não vistos como indivíduos.

A equipe médica do Münsterlingen era composta pelo diretor Ulrich Brauchli e dois assistentes: Rorschach e um russo, dr. Paul Sokolov, que falava alemão e russo com Rorschach em semanas alternadas para que ele praticasse o idioma enquanto Olga seguia no exterior. A equipe também incluía um gerente de clínica, um assistente administrativo e uma monitora, mas nenhum assistente social, terapeuta, assistente ou secretário, de modo que os três médicos eram responsáveis por tudo. Ou melhor, Rorschach e Sokolov eram. "O diretor é muito preguiçoso", reclamou Rorschach, "e muito grosseiro e indelicado, mas pelo menos é fácil de conviver." Brauchli era ex-assistente de Eugen Bleuler e dirigia Münsterlingen desde 1905; Rorschach o conhecera em 1907, enquanto trabalhava no hospital no alto da colina. Nunca foram próximos, mas mantinham relações cordiais, e a visão que Rorschach tinha do chefe era positiva. "É totalmente natural: ele é preguiçoso, nós fazemos todo o trabalho e ele fica sentado ao sol — em outras palavras, ele é o diretor; quando está fora, todos nós temos o que merecemos — em outras palavras, nos tornamos os diretores e sentamos ao sol."

Rorschach se mudou para um pequeno apartamento enquanto Olga continuava na Rússia, tratando de epidemias de tifo e cólera. "Finalmente", escreveu, "pela primeira vez, estou numa posição em que ganho dinheiro e tenho um emprego fixo — todos os meus desejos estão satisfeitos, exceto Olga não estar aqui." Ela chegou seis meses depois, e os Rorschach finalmente se casaram em uma cerimônia civil em Zurique, em 21 de abril de 1910. Eles colaram três fotografias em um álbum, uma foto do casamento e duas do apartamento com vista para o lago e escreveram embaixo "1º de maio de 1910". Olga descreveu Münsterlingen como "uma cidadezinha muito agradável. Temos dois cômodos bonitos no lago com muitas flores." Hermann trabalhava até as 19h; depois, à noitinha, os dois passeavam, liam ou davam uma volta de barco no lago, e aos domingos faziam breves viagens. "Nossa vida aqui tem poucas distrações, pois é uma cidadezinha afastada, mas Hermann e eu estamos muito bem assim."

Seis meses depois de comparecerem diante de um magistrado de Zurique, Hermann e Lola se casaram de novo, dessa vez em cerimônia na Igreja Ortodoxa Russa em Genebra. Depois de três dias de turismo, seguiram de barco até Montreux e depois de trem e a pé até Spiez, lago Thun e Meiringen: a mesma rota que o amado escritor de Rorschach, Liev Tolstói, percorrera aos 28 anos em 1857, uma jornada crucial na jornada do russo como escritor e como pessoa. O itinerário era popular — e foi por isso que Tolstói o fez —, mas os Rorschach provavelmente o escolheram para estender seu casamento russo-suíço a uma peregrinação russo-suíça. Ao voltar, ficaram "bem aliviados" por Brauchli estar saindo de férias. "Lola e eu estamos bem, muito bem, estamos apaixonados", Hermann escreveu para Anna algumas semanas depois. "É quase como se vivêssemos em uma ilha, só nós dois, isolados."

O lago de Constança tinha diminuído drasticamente, continuou ele, e logo ficaria escuro como o céu de inverno. Rorschach estava morando a poucos passos da margem do lago havia mais de um ano. Tinha acabado de completar 26 anos.

Cenas de Münsterlingen (fotografias de Hermann Rorschach, cerca de 1911).

O CÍRCULO DE ATIVIDADES dos Rorschach aumentou gradualmente. "Hoje há uma feira para os pacientes, sendo que alguns deles são de Hermann", escreveu Olga para Anna em certo mês de agosto: "Haverá carrosséis, teatros de fantoches, galerias de tiro e tudo mais." Hermann acrescentou: "Um carrossel, uma pista de dança, um zoológico, todo tipo de coisa. Os pacientes gostaram muito. É uma pena que tudo tenha que terminar à noitinha." Em outros anos, houve apresentações de músicos visitantes da Sociedade de Música de Güttingen e, em 1913, a instituição providenciou um grande navio de carga equipado especialmente para levar mais de cem pacientes em uma viagem pelo lago; o passeio fez tanto sucesso que planejaram repeti-lo todos os anos.

O mesmo álbum de fotos que contém as fotografias do casamento dos Rorschach apresenta dezenas de registros desses eventos do manicômio. Hermann era um fotógrafo entusiasmado e parecia gostar do desafio da fotografia espontânea tanto quanto das festividades que queria documentar. Era generalista e curioso; para ele, seguir apenas sua trajetória científica seria perder grande parte do que tornou seu trabalho possível. Ele tirou várias fotos de sua casa e dos passeios de barco perto de Münsterlingen, da terra para o lago e do lago para a terra, retratando os reflexos de luz e sombra no céu e na água. Ele dava aos pacientes materiais de arte — não câmeras,

Ao fundo, o prédio onde os Rorschachs viveram.

mas papel, tinta, argila. Talvez não fosse possível ter uma conversa com um esquizofrênico, mas havia outras maneiras de tirar uma pessoa de dentro de si.

Depois do primeiro Natal juntos, em uma Münsterlingen coberta de neve, Hermann e Lola ocupavam seus dias jogando xadrez e tocando música — Hermann o violino trazido de Schaffhausen, e Lola, o violão que Hermann lhe dera no Natal. Hermann agradeceu a Anna por presenteá-lo com um livro de Gógol. Os Rorschach mandaram para ela um calendário alpino para "ter algo de sua pátria" — ideia de Olga, que sabia como era sentir saudade de casa. No ano anterior, Hermann, sem Olga, fora mais pedante e enviara à irmã um exemplar de *Fausto*, de Goethe: "você provavelmente ainda não o leu. É a coisa mais magnífica já escrita."

Depois do Ano-Novo veio o Carnaval. Rorschach criou um programa de músicas, peças, bailes de máscara e danças. Conforme os anos se passavam e exigia-se cada vez mais de seu tempo, as festas de fim de ano começaram a parecer mais uma tarefa árdua, mas no início ele se esforçou para participar.

Embora a arteterapia, a terapia dramática e coisas semelhantes não fossem desconhecidas, as peças que Rorschach encenava pareciam, para Olga e outros, mais entretenimento do que tratamento. Ainda assim, a maneira como ele dizia que tinha esperança de que seus pacientes reagissem às projeções dos *slides* exuberantes na festa de Natal sugere que achava haver ali algum benefício. Num outro esforço semelhante, ele até conseguiu um macaco de uma trupe de músicos itinerantes e o levou consigo nas rondas durante alguns meses. Alguns dos pacientes mais graves, a maioria totalmente impassível, adoravam as caretas do macaco e reagiam quando ele, todo travesso, saltava na cabeça deles e brincava com seus cabelos. Mesmo que não curassem diretamente, essas atividades pelo menos davam a Rorschach um acesso indireto à mente dos pacientes.

Quando não estava ocupado em experimentos com macacos e fotografia, Rorschach escrevia, e publicou 11 artigos a partir de seu trabalho em Münsterlingen: alguns eram freudianos, outros junguianos e outros, ainda, revelavam interesses próprios. Como um ex-diretor do Münsterlingen resumiu: "Para um período de três anos, essa produção científica é espantosa, especialmente quando consideramos que Rorschach também revisou um grande número de livros, registrou diversos casos, passou muito tempo organizando atividades para os pacientes, escreveu canções e rimas cômicas para o Carnaval, adotou um macaco, jogou boliche na aldeia e, ainda por cima, terminou uma rigorosa monografia científica sobre um caso de tumores da glândula pineal, abrindo mão das férias para investigar esses tumores no microscópio do Instituto da Anatomia Cerebral em Zurique".

Um dos artigos de Rorschach analisava o desenho de um paciente que, "embora aparentemente muito simples, na verdade tem um significado muito complexo".

O macaco de Rorschach no banco. Ele o chamou de Fipps, em homenagem a *Fipps, der Affe* [Fipps, o Macaco], um livro de Wilhelm Busch.

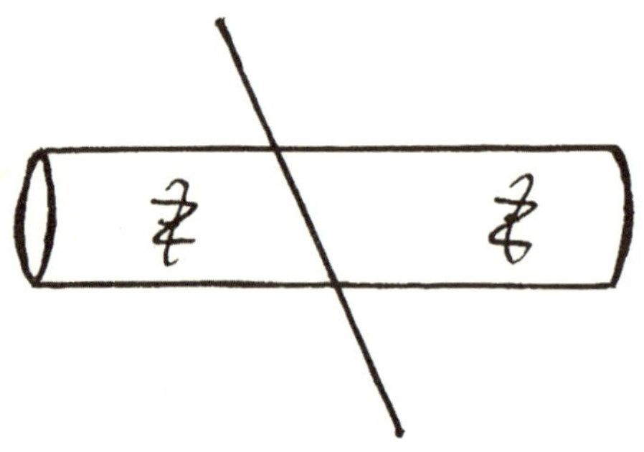

Desenho de um esquizofrênico. A interpretação de Rorschach fez dele menciona um tubo fálico, agulhas magnéticas e um macho Z e uma fêmea Z atravessados por pontos de interrogação; os Zs eram a inicial do paciente, a inicial do lugar em que seu psiquiatra anterior tinha morado, a primeira letra da palavra "dúvida" em alemão e muito mais.

Outro artigo era sobre um pintor de paredes que tinha ambições artísticas. Entre as 24 páginas manuscritas das anotações que Rorschach fez do caso, guardadas nos arquivos de Münsterlingen, há uma fotografia do homem trajando uma bata esvoaçante, um lenço no pescoço e uma boina, com uma pequena flor saindo da boca e os olhos fixos. Ele havia copiado uma pequena xilogravura da *Última Ceia da Bíblia*, e a única diferença era que, em sua versão, João está aninhado com Cristo; todos têm cabelos compridos e femininos, exceto Judas; e Cristo recebe um estranho halo, que tinha o formato do chapéu das mulheres no típico traje folclórico local. O paciente provavelmente fez essa pintura por instigação de Rorschach, já que o médico reconhecia que, dadas as suas capacidades reduzidas, era impossível analisá-lo com a terapia falada, a interpretação de sonhos ou o teste de associação de palavras. Apenas um elemento visual podia ser analisado.

Quem conhecia Rorschach diziam que ele tinha uma maravilhosa capacidade de se conectar com os pacientes, ajudando-os de todo jeito a sair das conchas da paranoia ou da loucura catatônica. Muitas pacientes se apaixonaram pelo belo doutor, e Rorschach era especialista em se libertar das garras delas sem ferir seus sentimentos. Ele pegava a mão da paciente, a distraía e escapava do abraço. E assim, do Carnaval para a Feira de Verão, para o Natal e para o Ano-Novo, e depois tudo de novo, o calendário de Rorschach em Münsterlingen prosseguia.

O TEMPO QUE Hermann passava à beira do lago com Olga era, para ele, uma aula de como enxergar as coisas. Em uma carta de aniversário para Paul, que prosperava em Zurique depois de ter saído de casa, Hermann escreveu: "Estou feliz porque você e eu estamos muito mais próximos este ano do que cinco aniversários atrás, não acha? Desde que saiu de casa, você se transformou rapidamente em um homem de verdade e em um bom amigo. Não foi tão rápido para mim. Tive que me casar para aprender a ver o mundo corretamente." Hermann sempre dava crédito a Olga pelo seu próprio desenvolvimento.

Ainda havia desavenças entre Hermann e sua madrasta. "A mamãe não me deu nada, *nada!* de presente de casamento, um costume que existe em todo o mundo! Olga ficou especialmente magoada: 'Não é o presente que importa para mim, é o amor!'" Hermann e Olga evitavam visitas a Schaffhausen sempre que podiam. Mas convidaram a meia-irmã dele, Regineli, quando ela tinha dez anos, para visitar Münsterlingen durante duas semanas, e lá ela pôde se soltar — uma pausa providencial do regime de sua casa. Eles se encontravam muito com Paul, que, "apesar de tudo que passou em Schaffhausen, ainda é uma pessoa tão doce que, por um tempo, até sentiu saudades de casa". Paul "naturalmente se sente muito livre agora", relatou Hermann, "embora não esteja abusando de sua liberdade" — ele até pediu o conselho do irmão mais velho sobre prometer abstinência vitalícia de álcool (ainda não, disse Hermann, dando como motivo apenas o fato de que não era seguro beber água em diversos países). Hermann e Olga também visitaram a família estendida de Rorschach em Arbon, a apenas 24 quilômetros de Münsterlingen, onde Olga foi recebida de maneira cordial; ela estava curiosa para ver como os "camponeses" viviam na Suíça para fazer uma comparação com a Rússia.

Rorschach também escrevia para jornais suíços e alemães. Depois de fazer um teste enquanto estava na Rússia — e ter publicado um artigo em Frankfurt e outro em Munique —, ele agora escrevia ensaios curtos sobre alcoolismo ou as "transformações russas". Ele também entrou na arena da literatura, publicando ao longo de um mês, em um jornal suíço, um folhetim traduzido por ele da novela psicológica *Мысль* [O Pensamento], de Leonid Andreiev. O autor era considerado um dos principais escritores russos da época, e *O Pensamento*, lido tanto nos círculos psiquiátricos quanto pelo público em geral, era uma mistura genuinamente sinistra de Poe e Dostoiévski, baseado na psicologia e na experiência de Andreiev como repórter de tribunal. A história, narrada em primeira pessoa, é a confissão do assassino implacável Kerzhentsev, que matou o melhor amigo. Ele descreve seus planos de alegar insanidade para escapar impune, mas várias pistas indicam que ele é mais maluco do que pensa. O tal pensamento do título, que o narrador revela em terceira pessoa, é de que talvez "*o dr. Kerzhentsev seja realmente insano. Ele achava que estava simulando a loucura, mas é mesmo insano. Ele está em estado de insanidade agora.*" Andreiev nos mostra a insegurança de Kerzhentsev em relação a si mesmo e recria a mesma incerteza em nós; o assassino confessa o crime na esperança desesperada de que os médicos ou os juízes possam resolver sua crise existencial.

Por que Rorschach — único entre seus colegas psiquiatras — escrevia para jornais? Por um lado, para ganhar um dinheiro extra, estratégia da qual logo desistiu. "Essa coisa de escrever para os jornais não dá muito dinheiro", reclamou para Anna. "Não tenho nenhum desejo genuíno de escrever para os jornais alemães e nenhuma oportunidade concreta de escrever para os russos." No entanto, mais do que dinheiro, esses artigos eram para Rorschach um escape para desenvolver sua criatividade fora dos limites da psicologia.

Olga diria depois que o segredo do sucesso do marido era "sua constante movimentação entre diferentes atividades. Ele nunca trabalhava por horas a fio em uma coisa só. [...] Conversas longas sobre um único tópico o cansavam, mesmo que o achasse interessante." Mas não era só isso. Rorschach era um anotador "fanático": transcrevia trechos de livros de outros autores, copiando-os com um garrancho rápido, e às vezes chegava a 240 páginas de anotações *por obra*. Ele não tinha dinheiro para comprar livros e morava longe das bibliotecas centrais; também parecia entender e reter melhor o conteúdo do material quando copiava as palavras de um tomo (suas páginas de anotações são quase ilegíveis — provavelmente, para ele o processo de transcrever era mais útil do que reler as notas). Qual fosse sua motivação, é quase impossível imaginar Hermann fazendo esse trabalho nos surtos de meia hora que Olga parece descrever.

Rorschach procurou mais uma atividade paralela com Konrad Gehring, amigo próximo de Schaffhausen, três anos mais velho que ele, que trabalhava como professor em Altnau, aldeia vizinha a Münsterlingen. A esposa e ele costumavam visitar Hermann e Olga. Foi com Konrad Gehring que Rorschach, em 1911, realizou seus primeiros experimentos com manchas de tinta.

O CRIADOR DE MANCHAS de tinta geralmente considerado o principal predecessor de Rorschach é o alemão Justinus Kerner (1786-1862), poeta romântico e médico. Algumas de suas realizações mais abrangentes se deram no campo que hoje chamaríamos de medicina: ele foi o primeiro a descrever o botulismo, a intoxicação alimentar por bactérias, e a sugerir suas propriedades terapêuticas para os músculos (botox). Também foi uma figura importante na tradição romântica da psiquiatria. Sua autobiografia conta que cresceu ao lado de um manicômio que via da janela, em uma pequena cidade que ostentava a torre onde o histórico doutor Fausto praticava magia negra. Kerner tratava os casos de possessão demoníaca com uma mistura de magnetismo e exorcismo; foi o primeiro biógrafo de Franz Anton Mesmer, inventor do mesmerismo; e escreveu o influente livro *A Vidente de Prevorst* (1829), descrevendo seus experimentos com uma mulher que dizia ter visões místicas, ver o futuro e falar línguas secretas. A obra foi considerada o primeiro estudo de caso psiquiátrico, e a dissertação de Jung foi sobre uma médium espírita que afirmava ser a reencarnação da vidente de Kerner. Jung também descobriu que Nietzsche tinha inconscientemente plagiado Kerner em *Assim Falou Zaratustra*; Hermann Hesse falou que Kerner era "curiosamente talentoso, autor de um livro que parece ter captado e reunido todos os raios resplandentes do espírito romântico".

Mais tarde, Kerner montou uma série do que chamou de *Klecksographien* ("manchografias"), acompanhadas de poemas decididamente soturnos — três poemas do "Mensageiro da Morte", 25 "Imagens de Hades", mais 11 "Imagens do Inferno", e assim por diante. Criar manchas de tinta era uma espécie de prática espiritual e espiritualista para Kerner. Ele sentia que as imagens eram "incursões do mundo espiritual", como os poderes da vidente. As manchas se criavam — de maneira mágica, inconsciente, inevitável — enquanto ele simplesmente "as atraía" do mundo oculto para o nosso, onde então inspiravam seus poemas. Em certo ponto, ele chamou as manchas de tinta de "daguerreótipos do mundo invisível".

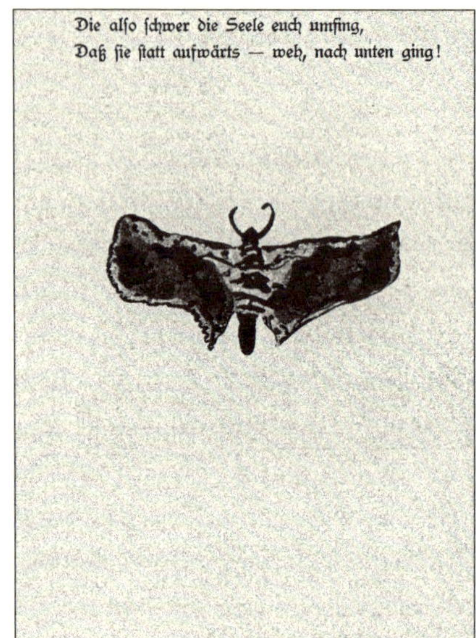

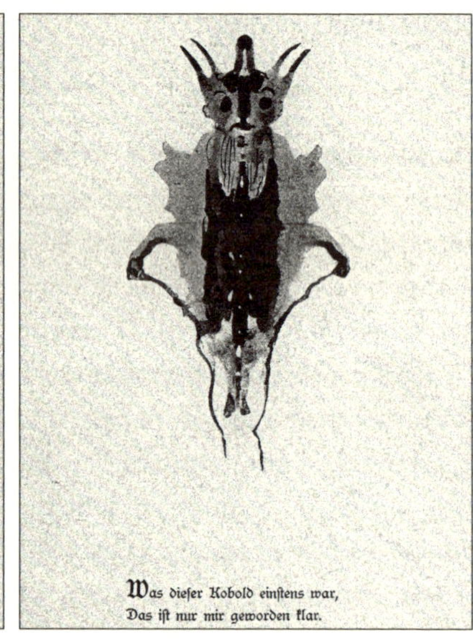

Justinus Kerner, "Klexografias".

A proximidade geográfica entre Kerner e Rorschach e a formação de ambos em psiquiatria fizeram que muitos historiadores da psiquiatria e da arte considerassem uma conexão entre os dois. Mas, bem depois de Rorschach desenvolver seu teste, perguntaram a ele se já tinha ouvido falar de Kerner, que "aparentemente fez experimentos com manchas, obviamente de um tipo necromântico, não científico", e ele respondeu: "Ouvi falar dos experimentos de Kerner, mas eu ficaria muito grato se você pudesse encontrar para mim o relevante livro. Talvez haja algumas coisas sólidas por trás da necromancia, no fim das contas." Ou seja, ele tinha um conhecimento genérico da obra de Kerner, mas isso não influenciou o seu trabalho.

Ainda assim, a "klexografia" era uma brincadeira infantil bem comum. Kerner se entretinha com manchas de tinta quando era criança; o jovem Carl Jung dizia ter "preenchido um caderno de exercícios inteiro com manchas de tinta e me divertido com interpretações fantásticas delas". Thoreau também brincava disso. Uma mulher russa do círculo de Rorschach se lembrava de uma brincadeira da infância, na qual a pessoa escreve seu nome e sobrenome a tinta, dobra o papel ao meio e "vê o que sua alma diz", e especulou que talvez esse passatempo tivesse dado a ele a ideia.

Na psicologia, as manchas de tinta às vezes eram usadas para medir o nível de imaginação de alguém, especialmente de crianças em idade escolar. A ideia é do psiquiatra francês Alfred Binet, de 1895. Para ele, a psicologia de uma pessoa consistia em dez capacidades, dentre as quais memória, atenção, força de vontade, sentimentos morais, sugestionabilidade e imaginação. Cada capacidade podia ser medida com um teste próprio — por exemplo, a habilidade de alguém para reproduzir uma complicada forma geométrica testava se sua memória era boa ou ruim. Quanto à imaginação: "Depois de perguntar sobre o número de livros que a pessoa costuma ler, o tipo de prazer que absorve deles, seu gosto por teatro, música, jogos etc., é possível começar os experimentos diretos. Pegue uma mancha de tinta de formato estranho estampada em uma folha de papel branca: algumas pessoas não verão nada ali; já para os que têm uma imaginação visual dinâmica (Leonardo da Vinci, por exemplo), a pequena mancha de tinta estará cheia de formas, e é possível anotar o tipo e o número de formas que a pessoa vê." Quando um sujeito via uma ou duas coisas, era porque não tinha muita imaginação; quando via vinte, era porque tinha muita. A questão era sobre quantas coisas se conseguia encontrar em uma mancha aleatória, não o que uma mancha cuidadosamente projetada podia encontrar em você.

A partir de Binet, a ideia de medir a imaginação com manchas de tinta chegou a uma série de pioneiros e educadores norte-americanos que trabalhavam com testes de inteligência — Dearborn, Sharp, Whipple, Kirkpatrick. Chegou também à Rússia, onde um professor de psicologia chamado Fiódor Rybakov, sem saber do trabalho dos norte-americanos, incluiu uma série de oito manchas em seu *Атлас для экспериментально-психологического исследования личности* [Atlas do

Estudo Experimental-Psicológico da Personalidade] (1910). Foi um norte-americano, Guy Montrose Whipple, que chamou sua versão de "teste de manchas de tinta" em *Manual of Mental and Physical Tests* [Manual de Testes Mentais e Físicos], também de 1910 — é por isso que as pranchas de Rorschach passaram a ser chamadas de "manchas de tinta" quando os psicólogos norte-americanos começaram a utilizá-las, embora as imagens finais de Rorschach usassem tinta colorida, não apenas tinta preta, e não fossem simplesmente borrões.

Rorschach conhecia o trabalho de Binet e era familiarizado com a inspiração dele: Leonardo da Vinci, que em sua obra *Trattato della Pittura* [Tratado Sobre a Pintura] descreveu que jogava tinta na parede e olhava para as manchas em busca de inspiração. Mas Rorschach não conhecia os seguidores russos e norte-americanos de Binet. Mesmo assim, os primeiros testes de manchas de tinta de Rorschach foram, de certa maneira, semelhantes a essas propostas. As formas específicas não eram bem a questão; Dearborn chegou a fazer 120 manchas para um estudo e 100 para outro. Neste último, colocou as imagens em uma grade de 10 x 10 e pediu aos participantes que, em quinze minutos, escolhessem e classificassem dez manchas com as quais a 101ª mancha mais se pareceria. Ele estava estudando o reconhecimento de padrões, não a interpretação de imagens.

Da mesma forma, as primeiras manchas de Rorschach não eram padronizadas: novas imagens eram feitas a cada vez, com tinta de caneta tinteiro em papel branco normal, e podia haver várias manchas por página, às vezes até uma dúzia. Os pacientes de Gehring, e também seus alunos de escola, que tinham de 12 a 15 anos, olhavam para as manchas, e depois Rorschach e Gehring faziam anotações sobre o que os participantes viam e onde, nas manchas, essas coisas que eles enxergavam estavam, ou então os próprios pacientes e alunos desenhavam o que viam. Isso não era muito diferente das outras expressões visuais que Rorschach estimulava os pacientes a fazer, como desenhos e pinturas. Às vezes, eles mastigavam ou molhavam pedaços de jornal, os amassavam para arredondar, usavam botões para fazer os olhos, e davam essa cabeça para o dr. Rorschach, que as envernizava e guardava. Uma dessas cabeças de papel, com um grande botão ciclópico no meio, provocou forte impressão na esposa de Gehring.

Ela era cética ao valor das manchas de tinta até ver a análise perspicaz que Hermann conseguia fazer das respostas. Quando Gehring testou as manchas em seus alunos, não obteve resultados animadores — os garotos do campo não tinham muito o que ver. Os pacientes de Rorschach enxergavam muitos mais elementos.

Esses testes iniciais eram mais uma via de exploração entre muitas, e Rorschach os abandonou sem hesitar quando os Gehring se mudaram. Eles não eram o que depois viria a se tornar o teste de Rorschach, embora as interpretações perspicazes que tanto impressionaram a Sra. Gehring possam colocar isso em dúvida. Mesmo assim, Rorschach continuou mostrando as manchas às pessoas, e interpretava as respostas a partir de pesquisas sobre a natureza da percepção, e não da medida da imaginação; ele já estava interessado no que e como as pessoas viam, não só na quantidade de elementos que enxergavam. Mas, em 1912, ainda faltavam peças cruciais no pensamento de Rorschach e outras abordagens para estudar a percepção pareciam muito mais promissoras.

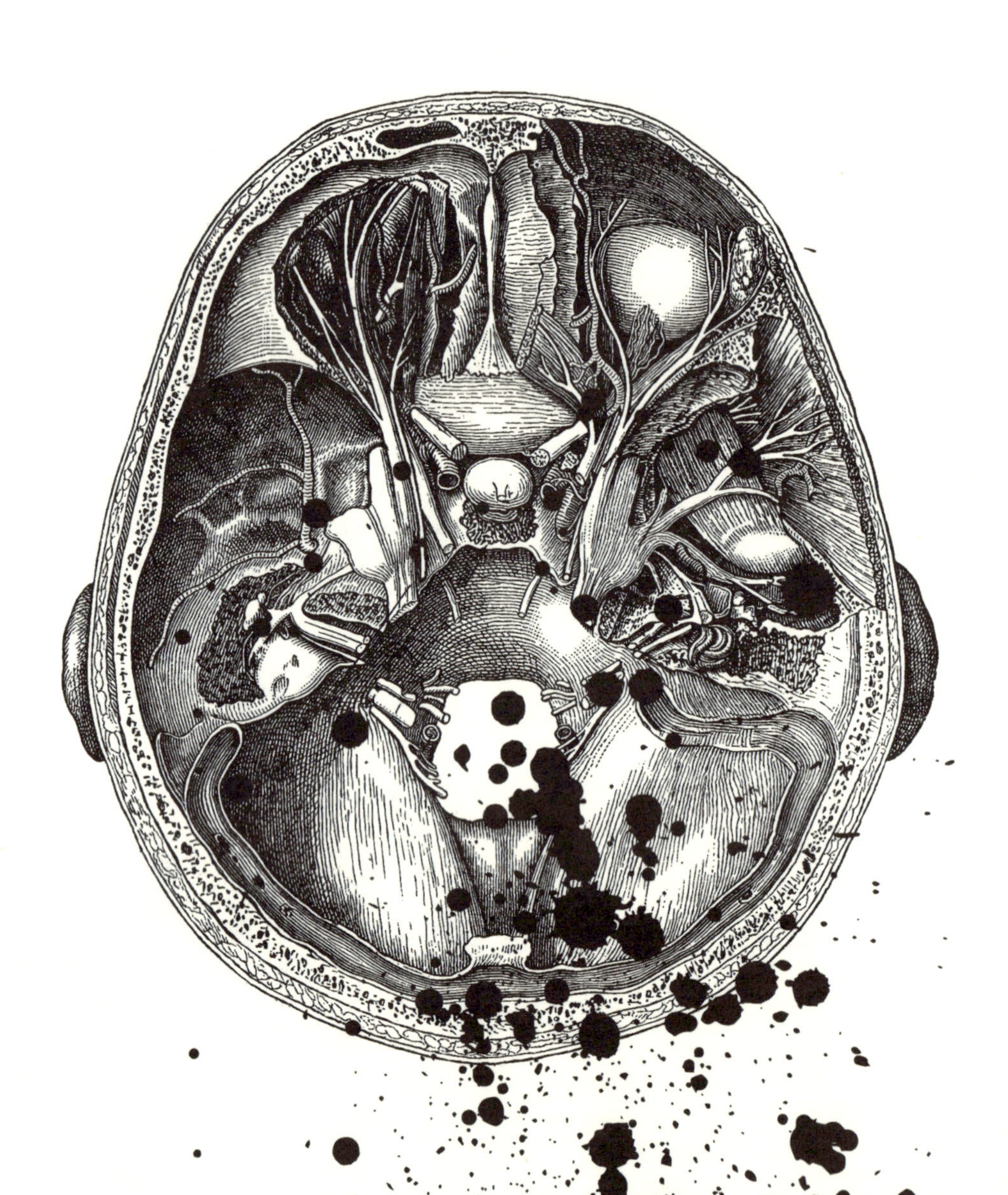

TESTE Rorschach

CRIME SCENE DAMION SEARLS

inkblots darkside books

capítulo_sete

07

HERMANN RORSCHACH SENTE SEU....

Cérebro Ser Fatiado

Frau B.G., paciente esquizofrênica de Münsterlingen, era apaixonada por um dos enfermeiros e certa vez achou que ele tentou atacar seus órgãos sexuais com uma pequena faca. Às vezes, ela via objetos flutuantes, como pequenas facas girarem no ar diante de seus olhos, e quando isso acontecia, ela experimentava um violento golpe abaixo da cintura. Isso se desenvolveu em outros tipos de alucinação. Sempre que olhava pela janela e via um trabalhador cortar a grama, sentia os golpes da foice no pescoço, o que a enfurecia, pois sabia que a foice não tinha como chegar até ela.

Seu caso lembrou Rorschach de um sonho que ele tivera em Zurique e que, anos depois, continuava nítido em sua mente:

> No meu primeiro semestre clínico, assisti a uma autópsia pela primeira vez, com toda a famosa ansiedade de um jovem estudante. Eu estava especialmente interessado na dissecação do cérebro, ligando-a a todo tipo de reflexão sobre onde os pensamentos e os sentimentos estavam localizados, sobre fatiar a alma etc. O falecido tinha sido vítima de um derrame, e o cérebro fora dissecado em fatias transversais. Naquela noite, sonhei e senti meu próprio cérebro sendo cortado em fatias transversais. Essas fatias, uma após a outra, eram separadas da massa dos hemisférios e caíam para a frente, exatamente como na autópsia. Essa sensação corporal (infelizmente, não tenho expressão mais exata à disposição) foi muito clara, e a imagem dessa experiência onírica na minha memória é bem nítida ainda hoje; tem a qualidade — fraca, mas ainda assim clara e perceptível pelos sentidos — de uma percepção nítida e vívida.

Certamente seria possível elaborar questões freudianas sobre o conteúdo desse sonho, mas os interesses de Rorschach eram outros. Ninguém, observou ele, poderia sentir o próprio cérebro ser fatiado; da mesma forma, ninguém jamais ceifou o pescoço de Frau B.G.. E, mesmo assim, a "percepção nítida e vívida" era real. E a sensação no sonho não veio apenas depois de ver a autópsia — ele sentiu ter "um relacionamento muito mais próximo e íntimo, quase como se a percepção visual tivesse sido traduzida, transposta ou transformada em sensação corporal". O incrível nesse fato era que ver algo podia levar alguém a sentir fisicamente, até mesmo algo que parecia impossível de sentir. Uma sensação podia se transformar em outra.

Rorschach vinha prestando atenção a essas experiências durante anos. Havia as dores de dente que ele transpusera em notas altas e baixas na adolescência, e a memória muscular que permitia que se lembrasse da melodia no violino ao mover os dedos. Quando criança, ele foi parte de um grupo de crianças que pregou uma peça em outro garoto: diziam para o menino que iam arrancar um de seus dentes, depois seguravam o dente e, inesperadamente, beliscavam a panturrilha dele, o que o fazia gritar e achar que realmente tinha perdido um dente. O menino sentia a dor não no local atingido, mas onde esperava senti-la. Como médico, Rorschach notou como era difícil convencer uma criança a dizer exatamente onde sentia dor, porque ela não tinha uma localização exata. Em Münsterlingen, havia o mesmo tipo de experiência por toda parte: "Quando nós, que vivemos no lago de Constança há muito tempo, ouvimos qualquer zumbido no ar, logo esperamos o dirigível Zeppelin aparecer".

Rorschach notou que um fato sobre a percepção era comum a todas essas experiências. As sensações podiam ser separadas da localização original e sentidas em outro lugar: um processo chamado de relocalização. Nunca voamos como os pássaros, mas podemos sonhar que estamos voando porque já plantamos bananeira ou saltamos do palheiro em cima para o monte de feno. O fatiamento do cérebro no sonho "parecia com cortar o cabelo, as fatias caindo para a frente como um braço cansado cai na lateral de um corpo; em outras palavras, eram qualidades conhecidas, mas localizadas em um lugar incomum". A relocalização era o que possibilitava sensações impossíveis.

As sensações também podem mudar em relação ao tipo, não apenas ao local. Um beliscão na panturrilha pode ser sentido como dor no dente, mas uma experiência puramente visual — como a de Frau B.G. e os objetos flutuantes ou a de Rorschach na autópsia — pode se transformar em uma sensação corporal não visual. Rorschach desde sempre olhava para pinturas e prestava atenção ao que sentia, e como artista experimentou o inverso: sensações corporais se transformando em percepções visuais. "Se eu tentar invocar uma imagem específica na cabeça", escreveu, "minha memória visual muitas vezes é incapaz de fazer isso, mas se algum dia eu desenhei esse objeto e me lembro de um único traço dele que seja, até mesmo uma linha ínfima, a imagem que estou procurando na memória aparece de imediato."

O corpo de Rorschach conseguia ativar a visão: "Quando, por exemplo, não consigo visualizar a partir da memória o quadro *Der Falkensteiner Ritt* [A Cavalgada de Falkenstein], mas sei que o cavaleiro está segurando o braço direito ('saber', aqui, como uma imagem mental não perceptiva), posso copiar voluntariamente a posição desse braço, na minha imaginação ou na realidade, o que imediatamente me dá uma memória visual do quadro que é muito melhor do que sem essa ajuda". Isso era, reiterava, exatamente a mesma coisa que acontecia com os pacientes esquizofrênicos: ao segurar os braços deles do jeito certo, ele "invocava, por meio da alucinação, digamos assim, os componentes perceptivos da imagem visual".

O que Freud descrevera nos sonhos realmente ocorria em todas as nossas percepções, estejamos nós acordados ou adormecidos, sãos ou insanos. Na teoria de Freud, as imagens bizarras nos sonhos são "condensadas" ou combinadas a partir de várias experiências. No sonho, alguém pode se parecer com o seu chefe, lembrar da mãe, falar como seu amante e repetir algo que ouviu um estranho dizer no café enquanto conversava com um amigo, e o sonho é sobre todas essas relações ao mesmo tempo. Rorschach percebeu que nossos corpos fazem o mesmo que nossas mentes sonhadoras: misturam as coisas, a panturrilha e o dente, o braço e a memória do quadro, o homem no gramado e o corte no pescoço. "Assim como a psique pode separar, combinar e condensar diversos elementos visuais sob certas circunstâncias (principalmente sob a influência de desejos inconscientes)", escreveu Rorschach, "ela também deve ser capaz de redefinir de maneira semelhante outras percepções sensoriais sob as mesmas circunstâncias." As sensações "podem ser 'condensadas' do mesmo jeito que as percepções visuais são condensadas nos sonhos".

Diante de uma paciente como Frau B.G., o que atraía Rorschach não era tanto a possibilidade de decifrar sua "história secreta", como Jung teria dito, mas sim a de compartilhar seu jeito de ver e sentir. O que tornava possíveis essas sensações irreais, fossem elas uma alucinação sobre a foice no pescoço, a sensação das formas do carpete pressionando o cérebro ou a certeza de se transformar em algo que a pessoa viu em um livro?

Foi durante os estudos sobre as transformações da percepção que Rorschach usou as manchas de tinta pela primeira vez.

RORSCHACH ESTAVA LONGE de ser o primeiro psicólogo a explorar a conexão entre ver e sentir. No século XIX, a "estética" era um ramo da psicologia, e *estético* era uma palavra usada na ciência — que significa "relacionado à sensação ou à percepção" —, assim como as "irmãs" *anestésico* (substância usada para não sentir), *sinestesia* (combinação dos sentidos) e *cinestesia* (a sensação de movimento). Havia uma tradição da estética psicológica nesse sentido, bem separada da psiquiatria de Freud ou de Bleuler — até que Rorschach, com seu treinamento em Zurique, seus pacientes alucinados e seu interesse pela experiência visual, reuniu as duas.

A figura principal nessa tradição era Robert Vischer (1847-1933), que, em 1871, escrevera uma dissertação de filosofia que se propunha a explicar como reagimos a formas abstratas. Por que pensamos em elegância ao ver duas linhas arqueadas, ou algo em equilíbrio, ou forças convergentes — como podemos sentir alguma coisa quando vemos formas aparentemente vazias e inanimadas? "O que um arco-íris resplandecente, o firmamento acima ou a terra abaixo dele têm a ver com a dignidade da minha condição humana? Posso amar tudo que vive, tudo que rasteja e voa, pois se parece comigo; mas meu parentesco com os elementos é remoto demais para exigir algum tipo de compaixão da minha parte." Uma resposta possível é que, quando ouvimos música ou vemos formas abstratas, nos lembramos de outra coisa: nossas reações se baseiam em uma associação de ideias.

Mas Vischer rejeitou essa noção porque ela reduzia as obras de arte a seu conteúdo, tema ou mensagem. A música não nos lembra apenas de nossa mãe nos colocando para dormir ou de alguma outra imagem ou evento concreto — reagimos a ela como música.

A única explicação viável, argumentou Vischer, é que podemos sentir a emoção de algo inanimado porque colocamos a emoção primeiro. "Com um investimento intuitivo de nossa parte", escreveu, "nós involuntariamente transmitimos nossas emoções para" essas formas não humanas. Não só nossas emoções, mas nossos próprios eus: "Temos a maravilhosa capacidade de projetar e incorporar nossa própria forma física" nos arcos-íris, nas linhas harmoniosas ou conflitantes. Perdemos nossa identidade fixa, mas ganhamos a capacidade de conexão com o mundo: "Eu pareço apenas me adaptar e me ligar ao objeto enquanto uma mão segura a outra e, no entanto, sou misteriosamente transplantado e magicamente transformado nesse Outro". Nossos eus, reincluídos no mundo, são aquilo a que reagimos, sentindo o externo como parte de nós.

A ideia de Vischer desse movimento de ida e volta entre a projeção do eu e a internalização do mundo — o que chamou de "continuação direta da sensação externa para uma interna" — influenciou gerações de filósofos, psicólogos e teóricos da estética. Para descrever esse seu novo conceito radical, usou a palavra alemã *Einfühlung*, literalmente "sentir que está dentro". Quando os trabalhos em psicologia que foram influenciados por Vischer foram traduzidos para o inglês, no início do século XX, o idioma precisava de um novo termo para essa nova ideia, e assim os tradutores inventaram a palavra *empatia*.

É bem chocante perceber que a empatia tem pouco mais de 100 anos, mais ou menos a mesma idade dos exames radiológicos e do detector de mentiras. Falar de um "gene da empatia" pode ser empolgante por causa do atrito entre os aspectos atemporais da condição humana e a ciência de ponta, mas, na verdade, "empatia" é a parte moderna do termo: os genes foram descobertos antes. O que a palavra *empatia* descrevia não era novidade, é claro, e as ideias de "simpatia" e "sensibilidade" tinham história longa e eram estreitamente relacionadas, mas "empatia" reformulou a relação entre o eu e o mundo de um jeito novo. Outra surpresa é que o termo não foi inventado para falar de altruísmo ou atos de bondade, mas para explicar como podemos apreciar uma sonata ou um pôr do sol. A empatia, para Vischer, era a visão criativa, era poder remodelar o mundo de modo a nos vermos refletidos nele.

Na tradição inglesa, o empático exemplar nesse sentido era o poeta romântico John Keats, que conseguia até entrar na vida das coisas. Um crítico recente resume o "dom de entrar imaginativamente em objetos físicos" de Keats:

> A maneira como ele se ergueu, parecendo "corpulento e dominante", quando viu pela primeira vez a descrição de Spenser de "baleias batendo com os ombros no mar"; ou quando imitou a "patada" de um urso dançarino ou a agitação dos socos de um boxeador como "dedos batendo" em uma vidraça. Ou naqueles momentos famosos de atenção imaginativa e empatia. "Se um pardal vier à minha Janela, participo de sua existência e dou bicadas no cascalho." Ou simplesmente ao comer uma nectarina madura: "Ela desceu macia, polpuda, gosmenta, viscosa — toda a sua deliciosa corpulência se derretendo na minha garganta como um grande morango abençoado". Ou até mesmo entrando no espírito de uma bola de bilhar para poder ter "uma sensação de prazer com sua própria circularidade, lisura, velocidade e a rapidez de movimentos".

Esses exemplos se encaixariam perfeitamente nas experiências de Rorschach. Keats, a propósito, era estudante de medicina, acompanhava os avanços mais recentes da neurologia e às vezes até integrava a neurociência à sua poesia. O psiquiatra suíço pode ter sido muito menos efusivo que o romântico inglês, mas esse lado reservado de Hermann abrigava um John Keats que se deliciava com a velocidade do mundo e a rapidez de seus movimentos — "a abundância dourada do mundo", como diria Rorschach, citando seu verso poético preferido.

Vischer tinha o mesmo tipo de experiência, prenunciando as de Rorschach. "Quando observo um objeto estacionário", escreveu, "posso facilmente me colocar dentro da sua estrutura interna, no seu centro de gravidade. Consigo entrar ali pelo pensamento", "me sentir comprimido e modesto" ao ver uma estrela ou uma flor, e "ter uma sensação de grandeza e amplitude mental" diante de um edifício, da água ou do ar.

"Muitas vezes podemos observar em nós mesmos o curioso fato de que um estímulo visual é sentido não apenas com os olhos, mas com um sentido diferente em outra parte do corpo. Quando atravesso uma rua quente sob o sol causticante e coloco um par de óculos azul-escuro, tenho a impressão momentânea de que minha pele foi resfriada." Não existe nenhuma prova concreta de que Rorschach tenha lido Vischer, mas é muito provável que ele conhecesse obras influenciadas pelo trabalho dele; mesmo assim, eles percebiam o mundo de maneira semelhante.

Décadas antes da publicação de *A Interpretação dos Sonhos*, de Freud, Vischer estava traçando a mesma atividade criativa mental que Freud descreveria, mas na direção oposta. Como Freud queria chegar ao conteúdo psicológico subjacente dos sonhos a partir de sua superfície bizarra e aparentemente sem sentido, ele precisava saber como esse conteúdo era "condensado" ou transformado. Depois disso ele poderia seguir o sonho rio acima, por assim dizer, até a fonte. Vischer, por outro lado, valorizava essas transformações como base para a empatia, a criatividade e o amor. Freud se preocupava com o modo como o processo funcionava; Vischer, com as belas formas que o processo poderia criar: "Toda obra de arte se revela para nós como uma pessoa se sentindo harmoniosamente dentro de um objeto afim".

É por isso que Freud influenciou a psicologia moderna e Vischer, a arte moderna. A psicologia do inconsciente e a arte abstrata, duas ideias inovadoras do início do século XX, eram na verdade parentes próximas, com ancestral comum no filósofo Karl Albert Scherner, que tanto Vischer quanto Freud diziam ser a fonte de suas ideias principais. Vischer disse que o livro de Scherner de 1861, *Das Leben des Traums* [A Vida do Sonho], era um "trabalho intenso que investigava apaixonadamente as profundezas ocultas [...] das quais deduzi a noção que chamo de 'empatia' ou 'sentir que está dentro'"; em *A Interpretação dos Sonhos*, Freud citou Scherner várias vezes, elogiando a "correção essencial" de suas ideias e descrevendo seu livro como "a mais original e abrangente tentativa de explicar o sonho como uma atividade especial da mente".

Vischer influenciou a arte abstrata por meio de Wilhelm Worringer (1881-1965), cuja dissertação sobre história da arte, de 1906, intitulada *Abstraktion und Einfühlung* [Abstração e Empatia], incluía uma discussão tão simples quanto seu título: a empatia é apenas metade da história. Worringer argumentou que a empatia no estilo de Vischer produz a arte realista, resultante de um esforço para se corresponder com o mundo exterior. Um artista pode se sentir em casa no mundo, inserir suas sensações nas coisas, se colocar dentro delas e depois se encontrar por meio de sua conexão com elas. Certas culturas de caráter vigoroso e confiante eram, na visão de Worringer, especialmente propensas a gerar tais artistas, como a da Grécia e da Roma clássicas ou a do Renascimento.

Outros indivíduos ou culturas, no entanto, acham o mundo perigoso e assustador, e têm profunda necessidade psíquica de encontrar um lugar de refúgio. O "desejo mais poderoso" de um artista, escreveu Worringer, é "arrancar o objeto do mundo exterior, de seu contexto natural" de caos e confusão. Esses artistas podem retratar uma cabra como um triângulo com duas linhas curvas simbolizando os chifres, ignorando sua forma real complexa, ou representar uma onda marítima com a geometria atemporal de uma linha em ziguezague, e não tentando copiar os detalhes arbitrários de sua aparência real. Isso é o oposto do realismo clássico: é abstração.

Para Worringer, então, a empatia tinha um "contrapolo" na ânsia pela abstração; ela era apenas "*um* polo do sentimento artístico humano", não mais válido nem mais estético que o outro. Alguns artistas criam quando se estendem, quando sentem que estão no mundo, e outros viram as costas, se afastam (a palavra *abstração* vem do latim *abtrahere*, que significa se afastar). Pessoas diferentes têm necessidades diferentes, e sua arte deve satisfazer essas necessidades, quase por definição — caso contrário, não haveria razão para fazê-la.

Enquanto os artistas do início do século XX viam as ideias de Worringer como uma importante defesa, Carl Jung reconheceu nelas o *insight*. Em seu primeiro ensaio propondo uma teoria dos tipos psicológicos, Jung citou Worringer como um "paralelo valioso" à sua própria teoria da introversão e da extroversão: a abstração é introvertida, se afasta do mundo; a empatia é extrovertida, entra no mundo. Mas foi necessário usar Rorschach — artista e psiquiatra que estudava a psicologia da percepção — para unir plenamente os fios.

Rorschach poderia praticar medicina em Münsterlingen, mas precisava escrever uma dissertação para receber o título de doutor em medicina. Os alunos geralmente recebiam os tópicos de dissertação dos professores, mas Rorschach quis propor cinco ideias próprias para seu conselheiro, Bleuler.

A mistura de áreas era típica de sua formação na Escola de Zurique: hereditariedade, criminologia, psicanálise, literatura. Ele achava que podia analisar se uma predisposição à psicose poderia ser traçada pelo histórico familiar de um paciente, a partir de materiais de arquivo em Münsterlingen ou em sua cidade natal, Arbon; ele propôs o estudo psicanalítico de uma professora acusada de ofensas contra a moralidade e de um paciente catatônico que ouvia vozes. Ele tinha interesse em fazer um trabalho combinando Dostoiévski e epilepsia, mas esperava aprofundar o assunto em Moscou. No fim, escolheu sua ideia mais original, dizendo a Bleuler que "ficaria muito satisfeito se conseguisse tirar alguma coisa dali".

A dissertação de Rorschach, concluída em 1912, definiu os caminhos fisiológicos que tornam possível a empatia no sentido proposto por Vischer. "Sobre 'Alucinações Reflexas' e Fenômenos Relacionados" parece um título entorpecedor, mas o assunto era nada menos que a conexão entre o que vemos e como nos sentimos.

Reflexhalluzination [alucinação reflexa] é um termo técnico psiquiátrico cunhado nos anos 1860, mais precisamente para a classe de fenômenos que Rorschach achava fascinante nos pacientes e em si mesmo, junto da sinestesia, as memórias proustianas estimuladas por certos aromas, e qualquer outro exemplo de percepção involuntária induzida por estímulo. A sensação de John Keats de dar bicadas no cascalho quando via um pardal era uma alucinação reflexa, por assim dizer, embora "percepção sensorial cruzada" ou "alucinação induzida" possa ser uma tradução mais vívida.

Depois de abrir sua dissertação com a obrigatória e seca revisão da literatura, Rorschach apresentou 43 exemplos, numerados e nítidos, de cruzamentos entre visão e audição, entre visão ou audição e sensações corporais, e entre outros pares de sentidos, e o Exemplo 1 era o sonho que tivera de seu cérebro fatiado. Ele rapidamente descartou as associações simples que acontecem o tempo todo (por exemplo, ao ouvir o gato miar, você o vê em sua mente), da mesma forma como Vischer havia descartado associações. Embora as alucinações reflexas envolvessem associações — Rorschach reconhecia que havia uma razão pela qual Frau B.G. sentia a foice do trabalhador no pescoço e não em parte menos simbólica do corpo —, elas eram secundárias. O que tornava o caso interessante era a transformação de um tipo de percepção em outro.

Os principais exemplos de Rorschach não eram cruzamentos entre ver e ouvir, foco da maioria dos estudos de sinestesia; em vez disso, eles ligavam a percepção externa à percepção corporal interna. Envolviam a cinestesia, a sensação de *movimento*. Ele descreveu assim: "quando movo meu dedo ao longo do braço na escuridão total e olho na direção dele, acredito que consigo ver meu dedo se movendo, mesmo que isso seja impossível", então a percepção do movimento deve desencadear uma percepção visual fraca, paralela a uma já conhecida pela experiência. Ele também descreveu que aprender uma música, um idioma estrangeiro ou uma palavra na infância criava um elo entre o som e o movimento, "um paralelo acústico-cinestésico", até que o aprendiz sentia mover a boca para dizer a palavra toda vez que a ouvia e vice-versa.

Esses paralelos podiam funcionar nas duas direções. Um paciente esquizofrênico em Solothurn, A. von A., olhava pela janela e se via parado na rua. Seu duplo "copiava" cada movimento que ele fazia — os movimentos do paciente se transformavam em uma percepção visual de seu duplo, "passando pelo mesmo caminho da alucinação reflexa" de uma esquizofrênica que sentia os movimentos dos outros em seu próprio corpo.

Para ligar a visão e o movimento à empatia, Rorschach usou o trabalho de um obscuro psicofísico norueguês, John Mourly Vold, cujo tratado de dois volumes sobre sonhos desviava totalmente de Freud e se concentrava na cinestesia. Mourly Vold descreveu experiências intermináveis nas quais partes do corpo de uma pessoa adormecida eram amarradas ou presas com fita adesiva, e os sonhos resultantes eram analisados em relação à quantidade e ao tipo de movimento que continham. Rorschach testou alguns desses experimentos em si mesmo (em um dos sonhos que teve, ele pisava no pé de um paciente com o mesmo sobrenome de seu chefe). É difícil imaginar duas teorias mais completamente estranhas uma a outra do que as de Freud e Mourly Vold, mas Rorschach as integrou: "A análise dos sonhos de Mourly Vold não exclui de jeito nenhum a interpretação psicanalítica dos sonhos. [...] Os aspectos de Mourly Vold são parte do material de construção, os símbolos são os pedreiros, os complexos são os supervisores da construção, e a psique sonhadora é a arquiteta da estrutura que chamamos de sonho."

Rorschach estava se esforçando para lançar esses mecanismos como universais. Só no fim da dissertação reconheceu que talvez nem todos tivessem as habilidades que ele possuía: "Meu relato de processos alucinatórios reflexos pode parecer subjetivo para alguns leitores, como os tipos auditivos, uma vez que é escrito por alguém que é principalmente um tipo motor e secundariamente um tipo visual". Ele não explicou o que quis dizer com esses "tipos", mas percebeu com clareza, embora de maneira desconfortável, que pessoas diferentes costumavam experimentar tipos diversos de "paralelos". Como seus próprios dons de mimetismo, habilidade artística realista e empatia serviam de base para suas novas ideias psicológicas, ele relutou em admitir que poderiam ser excepcionais dele.

Assim como muitas dissertações, a de Rorschach acabou sendo menos que definitiva. Ele foi forçado a encurtar drasticamente o produto final e admitiu duas vezes na dissertação que, dada a "coleção relativamente pequena de exemplos", era "naturalmente impossível" chegar a uma conclusão. Mas ao prestar muita atenção a percepções específicas, em todas as suas transformações evasivas, ele começou a ver os processos subjacentes a elas — lançando as bases para uma síntese muito mais profunda da psicologia e da visão.

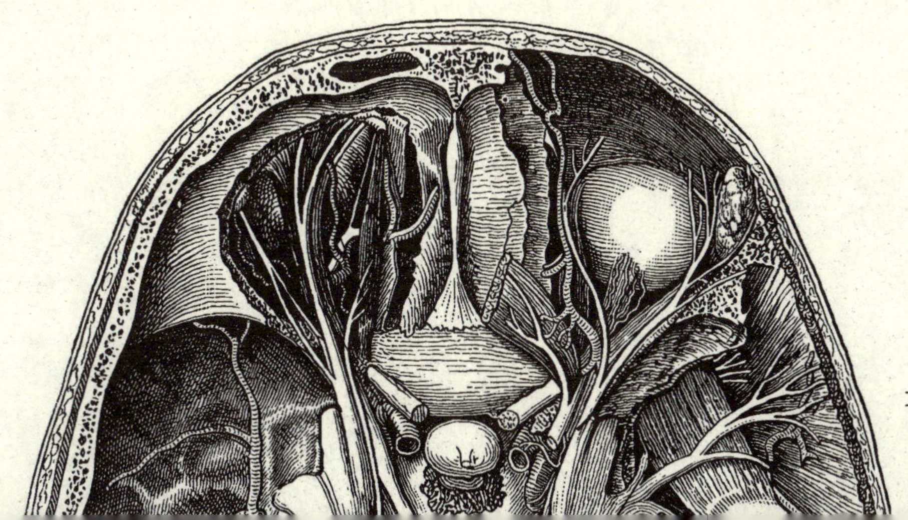

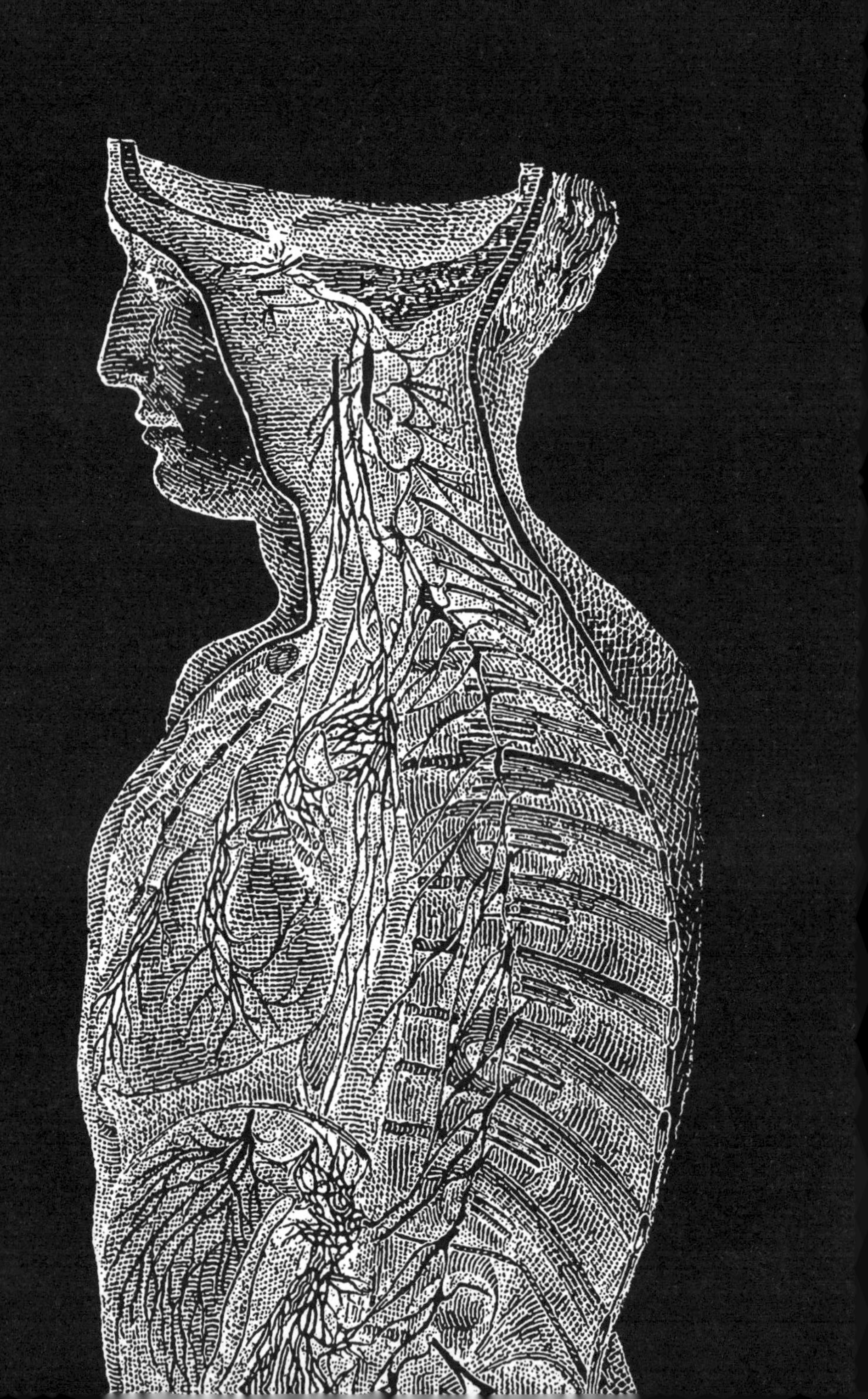

08

OS DELÍRIOS MAIS.... Sombrios e Elaborados

EM 1895, RUMORES INQUIETANTES CIRCULAVAM EM Schwarzenburg, um povoado de montanha no centro da Suíça. Um homem de 61 anos, Johannes Binggeli, casado, era chefe de uma comunidade de fiéis chamada Irmandade da Floresta. Ele era místico, pregador e autor de vários textos supostamente ditados a ele pelo Espírito Santo. Era alfaiate e às vezes acabava contratado por moradores locais, mas geralmente para adivinhar os números da loteria. A Irmandade tinha 93 membros e era bem fechada.

Certo dia, uma mulher dessa associação foi presa por esconder o nascimento do filho, e ela disse que Binggeli era o pai. Dois anos antes, ela havia passado oito dias sem conseguir urinar, e Binggeli dissera que o Portal da Água dela estava enfeitiçado; para quebrar o feitiço, ele fez sexo com a mulher. Ela foi curada, mas o relacionamento sexual dos dois continuou. Outros membros da congregação relataram histórias sobre Binggeli usar o coito para expulsar demônios de mulheres e meninas. As autoridades descobriram que havia uma seita esotérica dentro da Irmandade da Floresta, que cultuava Binggeli como "a Palavra de Deus mais uma vez transformada em carne". O pênis de Binggeli era o "Bastão de Cristo", e sua urina, as "Gotas do Céu" ou o "Bálsamo do Céu", tinha propriedades curativas: seus adoradores a bebiam ou a aplicavam externamente para combater doenças ou tentações. Dizia-se que ele conseguia produzir urina vermelha, azul ou verde conforme sua vontade, e às vezes a usava como vinho de comunhão.

Descobriu-se que Binggeli cometera incesto com a filha várias vezes entre 1892 e 1895: dos três filhos ilegítimos dela, pelo menos um era dele, provavelmente dois. Depois de preso, ele alegou em diversas ocasiões não ter feito nada; ou melhor, que só tinha feito algo em sonho, para protegê-la de demônios em forma de gato e de rato. Dizia também que a lei não se aplicava a ele porque não era constituído da mesma matéria que outros seres humanos. Binggeli foi considerado louco e enviado para o manicômio de Münsingen, ali perto, onde ficou por quatro anos e meio, de julho de 1896 a fevereiro de 1901.

Em abril de 1913, Rorschach foi transferido para Münsingen. Ulrich Brauchli, chefe de Rorschach em Münsterlingen, tinha sido promovido a diretor de uma instituição nova, maior e mais prestigiada perto de Berna, e o substituto de Brauchli, Hermann Wille, não era nem um pouco agradável de se trabalhar. Rorschach seguiu Brauchli, enquanto Olga, ganhando dinheiro e seguindo a própria carreira como médica, teve que ficar em Münsterlingen durante três meses até que seu cargo fosse cancelado. Estavam separados de novo, mas dessa eram apenas 190 quilômetros.

Rorschach encontrou por acaso o arquivo de Binggeli em Münsingen, e ficou fascinado. Pesquisando um pouco mais, descobriu que a Irmandade da Floresta de Binggeli tinha surgido de um movimento anterior e mais difundido: os antonianos, grupo fundado por Anton Unternährer na era napoleônica e que sobreviveu até o século XX na Europa e nos Estados Unidos. Esses movimentos religiosos provavelmente reavivaram o interesse de Rorschach pela seita doukhobor, que ele tinha descoberto por meio de Ivan Tregubov. Ele localizou Binggeli e foi visitá-lo em seu refúgio nas montanhas, onde vivia com um pequeno grupo de fiéis, incluindo a segunda esposa, sua filha e o filho dela, que também era seu neto. Binggeli "já estava com 80 anos na época", escreveu Rorschach, "senil e asmático. Era um homem pequeno e de cabeça grande, tronco avantajado e braços e pernas curtos", que "sempre usava o tradicional traje folclórico de Schwarzenburg, com sete botões polidos de metal de cada lado" — esses objetos de metal reluzente, junto da corrente do seu relógio, desempenhavam papel fundamental em seus delírios. Rorschach conseguiu "convencê-lo sem muita dificuldade a se deixar fotografar".

Esse foi o início de um projeto sobre a atividade da seita suíça, e por volta de 1915 Rorschach entendeu qual seria o trabalho de sua vida. Ele tinha levado os estudos fisiológicos da percepção até onde podia, por isso ampliou o foco para os modos culturais da visão — e deu liberdade total à sua ampla curiosidade. Quando não estava ocupado tratando pacientes, ele coletava material sobre outros cultos fálicos arcaicos da Suíça, e aos poucos reuniu um espantoso acervo de pesquisas, sintetizando a psicologia da religião com a sociologia, a psiquiatria, o folclore, a história e a psicanálise.

Rorschach descobriu que a atividade dessas seitas sempre aparecia nas mesmas regiões, ao longo das fronteiras raciais ou de afinidades políticas — isto é, nas antigas zonas de guerra. Ele fez à mão um mapa colorido mostrando que essas áreas tinham alta concentração de tecelões, e especulou sobre o motivo. Para analisar a parte histórica, ele rastreou as atividades de seitas nessas regiões desde os cultos protestantes antigos, passando pelos valdenses do século XII e os Irmãos do Livre Espírito do século XIII, até heresias e movimentos separatistas ainda mais antigos, e notou que todos deixaram na região traços claros que perduram até hoje. Quanto à psicologia, ele argumentou, seguindo as linhas junguianas, que os delírios esquizofrênicos exploram as mesmas fontes psíquicas que os sistemas de crenças antigos exploravam, e observou semelhanças entre as imagens e ideias de toda a história dessas seitas e as dos mitos e filosofias que remontam aos antigos gnósticos. Ele mostrou, por exemplo, que os ensinamentos dos antonianos do século XVIII coincidiam, em detalhes, com os dos adamitas do século I.

Quanto à parte sociológica, ele argumentou que, ao fundar uma seita, um líder carismático era menos importante do que um grupo receptivo de seguidores — uma comunidade pode fazer quase qualquer pessoa virar líder se houver essa necessidade, e quando as seitas eram importadas de outro lugar, costumavam morrer rapidamente, a menos que a comunidade já estivesse preparada. Ele fez uma distinção entre seguidores ativos e passivos, e também entre líderes histéricos, cujas mensagens eram determinadas por complexos pessoais, e os mais poderosos líderes esquizofrênicos, cujas doutrinas mergulhavam profundamente em mitologias arquetípicas.

Suas palestras e seus ensaios sobre o tema das seitas, tanto acadêmicos quanto não acadêmicos, foram seus escritos mais vívidos — igualmente interessantes como biografia, estudo de caso, história, teologia e psicologia. Ele tinha planos de escrever "um grosso livro" com o objetivo de abordar uma série de questões:

> Por que um esquizofrênico consegue fundar uma comunidade e outro não? Por que um esquizofrênico reconstitui as ideias do homem primitivo enquanto um neurótico segue as superstições locais? E como isso tudo se relaciona com as respectivas populações? Por que as seitas sempre aparecem onde existem indústrias têxteis? Quais raças preservam as seitas indígenas locais e quais se juntam apenas às importadas? Todas têm inúmeros paralelos mitológicos, etnológicos, religiosos, históricos e outros!

Esse era Rorschach o pensador, e não Rorschach o médico. Assim como Freud, Jung e os outros pioneiros de sua época, ele queria fazer mais do que tratar pacientes: queria reunir a cultura e a psicologia para explorar a natureza e o significado da crença individual e comunitária.

Como parte da Escola de Zurique, Rorschach acreditava numa interação entre a psicologia e a cultura individuais e resistia a afirmar que havia uma psicologia universal, que se aplicava a todas as pessoas. O que pode parecer um desvio radical na carreira de Rorschach foi, na verdade, parte de seu esforço vitalício para entender os modos específicos pelos quais pessoas diferentes veem as coisas de maneiras diversas.

Conforme ampliava o foco do trabalho, Rorschach mais uma vez ansiava em deixar a Suíça. Ele tinha encarado a burocracia de Moscou de novo, dessa vez com mais sucesso: o embaixador suíço confirmou que Rorschach poderia fazer a primeira prova médica do estado russo oferecida em 1914. Em dezembro de 1913, Olga e ele trocaram Münsingen por um ambiente cosmopolita e onde era de conhecimento geral que a psicologia e a arte eram inextricáveis: a Rússia.

Era um lugar empolgante para se estar naquela época. A cultura russa estava na chamada Era de Prata, saturada de influências da arte, da ciência e da crença ocultista. A ciência russa, em uma época de furor revolucionário e amplos movimentos culturais, era menos especializada e segregada do que no Ocidente. Como escreveu Alexander Etkind, o principal historiador da psicanálise na Rússia: "Poetas decadentes, filósofos morais e revolucionários profissionais desempenharam um papel tão importante na história da psicanálise na Rússia quanto os médicos e psicólogos"; do outro lado, nas palavras de John Bowlt, um importante historiador cultural da Rússia modernista, "Nenhuma apreciação desse 'tempo histérico e espiritualmente atormentado' estaria completa" sem referência às figuras artísticas — Tchékhov e Akhmátova, Fabergé e Chagall, Diaguilev e Nijinski, Kandinski e Malevich, Stravinski e Maiakóvski — e ao "extraordinário progresso nas ciências russas", desde a engenharia espacial até a psicologia comportamental de Pavlov.

Rorschach conseguiu um emprego em Kryukovo, uma clínica particular de elite nos arredores de Moscou, administrada pelos principais psicanalistas da Rússia e repleta de escritores e artistas. De muitas maneiras, esse era o cenário ideal para Rorschach. Era uma clínica particular para pacientes voluntários de doenças nervosas, bastante típico na Rússia da época, e muito diferente dos hospitais lotados com os quais ele estava acostumado. Fundadas por médicos sem o salário da universidade ou do hospital estadual, essas instituições se tornaram empresas parcialmente comerciais, o que significava que pagavam bem — e pelo menos se concentravam em vender seus serviços para os pacientes, não para famílias que simplesmente queriam trancar os pacientes lá, como acontecia com os "hospícios" ingleses. A clínica ficava em área rural para que os internos pudessem aproveitar as propriedades curativas da "vida natural e saudável", e eles eram tratados bem e de maneira humana. Os psiquiatras tinham liberdade para juntar teorias, experimentar as novidades terapêuticas e adotar uma abordagem holística: "curar pela atmosfera psicológica íntima e amparadora e pela 'personalidade' do médico, em vez de confiar em qualquer teoria", nas palavras de Nikolai Osipov, um dos médicos de lá.

Os médicos de Kryukovo eram generalistas e intelectuais públicos. Osipov, por exemplo, mais tarde se tornaria um renomado especialista em Tolstói e também palestraria sobre Dostoiévski e Turguêniev. Quanto aos pacientes, havia importantes figuras culturais entre eles, como o proeminente poeta simbolista russo Alexander Blok e o grande ator Mikhail Tchékhov, sobrinho do dramaturgo — o sanatório dava tratamento preferencial para escritores, médicos e parentes do falecido Anton Tchékhov. Depois de anos criando peças amadoras em um remanso suíço e traduzindo Andreiev em seu tempo livre, Rorschach estava em um centro cultural.

No desenrolar da Era de Prata da Rússia havia diversos temas apreciados por Rorschach: sinestesia; loucura; arte visual como autoexpressão. O movimento, elemento principal nas alucinações reflexas estudadas por Rorschach, era visto como "a característica básica da realidade", nas palavras do romancista moderno Andrei Bely; os teóricos do balé russo consideravam o movimento como o aspecto mais importante de toda grande arte.

Na psicologia, as distinções sectárias que pareciam tão importantes na distante Europa Ocidental praticamente desapareceram. Um folheto publicitário de 1909 do Kryukovo proclamava que os pacientes receberiam "hipnose, sugestão e psicanálise", assim como "psicoterapia em seu sentido próprio" — o que era a chamada "terapia racional", uma técnica cujo pioneiro foi outro suíço, Paul Dubois e que por um tempo foi mais proeminente e popular que o método de Freud (assim como é hoje uma abordagem similar, agora chamada de terapia cognitivo-comportamental). Nenhuma linha de batalha foi traçada entre os diferentes campos.

E a inspiração para a psiquiatria russa era Tolstói, o sábio e humanista curador de almas que também inspirara Rorschach. Uma razão pela qual a psicanálise foi tão bem recebida na Rússia era que ela se mesclava com as tradições nativas de introspecção, "purificação da alma", reflexões existenciais sobre as questões profundas da vida humana e respeito pelo mundo interior do indivíduo. Se a mistura de ideais e interesses intelectuais — generalista, não sectário, amplamente humanista, literário, visual — de Rorschach parecia idiossincrática no contexto da Europa Ocidental, ela era padrão para os psiquiatras russos.

Freud brincou, em uma carta de 1912 para Jung, que "parece haver uma epidemia local de psicanálise" na Rússia, mas não era uma relação de mão única, uma "epidemia" se espalhando da Europa para o interior. Os russos eram psicanalistas proeminentes na Rússia e no Ocidente; Osipov, colega de Rorschach em Kryukovo, publicou o primeiro boletim de psicanálise do mundo e fez parte do conselho do periódico de Freud. Mesmo as ideias supostamente "europeias" não deixavam de ser russas. Freud chamou de "censura" o mecanismo psíquico de repressão de material psicológico inaceitável, uma alusão explícita à censura política russa: pela sua definição, o "instrumento imperfeito do regime czarista para impedir a penetração de influências estrangeiras do Ocidente". Muitos dos pacientes de Freud eram eslavos, com frequência russos, incluindo o "Homem Lobo", cujo quadro ele escolheu como objeto de seu mais importante estudo de caso; a primeira paciente psicanalítica de Jung, que exerceu a maior influência sobre a vida e o trabalho dele, foi a russa Sabina Spielrein; e a lista continua. Se a história da psiquiatria é a história não só de seus médicos e teóricos, mas também de seus pacientes, então ela é, em grande parte, um conto da cultura russa.

A abordagem psicanalítica de Rorschach surgiu de sua experiência com os pacientes russos, obviamente porque Kryukovo era onde ele podia usar a psicanálise — diferentemente dos psicóticos nos manicômios suíços ou dos casos criminais que precisavam de avaliação rápida, como o de Johannes Neuwirth. Mas ele também passou a ver a psicanálise como uma abordagem intrinsecamente ligada a aspectos da cultura russa. Em uma palestra posterior sobre o assunto a um público geral, ele disse que as neuroses russas e as suíças funcionavam mais ou menos do mesmo jeito, embora houvesse "diferenças quantitativas" entre as populações, mas que a psicanálise era mais eficaz em pacientes eslavos do que nos germânica, não apenas porque "a maioria deles eram bons auto-observadores (ou autodevoradores, como diz o ditado, já que essa auto-observação muitas vezes se transforma em um vício realmente atormentador e devorador)", mas também porque se expressavam mais livremente, "sem a inibição de vários tipos de preconceitos". Os russos eram "muito mais tolerantes a doenças do que outros povos", sem "o desprezo que nós, suíços, tantas vezes experimentamos junto do sentimento de piedade". Aqueles com doenças nervosas podiam procurar tratamento em uma instituição sem medo de um "estigma prejudicial" depois de receber alta. A ideia de Rússia pela qual ele havia se apaixonado por intermédio de Olga — a capacidade "russa" de expressar seus sentimentos — agora se projetava na consciência sobre seus pacientes e moldava sua prática psiquiátrica.

No início de 1914, enquanto Rorschach estava no Kryukovo, a arte russa passou por um momento decisivo, que redefiniu o poder das imagens visuais. O futurismo russo estava em pleno vigor, e Rorschach o testemunhou em primeira mão. Por volta de 1915, ele delineou um ensaio "Zur Psychologie des Futurismus" [A Psicologia do Futurismo], cuja abertura jornalística definia bem o cenário: "O futurismo, como se apresenta hoje a um mundo atônito, parece, a princípio, um amontoado colorido de imagens e esculturas incompreensíveis, de manifestos ruidosos e sons inarticulados, de arte barulhenta e ruído artístico, de vontade de poder e desejo de irracionalidade. É possível distinguir apenas um tema comum: autoconfiança ilimitada e, talvez, a condenação ainda mais ilimitada de tudo que veio antes, um grito de guerra contra todos os conceitos que até hoje moldam o curso da cultura, da arte e da vida cotidiana."

O futurismo era uma panela de pressão modernista na qual tudo parecia se despedaçar ou se dissolver ao mesmo tempo. Era uma explosão de energia na literatura, na pintura, no teatro e na música, e sua versão russa continha um enxame de submovimentos, panelinhas e estratégias de construção de marca, incluindo o Cubo-Futurismo, o Ego-Futurismo, o Tudismo, a Centrífuga e o que recebeu o excelente nome de Mezanino da Poesia. Eles eram discutidos na imprensa quase todo dia enquanto Rorschach estava na Rússia e, em janeiro e fevereiro de 1914, o principal futurista italiano, F.T. Marinetti, foi a Moscou para palestras, que foram bem divulgadas e lotaram. O movimento tomou as ruas com desfiles nos quais artistas "andavam de rosto pintado entre as multidões, recitando poesia futurista". Quando uma menininha deu uma laranja a um poeta no desfile, ele comeu a fruta; "Ele está comendo, está comendo", sussurrou a multidão atônita, como se os futuristas fossem marcianos. Uma turnê nacional aconteceu em seguida.

As explorações dos futuristas tinham muito a ver com os interesses de Rorschach. O compositor Mikhail Matyushin estudava formas aleatórias de madeira flutuante e escrevia sobre teorias da cor, além de tentar treinar seguidores para ver pela nuca e pela sola dos pés, com exercícios destinados a regenerar nervos ópticos perdidos. Nikolai Kulbin, que Rorschach ouvira palestrar, tinha o seguinte *slogan* psicológico como lema: "O eu não conhece nada além de seus próprios sentimentos e, ao projetar esses sentimentos, cria seu próprio mundo". O poeta Aleksei Kruchenykh defendia "ver as coisas pelos dois lados" e a "objetividade subjetiva": "Um livro pode ser pequeno, mas [...] tudo é do autor, até a última mancha de tinta". Os futuristas publicaram obras sinestésicas como *Intuitive Colors* [Cores Intuitivas] e tabelas de correspondências entre cores e notas musicais; manifestos sobre como os neologismos e os erros "provocam o movimento e a nova percepção da palavra"; um poema em que o poeta está no cinema e, com um esforço especial, começa a ver a imagem de cabeça para baixo. Essas e outras figuras importantes são mencionadas ou citadas no ensaio de Rorschach sobre o futurismo.

Ele reconheceu que o futurismo parecia louco e ilógico, mas afirmou que "foi-se o tempo em que qualquer movimento, qualquer ato, podia ser dispensado como 'louco'. [...] O absurdo absoluto não existe. Mesmo nos delírios mais sombrios e elaborados dos nossos pacientes com demência precoce existe um significado oculto." Ele traçou um paralelo entre o futurismo e a esquizofrenia nos termos da Escola de Zurique, justificando a aplicação mais ampla da teoria psicanalítica: "Conexões até agora inimagináveis foram forjadas com a elaboração da psicologia profunda que Freud criou. [...] Não apenas os sintomas neuróticos e os sistemas delirantes e os sonhos, mas também mitos, contos de fadas, poemas, obras musicais e pinturas — todos se mostraram acessíveis à pesquisa psicanalítica." Como resultado, "Mesmo se decidirmos descrever o futurismo como loucura e absurdo, ainda temos a obrigação de encontrar sentido nesse absurdo".

Rorschach levou o futurismo a sério e encontrou nele um sentido específico o suficiente para ser criticado. Na análise mais original em seu ensaio sobre futurismo, ele argumentou que os futuristas não entendiam como as imagens geram a sensação de movimento. Ele observou que normalmente só os cartunistas, como Wilhelm Busch, seu preferido, tentavam representar o movimento mostrando um objeto em múltiplos estados ao mesmo tempo, como quando davam a um pianista diversos braços e mãos para mostrar intensidade. As esculturas ou pinturas de Michelangelo, em contraste, são dinâmicas em si — elas fazem você *sentir* o movimento. Os futuristas, com seus cães de muitas pernas, cometeram o erro de tentar uma abordagem como a de Busch, mas Rorschach foi firme como nunca: para um artista que aspira fazer

Forte vivace

Fortissimo vivacissimo

O Virtuoso, de Wilhelm Busch (1865); o futurista *Dinamismo de Um Cão na Coleira* (1912), de Giacomo Balla, usando a estratégia que Rorschach considerava adequada apenas para os quadrinhos. Rorschach já havia zombado do "Expressionismo!" em um desenho do anuário do ensino médio; mais tarde, nessa e em outras séries de pequenas pinturas, bem como em esboços em arquivos de pacientes, ele explorou como capturar o movimento de forma mais eficaz.

mais do que cartuns, "não há outra maneira de lidar com o movimento" que não seja a de Michelangelo; "A única maneira séria de representar o movimento em um objeto é influenciando o sentido cinestésico do observador". A estratégia futurista seria "impossível" porque interpretava mal a relação entre empatia — o termo *hineinfühlen* de Vischer — e visão: "Não há necessidade de consultar os filósofos e psicólogos, apenas os fisiologistas. Diversas pernas próximas umas das outras não despertam ideia de movimento, no máximo de maneira muito abstrata; da mesma forma, um ser humano não consegue ter empatia por um milípede através de meios cinestésicos."

Imagens visuais, pelo menos se forem boas, provocam estados mentais — "despertam uma ideia" no observador. Em certo ponto do rascunho do ensaio, entre os X, Rorschach inseriu, sem explicação, uma citação russa:

> X
>
> Uma imagem: os trilhos pelos quais a imaginação do observador deve passar, de acordo com a representação do artista.
>
> X

Na Suíça, Rorschach e Gehring haviam usado manchas de tinta para avaliar a imaginação do observador, tratando-a como algo mensurável. Ali havia uma visão de imagens *mudando* a imaginação do observador — conduzindo-a, como se estivesse sobre trilhos, a uma nova direção.

Independente de seus argumentos específicos, um psiquiatra escrevendo sobre "a psicologia do Futurismo" em 1915, engajando-se na arte de vanguarda de maneira totalmente coerente com a teoria e a prática psiquiátricas, estava à frente de seu tempo. Freud admitiu francamente que era um filisteu em relação à arte moderna; Jung escreveu um ensaio sobre James Joyce e outro sobre Pablo Picasso, ambos superficiais e desdenhosos, e foi amplamente ridicularizado, por isso nunca mais se aproximou do assunto. Havia outros psiquiatras mais atentos à arte, e artistas que estudavam psicologia, até mesmo fora da Rússia — o surrealista alemão Max Ernst, por exemplo, tinha extenso treinamento universitário em psiquiatria. Mas Rorschach era bem informado o suficiente para transpor a barreira disciplinar.

Além do futurismo, as ideias da Europa Ocidental e da Rússia estavam se unindo na década de 1910 para criar a arte abstrata. As figuras geralmente reconhecidas como pioneiras da arte moderna puramente abstrata são Piet Mondrian, o russo Kazimir Malevich, o russo radicado em Munique Wassily Kandinsky e a suíça Sophie Taeuber. *Abstração e Empatia*, de Worringer, era um ponto de referência compartilhado por todos. O ensaio de Rorschach sobre o futurismo fora anterior ao evento que definiu o nascimento da arte moderna na Suíça: a criação do dadaísmo, em fevereiro de 1916, em um cabaré de Zurique. Sophie Taeuber fez parte dele com seu futuro marido Hans/Jean Arp; na Escola de Artes e Ofícios de Zurique, onde Ulrich Rorschach havia estudado uma geração antes, Taeuber dava aulas para o que Arp chamava de "grupos de meninas de todos os cantões da Suíça que iam a Zurique com o ardente desejo de bordar infinitamente coroas florais em almofadas", e no final ela até "conseguiu fazer a maioria delas abraçar o quadrado".

Não há nenhum registro de contato direto entre Rorschach e os dadaístas, mas ele certamente acompanhou os avanços da arte moderna na Europa Ocidental. Ele fizera um cartum satirizando o Expressionismo no ensino médio; mais tarde, usou a obra do artista expressionista austríaco Alfred Kubin para ilustrar suas teorias sobre introversão e extroversão. De forma mais genérica, ele levou seus *insights* sobre arte e psicologia da Rússia para sua prática psiquiátrica na Suíça.

A "QUESTÃO CRÔNICA" de Hermann e Olga sobre onde se estabelecer continuava puxando o casal em direções opostas. Hermann descobriu em 1914, como tinha feito em 1909, que por mais que se sentisse atraído pela cultura russa, a realidade da vida lá era diferente. Olga gostava da imprevisibilidade da vida na Rússia; Hermann a achava caótica. Olga desprezava as ambições de Hermann como "um anseio europeu por 'conquistas'", dizendo que "ele tinha um certo medo de sucumbir à magia da Rússia". E o que ela entendia como companheirismo caloroso às vezes parecia muito invasivo para o introvertido Hermann, que já havia reclamado com Anna sobre a excessivamente social cultura russa — "É muito difícil trabalhar em casa aqui; as portas ficam abertas e há visitas o dia todo". Anna se lembrou mais tarde que as intermináveis conversas na Rússia deixavam

Hermann com "muita vontade de se isolar": todos os pacientes interessantes em Kryukovo tomavam tanto de seu tempo e sua energia que "ele não tinha tempo livre para anotar suas observações nem para trabalhar nelas. Ele me disse que se sentia como um pintor sem papel e tinta diante de uma paisagem maravilhosa." Ela não achava que Hermann fosse querer voltar a viver no exterior depois dessa experiência.

Uma longa série de brigas familiares, que sempre aconteciam tarde da noite, finalmente terminou às 2h da manhã em maio de 1914. Hermann venceu. Era impossível conseguir um emprego no mundialmente famoso Burghölzli, mas ele conseguiu uma vaga no Waldau, em Bollingen, nos arredores de Berna, um dos únicos dois outros hospitais psiquiátricos universitários na Suíça germanófona. Ele escreveu da Rússia para um colega no Waldau, dizendo que "depois de nossas incansáveis perambulações ciganas, sentimos forte necessidade de finalmente nos estabelecer". Era uma carta ansiosa: "Você poderia me dar algumas informações sobre os quartos oferecidos no Waldau? Qual é o tamanho, a metragem? Quantas janelas? E quanto à entrada, quantas escadas e corredores? Os quartos são todos juntos? Seria possível um casal viver confortavelmente aí?". A resposta que recebeu deve ter sido bem tranquilizante. Ele deixou a Rússia em direção à Suíça em 24 de junho de 1914, e nunca mais voltou.

Olga planejava ficar em Kazan por cerca de seis semanas antes de seguir o marido, mas, logo que ele retornou para o Ocidente, o arquiduque Franz Ferdinand foi baleado em Sarajevo, em 28 de junho, e no fim das seis semanas de Olga a Grande Guerra havia começado. Ela ficou na Rússia por mais dez meses, até a primavera de 1915. Essa longa separação — a quarta deles até então — era tanto por opção quanto pelas circunstâncias. Olga não queria desistir de seu sonho de continuar na Rússia e não conseguiu se obrigar a sair de sua pátria, especialmente em uma época de carestia. Sem ela, as preocupações de Hermann em relação ao apartamento eram irrelevantes, e o "pequeno, porém agradável, apartamento de três cômodos no quarto andar do prédio da clínica central" estava ótimo — Rorschach o chamava de "meu pombal", um sótão perfeito para a solidão e o trabalho árduo.

O futuro colega para quem Rorschach tinha escrito quando estava na Rússia era Walter Morgenthaler (1882-1965), que conhecia desde sua época em Münsterlingen. Quando Rorschach chegou ao Waldau, Morgenthaler estava ocupado vasculhando casos para encontrar desenhos de pacientes para sua crescente coleção, estimulando os internos a desenhar o quanto quisessem e promovendo sistematicamente a atividade artística: lhes dava papel, pedia que desenhassem e determinava temas para as produções (um homem, uma mulher e uma criança; uma casa; um jardim). Morgenthaler relembrou a afinidade de Rorschach com os pacientes: "Filho de um professor de desenho e desenhista muito bom, ele se interessava essencialmente pelos desenhos dos pacientes. Tinha um dom incrível para fazer os internos desenharem."

Rorschach descobriu, por exemplo, que um paciente catatônico, que passava a maior parte do dia deitado ou sentado rigidamente na cama, tinha sido um bom desenhista antes de adoecer. Rorschach então colocou no cobertor dele, além de um bloco de desenho e alguns lápis de cor, uma grande folha de bordo com um besouro rastejante preso com fita adesiva. Não apenas materiais de arte, mas alguma coisa para olhar; não apenas um objeto, mas a vida em movimento. No dia seguinte, radiante de prazer, Rorschach mostrou a Morgenthaler e ao chefe o desenho colorido e extremamente preciso que o paciente havia feito do besouro na folha. Embora esse interno não se movesse havia meses, ele começou lentamente a desenhar mais, depois fez aulas de pintura, melhorou ainda mais e acabou recebendo alta.

Rorschach se entusiasmava com a pesquisa de Morgenthaler sobre arte e doença mental, e com razão: o colega estava trabalhando em um estudo pioneiro sobre o tema. Um de seus pacientes era um esquizofrênico chamado Adolf Wölfli, hospitalizado desde 1895, que tinha se tornado um artista visual, escritor e compositor, produzindo um grande conjunto de desenhos até 1914. Em 1921, Morgenthaler publicou o inovador *Ein Geisteskranker als Künstler (Adolf Wölfli)* [Um Paciente Psiquiátrico Como Artista (Adolf Wölfli)], que influenciaria todo mundo, desde os surrealistas — André Breton colocou Wölfli junto a Picasso e o místico russo Gurdjieff em seu grupo de importantes inspirações, chamando a arte de Wölfli de "um dos três ou quatro acervos de trabalho mais importantes do século XX" — até Rainer Maria Rilke achava que seu caso "um dia vai nos ajudar a ter novos *insights* sobre as origens da criatividade". Wölfli se tornou o exemplo de artista marginal do século.

Rorschach provavelmente visitou Wölfli em suas rondas e ajudou Morgenthaler a tratá-lo. Ele procurou materiais visualmente interessantes nos arquivos de Waldau para Morgenthaler e prometeu que "uma das primeiras coisas que faria" depois de deixar aquele hospital seria começar também uma coleção de desenhos de pacientes. Essa partida estava se aproximando: quando Olga finalmente voltou para a Suíça, os Rorschach decidiram que o apartamento era pequeno demais, assim como o salário. Eles se mudaram de novo, desta vez para Herisau, no nordeste da Suíça.

As perambulações de Hermann entre os anos 1913 e 1915 o ajudaram a idealizar uma psicologia mais holística e humanista. Descobrir Binggeli tinha direcionado seu interesse pela percepção a uma abordagem antropológica, mostrando um caminho até o núcleo sombrio da crença individual e coletiva, onde a psicologia encontra a cultura; a cultura russa lhe dera um modelo para conectar a arte e a ciência; e os futuristas e Wölfli haviam lhe mostrado como as explorações psicológicas podiam estar ligadas à arte. Essa compreensão mais profunda do poder das imagens visuais logo o levaria ao seu grande avanço.

capítulo_nove

09

PEDRINHAS NO....
Leito de Um Rio

HERISAU FICA EM UMA PAISAGEM DE COLINAS ALTAS, ONDE OS VERÕES SÃO ENSOLARADOS, no estilo de *A Noviça Rebelde,* com passeios alpinos e flores silvestres pontilhando os prados que depois dão lugar a outonos precoces, invernos frios e sombrios com nevascas pesadas e primaveras longas e úmidas. Tem uma das maiores elevações da Suíça, e "mesmo quando St. Gallen" — a gloriosa cidade de mosteiros a cerca de oito quilômetros dali — "está sob um nevoeiro denso, geralmente temos sol e ar limpo aqui", escreveu Rorschach para o irmão. Seus parentes em Arbon estavam próximos, a cerca de 24 quilômetros ao norte; em um dia claro, Rorschach conseguia ver o lago de Constança da colina onde morava. O Säntis, pico mais alto da região e onde ia caminhar, ficava à mesma distância ao sul, e Rorschach podia vê-lo da janela do segundo andar — ele sempre escolhia apartamentos em andares superiores. "É especialmente bonito aqui no inverno, no fim da primavera e no fim do outono", escreveu Rorschach sobre a nova casa. "O outono provavelmente é a época mais bonita, e proporciona uma visão clara da paisagem ao longe."

Rorschach morou em Herisau por mais tempo do que em qualquer outro lugar, exceto pelo período em Schaffhausen. Foi ali que ele criou sua família, seguiu sua carreira e sua vocação. O Krombach, hospital psiquiátrico do cantão, ficava numa colina a oeste da cidade. Inaugurado em 1908, foi o primeiro manicômio na Suíça construído a partir do sistema de pavilhões: prédios em um terreno parecido com um parque, separados para limitar a disseminação de infecções e também para gerar benefícios terapêuticos. Atrás do bloco administrativo havia três prédios para homens e três para mulheres, e entre deles, uma capela. Na época de Rorschach, o hospital, construído para 250 pacientes, abrigava cerca de 400, a maioria gravemente psicótica. Era basicamente uma instituição de custódia — grosso modo, uma casa de detenção —, e não de tratamento.

Os médicos e a equipe viviam no Krombach junto dos pacientes, todos relativamente isolados naquele ambiente pitoresco. Em Herisau havia cerca de 15 mil habitantes, dos quais muitos eram de outros cantões ou países, e a maioria trabalhadores têxteis; em 1910, St. Gallen produzia metade dos bordados do mundo. Herisau contava com um cinema e proporcionava alguns confortos, mas não tinha muito a oferecer, especialmente depois do colapso da indústria têxtil após a Primeira Guerra Mundial. O cantão Appenzell Ausserrhoden era rural e muito conservador, e sua população era conhecida por ser reservada em relação aos forasteiros. Rorschach se identificava mais com os bernenses, que tinham fama de lentos e introvertidos, do que com os appenzellers, mas se dava bem com os locais, e respeitava-os sem tentar ser um deles.

Foi um enorme alívio para Hermann e Olga que suas "perambulações ciganas" terminassem. Eles finalmente tinham um grande apartamento, de cerca de trinta metros de comprimento e cheio de janelas, na frente do prédio da administração; uma pintura que Hermann fez posteriormente mostrava os quartos arejados e a vista deles no verão. Quando o caminhão da mudança chegou, o apartamento estava quase vazio, mas pouco tempo depois Hermann escreveu para o irmão: "Estamos sentados nos nossos próprios móveis, dá para imaginar? Está acontecendo, é real."

O diretor do manicômio era Arnold Koller, um médico pouco inspirador, mas um gerente dedicado. Ele tinha administrado com eficiência a construção do Krombach — o que fora o ponto alto de sua carreira —, e suas reminiscências manuscritas descrevem como era a vida lá. "Depois que a instituição começou a funcionar bem", admitiu, "a administração não exigia mais muito trabalho." Koller também tinha sido aluno de Bleuler e defendia uma compreensão pessoal do bem-estar físico e mental dos pacientes, mas era tenso, rígido e moralista — seu filho se lembra de quando mentiu e depois ouviu de seu pai: "Prefiro que morra a continuar com isso".

Koller também se preocupava profundamente com orçamentos e custos; Rorschach o chamava de "um pouco tacanho e um estatístico nato", e todo ano, preciso como um relógio, Koller ficava ligeiramente enlouquecido por ter que atualizar e analisar os números do ano — era a "Semana das Estatísticas", como ele chamava. Janeiro de 1920: "Acabei de terminar o trabalho mais desagradável do ano institucional: as estatísticas de 1919. Depois de dias e dias de absoluta imbecilidade, estou voltando lentamente à consciência." Janeiro de 1921: "Ainda estou sofrendo de um caso de demência estatística, capaz apenas de cuidar dos assuntos mais importantes. [...] Estou ansioso pelo próximo livro de Freud, mas existe alguma coisa *Além do Princípio do Prazer* que faça a vida valer a pena? O que Freud dirá? Sei de uma coisa que está além do princípio do prazer: a estatística!"

Rorschach mantinha as aparências e escrevia bilhetes de "boas-vindas" sempre que o diretor e sua família voltavam de viagem, presenteava-os com desenhos encantadores e pequenos poemas descrevendo o que tinha acontecido durante as quatro semanas em que estiveram fora. O filho de Koller, Rudi, ainda se recordava bem dos bilhetes 40 anos depois, e lembrava-se de Rorschach como alguém extraordinariamente talentoso, mas modesto, que não queria se autopromover, "a alma de toda a instituição" — de acordo com o filho do diretor. O menino tinha seis ou sete anos quando sentiu uma forte dor no apêndice enquanto o pai estava ausente; Rorschach se sentou ao lado dele, tirou a aliança de casamento e hipnotizou Rudi com ela: conversou, colocou-o para dormir e, quando o menino acordou, a dor tinha desaparecido.

Os dias de trabalho de Rorschach começavam com uma reunião matinal com Koller, depois da qual ele saía para fazer a ronda, cuidando dos pacientes agudos masculinos e femininos. Gritos terríveis enchiam os corredores; certo dia, Hermann apareceu em seu apartamento com as roupas rasgadas de cima a baixo por um paciente. O Ano-Novo de 1920 não foi auspicioso: "Mais ou menos à meia-noite, um paciente tentou se estrangular". Os principais tratamentos eram banhos de dia inteiro, dos quais os pacientes gostavam, e sedativos, em conjunto com terapia do trabalho, como fazer sacolas de papel ou separar grãos de café; se um catatônico quisesse deixar de lado a tarefa designada para "ficar encostado na parede", tinha liberdade para isso. Havia trabalhos manuais para quem podia fazer: jardinagem, carpintaria e encadernação de livros. Os médicos faziam as refeições com suas famílias. Olga ficava na cama lendo até meio-dia ou 13h; às vezes ela cozinhava, o que rareou quando tinham dinheiro para contratar uma empregada. A equipe do hospital lavava a roupa. Hermann trabalhava até tarde.

Seu salário ainda era baixo, e a clínica precisava desesperadamente de um terceiro médico — em 1916, Rorschach era pessoalmente responsável por 300 pacientes; algum tempo depois, por 320. Mas a permissão para contratar um assistente voluntário não remunerado só foi concedida em 1919; o próprio Rorschach quase não foi contratado porque Olga era médica e Koller temia que seus superiores, que constantemente recusavam admissões, pensassem que ele estava tentando "uma venda casada". Rorschach, muito irritado, escreveu para Morgenthaler em Berna:

> Como pode ver pelo tanto que demorei para ler os livros que me emprestou, sigo com pouquíssimo tempo para mim. Acabei de enviar ao comitê de supervisão um poema épico que, usando um rico material estatístico — o *locus minoris resistentiae* [local de menor resistência à invasão por toxinas ou bactérias] de Appenzeller —, prova que Herisau está em último lugar, talvez em toda a Europa, em relação ao número de médicos, e que a adição de um terceiro médico é absolutamente indispensável. Tenho muitos votos a meu favor, mas parece que um membro do conselho chegou à conclusão bizarra de que "estávamos *artificialmente* aumentando muito o número de pacientes a fim de conseguir um terceiro médico na base da *extorsão*". Que ideia!

Rorschach tinha pouco estímulo intelectual. Ele ajudou a fundar a Sociedade Suíça de Psicanálise e foi seu vice-presidente, mas as reuniões ocasionais não eram o bastante. "É uma pena eu morar tão longe, senão poderíamos ter conversado pessoalmente há muito tempo", escreveu para Morgenthaler sobre um tópico; para outro amigo e colega em Zurique, disse: "Aqui nas províncias vislumbro novas publicações apenas por acaso, quando acontece". Enquanto seus amigos diziam que sentiam inveja da paz rural e da quietude que ele tinha em Herisau, Rorschach invejava os que lidavam com "pessoas interessantes, não como os appenzellers aqui, desgastados como pedrinhas no leito do rio".

Rorschach podia continuar trabalhando em seus projetos anteriores, especialmente nos estudos sobre seitas, e se manter profissionalmente conectado a outros psiquiatras e psicanalistas suíços, ao menos por correspondência. Mas o que viria depois? Apesar de ter prometido a Morgenthaler que ia reunir desenhos de pacientes, Rorschach descobriu que era algo impossível de se fazer. Ele atribuiu o fracasso à variação cultural, escrevendo pesarosamente para Morgenthaler que "se você colocar um pedaço de papel na frente de um bernense, ele começa a desenhar depois de um tempo, sem dizer uma palavra, mas se você fizer o mesmo com um appenzeller, ele vai ficar sentado diante da folha e tagarelar por horas sobre todas as coisas que alguém poderia desenhar ali, e não vai fazer um único traço!" Os novos pacientes de Rorschach gostavam mais de falar sobre imagens do que de criá-las.

A Grande Guerra se alastrou nos primeiros anos dos Rorschach em Herisau, e até a neutra Suíça sentiu seus efeitos: a rivalidade nacionalista entre os suíços franceses e os suíços alemães, o serviço militar de não combatentes, a inflação desenfreada. Rorschach tinha acabado de voltar para a Suíça quando a guerra estourou, e então tentou ser voluntário em um hospital militar com Morgenthaler, sem sucesso: "O que vocês estão pensando?", vociferou o superior dos dois no Waldau. "Vocês não entendem que seu dever é ficar aqui onde estão?" Morgenthaler se lembrou da reação tenebrosa de Rorschach: ficou cabisbaixo e de mau humor durante dias, mais quieto do que o normal, observando melancolicamente que "agora o dever dos alemães é matar o maior número possível de franceses, e o dos franceses é matar a mesma quantidade de alemães, enquanto nós devemos ficar sentados aqui no meio e dizer 'como vai' para os pacientes esquizofrênicos todos os dias".

Depois de se mudar para Herisau, Rorschach pôde servir. Olga e ele foram voluntários durante seis semanas, e ajudaram a transportar para a França 2800 pacientes psiquiátricos que estavam em manicômios franceses em territórios ocupados pelos alemães, entre outros deveres de não combatentes. Rorschach também acompanhou os eventos da guerra a partir de sua habitual distância analítica. Ele desdenhava da necessidade de evitar o sentimento antialemão e escrevia para o irmão em francês, mas foi igualmente repelido pelos suíços pró-alemães, que oportunisticamente mudaram o tom no fim da guerra: "Houve uma reversão repentina entre os alemães na Suíça já em outubro [1918]: com a mesma intensidade com que antes adoravam o Kaiser, agora o amaldiçoam. [...] Era pior do que toda a arrogância anterior deles. Enquanto eu estiver vivo, não vou me esquecer da impressão repugnante que essa psicologia de multidões deixou em mim."

Os eventos na Rússia eram mais preocupantes. Histórias chocantes chegavam à Suíça em 1918: tiroteios, execuções, fome, o assassinato de toda a elite intelectual. Os Rorschach estavam desesperados para receber notícias de Anna, que ainda estava em Moscou, e dos parentes de Olga. Anna voltou para a Suíça em julho, mas eles levaram mais dois anos para conseguir informações sobre a família de Olga em Kazan, e elas não eram boas: o irmão de Olga "mal sobrevivera" a uma epidemia de tifo, e depois disso não houve mais notícias.

A propaganda pró-bolchevique, "desafiando toda a verdade, humanidade e bom senso", enojava Rorschach da mesma forma na Suíça e na Rússia, e ele conduziu sua escrita ocasional em jornais para uma direção mais política, com artigos que criticavam a ingenuidade pró-comunista ocidental. Ele desabafava ainda mais abertamente nas cartas: "Você já leu ou ouviu falar do panfleto de Gorki no qual condena tanto Tolstói quanto Dostoiévski pela mensagem pequeno-burguesa de que o povo deveria 'simplesmente sofrer'? Você já viu um pântano tão fétido? Judas Escariotes pelo menos se afastou e se enforcou. Eu me pergunto que sonhos Gorki tem à noite!"

Como sempre, ele direcionou sua atenção às questões de percepção:

> Estou apenas começando a ver como é possível obter tantos relatos contraditórios de testemunhas oculares fora da Rússia. [...] O ponto principal é que faz uma diferença enorme se um observador vê a Rússia pela primeira vez ou se a conheceu em épocas remotas, e também se ele conhece alguém que possa descrever a Rússia antiga ou se apenas vê a massa amorfa do povo, que na verdade não é um povo, mas só uma massa. [...] Quem chega à Rússia pela primeira vez agora, sem tê-la conhecido antes, simplesmente não vai *ver* nada.

Essa ênfase no termo principal, "ver", é do próprio Rorschach. Alguns meses depois: "O que você acha desses partidos comunistas que estão surgindo em toda parte? Existe alguma coisa aqui que não estou enxergando ou eles é que são os cegos? Por mais que eu tente usar a psicologia e a história para abordar essa pergunta, não consigo respondê-la."

A situação financeira dos Rorschach também piorou durante a guerra. Eles continuaram a mandar o que podiam para os parentes na Rússia, incluindo itens básicos, como sabonete; em certa ocasião, o presente deles para um ente querido em Herisau foi uma vela. "Pelo menos sempre conseguimos carvão suficiente durante esses anos", escreveu ele para Paul em 1919, "e este ano não deveria ser pior. Espero que, quando você nos visitar, não precise ficar congelando conosco. De qualquer forma, costumávamos passar mais frio nos invernos que passamos em Schaffhausen."

Como em outras ocasiões, Rorschach tirava o melhor de seus problemas financeiros. Ele não se importava com roupas nem bebia álcool; seu único vício era o cigarro. Sem dinheiro uma biblioteca pessoal e sem o apoio de Koller, ele pegava emprestada a maioria dos livros e revistas, e fazia notas extensas e resumos intermináveis. Ele também transcrevia os móveis: quando tinha que ir a Zurique a negócios, ele ia até a cidade, passava muito tempo observando atentamente as lojas de móveis e as de brinquedos, depois voltava para Herisau e recriava o que tinha visto. "Estou sempre na oficina de marcenaria, para pelo menos termos coisas novas para colocar em casa", escreveu para Paul. "Em breve vou evoluir e fazer coisas mais impressionantes", como estantes de livros, mas por enquanto ele estava construindo "um conjunto completo para a pequena: uma mesa, três cadeiras e uma pia, tudo construído e pintado em estilo de casa de fazenda."

Pois Rorschach agora era pai. Sua grande alegria em Herisau fora o nascimento dos dois filhos: Elisabeth (Lisa), em 18 de junho de 1917, e Ulrich Wadim (a grafia alemã de "Vadim"), em 1º de maio de 1919; "um genuíno nome suíço e um genuíno nome russo", disse a Paul, "por razões que você pode facilmente imaginar". O garoto se chamava Wadim, mas havia esperança de que ele não se tornasse russo demais — como seu aniversário era no feriado da Revolução Russa, Hermann brincou com o irmão:

"Espero que ele não se torne um bolchevique fanático, embora tenhamos que entender que um dia nossos filhos pensarão nos conflitos mundiais a partir de pontos de vista completamente diferentes dos nossos".

Anna deixou a Rússia em agosto de 1918 e se casou logo depois; Hermann viu Paul de novo em 1920, em uma visita quando veio do Brasil, para onde tinha fugido da guerra e se tornado um bem-sucedido comerciante de café. Paul também se casara e levou junto a nova esposa, uma francesa chamada Reine Simonne, quando visitou Herisau. Hermann achava profundamente gratificante ver seus irmãos casados com parceiros que amavam.

Como nos anos em Münsterlingen, Hermann e Lola visitavam Arbon quando podiam e Schaffhausen quando precisavam. Regineli continuava morando com a mãe em Schaffhausen, mas Hermann a convidava para longas estadias em Herisau. Mais tarde, ela se lembraria de Hermann lendo muito para ela durante aqueles períodos; foi no sopé dos Säntis, em uma viagem com o irmão, que certa vez ela ouviu o som de sino de igreja — sua primeira grande experiência, disse décadas depois, a única vez na vida em que se sentiu em contato com o infinito, o eterno.

O gabinete de Rorschach se transformava na sala de jogos das crianças quando ele não atendia pacientes ou escrevia. Seu primo se lembrava dele como um "excelente pai" que "ajudava muito na educação dos filhos, quase mais do que a mãe". Ele presenteava Lisa e Wadim com as coisas físicas que tão raramente dava a si mesmo, fazendo para eles todos os tipos de brinquedos, desenhos e livros ilustrados; Lisa se lembrava de um desenho de fruta que ela achou tão real que chegou a lamber o papel. Em certo Natal, os planos de Rorschach incluíam esculpir "quatro galinhas, um galo, cinco pintinhos, um peru e uma perua, um pavão, quatro gansos, quatro patos, um galpão e duas meninas" para Lisa. A arte de seus filhos também era importante: "Espero enviar a você alguns desenhos da Lisa", escreveu ele para Paul. "Estou produzindo uma biografia inteira dela em imagens!"

Mas nem tudo estava bem na família. Os Koller moravam no andar de baixo com três meninos, e o mais novo, Rudi, apenas quatro anos mais velho que Lisa, se lembrava do casamento dos Rorschach como uma relação "muito, muito explosiva". Sophie Koller, esposa do diretor e boa amiga de Hermann, ouvia brigas ruidosas no andar de cima e tinha medo de Olga e achava que ele também tinha medo da esposa. O fato de ele ficar acordado trabalhando, datilografando até tarde da noite, levava a repetidas discussões: "Lá vai ele fazer esse barulho de novo", reclamava Olga. Regineli testemunhou brigas, lágrimas, acusações, ataques — certo dia, não muito depois de Lisa nascer, ele chegou em casa tarde e Olga perdeu a paciência, "foi terrível". Durante as brigas, Olga jogava pratos, xícaras e chaleiras, a ponto de a parede da cozinha dos Rorschach ficar permanentemente manchada de café.

Essas impressões externas sobre Olga, embora negativas, revelam mais do que suas próprias reminiscências posteriores, que sempre idealizavam seu casamento. Os outros se lembravam dela como temperamental, impulsiva, voluptuosa e dominadora, e era isso que Hermann amava nela. Olga era descrita como uma russa "meio asiática" — "Quando você arranha um russo, encontra um bárbaro", um dito popular comum, se aplicava a ela —, o que mostra que os suíços eram incapazes de respeitar a estrangeira que Hermann amava e com quem tinha se casado. Sem poder sair de Herisau e sem permissão para exercer a medicina, ela deve ter se sentido muito mais isolada do que ele. E, apesar de toda a sua suposta teimosia, os dois acabaram voltando para a Suíça; os filhos foram batizados como protestantes e não ortodoxos russos como ela queria.

Se Hermann achava que o casamento era ruim, nunca deixou transparecer. Ele sempre falava bem de Olga para Regineli, por exemplo, e tentava explicar o comportamento da esposa, assim como fazia com a madrasta. Ele amava Olga por tirá-lo de sua concha, por "lhe dar filhos", pela vida que sentia viver plenamente por meio dela. O tímido garoto de Schaffhausen que havia se tornado organizador de eventos em Münsterlingen e Herisau quase nunca dançava, mesmo nas festas em que Olga, em seu vestido preto, dançava abraçada com um paciente após o outro. Depois das brigas, o casal passeava elegantemente de braços dados pelo manicômio.

As discussões sobre o horário de trabalho de Hermann também deviam ter um outro lado. Ele realmente trabalhava muito, algo que Olga via como ambição "ocidental", antissocial e equivocada; uma de suas empregadas disse mais tarde que achava que Hermann fazia coisas para as crianças, como brinquedos e presentes, com mais frequência do que passava tempo com elas.

Às vezes, Rorschach achava seu trabalho no manicômio satisfatório. Em um passeio de barco com a família, depois de alguns anos em Herisau, ele disse que sentia significar alguma coisa para seus pacientes — ele não era apenas um médico, mas uma verdadeira fonte de ajuda emocional e espiritual para eles, e isso era gratificante. Nas noites de inverno, o casal dava palestras sobre a Rússia e, além de oferecer outras oportunidades de desenvolvimento pessoal para a equipe (aulas de costura e bordado para as mulheres, marcenaria para os homens), Rorschach promoveu cursos de treinamento médico para o pessoal de enfermagem usando "Lições sobre a natureza e o tratamento da doença mental" em 1916. Esse tipo de coisa jamais tinha acontecido em uma clínica suíça.

Ele voltou a organizar peças de teatro, para as quais desenhou e confeccionou adereços; destes, os mais notáveis foram os cerca de 45 fantoches feitos para uma peça de teatro de sombras, no Carnaval de 1920. Essas caprichosas criações— com 25 a 50 centímetros de altura, de papelão cinza articulado — representavam os médicos, os funcionários e os pacientes, inclusive o próprio Rorschach. Elas fizeram sucesso com todos na plateia, de acordo com o diário de Rorschach, e mostraram sua capacidade de ver e capturar movimentos: "Ele rapidamente recortava uma silhueta de papelão e lhe dava articulações móveis que permitiam uma reprodução surpreendente do movimento característico da figura, como a de alguém tocando violino" ou tirando o chapéu, lembrava um amigo. Ainda assim, Rorschach sabia muito bem que as produções do manicômio dificilmente estavam à altura do que vira no teatro de Moscou e do talento dos atores com quem tinha trabalhado em Kryukovo, alguns dos maiores do século. Diferentemente de Münsterlingen, a maioria dos pacientes em Herisau não tinha condições de assistir às apresentações, quanto mais de participar delas. Em uma carta para um amigo, escreveu: "Minha esposa gostaria de ver novamente como é um teatro de verdade — ela se esqueceu quase completamente".

Rorschach tentava parecer contente com suas tarefas extras, mas na verdade se sentia cada vez mais insatisfeito por elas exigirem tempo demais e por proporcionarem pouca satisfação artística. Em setembro de certo ano, ele escreveu: "Meu trabalho extra de inverno vai começar de novo em breve: teatro etc., nada exatamente divertido. Vou ter que ir à marcenaria para fazer isso tudo"; "Com o passar dos anos, fica um pouco cansativo".

Os Rorschach não podiam tirar férias por causa do dinheiro e das exigências profissionais. Só em 1920 a família toda pode aproveitar as primeiras férias juntos, em Risch, no lago de Zug. "É muito bom para nós", escreveu Hermann: "Desenhei muito durante as férias, porque assim Lisa vai poder se lembrar melhor da experiência". Fora isso, Hermann fazia caminhadas pelo Säntis durante alguns dias ou viajava a negócios, indo palestrar em Zurique e outros lugares. Uma dessas viagens foi fatídica.

Em meados de 1917, enquanto visitava a Clínica Universitária de Zurique, Rorschach se encontrou com Szymon Hens, um estudante de medicina polonês de 25 anos, por cerca de quinze minutos; mais tarde naquele ano, se viram brevemente outra vez. Eugen Bleuler também era orientador de Hens e lhe dera 30 tópicos de dissertação para escolher. Hens tinha escolhido o que abordava as manchas de tinta.

Hens usava oito manchas pretas rudimentares para medir a imaginação de seus objetos de estudo, determinando se eram muito ou pouco imaginativos. Embora ele tenha ligado certas respostas ao histórico ou à personalidade de cada um, o fez de maneira superficial, apenas com o conteúdo: um cabeleireiro viu "*a cabeça de uma mulher, de peruca*", enquanto um menino de 11 anos, filho de alfaiate, viu "*um manequim de moldar colete*", e isso mostrou que o emprego deles ou o dos pais "tinha forte influência sobre a imaginação". Basicamente, Hens mostrava aos sujeitos 20 manchas e dava a eles uma hora para escrever o que viam, depois apenas contava o número de respostas. Não havia muito mais que ele pudesse fazer, já que estava testando mil crianças

Figuras articuladas de papelão feitas para o Carnaval de Krombach: verso mostrando como eram montadas; administrador do manicômio com livro de contabilidade, paciente carregando baldes, vigia noturno com um berrante. Dois desenhos: meninas brincando.

em idade escolar, 100 adultos neurotípicos e 100 pacientes psiquiátricos no Burghölzli — uma tarefa gigantesca. Hens disse posteriormente que "suas namoradas" o ajudaram a coletar os resultados. Embora sua dissertação terminasse com algumas ideias para pesquisas futuras, suas próprias conclusões foram muito limitadas, por exemplo: "Os doentes mentais não interpretam as manchas de maneira diferente dos sujeitos saudáveis, de modo que não é possível fazer um diagnóstico a partir delas (pelo menos não neste momento)".

Rorschach estava em Herisau havia dois anos, com pacientes difíceis de tratar e que, assim como os appenzellers, estavam desgastados como pedrinhas de um rio. Seu artigo sobre Johannes Neuwirth, o desertor que havia analisado em 1914, foi publicado em agosto de 1917, com a clara conclusão de que um teste ideal de alguma forma combinaria e substituiria o teste de associação de palavras, a associação livre freudiana e a hipnose. A dissertação de Hens, intitulada *Phantasieprüfung mit formlosen Klecksen bei Schulkindern, normalen Erwachsenen und Geisteskranken* [Teste de Imaginação com Crianças em Idade Escolar, Adultos Normais e Doentes Mentais Usando Manchas Disformes], foi publicada em dezembro, embora Rorschach certamente já tivesse lido o texto ou ouvido falar do experimento antes, por meio de Bleuler ou do próprio Hens. Tudo se juntou.

Experimento Simples

Rorschach percebeu que um experimento com manchas de tinta poderia ir longe, mas, antes de tudo, precisava de imagens melhores. Ele sabia que havia algumas imagens davam ao sujeito a sensação de entrar nelas, outras produziam reações psicológicas e até físicas no observador, e algumas não causavam nada. Ele começou a fazer dezenas, talvez centenas de manchas de tinta, experimentando as que gostava com todos que encontrava.

Até os primeiros esforços de Rorschach em Herisau foram melhores do que podem parecer, com composições relativamente complexas e um senso de *design* que remetia ao *art nouveau*. Rascunhos sucessivos simplificaram e depuraram as manchas, ao mesmo tempo em que as tornavam cada vez mais indiscerníveis. As imagens pairavam entre a falta de sentido e o sentido, bem no limite entre o óbvio demais e o não suficientemente óbvio.

A comparação com as manchas de Hens e Kerner torna mais evidente a qualidade das de Rorschach. Tentar interpretar uma das manchas de Hens parece forçado: bem, se *poderia* dizer que parece uma coruja, mas *na verdade* não... O próprio Hens escreveu na primeira página da dissertação: "O sujeito normal sabe tão bem quanto o experimentador que a mancha não alega ser nada além de uma mancha, e que as respostas dependem apenas de analogias vagas e 'interpretações' mais ou menos imaginativas das imagens". Uma mancha de Rorschach, no entanto, realmente *pode* representar dois garçons servindo panelas de sopa, com uma gravata borboleta no meio. É possível sentir as respostas vindo da imagem. Tem alguma coisa ali.

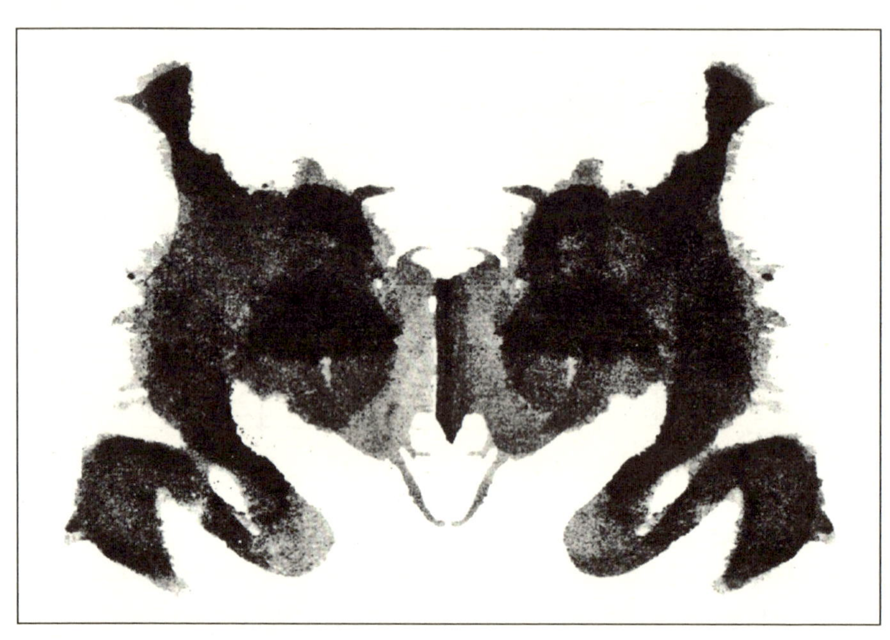

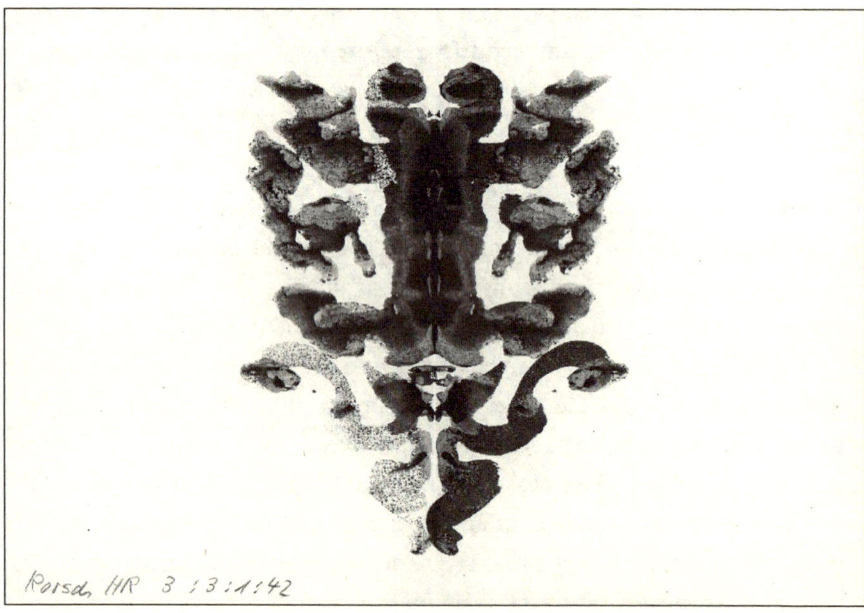

Prancha 8 da dissertação de Szymon Hens; Rorschach, mancha de tinta preliminar.

No outro extremo, a klexografia de Justinus Kerner é inequívoca. Ele até adicionou legendas a elas. Em comparação às manchas dele, as de Rorschach são sugestivas — umas mais, outras menos — e bastante abertas à interpretação. Elas não apresentam relações claras entre o primeiro plano e o plano de fundo, têm espaços brancos potencialmente significativos e uma conexão questionável, de modo que o observador precisa decidir se integrar a imagem a um todo ou não; elas podem ser vistas como humanas ou inumanas, animais ou não, ósseas ou não, orgânicas ou inorgânicas. Elas têm um mistério em si enquanto desafiam os limites do inteligível.

Enquanto criava as manchas, Rorschach trabalhava para eliminar qualquer sinal de artes manuais e talento artístico. As manchas não deviam parecer "feitas"; a impessoalidade era crucial para o modo como funcionavam. Em seus primeiros rascunhos, ainda era óbvio onde Rorschach tinha pincelado, qual era a espessura do pincel e assim por diante, mas logo ele conseguiu formas que pareciam ter se criado sozinhas. Suas imagens eram claramente simétricas, mas detalhadas demais para parecerem apenas manchas dobradas. As cores aumentavam o mistério: como é que *elas* apareciam em uma mancha de tinta? As imagens de Rorschach pareciam cada vez mais diferentes de tudo o que já se vira na vida ou na arte. Depois de "passar muito tempo usando imagens mais complicadas e estruturadas, mais agradáveis e esteticamente refinadas", escreveu posteriormente, "eu as abandonei em prol de" um teste que funcionava melhor.

Era especialmente importante que elas não parecessem um enigma, um teste, porque os pacientes paranoicos de Rorschach eram muito sensíveis e podiam reagir a qualquer indício de motivos ocultos. Não poderia haver nomes ou números na mancha, já que os pacientes prestariam muita atenção ao que poderiam significar, ignorando a imagem em si. As pranchas não podiam ter borda, porque na Suíça isso podia fazer um esquizofrênico se lembrar de comunicados de falecimento, que costumavam ser publicados em quadros com bordas pretas. Rorschach sabia, depois de trabalhar em Münsterlingen, como contornar as suspeitas dos pacientes; percebeu logo no início que uma grande vantagem do método da mancha de tinta era que ele poderia ser "conduzido como jogo ou experimento, sem afetar os resultados. Muitas vezes, até os esquizofrênicos sem reação, que não se dispõem a participar de nenhum outro experimento, fazem essa tarefa de bom grado." Era divertido! Originalmente, Rorschach não concebeu as manchas como "teste": ele as chamara de *experimento*, uma investigação aberta e sem julgamento sobre os modos de ver das pessoas.

Fazer as manchas simétricas pode parecer uma opção inevitável, mas foi uma das decisões ou intuições cruciais de Rorschach, e teve consequências importantes. As manchas de tinta usadas anteriormente na psicologia não precisavam ser simétricas: as de Alfred Binet eram "manchas de tinta com formato estranho em uma folha de papel branca"; apenas duas das quinze manchas de Whipple eram simétricas; quanto às de Rybavox, só duas em oito. Mas as manchas de Rorschach eram todas simétricas, e ele expôs suas razões: "A desvantagem da simetria é que as pessoas veem muitas borboletas e coisas do tipo, mas as vantagens valem a pena. A simetria torna a forma mais agradável aos olhos e, assim, deixa o sujeito mais disposto a realizar a tarefa. A imagem é igualmente adequada para destros e canhotos, e também parece tornar as reações mais fáceis para alguns ambivalentes. Ela também incentiva a visualização de cenas inteiras."

Rorschach também poderia ter usado a simetria vertical com uma linha horizontal no centro, inspirando uma paisagem com horizonte ou uma piscina refletindo uma imagem, ou até mesmo uma diagonal. Em vez disso, usou a simetria horizontal ou bilateral. Talvez ele tenha lembrado que, segundo o livro *Kunstformen in Natur [Formas da Arte na Natureza]*, de Haeckel, é isso que parece orgânico e natural, ou, segundo o ensaio de Vischer sobre empatia, que "a simetria horizontal sempre apresenta um efeito melhor que a simetria vertical devido à sua analogia com o nosso corpo". Seja de maneira consciente ou intuitiva, o fato é que ele imitou a simetria de tudo que mais importa para nós: outras pessoas, o rosto delas e nós mesmos. A simetria bilateral cria imagens às quais reagimos de modo emocional e psicológico.

Outra escolha fundamental foi o vermelho. Como qualquer pintor, Rorschach sabia que essa e outras cores quentes se aproximam do observador, enquanto o azul e outras frias se afastam: nas manchas de tinta, o vermelho confronta o examinado com mais agressividade do que qualquer outra cor, exigindo que ele reaja ou suprima uma reação. Ele parece mais luminoso ao olho humano do que outras cores com a mesma saturação — o efeito Helmholtz-Kohlrausch; também aparenta ser mais saturado que outras cores com a mesma luminosidade. O vermelho interage com a dicotomia claro/escuro melhor do que qualquer outra cor, parecendo escuro em contraste com o branco e claro em contraste com o preto (os antropólogos descobriram, em 1969, que algumas línguas têm apenas dois termos para as cores — preto e branco —, mas que qualquer uma que tenha um terceiro termo usa o vermelho: vermelho é a definição de cor em si). As manchas de tinta que já existiam na psicologia não usavam cores, e Rorschach não só as introduziu como escolheu a mais intensa, assim como escolhera usar o tipo mais significativo de simetria, a bilateral.

A ruptura mais definitiva de Rorschach com seus antecessores se deu quando parou de usar manchas de tinta para medir a imaginação. Ao ler na primeira página da dissertação de Hens que ver coisas em uma mancha de tinta "exige o que chamamos de 'imaginação'", que "a mancha não pode ser nada além de uma mancha" sem "'interpretações' mais ou menos imaginativas dela", ele se sentiu preparado para discordar. Uma mancha não é apenas uma mancha, se for uma das boas. As imagens têm um significado real. A imagem em si restringe a maneira como é vista — como se estivesse limitada, sobre trilhos —, mas sem tirar toda a liberdade do observador: pessoas diferentes enxergam de formas diferentes, e essas variações são reveladoras. Rorschach tinha aprendido isso com seus amigos do museu de arte de Zurique, com todos os seus esforços para interpretar as pessoas como médico e ser humano.

O problema mais óbvio de se contar as respostas de um sujeito para medir sua imaginação — embora não fosse óbvio para Hens nem para Alfred Binet e seus sucessores — era que algumas delas eram criativas e outras não. Uma resposta podia ser perceptiva, indicando que o observador realmente via algo na imagem; podia também parecer louca, mas isso não quer dizer que é criativa. Os delírios parecem reais para a pessoa que os têm. Ninguém olhava para uma mancha e tentava ver algo que não está lá, percebeu Rorschach; os observadores tentavam "criar uma resposta que chegasse o mais perto possível da verdade da imagem. Isso vale tanto para a pessoa criativa quanto para qualquer outra." Ele descobriu que instruir ou não um sujeito a "usar sua imaginação" não fazia diferença. Um esquizofrênico originalmente criativo "produziria, é claro, delírios diferentes, mais ricos e mais coloridos do que um paciente não criativo", mas quando um psicótico confundia seus delírios com a realidade, isso "provavelmente [não tinha] nada a ver com a função da imaginação".

Duas respostas sobre as manchas de tinta que Rorschach ouviu logo no início provaram esse argumento. No que seria a Prancha VIII do teste final, uma mulher de 36 anos viu "*Um tema de conto de fadas: um tesouro em dois baús azuis enterrados sob as raízes de uma árvore, com fogo embaixo e dois animais míticos de proteção*". Um homem viu "*Dois ursos, e a coisa é inteira redonda, então é o fosso de ursos em Berna*".

A pessoa criativa tinha integrado as formas, os locais e as cores em uma imagem completa; sua resposta foi divertida, narrada com prazer por ela. A segunda resposta, em contraste, foi o que Rorschach chamava de "confabulação", que se dá quando a pessoa se atém a uma parte da imagem e ignora ou desconsidera o resto. O homem viu a forma redonda como um fosso de ursos não porque havia ursos dentro dele — as formas do animal estão, na verdade, ao redor da prancha —, mas porque seus pensamentos ficaram fixos em ursos, e tudo agora tinha que ser relacionado a isso. Ele não conseguia mais ver a forma redonda no contexto nem conectá-la a qualquer outra coisa na imagem (um exemplo mais recente de confabulação é enxergar na Prancha V [p. 204] "*Barack Obama com George Bush de costas*" porque "*É um confronto entre duas forças, e a imagem toda pode parecer uma águia, e a águia é o símbolo do país*". O simbolismo da águia não significa que partes desse animal lembrem presidentes). Rorschach descreveu o tom de uma resposta confabulada comparando-o não ao de uma brincadeira criativa, mas ao da resolução de um problema, e sua lógica é estranhamente literal, apesar de não fazer muito sentido. As associações que a mulher fizera com contos de fadas eram literárias e criativas, sua resposta era imaginativa, mas, ao mesmo tempo, sua percepção era muito mais coerente e claramente fundamentada na imagem do que a do confabulador.

Em resumo, um elemento a mais encontrado em uma mancha não deve simplesmente contar como mais um ponto para a imaginação de alguém. O que importava era *como* as pessoas viam o que viam — como recebiam as informações visuais, como as entendiam, interpretavam e se sentiam. O que podiam fazer com elas. Como as faziam sonhar.

Em sua dissertação, Rorschach tinha se concentrado na mecânica da percepção em um sentido fisiológico relativamente limitado, explorando cruzamentos entre os caminhos da visão ou da audição e a sensação corporal. Mas a percepção incluía muito mais, chegando até à interpretação do que fora percebido. *As interpretações de imagens casuais são um tipo de percepção* — o destaque em itálico é de Rorschach.

ENQUANTO DESENHAVA E criava as manchas, Rorschach também precisava descobrir o que seu experimento deveria fazer. Ele queria estudar a percepção no sentido mais amplo, mas o que perguntar às pessoas? E a que elementos das respostas deveria prestar atenção?

Seguindo sua ênfase na percepção sobre a imaginação, ele perguntava às pessoas não o que *encontravam*, *imaginavam* ou *conseguiam* ver, mas o que elas *realmente* viam. A pergunta era: "O que é isso?" ou "O que pode ser isso?". Como as imagens dele eram muito sugestivas, havia coisas que realmente poderiam ser vistas ali.

As respostas começaram a revelar mais do que Rorschach achava possível: maior ou menor inteligência, caráter e personalidade, distúrbios de pensamento e outros problemas psicológicos. As manchas de tinta permitiam que ele fizesse a distinção entre certos tipos de doenças mentais que eram difíceis de reconhecer de outras formas. O que começou como um *experimento* parecia ser, de fato, um *teste*.

Ele sempre insistia que tinha inventado o teste "empiricamente", que apenas tropeçara no fato de que diferentes tipos de pacientes, e também não pacientes com diferentes tipos de personalidade, tendiam a reagir de certas maneiras. É claro que ele não conseguiu descobrir o que determinado tipo de resposta significava até começar a notar isso como algo distintivo. Depois que percebeu, ele deve ter previsto algumas conexões que encontraria. Mas seu talento estava em notar um padrão, depois prestar atenção nele, considerar casos limítrofes, talvez fazer novas manchas para destacar suas características distintivas, e em seguida experimentar tudo de novo.

O teste completo ganhou vida em questão de meses. Não existem anotações nem rascunhos datados, nenhuma carta de Rorschach para alguém entre o início de 1917 e o verão de 1918, de modo que nunca saberemos exatamente quais foram os estágios intermediários. Em sua primeira carta remanescente de 1918, em 5 de agosto, Rorschach disse a um colega que tinha "à mão um experimento com 'klexografia' havia muito tempo. [...] Bleuler sabe dele". Naquele mesmo mês, ele redigiu o experimento, descrevendo as dez manchas de tinta finais em sua sequência conclusiva com o processo de teste e o esquema básico para interpretar os resultados. Esse ensaio, que esperava publicar em um periódico, tinha 26 páginas datilografadas, mais 28 resultados de testes de amostra. Ele expandiu essa estrutura mais tarde, mas nunca a alterou.

Rorschach decidira que havia quatro aspectos importantes nas respostas das pessoas. Primeiro, ele anotava a quantidade de respostas fornecidas no teste como um todo e também se o sujeito tinha "rejeitado" alguma prancha, se recusando a falar dela. Essas eram medidas brutas. Ele descobriu que os sujeitos normais nunca rechaçavam as imagens — "No máximo, os neuróticos bloqueados por complexos específicos rejeitavam uma". O número de respostas podia indicar uma habilidade básica ou uma incapacidade de executar a tarefa, ou podia sugerir uma mania (muitas respostas) ou uma depressão (poucas), mas revelava pouco sobre *como* a pessoa via as pranchas.

Em segundo lugar, Rorschach anotou, para cada resposta, se descrevia toda a mancha de tinta ou se concentrava em uma parte específica. Por exemplo, chamar a Prancha V de *morcego* era uma resposta Global (G); ver *ursos* de cada lado da Prancha VIII ou uma *mulher levantando os braços* na parte central da Prancha I era uma resposta de Detalhe (D). Enxergar alguma coisa em um detalhe minúsculo quase nunca percebido ou interpretado, como dizer que os cantos superiores mais externos na Prancha I eram *maçãs*, era diferente: tratava-se de uma resposta com Detalhes Incomuns (Dd). O caso raro, porém revelador, de interpretar o espaço em branco de uma prancha tinha seu próprio código. Rorschach se atentava aos ritmos de G, D e Dd como a abordagem característica do sujeito ou a "maneira de compreender as coisas": se tendiam a se deslocar do todo para a parte, da parte para o todo ou se eram propensas a ficarem presas em um ou outro.

Em terceiro lugar, Rorschach categorizou cada resposta de acordo com a propriedade formal da imagem na qual ela se baseava. A maioria das respostas, naturalmente, se apoiava em formas, como ver um morcego em uma mancha com forma de morcego ou um urso em uma parte de uma mancha com forma de urso. Ele chamou essas respostas de Forma (F).

Outras respostas falavam da cor: um quadrado azul visto como um *miosótis*, uma forma vermelha como o *brilho das montanhas*. Chamar uma área azul de "*o céu*" era uma resposta de Cor, mesmo sem dizer explicitamente "*o céu azul*", porque essa resposta se baseava na cor da mancha, não na forma. Essas respostas de Cor pura (C), sem que a forma desempenhasse algum papel nelas, eram raras entre as pessoas normais que faziam o teste. Ainda mais anormal era separar totalmente a cor da forma, por exemplo, sobre uma mancha vermelha: "*Isso é vermelho*". As respostas mais comuns eram as de Cor-Forma (CF), que tinham base principalmente na cor, mas levavam em conta a forma (se referindo uma mancha cinzenta como "*rocha*", mesmo que a forma não fosse exatamente a de uma rocha, ou a um borrão vermelho como "*sangue*"), e respostas Forma-Cor (FC), baseadas principalmente na forma, mas nas quais a cor desempenhava um papel secundário ("*uma aranha roxa*" ou "*uma bandeira azul*", no caso uma forma retangular azul).

Respostas que descreviam formas em movimento nas pranchas, como "*ursos dançando*", em vez de apenas "*ursos*", ou "*dois elefantes se beijando*" ou "*dois garçons se curvando um para o outro*", eram respostas de Movimento (M). Essa era a categoria menos óbvia — por que deveria fazer diferença se os ursos dançavam ou não? Mas a dissertação de Rorschach foi sobre a interação entre ver e sentir o movimento no mundo. Sua especialidade como artista era perceber e capturar o movimento, o que podia ser notado em seu trabalho artístico, desde seus bonecos de sombra articulados até os desenhos de gestos registrados em arquivos de pacientes. Na versão de 1918 do teste, Rorschach escreveu que costumava ver as pessoas se moverem ou começarem a se mover quando davam uma resposta de Movimento, curvando-se levemente para a frente quando viam os *dois garçons se curvando*, por exemplo. Nessa fase, pensou na resposta de Movimento como essencialmente uma alucinação reflexa.

Quase todas as respostas a uma mancha de tinta eram baseadas em Forma, Cor e/ou Movimento, embora Rorschach às vezes encontrasse uma mais abstrata que não se encaixava em nenhuma das anteriores, como "*Eu vejo uma força maligna*".

Por fim, Rorschach deu atenção ao conteúdo das respostas: *o que* as pessoas viam nas pranchas. "Qualquer coisa que você consiga imaginar, é claro", como explicou Rorschach, "e, no caso dos esquizofrênicos, muitas coisas que não consegue...".

Ele ficava tão fascinado e encantado quanto qualquer outra pessoa pelas respostas inesperadas, criativas e às vezes bizarras dadas tanto por pacientes quanto por não pacientes. Mas ele se concentrava principalmente no fato de a resposta ser "Boa" ou "Ruim" — ou seja, se descrevia razoavelmente a forma vista na mancha. Ele prestava atenção a *que* as pessoas enxergavam, principalmente como maneira de avaliar se elas viam *bem*. Uma resposta de Forma era marcada como F+ para uma forma de boa qualidade, F- para uma de má qualidade e F para as consideradas exemplares.

E logo no início, em seu manuscrito de agosto de 1918, está uma pergunta que começou a perseguir Rorschach: Quem decide o que é razoável? "É claro que é preciso fazer muitos testes em sujeitos normais com diferentes tipos de inteligência, a fim de evitar qualquer arbitrariedade pessoal ao julgar se uma resposta F é boa ou ruim. A pessoa então terá que classificar como objetivamente boas muitas respostas que ela não chamaria sequer de subjetivamente de boas." Após inventar o teste, Rorschach não tinha dados que lhe permitissem distinguir objetivamente entre bom e ruim — nenhum conjunto de normas. Estabelecer uma linha de referência quantitativa para quais respostas eram comuns entre os examinados normais e quais eram incomuns ou únicas era um de seus primeiros objetivos, porque a porcentagem de alguém com formas de boa ou de má qualidade (F+% e F-%) era uma medida fundamental do seu funcionamento cognitivo.

Havia apenas algumas categorias de conteúdo que Rorschach achava significativas em si, como figuras Humanas, Animais ou partes da Anatomia (registradas como H, A, Anat.). Era importante observar se uma pessoa ficava presa a certo tipo de resposta ou se oferecia ampla variedade. Em geral, porém, o conteúdo era secundário. Rorschach prestava atenção principalmente aos aspectos formais das manchas que produziam a resposta: Detalhe e Global; Movimento, Cor e Forma.

O registro escrito do teste de Rorschach aplicado em um sujeito, conhecido como "protocolo", listava e atribuía códigos a todas as respostas que a pessoa dava. Como resposta à Prancha VIII, por exemplo, "*Dois ursos polares*" seria codificada como Forma Animal de boa qualidade sobre um Detalhe comumente interpretado, ou seja, as figuras vermelhas na lateral, com a cor irrelevante (D F+ A). "*As chamas do Purgatório com dois demônios saindo*" seria uma resposta de Movimento sobre um Detalhe (DM). "*Um tapete*" seria Global com uma forma de má qualidade, já que a mancha não parece realmente um tapete (GF-). "*A ressurreição dos colossais tumores das veias da cabeça vermelhas, acastanhadas e azuis*", uma resposta que Rorschach ouviu de uma esquizofrênica superexcitada de 40 anos em Herisau, sofrendo de sérios delírios assistemáticos, era uma resposta Global de Cor (GC) com, obviamente, outras questões.

Depois de codificar as respostas, Rorschach calculava algumas pontuações, como quantos Fs, Cs e Ms havia, a porcentagem de respostas de má qualidade (F-%) e a de respostas com animais (A%). Só isso. Os resultados do teste eram cerca de uma dúzia de letras e números.

Rorschach inventou outros testes visuais entre 1917-18 e os usou para complementar ou confirmar suas descobertas, mas aos poucos os abandonou por se tornarem desnecessários conforme sua experiência com o teste aumentava.

Cor (Ilustração 4): Um gato com cor de sapo — ou um sapo em forma de gato — e um galo/esquilo, para testar se a forma ou a cor desempenham um papel mais forte na percepção do sujeito. Epilépticos, especialmente com demência, viam sapo e galo, confirmando a ênfase na cor que fora revelada no teste de manchas de tinta.

Movimento: Rorschach copiou, sem machado nem cenário, a imagem de um lenhador feita por Ferdinand Hodler, que estava na nota de 50 francos desde 1911 e era conhecida em toda a Suíça. Ele então a levantou até a altura de uma janela e traçou a imagem ao contrário. Ele mostrava às pessoas as duas imagens e perguntava: "O que o homem está fazendo?" e "Qual dos dois você acha que foi desenhado corretamente?". As pessoas que davam muitas respostas de Movimento não tinham dificuldade

com a primeira pergunta e não conseguiam responder à segunda, aparentemente por não sentirem nenhum tipo de incômodo em relação às imagens. Aqueles que deram poucas ou nenhuma resposta M responderam às duas questões com facilidade. A imagem de Hodler mostra um lenhador canhoto, como a imagem acima à direita, mas as pessoas destras normais o enxergaram como destro também, porque sentiam a ação como uma imagem espelhada de si (e vice-versa para os canhotos).

Forma: Segundo Rorschach, um esquizofrênico pode chamar a mancha da Austrália de *"África, mas não na forma correta"*, porque pessoas negras vêm da África e a mancha é preta. Ele também fez uma mancha da Itália que os esquizofrênicos chamaram de "Rússia" [Terra dos Russos] porque era preta como a fuligem encontrada nas lâmpadas a óleo [Lampenruss].

Em seu ensaio de 1918 que delineava o teste, Rorschach descreveu resultados típicos para dezenas de subvariedades de doenças mentais, sempre com o cuidado de declarar quando o número de casos em Herisau era insuficiente para fazer uma generalização com segurança. Ele insistiu que esses perfis típicos, embora parecessem arbitrários, tinham surgido na prática. Um maníaco-depressivo na fase depressiva, escreveu, não dá respostas de Movimento nem respostas de Cor, não vê figuras Humanas e tende a começar com Detalhes Incomuns antes de passar para o Global (o contrário do padrão normal), com poucas respostas Globais em geral. Pessoas com depressão esquizofrênica, por outro lado, rejeitam mais pranchas, às vezes dão respostas de Cor, muitas vezes dão respostas de Movimento, e veem uma porcentagem muito menor de Animais e significativamente mais formas de má qualidade (F-% = 30-40). Por quê? Rorschach se recusava a especular, mas salientou que esse diagnóstico diferencial — ser possível distinguir entre a depressão maníaco-depressiva e a esquizofrênica, "na maioria dos casos com certeza" — era um grande avanço médico.

Especialmente em relação às descobertas sobre psicose, os resultados do teste podiam ser convincentes o bastante para superar o que ele tinha diante dos olhos. Quando alguém sem sintomas psicóticos produzia resultados tipicamente psicóticos, Rorschach ia mais fundo e com frequência descobria que a pessoa tinha uma hereditariedade psicótica, ou então que alguém na família imediata tinha a doença, ou, ainda que a pessoa apresentara sintomas recentemente. Às vezes, estavam em remissão havia anos. Mesmo que não fosse o caso, ele conseguia diagnosticar esquizofrenia latente. Hermann pensava, em geral, que as manchas de tinta revelavam qualidade, não quantidade — ou seja, o tipo de psicologia que uma pessoa tinha, e não o grau em que essas tendências eram expressas. O teste conseguia detectar uma disposição esquizofrênica, independente de os sintomas serem fortes, fracos ou até inexistentes. Em pouco tempo, ele estava lidando com a questão ética de como dizer a um sujeito que seu teste mostrava uma esquizofrenia latente ou uma psicose — uma doença mental invisível, talvez sem a menor suspeita. Mas a recompensa valia a pena: "Talvez logo cheguemos ao ponto em que poderemos julgar se a esquizofrenia latente existe ou não. Se isso acontecer, pense em como será libertador para todos se as pessoas perderem o medo da insanidade, que tanto amarga a vida delas!"

Em nenhum momento Rorschach tentou usar uma resposta única para impor um perfil psicológico. Ele descobriu, por exemplo, que certos tipos de resposta eram fornecidos quase exclusivamente por esquizofrênicos ou por pessoas com talento para o desenho, mas não se sentiu tentado a concluir que a habilidade para desenhar deve ser relacionada ou semelhante à doença. "Naturalmente", escreveu, respostas que parecem semelhantes "serão qualitativamente muito diferentes" quando provenientes de tipos variados de pessoas.

Desde o início, o experimento das manchas de tinta era multidimensional: invocava e testava muitas habilidades e capacidades diferentes ao mesmo tempo. Isso significava, de maneira tranquilizadora, que o teste era em grande parte autocorretivo. Com dez pranchas, com espaço para várias possibilidades, era pouco provável que uma ou duas respostas especialmente criativas ou bizarras mudassem o desempenho geral. Uma cobra de bigode dançando balé na lua não significava que alguém era louco. Rorschach descobriu que, se um esquizofrênico fosse testado de novo depois de um tempo, havia "interpretações muito diferentes das pranchas, mas o F-%, o número de respostas de Movimento, Forma e Cor, G e Dd etc. seria mais ou menos o mesmo — supondo, é claro, que a condição do paciente não tenha mudado significativamente".

As pontuações trabalhavam juntas para apresentar um retrato da psicologia do sujeito. Muitas respostas incomuns ou bizarras (F-) podem ser sinal de alta inteligência e grande criatividade, ou então podem sugerir sérios defeitos e uma incapacidade de ver o que todo mundo vê. Mas o teste como um todo conseguia distinguir entre as duas possibilidades. O primeiro tipo de pessoa tenderia a ter um alto número de respostas Globais, de Movimento e formas de boa qualidade (W, M, F+), e o segundo tipo de pessoa teria um número baixo de todas as três.

De maneira semelhante, respostas Globais podem ser um bom sinal ou um mau sinal. Rorschach encontrou um "homem inteligente, de alto nível de instrução, bem-humorado", que conseguiu uma integração criativa de todas as manchas de tinta: um protocolo com todas as respostas Globais de boa qualidade (WF+), 12 no total. A Prancha II mostrava "*esquilos dançando no tronco cortado de uma árvore*", a Prancha VIII era "*um candelabro fantástico*". Isso significava algo bem diferente do protocolo Global de outro examinado, um esquizofrênico desorganizado e apático de 25 anos que dava uma resposta por prancha, a maioria F- (*Borboleta. Borboleta. Tapete. Tapete animal. Mesma coisa. Tapete...*).

Essas interações entre diferentes tipos de resposta mostram por que aplicar o teste não era fácil. Nunca houve um decodificador simples para dizer o que significava determinada resposta. Pior ainda, Rorschach não conseguia explicar por que o teste funcionava. Ele inferira as correlações da mesma forma empírica ou instintiva de quando criara as manchas de tinta, sem se basear em nenhuma teoria preexistente sobre o que Movimento e Cor significavam, nem sobre por que prestar atenção neles. Suas interpretações dos protocolos eram holísticas e muitas vezes pareciam idiossincráticas. Tudo isso era ou a fraqueza do teste ou sua força — o que o tornava subjetivo e arbitrário, ou rico e multifacetado.

Quando Rorschach apresentou o livro a uma editora, colocou da seguinte forma: "Trata-se de um experimento muito simples, que — sem mencionar agora suas ramificações teóricas — tem uma variedade muito ampla de aplicações. Ele permite não apenas o diagnóstico individual dos perfis de doenças psicológicas, mas também um diagnóstico diferencial: se alguém é neurótico, psicótico ou saudável. Em indivíduos saudáveis, fornece informações muito abrangentes sobre seu caráter e sua personalidade; com os doentes mentais, os resultados nos permitem ver seu antigo caráter, que ainda resta por trás da psicose." Também era um novo tipo de teste de inteligência, no qual "o nível de educação de alguém, ou o fato de ter memória boa ou ruim, nunca esconde seu verdadeiro nível de inteligência". As manchas de tinta "permitiam conclusões não sobre a 'inteligência geral' de alguém, mas sobre os inúmeros componentes psicológicos individuais que constituem as diferentes inteligências, predisposições e talentos dela. Especialmente por isso, o avanço teórico não é insignificante."

"Acredito que posso dizer com segurança que o experimento vai despertar interesse", concluiu com um toque de falsa modéstia. "Eu gostaria de saber se estariam inclinados a publicá-lo."

11

ELE PROVOCA INTERESSE E DESAPROVAÇÃO...

Por Toda Parte

No domingo, 26 de outubro de 1919, uma jovem cheia de vida chamada Greti Brauchli foi visitar Hermann, Olga e as crianças em Herisau. A moça era filha de Ulrich Brauchli, ex-chefe de Rorschach, que tinha testado suas primeiras manchas de tinta a jovem em Münsterlingen, entre 1911 e 1912, quando ela estava na puberdade. Agora Greti rondava os 20 anos, noiva e prestes a se casar, e era esquerdista demais para o gosto do pai. Na mesma época, o experimento das manchas de tinta também tinha atingido sua plenitude.

Rorschach visitara os Brauchli em Münsingen no início daquele outubro e mostrara o teste a Ulrich. "Ele entendeu!", Rorschach observou com prazer algum tempo depois. Ulrich Brauchli foi uma das primeiras pessoas "que realmente entendeu o experimento e tinha algo a dizer". Quando Greti chegou a Herisau, Rorschach estava se preparando para apresentar o experimento a um público de profissionais em uma palestra para a Associação Suíça de Psiquiatria em Freiburg, na Alemanha. Ele combinou de se encontrar com Greti no museu em St. Gallen, em 29 de outubro, para testar as manchas nela. Encontrar sujeitos tão reflexivos para seu experimento não era frequente.

Ele rapidamente interpretou o teste e enviou os resultados a Greti, que ficou pasma. "Obrigada pelo relatório! Não estou surpresa, mas me impressionou ver como você estava certo, pelo menos até onde posso dizer (todos nós sabemos que as autodescrições psicológicas frequentemente são erradas).” Ela ficou especialmente admirada com o fato de ele descobrir facetas que “poucas pessoas conhecem — como você fez isso?”, e ficou cheia de perguntas sobre os resultados e também sobre os mistérios mais profundos: “Você acha que fatos psicológicos são dados inalteráveis com os quais as pessoas simplesmente têm que conviver durante a vida, aceitando o que são? Uma pessoa continua igual, em termos psicológicos, ou é possível que mude e se desenvolva por meio do autoconhecimento e da vontade? Parece-me que temos que ser capazes de fazer isso, senão a pessoa é uma coisa morta, um fato fixo, e não um ser vivo, criador.”

Rorschach escreveu uma calorosa resposta explicando como chegou a suas conclusões. A atenção de Greti a Detalhes Incomuns revelara sua tendência ao pedantismo, que ela sempre escondia bem; suas muitas respostas de Movimento mostraram uma imaginação rica, que ela até então não sabia que tinha; os sentimentos de “vazio e aridez” que havia mencionado em sua carta provavelmente eram um efeito colateral da supressão dessa imaginação, e não elementos derivados de depressão. Ela havia perguntado qual era a diferença entre o que ele chamava de sua “adaptação afetiva fácil” e sua “forte capacidade de empatia”, e Hermann explicou que se adequar às emoções dos outros não é o mesmo que empatia em seu sentido mais forte, a capacidade de adentrar e compartilhar a experiência de outros: “Aqueles com deficiências intelectuais também conseguem adaptar seus sentimentos aos dos outros, até os animais conseguem, mas apenas uma pessoa inteligente com vida interior própria tem empatia. [...] Sob certas circunstâncias, isso pode se transformar quase em um sentimento de identificação com a pessoa que é objeto da empatia ou com aquilo em que você estiver se inserindo, por exemplo, com bons atores que aprendem muito com os outros.” Como sempre, ele encontrava mais a capacidade de sentir em mulheres: “A adaptabilidade emocional somada à capacidade de empatia é um atributo essencialmente feminino. Essa combinação resulta em uma empatia carregada de sentimento.” Uma combinação ainda mais rica é “se a psique adaptável também é capaz de introversão — então ela será como uma caixa de ressonância que ressoa mais forte com tudo que acontece”. Greti tinha tudo isso.

Para a grande pergunta de Greti, ele respondeu que os estados psicológicos não são permanentes. “Provavelmente, a única coisa impossível de mudar em si mesmo é o modo como a introversão e a extroversão se relacionam entre si, embora essa relação mude ao longo da vida por causa do amadurecimento. Esse processo não termina aos 20 anos, mas continua, especialmente entre 30 e 35, e depois por volta dos 50." Isso foi afirmado dias antes do seu próprio aniversário de 35 anos.

Ele também percebeu que as perguntas de Greti eram mais do que teóricas; o noivo dela precisava de ajuda. Rorschach o conhecera em Münsingen em 2 de novembro, quando voltava da conferência, e anotara no diário: "Pastor Burri, noivo de Greti: modesto, calado, lento, mas inteligente e cheio de vida, apesar de toda a lentidão". Agora que Rorschach tinha dito a Greti que as pessoas podiam mudar, ela encorajou o futuro marido a visitá-lo para uma sessão de psicanálise. E depois de duas cartas nervosas, Hans Burri, ou como Rorschach gostava de chamá-lo em particular, "meu clérigo neurótico compulsivo", começou a terapia.

Rorschach acalmou o medo de Burri de ser "influenciado" ou "manipulado" na terapia, dizendo que não era assim que funcionava: "Uma análise nunca deve ser uma manipulação direta, e qualquer manipulação indireta vem da própria alma do paciente. Desse modo, você não está sendo influenciado de fato, mas descobrindo seu destino." Preocupado a princípio com o conflito entre a psicanálise e suas crenças religiosas, Burri passou a sentir que Rorschach também respeitava seus pontos de vista e os dos outros: quando os dois discutiam sobre as seitas Binggeli e Unternährer, Burri observava que Rorschach nunca era desdenhoso nem sarcástico.

Enquanto terapeuta, Rorschach não parecia ameaçador e era receptivo. Mas ele se recusava a discutir muita coisa com Burri por escrito; a terapia tinha que acontecer ao vivo. Ele pediu a Burri que anotasse os sonhos, aproveitando os *insights* de sua dissertação para explicar como fazer isso: "Aqui está uma técnica que pode ser útil para reter e se lembrar dos seus sonhos: quando acordar, fique deitado, completamente imóvel, e repasse o sonho na mente. Só então se mexa, e anote-o imediatamente. As cinestesias muito provavelmente são as portadoras dos nossos sonhos, e são instantaneamente suprimidas por enervações assim que nos mexemos." Os métodos de Rorschach não eram classicamente freudianos — as sessões às vezes aconteciam cinco vezes por semana, mas nem sempre; ele frequentemente falava e interrompia o paciente, em vez de ficar sentado em silêncio e impassível; depois de cada sessão, o pastor ficava para um café ou chá e um bate-papo, acompanhado por Olga, a quem Greti agradeceu por carta pela hospitalidade. Mas os princípios básicos eram freudianos. A diferença era a nova ferramenta que Rorschach tinha à sua disposição.

Depois que Burri começou a viajar para Herisau para fazer terapia, em janeiro, Rorschach aplicou nele um teste de manchas de tinta. As 71 respostas de Burri — um número enorme — identificaram os muitos problemas que ele sofria: autovigilância excessiva, incapacidade de demonstrar emoção, meticulosidade pedante, ressentimento constante, fantasias compulsivas, dúvidas atormentadoras, a incapacidade queixosa de terminar qualquer coisa, a abordagem fria em relação à vida... Depois de cinco meses, Burri fez o teste de manchas de tinta novamente, e os resultados mostraram o quanto havia "mudado no curso da análise; seu 'espasmo reflexivo' de monitorar de maneira consciente e compulsiva cada pensamento e experiência desapareceu". Burri estava mais adaptável; sua "abordagem emocional e sua afinidade estavam mais firmes"; seu acesso à vida interior "mais livre e poderoso", suas respostas foram mais originais e, em relação à quantidade, as respostas de Movimento foram mais que o dobro das que dera na outra vez. Embora seu "tipo de inteligência tivesse mudado minimamente", como Rorschach tinha garantido que não aconteceria, sua supressão compulsiva dos impulsos internos "tinha se transformado completamente".

A pergunta de Greti havia sido respondida no mundo real — as pessoas podem mudar, podem se curar —, e Rorschach encerrou o tratamento, com resultados quase milagrosos, pelos quais Burri e Greti para sempre seriam gratos. Greti escreveu: "Obrigada por tudo. Seu tratamento foi um sucesso enorme, foi a melhor coisa para ele, e acho que você pode imaginar o quanto estou feliz!". Quatro meses depois, os Burri convidaram os Rorschach para o casamento.

Enquanto Rorschach usava as manchas de tinta a serviço da psicanálise, sua prática terapêutica — e o questionamento inteligente de pessoas que haviam passado pelo teste, como os Burri — também aprofundava sua compreensão do teste. "Aprendi muito com você", escreveu Rorschach a Hans Burri ao compartilhar os resultados do segundo teste. O conselho que havia dado a ele sobre como se lembrar dos sonhos acabou incluído, quase palavra por palavra, em seu livro sobre o experimento. Isso foi possível porque ainda não tinha conseguido publicá-lo.

Em fevereiro de 1920, quando escreveu sua apresentação sobre o "experimento muito simples", fazia um ano e meio que Rorschach tentava publicar o teste. Essa apresentação não foi a primeira nem a última. Mais um ano e meio se passaria antes de o teste ser impresso.

O problema principal eram as imagens. E, como sempre, dinheiro. Seria caro imprimir as manchas de tinta, ainda mais as coloridas. Na primeira vez que Rorschach submeteu a versão de 1918 a um periódico, ele sugeriu imprimir apenas uma mancha colorida e várias em preto e branco, talvez em tamanho reduzido. O editor era um antigo apoiador e amigo de Rorschach, mas propôs que ele pagasse por tudo, o que era impossível. Em seguida, sugeriu uma fundação que poderia ajudar a financiar a publicação, mas isso também não deu certo. Como os editores continuavam a negar, Rorschach apresentou várias sugestões: reduzir o tamanho das manchas em até um sexto, imprimir todas as imagens pequenas em uma folha, substituir as cores por hachuras diferentes e até mesmo produzir uma versão sem cor para que os próprios compradores colorissem. "Todas essas medidas são primitivas!", escreveu.

Essa luta cada vez mais frustrante pela publicação perseguiu a vida profissional de Rorschach por três anos, mas também aprofundou e enriqueceu o teste. Enquanto enviava inúmeros telegramas e cartas para seus futuros editores e colegas mais bem relacionados — inicialmente em tom profissional, que se transformou em súplicas, depois em ameaças e, por último, em desespero —, seu entendimento das manchas de tinta continuava a crescer. Rorschach se tornou mais competente no novo método e obteve *insights* sobre o que estava por trás. Enfrentando a pressão para mudá-lo de várias maneiras, ele compreendeu onde poderia ceder e onde teria que bater o pé. Em janeiro de 1920, ele estava "feliz pelo teste não ter sido impresso na forma de 1918 — hoje o trabalho todo se tornou algo muito maior, e mesmo que os fatos básicos do rascunho de 1918 não precisem ser alterados, ainda há muito a acrescentar. A falta de papel em 1918 e meu desejo de dizer o máximo possível no menor espaço possível tornaram essa versão pior de muitas maneiras." Mesmo assim, a hora havia chegado. "Tenho trabalhado no experimento há anos: alguma coisa precisa ser publicada."

Com os atrasos, Rorschach teve tempo para coletar uma amostra maior de resultados. No outono de 1919, ele havia testado 150 esquizofrênicos e 100 não pacientes com imagens idênticas — pois, é claro, como ele observou, os resultados só poderiam ser tabulados quando a mesma série de testes fosse usada. O número logo aumentou para 405 casos — amostra de bom tamanho que tornava as descobertas em seu possível livro mais convincentes e lhe permitia definir as respostas "Originais" quantitativamente, como aquelas que ocorrem menos de uma vez a cada 100 testes. Ele estava começando a abandonar o julgamento subjetivo, que classificava respostas como de boa ou de má qualidade, e ia em direção a uma medida mais objetiva, que considerava uma resposta comum ou incomum. Como ele colocou em determinado momento de uma palestra (provavelmente, certo exagero em busca de efeito, e invocando uma tradição local de Appenzell para seu público de St. Gallen):

> Subjetivamente, por exemplo, sinto que a única resposta boa para a Prancha I é *Dois mascarados no Ano-Novo com casacos flutuando, um de cada lado, e no meio um corpo feminino sem cabeça ou com a cabeça inclinada para a frente*. Mas as respostas mais comuns são: *Uma borboleta, Uma águia, Um corvo, Um morcego, Um besouro, Um caranguejo* e *Uma caixa torácica*. Nenhuma dessas respostas parece, subjetivamente, de boa qualidade para mim, mas como foram dadas várias vezes por pessoas normais e inteligentes, tenho que considerá-las como respostas Boas e Normais — todas, exceto a do caranguejo.

Também em 1919, Rorschach começou a verificar a exatidão dos resultados do teste da única maneira que podia: com diagnósticos cegos. Começando com seu amigo mais próximo, Emil Oberholzer, ex-assistente de Bleuler que agora tinha um consultório particular em Zurique, Rorschach encontrou pessoas que podiam aplicar os testes das manchas de tinta, enviar a ele os protocolos para os registros e os interpretasse sem saber mais nada sobre o sujeito, e depois lhe dizer se suas interpretações estavam certas ou erradas. Na verdade, foi Rorschach quem cunhou o termo *diagnóstico cego* para avaliação de testes com ausência de contato pessoal. Na apresentação de seu livro de 1920, mecionou que "os experimentos de controle foram assim: diagnostiquei pessoas que me eram totalmente desconhecidas — saudáveis, neuróticas e psicóticas — com base apenas nos protocolos do teste. A taxa de erro foi inferior a 25% e, de longe, a maioria desses erros poderia ter sido evitada se soubesse, por exemplo, o sexo e a idade do sujeito, elementos que havia pedido que não me fossem informados."

Rorschach sempre foi um pouco ambivalente em relação aos diagnósticos cegos. Achava-os úteis apenas para experimentos de controle e treinamento de examinadores e, embora considerasse publicar vários deles, também temia que "parecesse muito com o truque de prestidigitação de mágico de salão". Ao mesmo tempo, essa era a única maneira de expandir significativamente seu leque de sujeitos testados para além dos esquizofrênicos do manicômio. Ele lamentou em certo ponto: "Onde, em Herisau, consigo obter o material de que preciso — os grandes artistas, os virtuosos, os tipos altamente produtivos etc., sem falar dos indivíduos equilibrados?!!? Em Herisau!"

Esses diagnósticos cegos foram o argumento mais eficaz para conquistar seus colegas, inclusive Eugen Bleuler. A palestra de Rorschach na conferência da Associação Suíça de Psiquiatria, em novembro de 1919, foi apresentada para um público parco e cético. Vários psiquiatras presentes o acusaram de "muito esquemático", embora ele tenha anotado no diário que, quando conseguia explicar o teste pessoalmente, mudavam de ideia. Destemido, o homem que certa vez escrevera a Haeckel pedindo conselhos profissionais e a Tolstói um endereço, entregou suas manchas ao maior psiquiatra da Europa e o ensinou a usá-las.

Bleuler já estava intrigado: ele sabia das manchas de tinta de Rorschach desde pelo menos 1918 e, na viagem de trem de volta da conferência de 1919, disse a Rorschach que "Hens também deveria ter explorado essas coisas, mas ficou preso à imaginação". Quinze anos depois de testar Freud em todo mundo no Burghölzli, Bleuler começou a fazer os testes das manchas a torto e a direito, enviou a Rorschach dezenas de protocolos para diagnósticos cegos e ficou maravilhado com as interpretações. Entre esses protocolos havia testes de todos os seus filhos, de junho de 1921 — um deles, o futuro psiquiatra Manfred Bleuler, publicou um ensaio em 1929 para responder se irmãos geravam resultados mais semelhantes entre si do que não irmãos (e sim, geram). Como Rorschach escreveu: "Você deve imaginar como estou ansioso para ver o relatório dele sobre como foram os diagnósticos cegos", e o cartão postal de Bleuler que chegou dez dias depois não poderia ter sido mais encorajador: o experimento fora um sucesso. "Incrivelmente positivo em relação aos diagnósticos, e as observações e os conceitos psicológicos talvez tenham sido ainda mais valiosos", escreveu Bleuler. "As interpretações conservariam seu valor mesmo que os diagnósticos estivessem ausentes ou errados." O mentor de Rorschach tinha "confirmado os resultados em todos os pontos essenciais".

Os diagnósticos cegos eram quase tudo que Rorschach tinha para trabalhar, além de seus pacientes do manicômio, porque, embora estivesse ansioso para abrir um consultório particular, a mudança o deixava nervoso, pois tinha uma família para sustentar. Ele deu dicas para o irmão no Brasil sobre "certo plano, mas é tão arriscado, e infelizmente ainda tão pretensioso, que não posso revelar por enquanto". Em 1919, depois de suas duas grandes palestras sobre seitas, ele escreveu a um colega que "a história da 'klexografia' teve novos desenvolvimentos" e "recentemente dei duas palestras em Zurique sobre meus sectários. Só coisas sombrias, imagine! Manchas negras e almas negras. Mas o que está começando a parecer realmente sombrio, apesar de tudo, é a vida sob o jugo da clínica. Talvez eu também me livre disso um dia." Alguns meses depois, escreveu no diário: "8 de novembro. Aniversário de 35 anos. Espero que seja meu último na clínica."

Como psicanalista em tempo integral, ele conseguiria ganhar mais dinheiro e ter mais tempo livre, além do que via como recompensas pessoais. "Uma análise bem-sucedida é algo tão estimulante, interessante e vivo que é difícil pensar em um prazer intelectual e espiritual maior", mesmo que "uma que dê errado seja comparável aos tormentos do inferno". Mas ele também queria atender uma variedade maior de pacientes "pelo bem dos experimentos com as manchas de tinta".

Conforme ganhava acesso lentamente a mais pessoas para testar, Rorschach se fascinava com as manchas de tinta parecerem não apenas diagnosticar doenças, mas também revelar a personalidade dos testados. Em seu manuscrito de 1918, apenas um dos 28 protocolos era de um não paciente; na versão final, 13 dos 28 casos eram de neurotípicos. Questões de introversão e extroversão, empatia e apego foram ficando cada vez mais em evidência, como mostram suas cartas para Greti. As chaves da personalidade, decidiu Rorschach, eram Movimento e Cor.

Em fevereiro de 1919, ele tinha vinculado as respostas de Movimento à essência do eu: quanto mais Ms, maior a "vida interior psíquica" de alguém. O número de Ms era proporcional à "energia introvertida, à tendência a remoer as coisas e — entenda isso com certo ceticismo — à inteligência" da pessoa.

As pessoas que respondiam com mais Ms não se moviam literalmente com mais rapidez e facilidade; pelo contrário, elas internalizavam o movimento, se moviam para dentro ou devagar, muitas vezes eram envergonhadas ou desajeitadas na prática. Rorschach dizia que a maior quantidade de Ms que tinha recebido em um teste de manchas de tinta era de um catatônico "completamente mergulhado em seu nirvana de introversão. Ele passava o tempo todo com a cabeça apoiada na mesa, dia após dia, sem se mover; nos mais de três anos que o conheço, ele teve um total de dois dias de reação, e nos outros não falou uma palavra. Para ele, todas as manchas eram cheias de movimento". Em sua dissertação, Rorschach descreveu que sentir o movimento a partir das sensações visuais era uma habilidade humana natural, embora reconhecesse que variava em pessoas diferentes. Agora ele tinha descoberto que essas diferenças eram mensuráveis e repletas de significado.

Conforme as respostas de Movimento se tornavam mais cruciais, Rorschach percebeu que as codificar era "o problema mais complicado de todo o experimento". A dificuldade era que "*um pássaro voando*" e "*um vulcão em erupção*" não eram verdadeiras respostas de Movimento, porque um pássaro naturalmente é descrito como em voo, e um vulcão como em erupção. Essas eram apenas maneiras de dizer, "um embelezamento retórico" ou associação, e não algo realmente sentido. E assim como "*céu*" poderia ser uma resposta de Cor mesmo que não se mencionasse "*azul*", uma resposta poderia ser codificada como M mesmo que não mencionasse movimento, contanto que para Rorschach a resposta envolvesse o sentir de movimento. Um exemplo posterior dizia que, "com base na minha experiência", ver a Prancha I como "*dois mascarados no Ano-Novo com vassouras embaixo dos braços*" é uma resposta de Movimento. A forma não se parece muito com essas figuras, disse Rorschach, de modo que uma pessoa daria essa resposta "apenas se se sentisse na forma, algo que sempre se combina com uma sensação de movimento".

O que tornava algo uma resposta M era a identificação empática, o sentir que está dentro: "A pergunta sempre é: a pessoa *demonstra empatia com o movimento?*" Mas para responder a essa pergunta o examinador precisava contornar as palavras do sujeito para entender o que ele sentia. Rorschach percebia agora que sua ideia inicial, de que quando uma pessoa dava uma resposta de Movimento era porque conseguia vê-la se mexer, era simplista demais. Um colega de trabalho, certa vez, contou ter passado horas debatendo com ele sobre se uma única resposta a uma única prancha deveria ser codificada como M.

Rorschach também começou a dar às respostas de Cor um significado psicológico mais profundo. Ele mencionou no manuscrito de 1918 que mais Ms geralmente eram acompanhados de menos Cs, e vice-versa, mas sua principal distinção era entre respostas de Movimento e de Forma estática. Ele tinha muito pouco a dizer sobre as de Cor, exceto em suas listas de resultados típicos de testes para diferentes variedades de doenças mentais. Nenhum de seus trabalhos anteriores tinha dado muita atenção à Cor. Agora ele percebia que as relações entre Forma, Movimento e Cor eram muito mais complexas.

As respostas de Cor pareciam ligadas às emoções ou aos sentimentos. Rorschach usava a palavra *afeto* para reações emocionais, fossem elas sentimentos ou expressões de sentimentos. A "afetividade" de uma pessoa é seu modo de sentir, indica como é "afetada" pelas coisas. Ele descobriu que os sujeitos com "afeto estável" — reações calmas, planas, ou insensibilidade ou, em casos patológicos, depressão — sempre davam poucas ou nenhuma resposta de Cor. Indivíduos com afeto "lábil" ou volátil — reações fortes, até mesmo histéricas ou de hiperssensibilidade, indicando possível mania ou demência — davam muitas respostas de Cor.

Mais uma vez, Rorschach não conseguiu fundamentar esse *insight* em nenhuma teoria, apenas na sabedoria popular de que reagimos emocionalmente às cores. Ele alegava que tinha notado a correlação na prática. Surpreendentemente, ele também encontrou muitos participantes que ficavam assustados ou nervosos com as cores nas manchas de tinta, especialmente quando aparecia uma imagem colorida depois de uma série de pranchas em preto e branco. Essas pessoas hesitavam, "em uma espécie de torpor", às vezes incapazes de responder. Rorschach chamou isso de "choque de cor" e afirmou que era sinal de neurose: uma tendência a reprimir um estímulo que seria excessivo.

A maioria das pessoas ainda dava mais respostas de Forma — descrever a forma da mancha era a resposta padrão, o que não era especialmente diagnóstico nem revelador. Elas eram o parâmetro. Mas também interagiam com os outros tipos de respostas. Todas as M eram, afinal, formas em movimento. Rorschach também descobriu que mais respostas C eram acompanhadas de uma percepção pior de F (mais F-, menos F+), e vice-versa, o que fazia sentido para ele: quanto mais as emoções se infiltravam, menos alguém era capaz de ver de maneira racional o que realmente estava ali. "A cor", observou no diário, "é inimiga da forma." Apenas "um único grupo de normais combina a visualização de formas de boa qualidade com emoções instáveis", descobriu: "neuróticos e artistas".

As pessoas geralmente integravam melhor ou pior suas reações emocionais na vida consciente, é claro, e o teste também dava informações disso por meio da diferença entre as respostas C, CF e FC. As raras respostas puras do tipo C eram sinais de reação pura e descontrolada, alegava Rorschach, e tendiam a aparecer apenas entre os doentes mentais "ou notoriamente pelos 'normais' impetuosos, hiperagressivos e irresponsáveis". CF, nos casos em que o C superava o F, significava a mesma coisa em menor grau: "instabilidade emocional, irritabilidade, sensibilidade e sugestionabilidade". As respostas FC — com base principalmente na forma, mas incorporando a cor, como "*aranha roxa*" ou "*bandeira azul*" — eram uma espécie de combinação de reação intelectual e emocional. Uma resposta FC reagia à cor, mas continuava no controle.

As respostas de Cor das pessoas normais eram principalmente FCs com formas de boa qualidade. Por outro lado, uma forma de má qualidade em uma resposta FC indicava que a pessoa podia emocionalmente querer se conectar, mas ser intelectualmente incapaz disso: "Quando uma pessoa normal quer me dar um presente, ela procura uma coisa da qual *eu* gostaria; quando um maníaco dá um presente, dá algo do qual *ele* gosta. Quando uma pessoa normal diz alguma coisa, tenta ajustá-la ao *nosso* interesse; um maníaco graciosamente diz coisas que só interessam a *ele*. Essas duas pessoas maníacas parecem egocêntricas porque seu desejo de relacionamento emocional é frustrado por uma cognição inadequada."

No fim de 1919, Rorschach tinha reunido Movimento, Cor e Forma em um único sistema psicológico. Se as respostas de Cor indicavam instabilidade emocional, as de Movimento eram sinais de estabilidade: um assentamento pensativo e reflexivo. E se os Ms significavam introversão, os Cs sugeriam extroversão. Alguém reagiria, ainda que de maneira exagerada, ao mundo exterior — como evidenciado por uma resposta de Cor — se se importasse com ele.

Dessa forma, havia tipos com predominância de movimento, com "inteligência individualizada, maior capacidade criativa, mais vida interior, estabilidade emocional, pior adaptação à realidade, movimentos moderados, desconforto físico e falta de jeito", e tipos com predominância de cor, com "inteligência estereotipada, maior capacidade de copiar, vida mais voltada para o exterior, instabilidade emocional, melhor adaptação à realidade, movimentos irrequietos, habilidade e agilidade". Basicamente, introvertidos e extrovertidos. Mas uma pessoa que dava quase todas as respostas de Forma, com poucos Ms ou Cs, não tinha nenhum conjunto de habilidades: era uma personalidade opressiva, pedante e possivelmente obsessiva. Muitos Ms e Cs indicavam um caráter expansivo e equilibrado que Rorschach chamava de "ambíguo".

Rorschach agora tinha uma fórmula: a razão entre M e C era o "Tipo de Experiência" de alguém: a maneira como vivencia o mundo. O humor do indivíduo no dia do teste pode alterar o número de respostas M e C, mas não a proporção entre elas, que "expressa diretamente a mistura de tendências introvertidas e extrovertidas reunidas em determinada pessoa". Essa proporção era mais ou menos fixa, embora mudasse naturalmente ao longo da vida, como Rorschach tinha dito a Greti. Nos casos em que as manchas de tinta eram usadas para testar a personalidade, e não para diagnosticar doenças mentais, o Tipo de Experiência se tornou o resultado mais importante do teste.

Mesmo assim, Rorschach não queria classificar as pessoas. Jung já havia discutido a introversão e a extroversão, mas Rorschach modificou sua terminologia para enfatizar diferentes capacidades da psique, não diferentes tipos de pessoas: ele escreveu sobre tendências "intro*versivas*" e "extra*tensivas*", não personalidades introver*tidas* ou extrover*tidas*. A pessoa do tipo Movimento não era necessariamente introvertida, mas tinha a capacidade de sê-lo; o indivíduo do tipo Cor tinha "o desejo de viver no mundo exterior", quer agisse de acordo com essa vontade ou não. Essas habilidades não se anulavam — quase todo mundo podia se voltar tanto para dentro como para fora, embora a maioria tendesse a usar uma ou outra abordagem na maioria das situações. Rorschach insistiu várias vezes que a mediana de seus diversos gráficos, separando mais M de mais C, "não representa uma fronteira nítida entre dois tipos totalmente diferentes: é, em vez disso, uma questão de mais ou menos. [...] Psicologicamente, não se pode dizer que os tipos sejam contrastantes, assim como não se pode dizer que movimento e cor são opostos". Mesmo assim, o Tipo de Experiência revelava "não como a pessoa vive ou o que está se esforçando para viver [...], não *o que* ela experimenta, mas *como* experimenta".

Rorschach podia não se lembrar conscientemente de sua carta juvenil a Tolstói, mas ele tinha realizado seu sonho. "A capacidade de moldar o mundo, como os povos do Mediterrâneo; de pensar o mundo, como os alemães; de sentir o mundo, como os eslavos — será que esses poderes um dia serão reunidos?" As respostas de Movimento eram como infundimos a vida nas manchas de tinta (como vemos nelas aquilo em que investimos); as de Forma eram como pensamos as manchas de tinta (como as processamos intelectualmente); as de Cor, como sentimos as manchas de tinta (como reagimos emocionalmente a elas). Rorschach tinha encontrado um jeito de reunir esses poderes em dez pranchas.

Embora admitisse que "é sempre ousado tirar conclusões sobre como uma pessoa experimenta a vida a partir dos resultados de um experimento", Rorschach estava ganhando confiança e ambição e, enquanto os atrasos de sua publicação se arrastavam por 1919 e 1920, ele se permitia ousar cada vez mais. Ele fez a generalização de que "os introversivos são *cultos*; os extroversivos, *civilizados*". Ele chamou toda sua era de extrovertida (científica e empirista), mas sentia que o pêndulo estava voltando para "velhos caminhos gnósticos de introversão", rejeitando a "argumentação disciplinada" para a antroposofia e o misticismo. Os bestiários medievais que lia no tempo livre lhe pareciam "belos exemplos de pensamento introvertido, que não se importa com a realidade — mas a maneira como as pessoas falavam sobre os animais na época é como falam sobre política hoje!".

Rorschach dizia, em tom de piada, que "se você conhece o Tipo de Experiência de uma pessoa instruída, pode adivinhar com alguma certeza seu filósofo preferido: introversivos extremos confiam em Schopenhauer, ambíguos expansivos em Nietzsche, indivíduos opressivos em Kant, e extratensivos em alguma autoridade da moda ou na Ciência Cristã e coisas assim". Ele conjeturou que as sensações de movimento estavam ligadas às primeiras lembranças da infância, incluindo as dele. Conectou diferentes Tipos de Experiência a determinadas psicoses, afirmando que psicóticos introvertidos alucinam sensações corporais ou vozes internas, enquanto os extrovertidos ouvem vozes externas. Certa vez, depois que um missionário da Costa do Ouro da África palestrou e mostrou *slides* em Herisau, os Rorschach o convidaram para ir à sua casa, e Hermann sugeriu que as manchas poderiam ser usadas para investigar "a psicologia dos primitivos". Ele refletiu sobre a filosofia das cores, alegando que o azul era "a cor preferida daqueles que controlam suas paixões" (a cor favorita dele era o azul genciana). E se aventurou a analisar a arte visual.

Rorschach ficou amigo do primo de Oberholzer, Emil Lüthy, um psiquiatra formado em artes que morava na Basileia e costumava visitar Herisau nos fins de semana, e que logo se tornou a referência de Rorschach para assuntos artísticos. Antes de deixar a medicina e voltar para a arte de vez em 1927, Lüthy aplicou o teste de manchas de tinta em mais de 50 artistas e enviou a Rorschach alguns dos protocolos mais interessantes que receberia durante sua carreira. Juntos, produziram uma tabela de diversas escolas artísticas e dos tipos de experiência que elas representavam — com Rorschach acrescentando sua advertência de sempre: "Na verdade, todo artista representa uma individualidade própria". Rorschach e Lüthy mais tarde trocaram cartas nas quais falavam em desenvolver um teste de diagnóstico baseado apenas em cores.

Enquanto Rorschach aprofundava o significado das manchas de tinta, a notícia sobre suas descobertas começava a se espalhar. Ele não era professor, mas estudantes, em geral alunos de Bleuler, iam a Herisau como voluntários não remunerados, atraídos mais pela possibilidade de trabalhar com o dr. Rorschach do que pelo manicômio de Koller. Considerando tudo, davam a Rorschach menos ajuda e apoio do que ele era obrigado a fornecer-lhes, mas os interesses e as atividades deles começaram a influenciar a formação e a apresentação do teste.

Hans Behn-Eschenburg começou como médico assistente voluntário em agosto de 1919. Rorschach apresentou a ele tanto as ideias de Freud quanto as suas: "Quem quisesse trabalhar com Rorschach em seu experimento de diagnóstico baseado na percepção tinha primeiro que se submeter ao 'procedimento'", lembrou a esposa de Behn-Eschenburg. "Rorschach elaborava um psicograma que mostrava a uma pessoa e sobre o qual discutia com ela com muita franqueza. Enquanto isso não fosse feito, a pessoa não podia começar a trabalhar com o experimento." Behn começou a usar as manchas de tinta para sua própria dissertação.

Behn aplicou o teste de Rorschach em centenas de crianças e adolescentes, gerando resultados preliminares fascinantes quando analisados por idade e sexo. "O décimo quarto ano é um momento extraordinário de crise", escreveu Rorschach em uma síntese das descobertas de Behn. A personalidade dos adolescentes fica mais extrema, as meninas geralmente mais voltadas para a extroversão e os meninos para a introversão; então, no ano seguinte, a personalidade se contrai drasticamente, mais nos meninos do que nas meninas, e eles ficam neuróticos, "preguiçosos demais para ser depressão e ansiosos demais para ser realmente preguiça". Ainda assim, concluiu: "Mesmo que essas descobertas sejam derivadas de 250 testes, as diferenças individuais são tão grandes, mesmo nessa idade, que é preciso muito mais material antes de aceitar essas conclusões como fatos".

Os atrasos na publicação de Rorschach e as perguntas mais simples que Behn tentava responder significavam que a dissertação dele seria o primeiro relato publicado da descoberta de Rorschach, o que deixava Hermann preocupado, pois queria que fosse algo inexpugnável e que causasse boa impressão. Quando Behn não se mostrou à altura da tarefa,

Rorschach escreveu seções inteiras da dissertação por conta própria. Apesar da frustração e do desperdício de tempo, o trabalho de Rorschach com Behn gerou declarações mais fortes sobre o valor científico e humano de suas realizações do que se os resultados tivessem sido publicados de outra forma. Em longa carta, Rorschach falou como Behn deveria discutir o experimento das manchas de tinta:

> O experimento é muito simples, tão simples que a princípio provoca negação em toda parte — interesse e negação, como você mesmo já viu muitas vezes. Sua simplicidade está no mais gritante contraste com as perspectivas incrivelmente ricas que ele abre. Isso em si é outro motivo para a negação, e você nunca pode desprezar a negação de outra pessoa. Portanto, sua dissertação tem que ser muito mais completa, precisa, definida e clara do que qualquer coisa sobre outro tópico que não corra esses riscos. [...] Eu me sinto obrigado a apelar para os seus sentimentos, e espero que você leve a sério o fato de que uma das melhores coisas que uma pessoa pode ter é a consciência de ter oferecido ao arsenal científico algo realmente novo.

Com esse rodeio, Rorschach revelou como se sentia em relação ao próprio trabalho.

Uma pressão diferente vinha de Georg Roemer, que tinha conhecido Rorschach em dezembro de 1918 enquanto trabalhava como voluntário no hospital regional de Herisau e que fora o primeiro assistente voluntário no Krombach, no período de fevereiro a maio de 1919. Roemer trabalhava no sistema escolar na Alemanha e lutava para que o teste fosse adotado para medir a aptidão acadêmica. Rorschach reconheceu que isso seria um triunfo intelectual significativo e possivelmente renderia recompensas financeiras reais, mas sua reação foi cautelosa:

> Eu também acho que o experimento pode ser muito bem-sucedido como teste de aptidão. Mas, quando imagino uma pessoa jovem, que talvez sonhe desde cedo em ir à universidade, impedida de realizar seu objetivo por ter fracassado no experimento, sinto um nó na garganta. Portanto, preciso dizer: o experimento *pode* ser adequado para esse tipo

> de teste. Mas para decidir se é mesmo ou não, primeiro ele teria que ser investigado à exaustão por acadêmicos, a partir de uma amostra muito grande e de maneira sistemática e estatística, seguindo todas as regras de variância e fatoração nas correlações. Acho que, quando isso acontecer, deve ser possível criar um teste de aptidão diferenciado. Não do tipo que diz se um indivíduo deve ser médico ou não, advogado ou não etc., mas sim do tipo que, se alguém decide ser médico, indica se deve seguir para a medicina teórica ou prática; se for advogado, se deve ser advogado de negócios ou de defesa etc. etc. [...]
>
> Além disso, o experimento certamente precisaria ser combinado com outros testes. [...]
>
> Acima de tudo, a base teórica do experimento teria que ser estabelecida de maneira muito mais minuciosa, porque é errado tomar tais medidas decisivas com base em um teste sem um apoio teórico extremamente sólido. [...]
>
> Além disso, a dissertação do dr. Behn mostra que não se deve aplicar esse teste cedo demais — rapazes de 15 a 16 anos, por exemplo, têm resultados de má qualidade [...] e são necessários mais estudos com sujeitos de 17 a 20 anos, talvez mais velhos também, para determinar quando seus resultados se estabilizam em um nível adulto. [...] Tudo isso precisa de um trabalho extenso.

Com Roemer louco para prosseguir — até produziu séries de manchas de tinta próprias em segredo —, Rorschach insistiu em verificar até os mínimos detalhes e, no processo, antecipou a maioria das objeções que seu teste enfrentaria no século vindouro. Ele reconheceu em outro lugar que "o sujeito ser pego de surpresa pelo experimento é a base para uma séria objeção", especialmente se o teste tivesse consequências reais: seria como enganar as pessoas para testemunharem contra si mesmas. Ainda assim, ele esperava que o teste fosse usado para o melhor: "Que o teste possa descobrir mais talentos latentes do que carreiras e ilusões mal orientadas; que possa libertar mais pessoas do medo da psicose do que sobrecarregá-las com esse receio; que possa proporcionar mais facilidade do que dificuldade!".

Roemer encheu Rorschach de cartas durante anos, provocando longas respostas sobre a teoria por trás do experimento das manchas de tinta e sua relação com Jung, Freud e Bleuler, e várias outras teorias. Rorschach desenvolveu tanto ideias novas quanto aquelas que ele tinha deixado de fora do livro em nome da simplicidade ou porque não estavam totalmente elaboradas; Roemer mais tarde reivindicaria o crédito por elas. Muitas das noites que Hermann passou datilografando, motivo de suas brigas com Olga, foram para escrever longas respostas às perguntas de Roemer. Mas Rorschach o encorajava: "Acho suas perguntas extremamente interessantes. Por favor, continue a perguntar".

Ele se aproximou bastante de uma colega mais jovem que não era do seu campo. Martha Schwarz foi médica voluntária em Herisau durante sete meses. Sua dissertação se especializava em cremação — algo bem distante da psiquiatria —, mas ela era culta, e hesitou por muito tempo entre a medicina e a literatura. Rorschach reconheceu seus amplos interesses, e não apenas lhe deu dicas sobre como se adaptar a Herisau como também logo começou a lhe delegar trabalhos psiquiátricos; ele a testou com as manchas de tinta e, pouco tempo depois, ela estava aplicando testes. Rorschach chamou um deles de "uma das descobertas mais interessantes que já fiz", e parece tê-lo usado como Caso 1 em seu livro. Martha também fazia exames físicos muito minuciosos nos pacientes, algo geralmente negligenciado na época, e disse a Rorschach: "Sabe, o médico tem um relacionamento completamente diferente com os pacientes quando conhece o corpo deles".

Outro estudante, Albert Furrer, que aprendeu sobre o teste com o próprio Rorschach na primavera de 1921, começou a testar os atiradores de elite do exército. Rorschach percebia o humor na situação: "Alguém que eu conheço está fazendo o experimento no quartel aqui em Herisau, testando atiradores muito bons e muito ruins!!! Vivemos em uma época faminta por testes!" Mas fazia sentido aplicar um teste de percepção nos atiradores de elite — como eles viam detalhes, como esquadrinhavam um campo visual ambíguo, o grau em que impunham uma interpretação sobre o que percebiam. Um atirador de elite precisava ter a habilidade de controlar seu afeto — suprimir qualquer reação física a sentimentos ou emoções — e, quando Furrer testou Konrad Stäheli, que já fora campeão mundial muitas vezes (44 medalhas individuais e 69 medalhas no total em campeonatos mundiais, incluindo três ouros e um bronze nos Jogos Olímpicos de 1900), seus resultados mostraram esse controle em um grau verdadeiramente drástico. Também houve outras descobertas: a revisão de Rorschach dos resultados dos soldados fez com que ele percebesse "como o serviço militar muda fortemente o Tipo de Experiência de uma pessoa, suprimindo o M e promovendo C", o que "despertou algumas dúvidas sobre minha ideia de que o Tipo de Experiência é relativamente constante". Ainda assim, Rorschach suspirou: "O fato de que o talento, e não a pontaria, foi a primeira coisa a ser testada é realmente um pouco cômico".

Nenhum desses desdobramentos seria muito importante se ele finalmente conseguisse publicar o teste. Mas enquanto os editores o recusavam, Rorschach começava a apreciar o valor exclusivo de seu próprio conjunto de imagens e percebia que devia insistir para que fossem publicadas em cores e na íntegra. "O objetivo não é ilustrar o livro, mas possibilitar que qualquer pessoa interessada no trabalho realize experimentos com essas imagens. [...] e é extremamente importante que sejam feitos com as *minhas* imagens."

Antes, ele tinha modestamente convidado os leitores a criar as próprias imagens e encorajado Behn-Eschenburg e Roemer a fazer séries de manchas de tinta, mas as deles não funcionaram. Emil Lüthy foi o único que ele continuou a encorajar, mas Lüthy desistiu — sendo um artista de verdade, ele reconheceu que fazer manchas de tinta sugestivas em termos de forma e movimento era muito mais difícil do que parecia. Rorschach tinha realizado algo impossível de replicar e acabou reconhecendo o fato: "Testar o experimento com novas pranchas pode exigir muito trabalho; claramente, a relação entre as reações de Movimento e de Cor na minha série funciona especialmente bem, e isso não é tão fácil de recriar, afinal".

Mesmo depois de seu ensaio de 1918 e de suas palestras de 1919, ele não conseguiu redigir o manuscrito final até saber se o livro seria para um público psiquiátrico, educacional ou popular e se iria publicá-lo com imagens em tamanho real, reduzidas ou sem elas. Hermann pediu ajuda ao pastor e psicanalista Oskar Pfister, cofundador da Sociedade Suíça de Psicanálise, que também o incentivava a publicar uma versão curta e popular de seus estudos sobre seitas. Quando o editor que Pfister recomendou também não fechou negócio, foi o colega de Rorschach no Waldau, Walter Morgenthaler, quem finalmente encontrou um lar para o livro: com o editor do próprio Morgenthaler, Ernst Bircher.

Naquela época, a represa estava quase arrebentando. Rorschach tinha delineado a estrutura do livro em carta a Morgenthaler quatro dias antes, e o escreveu rapidamente — 267 páginas escritas à mão, um rascunho datilografado de 280 páginas, tudo feito entre abril e junho de 1920, durante "a longa primavera úmida de Herisau".

No fim de 1919, ele pensava que as idades entre 33 e 35 anos eram "anos de disposição quase certa para a profunda introversão" — uma época da vida em que as pessoas se voltam para dentro, cavam fundo. Ele mencionou Cristo, Buda e Santo Agostinho, que se afastaram do mundo aos 33 anos, e também os fundadores da seita suíça que tinha estudado, Binggeli e Unternährer, que tiveram suas visões místicas exatamente nessa idade. "Na tradição gnóstica", observou, "o homem só está pronto para uma verdadeira virada interior quando completa 33 anos." Não escapou a ele que o período dos 33 aos 35 anos de sua vida se estendera entre o fim de 1917 e o ano de 1920, exatamente enquanto desenvolvia o teste de manchas de tinta. Essa fase estava chegando ao fim, e era hora de deixar uma marca aparente no mundo.

No entanto, meses se passaram sem que Rorschach soubesse se, afinal, Bircher ia conseguir imprimir as pranchas, depois mais meses de negociações contratuais e outros meses de espera depois da assinatura do contrato, e ele ansiava que o livro saísse a qualquer momento. A primeira carta de Bircher para Rorschach foi endereçada ao "Dr. O. Rohrbach" — não era um bom sinal. Rorschach escreveu para o irmão no Brasil dizendo que precisava muito de conselhos práticos de um homem de negócios, mas sem sucesso.

Muito depois da data de publicação contratada, Bircher escreveu para dizer que o livro de Rorschach poderia ser publicado em uma fonte diferente dos outros livros da série, já que o volume de Morgenthaler ainda estava sendo impresso e o tipo de metal necessário, portanto, ainda em uso. Em outras palavras, Bircher ainda nem tinha começado. Rorschach poderia processá-lo, mas isso só atrasaria tudo ainda mais. Dois meses depois, Bircher disse que havia tantos "Fs" maiúsculos no livro de Rorschach que a gráfica estava sem tipos suficientes (a letra "F" é menos comum em alemão do que em inglês, mas o livro de Rorschach era cheio delas: "Forma" é abreviada como "F", e "Cor" em alemão é *Farbe*, abreviada como "Fb"). A primeira seção da obra teria que ser impressa por último apenas por este motivo: liberar o tipo.

Tudo isso também atrasou a pesquisa de Rorschach, porque, enquanto as manchas de tinta estavam na editora, na empresa de litografia e na gráfica, nem ele nem seus colegas tinham imagens para usar. Justo quando ele tinha acesso a uma variedade crescente de pacientes particulares e colegas que poderiam fornecer protocolos para o diagnóstico cego, sua coleta de dados foi interrompida. Ele se virava como podia com conjuntos de "séries paralelas", mas precisava usar as manchas de tinta reais na maioria dos casos, por isso as cartas que mandou nesse período à editora são repletas de pedidos para que devolvessem seu único conjunto. Apesar de implorar ao editor que imprimisse as imagens antes, ou ao menos que lhe enviasse as provas, ele só conseguiu um conjunto em abril de 1921, e com erros; nenhuma imagem aceitável chegou antes de maio do mesmo ano.

As cartas de Rorschach para Bircher durante o processo de impressão revelam muitos aspectos do teste que ele considerava importantes. Uma das mensagens explicava que, se o tamanho das imagens tivesse que ser reduzido, o arranjo das formas no espaço total da prancha teria que corresponder exatamente às relações nos originais, porque "imagens que não satisfazem essas condições de ritmo espacial são rejeitadas por um grande número de sujeitos que fazem o teste". Até os pequenos respingos de tinta nas bordas das formas tinham que ser incluídos, porque "há sujeitos que tendem a interpretar principalmente esses minúsculos detalhes, o que é de grande significado diagnóstico". Foi aí também que Rorschach insistiu que não houvesse numeração na frente das pranchas, porque "o menor sinal de intencionalidade, até mesmo um número, é suficiente para afetar adversamente muitos sujeitos com doenças mentais". Na correção das provas, observou que determinado azul-escuro estava muito fraco, e que as reproduções precisavam mostrar "as mínimas dissoluções da tinta colorida e da tinta preta"; ele rejeitou outra página com o seguinte comentário: "Nenhum pontilhado que afete demais o contorno".

Acima: Pós-produção: As anotações de Rorschach nas provas da gráfica, excluindo as formas extras para formar o morcego da Prancha v — "Deixar de fora as formas menores riscadas; centralizar a grande forma de morcego no retângulo. Tirando isso, pode imprimir. Dr. Rorschach." Abaixo: Prancha v.

É impossível saber o quanto os atrasos com Bircher eram direta ou indiretamente culpa de Morgenthaler, mas ele sempre dava a Rorschach conselhos que mostravam certa falta de compreensão, como o que o encorajava a publicar as imagens em tamanho reduzido. E, para o bem ou para o mal, quando Rorschach quis dar ao seu trabalho mais importante um título nada cativante, *Método e Resultados de um Experimento em Diagnóstico Baseado na Percepção (Interpretação de Formas Casuais)*, foi Morgenthaler quem o convenceu a mudar. As manchas de tinta eram "mais do que mero experimento", argumentou Morgenthaler em agosto de 1920, e "muito mais do que apenas diagnósticos baseados na percepção". Sua sugestão: *Psicodiagnóstico.*

Rorschach, a princípio, recusou. Um termo tão abrangente iria "longe demais, me parece"; diagnosticar a psique parecia algo "quase místico", especialmente nesse estágio inicial, que antecedia extensos experimentos de controle com indivíduos normais. "Prefiro dizer bem pouco no início do que dizer demais", protestou, "e não apenas por modéstia." Quando Morgenthaler insistiu que ele deveria melhorar o título — ninguém gastaria uma quantia razoável de dinheiro para comprar "um experimento em diagnóstico baseado na percepção" —, Rorschach cedeu, "infeliz", embora ainda achasse que o novo título soava "extremamente arrogante", e usou sua longa e prosaica descrição original como subtítulo. Talvez Morgenthaler estivesse certo e o livro precisasse de um marketing melhor, mas Rorschach não queria parecer um mascate.

Psicodiagnóstico foi publicado em meados de junho de 1921, e a edição teve uma tiragem de 1200 exemplares. Emil Oberholzer, amigo de Rorschach, foi o primeiro a ler o manuscrito, e sua resposta foi imensamente encorajadora, ainda mais para alguém que trabalhava fora do ambiente universitário e sem apoio oficial: "Acho que esta pesquisa e seus resultados são as descobertas mais importantes desde as publicações de Freud. [...] Na psicanálise, as categorias formais há muito têm sido vistas como inadequadas, em parte por motivos intrínsecos, e, de qualquer maneira, novos métodos geram progresso. E todo avanço produtivo é invariavelmente muito simples." Oskar Pfister, que tinha tentado fazer com que o livro e o trabalho de Rorschach sobre seitas fossem publicados, enviou outra resposta gratificante. A carta, que apresentava os filhos de Pfister como metáfora estendida dos livros de Rorschach, foi escrita com a cordialidade ligeriamente mal-humorada característica do bom pastor, mas reluzia de tanta admiração:

Caro Doutor,

Prestei serviços obstétricos na chegada de seu menino recém-nascido ao mundo e já passei a amá-lo. É de fato um pequenino vigoroso e de olhos brilhantes, de um parentesco raro, educado e tranquilo, capaz de ver as coisas de maneira original e profunda. Diante de fatos, e ao contrário das teorias neuróticas compulsivas, ele é a humanidade pura em si, sem maneirismos pomposos nem autoimportância bombástica. O pequenino será muito comentado e vai atrair a atenção do grande mundo acadêmico para seu pai, que há muito tempo o conquistou. Meus agradecimentos mais profundos e sinceros por esse presente precioso, e espero que sua irmãzinha, com seu conhecimento das seitas, também me faça uma visita em breve! Com carinho, Pfister.

Depois de todos os atrasos, as manchas de tinta finalmente ganharam o mundo. Roemer, agora chefe do conselho de negócios e carreira em uma organização estudantil alemã, entregou a Rorschach uma montanha de protocolos dos figurões da associação, cuja conformidade divertiu Rorschach: "Todos eles são futuros ministros, políticos e organizadores, digamos assim. Todos os matizes do espectro, desde os burocratas mais insossos até os Napoleões mais agressivos. E são todos extrovertidos. Talvez seja mesmo o que tenham que ser na política". Roemer testou incansavelmente ex-soldados em choque e pensionistas que se adaptaram mal à aposentadoria; ele tinha planos de testar Albert Einstein naquele inverno e também o famoso general da Primeira Guerra Mundial, Erich Ludendorff, e até mesmo o alto escalão da República de Weimar.

As primeiras reações ao teste foram, em grande parte, positivas. Na primeira apresentação que Rorschach fez do teste após a publicação, em uma conferência em novembro de 1921, Bleuler se levantou em uma sessão de discussão para declarar que tinha confirmado a abordagem de

Rorschach com pacientes e não pacientes. Rorschach foi até Morgenthaler depois, radiante: "Bem, é isso — agora estamos fora de perigo!". Segundo ele, "Bleuler agora se expressou publicamente e com muita clareza em prol do valor do método. Várias resenhas apareceram, até agora todas boas, boas demais; eu gostaria de certa controvérsia, já que tenho poucas oportunidades de discutir verbalmente." Qualquer coisa seria melhor que seu trabalho solitário em Herisau.

A controvérsia logo viria. Depois de algumas revisões em revistas de psicologia, que mais se assemelhavam a resumos, a primeira que entrou em detalhes sobre o metódo foi decididamente dúbia. A crítica de Arthur Kronfeld, publicada em 1922, começava chamando Rorschach de "espírito engenhoso, psicólogo com boa intuição, mas de precisão experimental/metodológica verdadeiramente limitada". Ele achou os *insights* de Rorschach, em termos de personalidade e percepção, totalmente convincentes, mas considerava a abordagem numérica para pontuar o teste "muito rudimentar e aproximada", e achava que as interpretações de Rorschach iam muito além dos resultados reais dos testes, por mais que ele tentasse "espremer" suas descobertas das respostas das pessoas. O teste era, ao mesmo tempo, muito quantitativo e muito subjetivo. Ludwig Binswanger, um importante pioneiro do que seria a psicologia existencial e que conhecia Rorschach, elogiou seu trabalho — claro, criterioso, objetivo, meticuloso, original. Mas também criticou fortemente a falta de base teórica, uma carência que o próprio Rorschach sentia profundamente. No fim das contas, não seria suficiente argumentar que as manchas de tinta funcionavam, sem explicar como e por quê.

Na psicologia acadêmica alemã, o teste já tinha sido sofrido uma rejeição geral. Em abril de 1921, na primeira convenção da Sociedade Alemã de Psicologia Experimental depois da guerra, Roemer palestrou sobre o teste de manchas de tinta — modificado por ele, com suas próprias manchas, para testes educacionais. O poderoso e popular William Stern, que uma geração antes fora um dos primeiros psicólogos acadêmicos a resenhar *A Interpretação dos Sonhos,* de Freud (que ele odiou), se levantou para dizer que nenhum teste jamais conseguiria apreender ou diagnosticar a personalidade humana. A abordagem de Rorschach — na verdade, de Roemer — "era artificial e unilateral, com interpretações arbitrárias e estatísticas insuficientes". O próprio Rorschach nunca alegou que seu teste deveria ser usado isoladamente, como Roemer sabia pelo que discutiam por correspondência, e ficou profundamente irritado por Roemer ter agido como seu porta-voz, "propondo modificações desnecessárias antes mesmo que meu livro fosse publicado". Ele pediu a Roemer que recuasse: "Múltiplas séries diferentes de manchas de tinta só podem criar confusão! E especialmente com Stern!!!". Até mesmo Stern se tornou "mais acessível" depois de ler uma cópia do livro de Rorschach, pensou ele, mas o estrago estava feito, e o teste de manchas de tinta nunca teve ampla aceitação na Alemanha.

Mas Rorschach já estava olhando para além da Europa. Um médico chileno, voluntário em Herisau, planejava traduzir *Psicodiagnóstico* para o espanhol, mas Rorschach sabia que "a América do Norte seria, obviamente, muito mais significativa. Eles têm quase tanto interesse pela psicologia profunda quanto por testes de aptidão vocacional". Freud, prosseguiu Rorschach, "não estava fazendo praticamente nada em Viena além de dar 'análises de ensino' para norte-americanos" que queriam começar a praticar. "Naturalmente, seria muito vantajoso se os norte-americanos se dedicassem à coisa." Enquanto isso, "tanto o *Psychoanalytic Journal* inglês quanto os jornais psicanalíticos norte-americanos estão planejando longas resenhas".

Por fim, Rorschach queria usar o experimento das manchas de tinta a serviço dos interesses antropológicos mais aparentes em seu trabalho sobre seitas. Em *Psicodiagnóstico*, a única diferença racial ou étnica sobre a qual ele tinha material para fazer uma generalização era aquela entre os suíços da região de Berna, introvertidos, que tinham fala lenta e desenhavam bem, e os extrovertidos appenzellers, espirituosos e mais ativos fisicamente (menos Ms, mais Cs). Mas ele continuava a acompanhar pesquisas etnográficas e relacionadas às seitas, revisando-as para o periódico de Freud, e ele e Oberholzer discutiram sobre a perspectiva de testar populações chinesas. Certa vez, depois de uma palestra, Rorschach conseguiu entrar no quarto de hotel de Albert Schweitzer e testá-lo — "um dos perfis mais racionalistas" e "o caso mais selvagem de repressão de cores" que ele já vira — e depois disso Schweitzer aparentemente concordou que os africanos de suas comunidades missionárias fossem testados por um africano. "Ainda há muito mais no experimento", escreveu Rorschach em longa carta a Roemer no dia em que o editor finalmente entregou o livro, "sem mencionar a questão de uma base teórica mais ou menos aceitável. E certamente existem outros fatores escondidos nos resultados que têm um valor tão rigoroso quanto; cabe a nós encontrá-los."

Quando *Psicodiagnóstico* foi publicado, em 1921, o livro não apenas era preliminar como já estava ultrapassado em um ano — era um quadro estático do pensamento de Rorschach na primavera de 1920. Teria sido um trabalho muito diferente se fosse escrito um ou dois anos antes ou depois. Mas uma coisa nele era inegavelmente duradoura. A obra foi publicada em duas partes: o livro e uma caixa separada que continha as manchas de tinta. No início, as imagens vinham em folhas de papel, para o comprador montar; em edições posteriores, elas eram impressas diretamente em pranchas de papelão. Essas manchas eram as mesmas dez que são usadas até hoje.

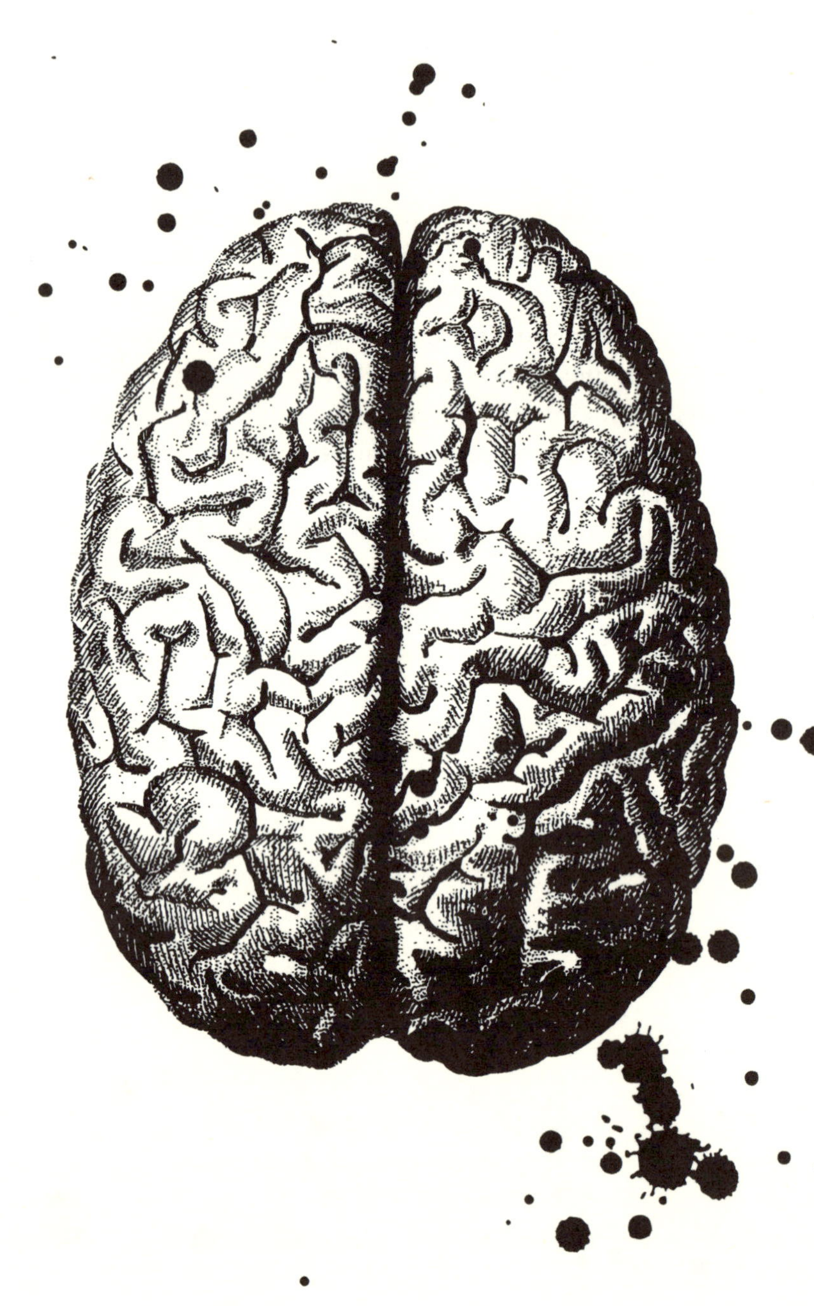

A PSICOLOGIA QUE ELE VÊ É...
A Psicologia Dele

Rorschach aos poucos foi construindo uma clínica particular em Herisau, dedicando uma ou duas horas de psicanálise por dia para clientes com uma série de questões e complexos. Um paciente, "impulsivo e infantil, apesar de ter mais de 40 anos", quase fez Rorschach se perguntar se valia a pena: "Nunca mais vou aceitar um neurótico desses, ele praticamente te devora".

Esse era um colega que tinha feito o teste de manchas de tinta e achado a experiência tão poderosa que depois pediu a Rorschach que o aceitasse na terapia. Rorschach concordou, relutantemente, com um período de teste de quatro semanas, mas escreveu: "Eu deveria ter prestado mais atenção ao meu experimento":

> O paciente interpretou o animal vermelho na Prancha VIII como "Europa, no touro que a carrega sobre o Bósforo". O fato de ele confabular a Europa pela forma do touro já é um sinal forte; o fato de haver duas respostas de Cor é ainda mais forte — [o estreito de Bósforo se refere ao azul, e] o "touro" é, para ele, a paixão mais vermelha. Mas eu não tinha ideia, na época, de que toda uma variedade de conteúdos determinantes era importante na resposta, só percebi depois. O touro é o próprio homem, e há fantasias masoquistas em jogo, um senso de vitimização e os mais insanos delírios de grandeza: ele está "carregando toda a Europa nas costas", está tudo ali. Bem, pelo menos eu aprendi alguma coisa com isso.

Ao usar o teste de manchas de tinta em uma grande variedade de pessoas, Rorschach se afastava do que tinha escrito em *Psicodiagnóstico*: que o teste "não sondava o inconsciente". Ele começava a pensar que *o que* as pessoas viam nas manchas, não apenas *como* elas as viam, podia ser revelador: "O conteúdo das respostas também pode ser repleto de significado".

Rorschach parece ter percebido que, se quisesse que seus *insights* fossem parte da linha principal do pensamento do século XX da psicologia, ele precisaria estabelecer as conexões entre o experimento das manchas de tinta e a psicanálise. Unir os dois daria ao teste pelo menos certo suporte teórico, ao mesmo tempo em que estenderia seu significado para além de seu "psicodiagnóstico" idiossincrático e enriqueceria o pensamento freudiano com novos *insights* formais e visuais.

Modelos da mente como o de Freud são conhecidos como "psiquiatria dinâmica" porque se concentram em processos emocionais e mecanismos mentais, os "movimentos" subjacentes da mente, e não em sintomas e comportamentos observáveis. Em 1922, Hermann Rorschach praticava uma psiquiatria dinâmica, traçando os movimentos sutis de uma mente perceptiva. Ele tinha dominado seu instrumento.

Naquele ano, Rorschach colocou um desses desempenhos virtuosos em papel. Oberholzer tinha enviado a ele um protocolo para diagnóstico cego, dizendo apenas o sexo e a idade do paciente (masculino, 40 anos). A análise de Rorschach, redigida como palestra para a Sociedade Suíça de Psicanálise, "O Teste de Interpretação da Forma Aplicado à Psicanálise", primeiro detalhava o protocolo do paciente ao longo de 20 páginas, dando conselhos sobre como codificar cada resposta e proceder para chegar a uma interpretação. Essas recomendações não eram fáceis de seguir, pois apenas Rorschach estava bem sintonizado com o modo como os ritmos das respostas de um paciente revelavam sua abordagem do mundo: a que coisas ele prestava atenção, o que ignorava, o que reprimia, como se movimentava. Rorschach também exigia um ritmo equilibrado em sua própria análise: "Até agora, prestamos muita atenção às características introvertidas em nosso paciente e negligenciamos seu lado extrovertido...".

O paciente de Oberholzer tinha demorado mais que o normal para dar respostas de Movimento na sequência de dez pranchas. Portanto, Rorschach concluiu que o homem tinha uma capacidade de empatia (era capaz de dar respostas M), mas a suprimia neuroticamente (inicialmente evitou as respostas M, mesmo em pranchas que conduziam a isso). As respostas de Cor inicialmente ousadas e vigorosas do paciente foram seguidas de outras ambíguas, o que, para Rorschach, indicava uma luta consciente para controlar as próprias reações emocionais, em vez de reprimi-las de forma inconsciente. Rorschach também notou que as primeiras respostas do homem para cada prancha eram pouco originais e muitas vezes vagas, mas depois ele chegava a algumas genuinamente originais, "definidas e convincentes". Na Prancha II, ele viu "*Dois palhaços*", em seguida disse "*Mas também pode ser uma estrada larga e ladeada por lindas árvores escuras*", e depois "*Aqui está vermelho: uma fonte de fogo soltando fumaça*". Era alguém que "raciocinava melhor de maneira indutiva do que dedutiva, melhor de maneira concreta do que abstrata", e continuava tentando até encontrar algo que o deixasse satisfeito. Ao mesmo tempo, o homem parecia nunca perceber Detalhes comuns e normais, indicando que lhe faltava uma adaptabilidade básica, "a inteligência rápida do homem prático que consegue compreender o essencial e dominar qualquer situação".

A chave para entender a psicologia do homem estava no fato de que ele olhava sempre para o meio das pranchas. Na Prancha III, ele viu o que muitas pessoas veem — dois homens de cartola se curvando um para o outro —, mas acrescentou: "*É como se aquela coisa vermelha no meio fosse um poder separando os dois lados, impedindo que se encontrem*". Outra prancha "*me dá, no geral, a impressão de algo poderoso no meio, ao qual todo o resto se agarra*". Outra: "*Essa linha branca no meio é interessante; é uma linha de força ao redor da qual todo o resto se organiza*". Essas respostas, embora impossíveis de classificar, estavam na essência da interpretação de Rorschach. Ele não apenas notou o padrão, mas também se aprofundou nele — qual era a *relação* com a linha do meio em cada resposta? O centro segurava as outras partes, ou as partes ao redor prendiam o centro?

O paciente era um neurótico introvertido, concluiu Rorschach, provavelmente com comportamentos obsessivos-compulsivos, atormentado por ideias de inadequação e falta de autoconfiança; eram esses sentimentos que o faziam controlar as emoções com tanta firmeza.

> Este paciente costuma atormentar a si mesmo, insatisfeito com suas realizações; se desequilibra com facilidade, mas depois se recupera, por causa da sua necessidade de ser relevante. Tem pouca identificação emocional livre com o mundo ao seu redor e possui uma tendência bem forte de seguir seu próprio caminho. Seu humor dominante, seu afeto subjacente habitual, é bem ansioso, deprimido e passivamente resignado, embora tudo isso possa ser, e seja, controlado sempre que possível, por conta de sua boa capacidade intelectual e adaptabilidade.
>
> Sua inteligência é, no geral, boa, aguçada, original, mais concreta do que abstrata, mais indutiva do que dedutiva. Ainda assim, há uma contradição aqui, porque o sujeito exibe uma consciência bem fraca para o óbvio e o prático. Por isso, fica preso e amarrado a detalhes insignificantes e secundários. No entanto, a autodisciplina e o domínio emocional e intelectual são aparentes.

Tudo isso veio das manchas de tinta. Oberholzer confirmou as duas descrições específicas de Rorschach sobre a personalidade do paciente e suas especulações mais amplas: a relação do paciente com a "linha central de poder", por exemplo, combinava com o que a análise tinha revelado sobre seu relacionamento com o pai. "Eu não poderia ter feito uma caracterização melhor do paciente, apesar de ele estar em análise comigo há meses", escreveu Oberholzer.

O ensaio de 1922 de Rorschach propunha uma forma de integrar sua trindade de Forma, Movimento e Cor à teoria freudiana. Que tipos de respostas lançam luz sobre o inconsciente? Rorschach argumentou que as respostas de Forma mostravam poderes conscientes em funcionamento: precisão, clareza, atenção, concentração. As de Movimento, por outro lado, forneciam "um profundo *insight* sobre o inconsciente", assim como as de Cor faziam, ainda que de maneira diferente. Respostas abstratas, como "*Alguma coisa poderosa no meio*", emergiam das profundezas da psicologia da pessoa, de modo semelhante ao conteúdo manifesto em sonhos, que pode revelar o funcionamento interno da mente quando esta é interpretada e analisada de maneira adequada.

Em outras palavras, fazia *de fato* diferença "se um paciente interpreta a parte vermelha de uma prancha como uma ferida aberta ou a vê como pétalas de rosas, xarope ou fatias de presunto". Mas não havia uma fórmula para quanta diferença fazia — "quanto do conteúdo de tais interpretações pertence ao consciente e quanto ao inconsciente". Às vezes, um respingo de sangue é apenas um respingo de sangue. E às vezes a Europa sobre um touro não era apenas a Europa sobre um touro. Rorschach insistia que a significância do conteúdo era "determinada principalmente pelas relações que existem entre *propriedades formais* e conteúdo" — a prevalência de Movimento ou Cor, Global ou Detalhe, respostas que reagem a uma ou outra parte do campo visual. Ele suspeitava que um outro paciente tinha "ideias de refazer o mundo" não apenas porque o homem via deuses gigantescos nas manchas de tinta, mas porque "dava várias interpretações abstratas em que a linha central e o meio da imagem geravam respostas que eram variações do mesmo tema".

Nenhuma outra pessoa que usou o teste uniu forma e conteúdo do mesmo jeito que Rorschach. Georg Roemer, por exemplo, achava que "o teste de Rorschach deve ser liberado de sua rigidez formal e reconstruído como um teste simbólico e baseado em conteúdo". Ele fez várias séries de suas próprias imagens — o tipo "mais complicado e estruturado, mais agradável e esteticamente refinado" que Rorschach rejeitou especificamente —, mas embora Rorschach admitisse que elas eram valiosas até certo ponto, ele insistia que não podiam substituir a coisa real:

> Minhas imagens parecem desengonçadas perto das suas, mas eu tive que fazê-las dessa maneira, depois de ser forçado a descartar muitas imagens anteriores que eram menos úteis. [...] É uma pena que você não tenha coletado dados com as minhas pranchas. Simplesmente supor que as possibilidades M das minhas pranchas são o dobro das suas, ou das que você tem, não funciona. Existem muitas nuances. [...] Não há como testar primeiro com a minha série, para obter uma base segura do Tipo de Experiência e a quantidade de respostas M e C. Depois, um teste com a sua série pareceria um alívio estético, digamos assim, e provavelmente revelaria mais complexos.

Em outras palavras, o "teste simbólico baseado em conteúdo" de Roemer era muito parecido com a associação livre freudiana, com o psiquiatra sendo capaz de prestar atenção ao que as pessoas diziam, independentemente das propriedades visuais e formais das manchas de tinta. As pessoas podiam fazer uma associação livre com as imagens de Roemer, da mesma maneira como podiam fazê-lo com qualquer outra coisa. Mas, se Rorschach quisesse isso de seus pacientes, podia simplesmente conversar com eles. Se sua intenção fosse descobrir complexos inconscientes, podia aplicar um teste de associação de palavras. As dez manchas de tinta, com seu equilíbrio único entre movimento, cor e forma, faziam mais do que isso; as de Roemer, notavelmente sem movimento, não faziam isso.

Acima de tudo, o que importava na psiquiatria dinâmica de Rorschach era o movimento. No ensaio de 1922, ele descreveu seu ideal de saúde mental em termos explicitamente dinâmicos: "uma *mistura livre* de respostas de Movimento, Forma e Cor parece ser característica de pessoas livres de 'complexos'". Mais uma vez: "O essencial é uma rápida transição do Movimento para a Cor, uma mistura tão heterogênea quanto possível de interpretações intuitivas, combinatórias, construídas e abstratas do todo, arrancando facilmente a primeira flor colorida e retornando o mais rápido possível aos movimentos [...] e à dicção lúdica ou pelo menos fácil, acolhendo todas essas coisas como se fossem braços abertos".

Rorschach até destacou que os *insights* são dinâmicos. Para ter um, a pessoa precisa "ter a intuição e depois agarrá-la e segurá-la como um todo; isto é, ela deve ser *capaz de mudar rapidamente* da expansividade para a constrição" (grifo nosso). Sem foco, qualquer lampejo de intuição continuaria "esquemático, aforístico, um castelo no ar impossível de se adaptar à vida real"; uma personalidade racional ou rígida demais paralisa completamente a intuição. Essas verdades, já bem conhecidas, "obviamente não eram uma nova contribuição", observou Rorschach. "O que é novo é que podemos acompanhar por meio do teste o conflito entre a repressão do consciente e o inconsciente reprimido", observando como o hipercriticismo compulsivo de um paciente sufocava suas intuições produtivas e sua vida interior livre. O teste de manchas de tinta gerou mais do que resultados estáticos — permitiu a Rorschach que rastreasse os processos dinâmicos da mente.

Suas próprias interpretações inimitáveis, junto dos esforços desajeitados de seguidores como Behn-Eschenburg e Roemer, devem ter feito Rorschach se perguntar se mais alguém seria capaz de usar as manchas de tinta de maneira adequada. Ao mesmo tempo, um novo e importante trabalho de Carl Jung não lhe deixou outra escolha senão encarar a questão de como sua própria visão poderia ser generalizada para um teste universalmente aplicável — ou não.

Tipos Psicológicos, de Jung, publicado em 1921, um mês antes de *Psicodiagnóstico*, apresentava duas atitudes humanas básicas: introversão e extroversão. Jung acrescentou quatro funções psicológicas principais: julgar o mundo por meio do *pensamento* ou do *sentimento* e perceber o mundo por meio da *sensação* ou da *intuição*. Essas categorias podem parecer familiares — a abordagem de Jung mais tarde seria popularizada por meio do teste de Myers-Briggs. Questões sobre como julgamos e percebemos o mundo também foram, obviamente, essenciais para o experimento das manchas de tinta. Mas a importância dos *Tipos Psicológicos* de Jung para Rorschach era mais profunda do que isso.

Jung vinha escrevendo sobre introversão e extroversão desde 1911, e embora Rorschach tivesse adotado e modificado os termos para o teste de manchas de tinta, as ideias de Jung também estavam mudando. Depois de ler *Tipos Psicológicos*, Rorschach reclamou que "Jung agora está na sua quarta versão da introversão — sempre que ele escreve alguma coisa, o conceito muda de novo!". No fim, as definições dos dois convergiram, e a afirmação que Rorschach fez em *Psicodiagnóstico* de que seu conceito de introversão não tinha "quase nada em comum com o de Jung, exceto o nome" era enganosa, porque se referia apenas às versões da teoria de Jung publicadas antes de 1920, quando Rorschach ainda estava escrevendo seu livro.

Assim como Rorschach, Jung rejeitava a classificação estática e insistia que pessoas reais são sempre uma mistura de tipos. Ele descreveu como as partes do *self* compensavam outras — tipos conscientemente introvertidos ou pensantes, por exemplo, teriam um inconsciente marcado por extroversão ou sentimento. Em longas e criteriosas descrições de interações no mundo real, ele mostrou como o comportamento de pessoas de certo tipo é interpretado ou mal interpretado por outros através das lentes de seus próprios tipos psicológicos. As categorias de Jung não foram feitas para rotular o comportamento, mas para ajudar a entender a complexidade das situações humanas reais.

O ponto principal, porém, era que as pessoas são diferentes. Quando perguntaram a Jung por que ele tinha dito que havia quatro tipos, precisamente esses quatro, cada um em forma extrovertida ou introvertida, ele respondeu que o esquema era resultado de muitos anos de experiência psiquiátrica e pessoal: as pessoas simplesmente eram assim.

O problema, Jung escreveu no epílogo de *Tipos Psicológicos*, era que qualquer teoria da mente "pressupõe uma psicologia humana uniforme, assim como as teorias científicas em geral pressupõem que a natureza é fundamentalmente uma coisa só". Infelizmente, isso não é verdade: *não existe* uma psicologia humana uniforme. Depois de se referir ao lema "*Liberté, Egalité, Fraternité*" e fazer alusão ao socialismo e à Revolução Comunista na Rússia — referências que certamente atraíram a atenção de Rorschach —, Jung levantou a objeção decisiva de que oportunidades iguais para todos, liberdades iguais, rendas iguais e até justiça total sobre tudo deixariam algumas pessoas felizes e outras infelizes. Se eu administrasse o mundo, deveria dar ao sr. X o dobro de dinheiro que o sr. Y daria, já que o dinheiro significa muito mais para ele? Ou não, já que o princípio da igualdade é importante para o sr. Z? E quanto às pessoas que precisam humilhar as outras para se sentirem bem consigo mesmas, como as necessidades delas devem ser satisfeitas? Nada do que legislarmos "será capaz de superar as diferenças psicológicas entre os homens". O mesmo vale para a ciência e qualquer diferença de opinião: "Os partidários de ambos os lados se atacam apenas externamente, sempre buscando as fendas na armadura do oponente. Desentendimentos desse tipo geralmente são infrutíferos. Seria de valor consideravelmente maior se a disputa fosse transferida para o campo psicológico, onde ela surgiu. A mudança de posição logo mostraria uma diversidade de atitudes psicológicas, cada uma com seu próprio direito à existência." Toda visão de mundo "depende de uma premissa psicológica pessoal". Nenhum teórico "percebe que a psicologia que ele vê é a psicologia *dele*, e acima dela está a psicologia do tipo dele. Ele supõe, portanto, que só pode haver uma explicação verdadeira [...], ou seja, aquela que concorda com o seu tipo.

Todos os outros pontos de vista — eu diria todos os outros sete pontos de vista — que, à sua maneira, são tão verdadeiros quanto os dele, são para ele meras aberrações", pelas quais ele sente "uma repugnância clara, mas muito compreensível."

O projeto de *Tipos Psicológicos* começou com um caso de visões incompatíveis: enquanto Freud pensava que tudo era basicamente relacionado a sexo e Alfred Adler pensava que tudo era basicamente relacionado a poder, o trabalho de Jung "surgiu originalmente da minha necessidade de definir as maneiras pelas quais minha visão diferia da de Freud e de Adler. [...] Na tentativa de responder a essa pergunta, me deparei com o problema dos tipos; pois é o tipo psicológico de alguém que, desde o início, determina e limita o julgamento dessa pessoa." No livro, Jung conseguiu contornar delicadamente suas próprias limitações. Mesmo que todo o seu projeto implicasse uma espécie de *insight* olímpico sobre todos os tipos diferentes, ele várias vezes admitiu sua própria parcialidade. Disse abertamente que o desejo de uma teoria total e abrangente era um fato de sua própria psicologia; que Freud estava tão certo, à sua maneira, quanto ele estava à sua; que ele levou anos para reconhecer a existência e o valor de outros tipos além do próprio; que sua discussão sobre tipos diferentes dos seus era inadequada.

Como Jung sabia perfeitamente bem, enxergar pelos olhos de outra pessoa é impossível. "Um fato que surge de maneira constante e esmagadora no meu trabalho prático", escreveu, "é o de que as pessoas são praticamente incapazes de entender e aceitar qualquer ponto de vista que não seja o seu próprio. [...] Todas as pessoas estão tão aprisionadas em seu tipo que são incapazes de compreender completamente outro ponto de vista" — fato confirmado por todas as seções de comentários na internet, pode-se acrescentar. A grandeza de *Tipos Psicológicos* resulta do poder intuitivo e analítico de Jung combinado com seu esforço de décadas para sair de si mesmo, apesar de tudo.

Rorschach reconheceu os riscos fundamentais do livro, e isso o paralisou de uma forma como nunca havia acontecido. Por sua experiência junguiana, Rorschach foi convidado a escrever uma avaliação crítica sobre o trabalho e, em abril de 1921, aceitou fazê-la. Mas quanto mais estudava, menos certeza tinha de como incorporar seus *insights*. O livro é reconhecidamente um monstro, com literalmente centenas de páginas sobre os vedas indianos, a poesia épica suíça, o escolasticismo medieval, Goethe e Schiller, e o que mais podia servir para expressar os dois polos da experiência humana. "Estou lendo Jung e tenho uma sensação ambígua", escreveu em junho: "Há muita coisa certa, definitivamente muita, mas embutida em uma arquitetura muito estranha." Cinco meses depois:

> Agora estou lendo os *Tipos* de Jung pela terceira vez e ainda não consigo iniciar a resenha [...] Mesmo assim, preciso retificar significativamente meu julgamento anterior sobre ele. Há realmente uma magnitude incrível no livro e, [...] por enquanto, não vejo como apontar defeitos na estrutura dedutiva que ele expõe em contraste com o pensamento de Freud. [...] Estou remoendo o livro, mas, assim que começo a ligar os pontos, fico desconfiado de minhas próprias ideias.

Uma de suas reclamações sobre o isolamento em Herisau era que ele realmente queria "ter uma longa conversa com alguém sobre Jung em algum momento. O livro tem muitas coisas boas, e é dificílimo dizer onde a especulação se perde." Em janeiro de 1922, ele ainda estava com dificuldades: "Tenho que concordar com Jung, que distingue as atitudes conscientes e inconscientes e diz que, quando o consciente é extrovertido, o inconsciente é compensadoramente introvertido. Essa terminologia é obviamente abominável, com essas formulações brutalmente esmagadas e misturadas; mas a ideia de compensação é muito significativa." No mínimo, Jung já havia discutido o que Rorschach pensava ser sua própria posição contrastante: "A maioria dos casos tem aspectos introversivos e extratensivos; cada tipo é, na verdade, uma mistura dos dois".

Tipos Psicológicos estava obrigando Rorschach a repensar suas ideias — e sua psicologia. "De início, achei que os tipos de Jung fossem construções puramente especulativas", confidenciou ele a seu antigo paciente, o pastor Burri. "Mas, quando finalmente tentei derivar os tipos junguianos dos resultados da minha própria experiência, vi que era possível. Isso significava que, ao resistir a Jung, meu próprio tipo tinha me prejudicado muito mais do que eu pensava."

Ao reconhecer que suas reações revelavam algo sobre si mesmo, Rorschach não apenas chegou ao âmago da teoria de Jung, mas também ampliou seus próprios *insights* anteriores. Em sua dissertação, tinha reconhecido que "meu relato de processos alucinatórios reflexos pode parecer subjetivo para alguns leitores, por exemplo, tipos auditivos, uma vez que é escrito por alguém que é principalmente um tipo motor e secundariamente um tipo visual". No diário, em 28 de janeiro de 1920, escreveu: "Várias vezes nos deparamos com o fato de que os introvertidos não conseguem entender como os extrovertidos pensam e se comportam, e vice-versa. E nem percebemos que lidamos com um tipo diferente de pessoa." Agora Jung tinha chegado ao ponto crítico do problema. Se as ideias vêm da psicologia pessoal de um teórico, era possível existir uma teoria universal?

Jung tinha dividido o mundo em oito visões distintas, mas a estrutura de Rorschach arriscava um relativismo ainda mais profundo, quebrando uma verdade unitária em uma variedade quase infinita de estilos perceptivos. Até *Tipos Psicológicos*, Rorschach tinha conseguido usar seu próprio equilíbrio de diferentes qualidades para escrever sobre as implicações perturbadoras de seu experimento com manchas de tinta. Por ser um leitor intuitivo e brilhante de protocolos de teste, ele também tentou inserir os resultados em uma base numérica sólida. Ele tinha escrito que um examinador muito ou pouco inclinado a respostas de Movimento teria dificuldade em aplicar os testes corretamente — mas ele se julgava capaz de encontrar o equilíbrio ideal. Rorschach sempre se recusou a considerar tanto o tipo de Movimento quanto o de Cor como melhor ou pior. O livro de Jung o confrontou com sua própria parcialidade, até mesmo a parcialidade da imparcialidade.

Em sua dissertação, Rorschach foi obrigado a admitir que a psicologia descrita era a dele; mais tarde, pensou que suas manchas de tinta lhe davam acesso ao modo de ver de toda e qualquer pessoa. Mas se ele levasse a sério a ideia de que todos eram diferentes, não seria tão fácil alegar a possibilidade de superar as diferenças.

Enquanto Rorschach estava em dificuldades com Jung e com seus pacientes neuróticos, suas ideias continuaram a se desenvolver, abordando muitas das maneiras pelas quais o teste evoluiria no século vindouro. Ele se afastou do Tipo de Experiência e do equilíbrio introvertido/extrovertido como principal descoberta do teste. Começou a prestar mais atenção ao modo de falar do sujeito, analisando se era frenético e compulsivo ou calmo e relaxado. Ele levantou questões que definiriam um século de debates: se o examinador influenciava os resultados; se o teste encontrava traços permanentes de personalidade ou refletia a situação e o humor passageiro do examinado; se a padronização tornava o teste mais confiável ou apenas mais rígido; se as respostas deviam ser pontuadas isoladamente ou consideradas no contexto de todo o protocolo. "Meu método ainda está engatinhando", ele escreveu em 22 de março de 1922: "Estou completamente convencido de que, depois de muita experiência com a principal série de manchas de tinta, caminhos para outras manchas mais especializadas se abrirão, o que necessariamente levará a conclusões significativamente diferentes."

Sua abordagem continuava cautelosa. Os examinadores, escreveu, pareciam capazes de influenciar o conteúdo das respostas muito mais do que os aspectos formais do protocolo, "mas é claro que o estudo sistemático é muito necessário". Mesmo em uma abordagem holística, a obtenção de dados quantificáveis era essencial: "Uma visão geral das descobertas totais deve ser mantida para evitar ser atropelada pela pontuação de uma variável específica, mas, mesmo depois de muita experiência e prática, considero impossível obter uma interpretação definitiva e confiável sem cálculos". Quanto a ter liberdade para interpretar os resultados ou se ater a fórmulas mais ou menos rudimentares, "um dilema que infelizmente surge com muita frequência no teste", Rorschach assumiu o lado da objetividade científica: "Todo o meu trabalho me mostrou que a sistematização rudimentar é melhor do que a interpretação arbitrária, se a situação não for clara em si."

Novas descobertas continuaram a surpreendê-lo. Quando o mais recente assistente voluntário em Herisau começou a aplicar o teste de manchas de tinta em pacientes da Clínica de Surdos-Mudos em St. Gallen, Rorschach esperava que os surdos-mudos tivessem muitas respostas cinestésicas, mas "se provou totalmente falso: eles são puramente intérpretes visuais de Detalhes Incomuns (Dd) com quase nenhuma resposta M!" Em retrospecto, foi "uma descoberta muito compreensível, por mais que inesperada". Ele concluiu, a partir disso e de outras descobertas semelhantes, que era muito cedo para tentar construir uma teoria para explicar o teste de manchas de tinta: só depois de muitas experiências com uma variedade mais ampla de sujeitos a teoria correta "se resolveria por conta própria".

Roemer organizou uma conferência na Alemanha com Rorschach de orador principal, para dar a ele a chance de conhecer colegas no exterior e compartilhar suas novas ideias. Foi planejada para o início de abril de 1922, perto da Páscoa. Em 27 de janeiro, Rorschach escreveu para dizer a Roemer que não iria: "Pensei várias vezes e finalmente decidi que é melhor ficar em casa. É muito tentador, mas primeiro quero ter um pouco mais de certeza sobre alguns pontos — há muita coisa mudando no momento. É claro que sempre haverá alguma coisa 'em progresso', mesmo que eu trabalhe nisso por mais 100 anos, mas há alguns pontos que realmente me incomodam e não consigo me livrar dessas hesitações introvertidas, por mais *insights* que eu tenha sobre sua natureza." Ele queria se familiarizar ainda mais com a pesquisa de outros e estava especialmente hesitante em fazer alegações sobre testes vocacionais, como Roemer estava insistindo. "Perdoe-me", escreveu Rorschach, "e espero que em breve haja outra oportunidade."

13

NO LIMIAR DE UM... Futuro Melhor

Março de 1922 começou frio e terminou gelado. Tempestades de neve na primavera cobriram a Suíça, especialmente a região de montanhas altas ao redor de Herisau. No domingo, 26 de março, Rorschach tinha o dia de folga e levou Olga para ver *Peer Gynt*, de Ibsen, em St. Gallen. Na manhã de segunda-feira, acordou com dor de estômago e um pouco de febre. Na semana seguinte, estava morto.

Olga tinha dito que suas dores de estômago não eram nada — amigos de Hermann continuariam culpando-a décadas depois. O prepotente dr. Koller disse para não se preocupar, que era apenas uma dor de estômago e ia melhorar sozinha; o médico convocado de St. Gallen, dr. Zollikofer, achou que provavelmente eram cálculos biliares e recomendou beber muito líquido. Os Behn-Eschenburg viram Rorschach caminhando quase dobrado ao meio pelos corredores naquela semana e fizeram um escarcéu, dizendo que havia alguma coisa errada, mas Olga se recusou a agir. Ela achava que era envenenamento por nicotina, algo que Hermann já tivera antes, que provocava dor tão intensa que ele tinha que agarrar o corrimão para não cair quando subia escadas. A empregada dos Rorschach tivera uma inflamação recente no dedo, que a impedia de realizar as tarefas, e Olga obrigou Hermann a lancetá-lo; a empregada teve uma infecção e precisou ser hospitalizada, o que deixou o médico furioso, por isso Hermann não quis incomodá-lo novamente. Martha Schwarz, a competente enfermeira de quem Rorschach era amigo, tinha ido embora de Herisau; mais de 40 anos depois, ainda chateada, ela insistia que, se estivesse em Herisau naquele período, Rorschach não teria morrido.

Por fim, Olga ligou para Emil Oberholzer em Zurique, que foi correndo para Herisau com um médico: Paul von Monakov, filho do dr. Constantin von Monakov, que não conseguira salvar Ulrich, pai de Hermann. Oberholzer imediatamente viu que se tratava de apendicite e chamou um cirurgião de Zurique, mas a neve cobria tudo e o cirurgião se perdeu, indo parar em uma cidade a 24 quilômetros de distância de Herisau. Ele chegou tarde e exausto, e durante esse atraso considerável Hermann ficou no banheiro, gemendo. Lá fora, a neve ainda caía. A ambulância só o levou ao hospital às 2h30 da manhã, já meio morto. Ele morreu na sala de cirurgia, às 10h da manhã do dia 2 de abril de 1922, de peritonite causada por apêndice rompido.

Olga escreveu para Paul no Brasil com a terrível notícia e detalhes sobre os últimos dias de Hermann:

> De repente, ele me disse: "Lola, acho que não aguento mais". [...] Ele falou do trabalho, dos pacientes, da morte, de mim, do nosso amor, de você e Regineli, tão queridos para ele! Disse: "Diga adeus a Paul por mim, eu gostaria muito de poder vê-lo", soluçou e depois: "De certa forma, é uma coisa linda ir embora no meio da vida, mas é *cruel*". "Eu fiz a minha parte, agora deixe os outros fazerem a deles" (falava do seu trabalho científico).

Mesmo no fim, Hermann parecia confiar mais nos pontos de vista dos outros do que nos dele.

> Ele me perguntou: "Diga-me, que tipo de pessoa eu fui? Sabe, quando estamos vivendo a vida, não pensamos muito na alma, em si mesmo. Mas, quando se está morrendo, é o que quer saber." Disse a ele: "Você foi um homem nobre, fiel, honesto e talentoso". Ele: "Jura?". "Eu juro", respondi. "Se você jura, eu acredito." Em seguida, levei as crianças até ele, e ele as beijou, tentou rir com elas, e depois eu as tirei de perto. [...]

Todo o reconhecimento que ele estava recebendo o tornava mais livre e mais autoconfiante. Mas ele ainda agia de maneira humilde e habitual. Isso também fazia com que ele parecesse melhor! Revigorado, de bom humor. Eu sempre dizia: "Meu belo marido! Você sabe que é um homem lindo e elegante?", e ele ria e respondia: "Fico feliz que eu seja assim aos seus olhos, não me importa o que mais ninguém pensa".

Ela escreveu sobre a alegria dele na paternidade, como depois de "tantas perdas quando era jovem, ele queria muito dar aos filhos uma 'infância de ouro', e poderia ter feito isso, com sua mente brilhante e seu caráter valioso". E quaisquer que fossem seus sentimentos anteriores sobre o trabalho de Hermann — agora atormentados pela culpa de não ter apreciado o suficiente quando podia —, ela formou uma imagem do marido à qual se apegaria até a própria morte, 40 anos depois:

> Você sabia que ele era uma força em ascensão na ciência? O livro dele provocou uma comoção. As pessoas já estavam trabalhando com "o método de Rorschach" e falando sobre o "teste de Rorschach" e sobre as ideias brilhantes e de alto nível de uma nova psicologia que ele havia inventado. [...] Seus amigos cientistas daqui disseram que sua morte foi uma perda irreparável; ele era o psiquiatra mais talentoso da Suíça! Ele era genuinamente muito talentoso, eu sei disso. Recentemente, todos os tipos de novas ideias e cursos de pensamento estavam borbulhando, e ele queria absorver tudo. [...]
>
> Sinto que estávamos bem no limiar de um futuro melhor — e agora ele se foi.

Oskar Pfister, amigo e apoiador de Rorschach, e que sempre ficava "boquiaberto" com suas habilidades , escreveu em 3 de abril para dizer a Freud que "ontem perdemos nosso analista mais competente, o dr. Rorschach. Ele tinha uma mente maravilhosamente clara e original, era dedicado de coração e alma à análise, e seu 'teste de diagnóstico', que talvez fosse melhor chamar de análise da forma, foi elaborado de maneira admirável." Ele descreveu a pessoa que Rorschach era e tentou uma última vez intervir em nome do teste: "Ele foi a vida inteira um homem pobre, orgulhoso e honrado, de grande bondade humana; sua morte é uma grande perda para nós. Você não poderia fazer algo para verificar seu sistema de testes, realmente magnífico, que certamente será de grande utilidade para a psicanálise?"

Às 14h de 5 de abril, outro dia de tempo péssimo, o funeral de Rorschach foi realizado às pressas no Cemitério Nordheim, em Zurique. Olga disse a Paul: "Eu não queria deixá-lo em Herisau. Zurique era a 'nossa cidade' em todos os sentidos. A cidade do nosso amor. Que ele descanse lá agora!" Pfister fez o serviço religioso; Bleuler, que não costumava ser efusivo, chamou Rorschach de "a esperança de toda uma geração da psiquiatria suíça". Anos depois, Emil Lüthy se lembrou de ter olhado, pela janela do caixão, para o "rosto fortemente sofrido e aflito" de Hermann. Houve "muitas coroas de flores, muitos, muitos médicos, discursos", escreveu Olga para Paul, e "uma bela oração fúnebre" feita pelo amigo de faculdade de Rorschach, Walter von Wyss: "Encontrei nele uma busca pelas coisas mais elevadas, um profundo impulso de compreender plenamente a alma humana e se harmonizar com o mundo. Sua maravilhosa capacidade de se pôr no lugar de todo tipo de pessoa era impressionante. Ele era individualista, exatamente porque tinha algo de si para dar, como apenas as pessoas raras têm." Quando Ludwig Binswanger publicou um ensaio sobre *Psicodiagnóstico* em 1923, lamentou a perda do "líder criativo de uma geração de psiquiatras suíços", que tinha uma "extraordinária arte de experimentação científica, genialidade na compreensão humana, brilhante dialética psicológica e um raciocínio lógico aguçado. [...] Onde os outros viam apenas números ou 'sintomas', ele enxergava instantaneamente conexões psicológicas internas e inter-relações."

Esses elogios e as cartas de Olga não são o único vislumbre disponível do fim da vida de Rorschach — outras visões pintam um quadro mais sombrio. Quando Behn-Eschenburg saiu da sala de cirurgia e disse a Olga e à própria esposa, Gertrud, que Hermann havia morrido, Olga se virou para Gertrud e disse: "Espero que a mesma coisa aconteça com você!" A empregada disse que Olga "se jogou no chão e gritou como um animal". Olga tentou jogar os filhos pela janela e teve que ser fisicamente contida: "Eu não suporto vê-los", gritava, "eu os odeio, eles me fazem lembrar dele!" Lisa tinha então quatro anos, Wadim quase três. Olga não podia ficar sozinha, e Gertrud Behn-Eschenburg permanceu com ela durante duas semanas consecutivas, dormindo no apartamento da família. Foi ela que mais tarde descreveu Olga citando o ditado "Se você arranhar um russo, vai encontrar um bárbaro". O mais cruel de tudo foi que, no enterro, a meia--irmã de Hermann, Regineli, também sentiu dores de estômago e foi operada de apendicite com sucesso, e então Olga a acusou de ter apendicite só porque Hermann também tivera. Ela se recusou a acreditar que Regineli realmente precisava da cirurgia.

A CITAÇÃO PREFERIDA de Rorschach era do escritor Gottfried Keller, de Zurique, cujo belo romance *Der grüne Heinrich* é considerado o mais visual dos clássicos romances de formação do século XIX. Ele costumava recitar os dois últimos versos do poema mais famoso de Keller, "Abendlied" [Canção Noturna]. Ele os inscreveu na última página da crônica da família que fez para Paul e em presentes para os filhos de Koller; colocou os versos no aviso de nascimento do filho e os citou em seu leito de morte.

O poema celebra a glória do mundo visual e o impulso humano, condenado, porém nobre, de absorver o máximo possível dessa glória. "Olhos, minhas queridas janelinhas, / Deem-me um pouco mais dos claros brilhos / Da visão", começa, antes de descrever a morte iminente:

Sejam gentis, deixem as imagens entrar,
Pois um dia vocês também vão se apagar!

Um dia, ao cerrar a pálpebra cansada
Vocês estarão extintos, e minha alma apaziguada
Ela vai tirar os sapatos, e com hesitação
E se deitar na penumbra do caixão.

Ainda assim, ela verá duas faíscas cintilantes,
No escuro interior, como duas estrelas postulantes
Até apagarem e por fim também morrerem
Como se pela asa da borboleta viessem.

O poema termina, nos versos que Rorschach amava, com uma ode à visão:

E ainda vou, pelo campo noturno vagar,
Acompanhado da última marca estelar
Assimile, olho, o que seu cílio abarca
Da abundância dourada do mundo que passa!

"Abundância" também significa "transbordar" — em alemão, a palavra é uma imagem de um copo ou recipiente transbordando.

Em seus 37 anos de vida, Hermann Rorschach realmente assimilou o transbordamento do mundo. Ele criou uma janela para a alma pela qual estamos olhando há um século, e morreu antes que pudesse responder ao maior desafio de seu legado. O teste só era eficaz por causa da própria psicologia de Rorschach? Suas interpretações eram uma arte única e pessoal ou o teste poderia perdurar depois dele? Quaisquer que fossem as respostas a essas perguntas, as manchas de tinta agora estavam livres pelo mundo, sem a condução de seu criador.

capítulo-catorze

14

AS MANCHAS DE TINTA CHEGAM... aos Estados Unidos

Em 1923, David Mordecai Levy, de 31 anos, psiquiatra e psicanalista, era diretor da primeira clínica de Orientação Infantil dos Estados Unidos, o Instituto de Psicopatia Juvenil, em Chicago. Sua inauguração foi em 1909 com a ajuda de Jane Addams, fundadora do assistencialismo social nos Estados Unidos e ganhadora do Prêmio Nobel da Paz; a Orientação Infantil, uma cruzada da Era Progressista para abordar os problemas de saúde física e mental das crianças por meio da escuta da "história da criança" e da observação em seu contexto social e familiar, combinava perfeitamente com Levy, um observador perceptivo e ouvinte sensível.

Levy ia deixar o cargo para passar um ano no exterior, durante o qual planejava trabalhar em psicanálise infantil com o psiquiatra suíço Emil Oberholzer, amigo de Rorschach. Emil estava no processo de uma publicação póstuma da virtuosa conferência de Rorschach em 1922 e, em 1924, quando Levy voltou a Chicago para assumir a direção da clínica de saúde mental do Hospital Michael Reese, tinha em sua bagagem uma cópia da palestra, do livro e das manchas de tinta de Rorschach. Assim, dois anos após a morte de Rorschach — na clínica Michael Reese, no Instituto de Pesquisas Juvenis, sob o comando do Departamento de Criminologia de Illinois, ou talvez na clínica particular de Levy em Chicago —, pela primeira vez nos Estados Unidos alguém viu as dez manchas de tinta e ouviu a pergunta "O que pode ser isso?". Antes de sua carreira longa e bem-sucedida, durante a qual inventou a ludoterapia e cunhou o termo *rivalidade entre irmãos*, Levy publicou o ensaio de Rorschach em inglês, realizou o primeiro seminário sobre o tema nos Estados Unidos e ensinou a uma geração de alunos o que era o teste e como usá-lo.

A vida de Hermann Rorschach era enraizada na Suíça, nas encruzilhadas da Alemanha com a França, Viena e Rússia. A vida póstuma de Rorschach seria global, já que as manchas de tinta se espalharam pelo mundo, sendo popularizadas ou não em diversos países por meio de circunstâncias muito variadas. Na Suíça, a pessoa que defendia o teste em meados do século descobriu os antidepressivos; na Inglaterra, seu defensor era um psicólogo infantil que publicou um artigo chamado "The Bombed Child and the Rorschach Test" [A Criança Bombardeada e o Teste de Rorschach] durante a Blitz. Em um dos primeiros países a utilizar o método desenvolvido por Rorschach, o Japão, ele foi popularizado pelo inventor de um teste de concentração que ainda hoje é obrigatório para funcionários de agências de transporte público, cerca de um milhão de pessoas. O teste de Rorschach continua a avaliação psicológica mais popular no Japão, enquanto caiu completamente em desuso no Reino Unido; é grande na Argentina, marginal na Rússia e na Austrália, em está em ascensão na Turquia. Todos esses usos têm suas próprias histórias.

Mas foi nos Estados Unidos que o teste atingiu a fama pela primeira vez, teve as mais drásticas ascensão à proeminência e queda à controvérsia, penetrou mais profundamente na cultura e desempenhou um papel importante em muitos dos marcos históricos do século.

O teste naquele país foi um para-raios desde o início. O que é mais confiável: uma série de números concretos ou a avaliação de especialistas? Ou talvez a pergunta seja: de qual devemos desconfiar menos? Esse sempre foi o principal debate na ciência social norte-americana — na verdade, em grande parte da vida norte-americana. A tendência dominante, mesmo no início do século XX, era confiar nos números.

Havia na psicologia norte-americana um ceticismo generalizado em relação a qualquer coisa que fosse além do que os dados concretos provassem. Especialmente depois de apelos polêmicos pela segregação ou esterilização de pessoas consideradas "débeis mentais", os psicólogos, mais do que nunca, defendiam não tirar conclusões precipitadas dos testes, mas usar a "psicometria", a ciência das medições quantitativas e objetivamente válidas. As principais teorias da psicologia eram comportamentalistas, com ênfase no que a pessoa faz, e não na mente misteriosa que estaria por trás das ações.

No entanto, restava uma tradição oposta, reforçada pelas ideias freudianas e por outras filosofias vindas da Europa, que desconfiava do que se propunha como uma ciência fria e hiper-racional. Os psicoterapeutas, que trabalham com pessoas reais em situações complexas, com frequência respeitavam as verdades da psicanálise, por mais que fossem irracionais, considerando-as mais poderosas e convincentes do que os argumentos habituais da lógica. Reconheciam que a medição objetiva tinha limites quando se tratava da psicologia humana.

Hoje, são os psiquiatras que tendem à "ciência dura", enquanto os psicólogos usam terapias "mais suaves", mas no início do século XX os polos eram invertidos: os psiquiatras freudianos desprezavam os psicólogos pesquisadores, chamavam-os de contadores de feijão, enquanto os psicólogos acadêmicos apregoavam sua base científica concreta contra os místicos freudianos e as abordagens resistentes à medição objetiva.

E agora havia as dez manchas de tinta. O teste de Rorschach era científico e quantitativo, como exame de sangue, ou produzia resultados abertos a interpretações humanísticas e criativas, como a terapia falada? Era ciência ou arte? O próprio Rorschach percebeu, em 1921, que o teste de manchas fica no meio-termo, delicado demais para cientistas e estruturado demais para psicanalistas: "Ele resulta de duas abordagens diferentes: a psicanálise e a psicologia experimental acadêmica. Ou seja, os psicólogos pesquisadores o consideram psicanalítico demais e os analistas muitas vezes não o entendem porque continuam agarrados ao conteúdo das interpretações, sem consciência do aspecto formal. O que importa, porém, é que funciona: gera diagnósticos bastante certeiros. E por isso o odeiam ainda mais." No mínimo, Rorschach subestimou o problema, já que o uso psiquiátrico do teste — diagnosticar pacientes — carecia de base real em psicologia, de uma teoria que explicasse por que, digamos, a introversão ou a extroversão gerava respostas de Movimento ou de Cor. Os psicólogos ficaram perplexos com o uso aparentemente eficaz do teste por psiquiatras. Mas Rorschach acertou quando disse que o teste estava destinado à controvérsia e poderia até causar ódio.

Os DOIS mais influentes APLICADORES do teste de Rorschach dos Estados Unidos personificaram a divisão quase com perfeição. No outono de 1927, após outro ano na Suíça dedicado ao teste de Rorschach, David Levy era chefe do Instituto de Orientação Infantil de Nova York. Em seus salões, encontrou um aluno mais velho desanimado e indeciso a respeito de um tópico de dissertação. Levy emprestou a ele uma cópia do ensaio de 1922 de Rorschach e do livro *Psicodiagnóstico*. Foi uma boa dica.

Esse aluno era Samuel Beck (1896-1980), um romeno que tinha ido para os Estados Unidos em 1903 e se saído tão bem na escola que, aos 16 anos, ganhou uma bolsa para estudar filologia clássica em Harvard, onde se encontrou com Levy. Quando o pai ficou doente, Beck voltou para Cleveland, Ohio, para sustentar a família como repórter — o que acabou sendo uma educação psicológica em si: "Vi alguns dos melhores assassinos que existem em uma cidade grande, os melhores ladrões, contrabandistas e fraudadores". Depois de uma década de vida real, ele voltou para Harvard, se formou em 1926 e foi estudar psicologia em Columbia, querendo descobrir "por método científico como é o ser humano".

O teste de manchas de tinta se tornou o trabalho de sua vida. Beck publicou os primeiros artigos norte-americanos sobre o teste de Rorschach, começando com "The Rorschach Test and Personality Diagnosis" [O Teste de Rorschach e o Diagnóstico de Personalidade], em 1930; completou a primeira dissertação norte-americana sobre o teste de Rorschach, em 1932; e foi à Suíça entre 1934 e 1935, onde também fez amizade e trabalhou com Oberholzer. Depois, voltou aos Estados Unidos e seguiu com Levy para Chicago.

O psicanalista que atendia o psicólogo pesquisador de Beck era Bruno Klopfer (1900-1971), um judeu alemão, antiautoritário, com gosto por improvisos e filho rebelde de banqueiro. Ele tinha uma visão péssima desde pequeno por causa de sintoma não diagnosticado, e era obrigado a "compensar com seu pensamento aguçado o que não conseguia ver com a mesma clareza dos outros meninos da escola". Era o símbolo perfeito para o homem que se tornaria o intérprete mais proeminente e desconfiado do teste de Rorschach nos Estados Unidos: ele podia não ter visto a coisa em questão, mas conseguia convencer uma pessoa de que entendia o que ela via.

Tendo tornado-se PhD aos 22 anos, Klopfer trabalhou por mais de uma década no equivalente da Orientação Infantil em Berlim e recebeu treinamento extensivo em teoria psicanalítica e fenomenologia, uma abordagem filosófica centrada na experiência subjetiva. Durante cinco anos, apresentou um popular programa de rádio semanal que dava aos ouvintes conselhos sobre educação dos filhos — programa pioneiro que transmitia não palestras, mas a voz de Klopfer discutindo os problemas dos ouvintes. Em 1933, ainda na Alemanha, quando seu filho de oito anos chegou da escola e perguntou: "O que é um judeu?" — um menino tinha sido espancado e o diretor disse ao pequeno Klopfer que era errado ajudá-lo porque o garoto era judeu —, Klopfer respondeu: "Eu lhe digo na semana que vem". Antes que isso acontecesse, deixaram o país.

Com o filho em segurança em um colégio interno na Inglaterra, Bruno Klopfer conseguiu um visto suíço com ajuda de Carl Jung, e foi assim que acabou no Instituto Psicotécnico de Zurique, onde uma assistente chamada Alice Grabarski ensinou-lhe o teste de Rorschach para que o aplicasse duas vezes por dia em candidatos a empregos na Suíça. O país estava favorável aos negócios, então o teste era muito mais usado em aconselhamentos vocacionais e na indústria do que por psicólogos sérios; Klopfer achou o trabalho sem graça. Ele foi para os Estados Unidos em 4 de julho de 1934, como assistente de pesquisa do antropólogo Franz Boas, da Universidade de Columbia. Com toda sua especialização e experiência, seu salário era de 556 dólares por ano, cerca de 10 mil dólares em valores atuais. Ao descobrir que as pessoas em Nova York estavam doidas para aprender mais sobre o teste de Rorschach, viu uma oportunidade.

Klopfer também tinha levado o *Psicodiagnóstico* e as manchas de tinta consigo, e o presidente do Departamento de Psicologia de Columbia, que tinha supervisionado a dissertação de Beck, ficou interessado no teste de Rorschach. Mas ele estava firme ao lado da psicometria e do comportamentalismo, desconfiava da formação psicanalítica e filosófica de Klopfer, e disse que só poderia ensinar na Columbia se recebesse uma carta de apoio de Beck ou Oberholzer, que eram mais confiáveis. Sem conseguir crescer pelos canais oficiais, Klopfer se tornou o principal especialista no teste de Rorschach dos Estados Unidos por conta própria.

Era uma época intelectualmente agitada em Nova York; a cidade estava cheia de acadêmicos e cientistas exilados da Alemanha nazista acolhidos por Princeton, Columbia e pela Universidade do Exílio na Nova Escola para Pesquisas Sociais. Reuniões como os grandes salões culturais informais, organizados pelo renomado neurologista Kurt Goldstein nos porões do Hospital Montefiore, no Bronx, e nos quais se ouviam conversas loquazes paralelas em francês, alemão e italiano, permitiram a Klopfer que se enturmasse e tivesse acesso a uma enorme e interdisciplinar variedade de contatos.

Apesar do péssimo inglês, Klopfer ensinava o teste de Rorschach a estudantes de pós-graduação e funcionários interessados — inicialmente sete alunos, duas vezes por semana, por seis semanas — em qualquer espaço disponível, desde salas de aula vazias até apartamentos no Brooklyn. Em 1936, dava três seminários por semana; em 1937, foi nomeado professor no Departamento de Orientação, oferecia um seminário por semestre e aulas particulares para os alunos que não frequentavam Columbia. O primeiro periódico sobre o teste de Rorschach surgiu da relação flexível entre Klopfer e seus alunos: o *Rorschach Research Exchange* [Intercâmbio de Pesquisa sobre Rorschach]. A primeira edição, de 1936, com 16 páginas mimeografadas, foi financiada por 14 pessoas que deram 3 dólares cada; um ano depois, o periódico era uma publicação respeitável, com centenas de assinantes em todo o mundo. Logo surgiu o Instituto Rorschach, com qualificações para associação e um processo de credenciamento. Beck publicou trabalhos no periódico de Klopfer, mas não por muito tempo.

Os dois viam o teste de Rorschach como uma ferramenta incrivelmente poderosa. De acordo com Klopfer, em uma metáfora que se repetiria várias vezes ao longo da história do teste, ele "não revela uma imagem do comportamento, mas mostra — como uma radiografia — a estrutura subjacente que torna o comportamento compreensível". Beck o descreveu de maneira semelhante, como "um fluoroscópio na psique": um "instrumento extremamente sensível" e "objetivo, com potencial para penetrar na pessoa como um todo".

Mesmo assim, eles viam coisas muito diferentes quando olhavam por seus instrumentos. Klopfer, vindo de uma tradição filosófica europeia, e não do comportamentalismo norte-americano como Beck, adotava a abordagem holística: as respostas de alguém geravam uma "configuração" a ser interpretada como um todo, e não pontuações para somar. Para Beck, as configurações eram, na melhor das hipóteses, secundárias, e a objetividade era tudo. Por exemplo, ele achava que a decisão de pontuar uma resposta como de boa ou má qualidade" (F+ ou F-) nunca devia se basear em um julgamento pessoal idiossincrático, por mais experiente que fosse o examinador ou o grupo de examinadores: "Depois que a resposta finalmente é avaliada como mais ou como menos, ela sempre deve ser pontuada como mais ou como menos", independentemente de considerações holísticas de qualquer outra coisa que o examinado possa ter dito. Klopfer, embora concordasse que eram necessárias listas de respostas de boa ou má qualidade para julgar as comuns como F+ ou F-, argumentava que respostas raras e ainda assim "percebidas intensamente" deviam ser categorizadas como diferentes de respostas de má qualidade — e isso significava avaliá-las individualmente, porque nenhuma lista pode conter todas as respostas possíveis.

Rorschach tinha sido subjetivo e objetivo ao mesmo tempo, uma personalidade tão simétrica quanto suas manchas de tinta, e os dois homens sabiam disso. Nas palavras de Klopfer, ele "combinava, em grau acentuado, o realismo empírico concreto do clínico com a perspicácia especulativa do pensador intuitivo". Para Beck, Rorschach, como psicanalista, entendia a psicologia profunda e "sabia o valor da livre associação. Felizmente, também, ele tinha uma inclinação experimental, apreciava as vantagens da objetividade e era dotado de visão criativa".

Em 1937, os campos de batalha tinham sido delimitados. Klopfer, improvisando com estudantes ansiosos e curiosos, se sentiu livre para alterar o teste e desenvolver novas técnicas baseadas na experiência clínica e no instinto, não necessariamente na pesquisa empírica. Ele acrescentou um novo código de respostas que descrevem o movimento de objetos não humanos, por exemplo, embora Rorschach tenha insistido que as respostas M diziam respeito à identificação do sujeito com um movimento humano ou semelhante ao humano. Na verdade, Klopfer acrescentou códigos com impulsividade: Beck reclamava que, enquanto "Rorschach era capaz de lidar com o material de seu teste com os códigos simples M, C, CF, FC e F(C), o repertório de Klopfer, com M, FM, m, mF, Fm, k, kF, Fk, K, KF, FK, Fc, c, cF, FC', C'F, C', F/C, C/F, C, Cn, Cdes e Csym, é confuso".

Beck era tradicionalista, muito comprometido com sua linhagem de pesquisa. Ele se via como "um estudante treinado na disciplina Rorschach-Oberholzer". Qualquer mudança no teste canônico teria que ser totalmente fundamentada na pesquisa empírica. Ele escreveu que o conceito de movimento não humano de Klopfer, por exemplo, "não parece consistente com o entendimento de Rorschach, Oberholzer, Levy ou de seus seguidores mais próximos em relação ao valor de M. [...] Se essa interpretação de M é baseada na experiência de [Klopfer], naturalmente há interesse nas evidências." Beck estava orgulhoso porque seu trabalho mostrava "pouca influência derivada do novo idioma que apareceu nos últimos anos, só nos Estados Unidos, relatando estudos em que as manchas de tinta de Rorschach foram usadas". Ele até mesmo se recusava a chamar de pesquisa sobre Rorschach os estudos de Klopfer que usavam as manchas de tinta.

Em pouco tempo, Beck e Klopfer literalmente pararam de se falar, e foi assim que ficou a situação entre os dois estudiosos de Rorschach mais proeminentes dos Estados Unidos. Os alunos das oficinas de Klopfer que tinham estudado com Beck eram vistos com suspeita pelos colegas que apoiavam Klopfer. No verão de 1954, um promissor aluno de pós-graduação chamado John Exner chegou a Chicago para trabalhar como assistente de Beck, e logo fez amizade com ele e sua esposa. Certo dia, quando apareceu na casa deles com uma cópia do livro de Klopfer sobre o teste de Rorschach, Beck perguntou, de forma subitamente fria: "O que é isso? Onde conseguiu este livro?"

"Na biblioteca", respondeu Exner, nervoso.

"Na *nossa* biblioteca?", indagou Beck, como se a Universidade de Chicago fosse seu território, um lugar proibido para intrusos.

Na verdade, nem Klopfer nem Beck eram tão tacanhos ou rígidos quanto os papéis que exerciam na representação das duas abordagens, contrastantes entre si, das manchas de tinta. Klopfer coescreveu seu primeiro livro com um psiquiatra das ciências concretas, o dr. Douglas Kelley, e moderou sua posição em anos posteriores, embora nunca a ponto de ser capaz de se reconciliar com seu rival. Beck, por sua vez, costumava "impressionar os que o rodeavam" com interpretações brilhantes que iam além dos dados disponíveis: os colegas se lembravam de como "o fenomenologista, à espreita em algum lugar sob seu sólido exterior empirista, 'aparecia' e revelava toda a perícia do clínico brilhante". Mesmo assim, a rixa corria solta.

Toda ciência tem suas querelas e maledicências, mas a história do teste de Rorschach foi atormentada de maneira incomum por controvérsias, com "disputas", para usar o termo de Jung em *Tipos Psicológicos*, extraordinariamente hostis. De um lado, cientistas objetivos repelidos por charlatões carismáticos; do outro, sutis exploradores da mente que não estavam dispostos a se ajoelhar no altar da padronização. O equilíbrio do teste — entre a solução consciente de problemas e as reações inconscientes, entre estrutura e liberdade, subjetividade e objetividade — tornou especialmente fácil enxergá-lo apenas por um lado, rejeitando a outra perspectiva.

A CONTENDA KLOPFER-BECK abafou as vozes de figuras mais moderadas, mais especificamente a de Marguerite Hertz (1899-1992). Hertz vira as manchas de tinta pela primeira vez com seu amigo de Cleveland, Sam Beck, e estudara com David Levy em 1930. Sua dissertação de 1932, sobre questões de padronização, foi a segunda sobre o teste de Rorschach, depois da de Beck, e em 1934 ela publicou seu primeiro artigo, usando de maneira similar uma perspectiva psicométrica: "The Reliability of the Rorschach Ink-Blot Test" [A Confiabilidade do Teste de Manchas de Tinta de Rorschach]. E também se juntou ao grupo de Klopfer em 1936.

Embora mais próxima de Beck em conteúdo, Hertz tinha um temperamento menos originalista e era mais disposta do que ele a criticar o sistema do mestre ou fazer acréscimos. Uma de suas inovações foi exibir uma mancha experimental aos sujeitos e fazer observações encorajadoras antes do teste em si para explicar o que fariam a seguir. Além disso, ela criticava os dois lados quando necessário; desde então, ela foi chamada de "consciência" dos primeiros pioneiros do teste de Rorschach. Seu primeiro artigo no *Rorschach Research Exchange*, de Klopfer, argumentava que uma resposta de Detalhes tinha que ser julgada como uma estatística "normal" apesar de empírica, em vez de passar pela "abordagem qualitativa" de Klopfer, que decidia a questão como ele julgava conveniente. Embora tenha defendido a padronização, Hertz alertou Beck e seus defensores de que ela nunca deve ser "rígida" ou "inflexível". Em outros lugares, ela elogiava Klopfer por ser "muito mais flexível do que muitos de seus discípulos", que tinham uma "devoção quase maníaca" ao Sistema Klopfer e ao próprio Klopfer.

Seu esforço mais drástico para reconciliar os dois lados veio em 1939. Independentemente de gostar ou não da subjetividade envolvida na interpretação de um teste de Rorschach, apontou ela, o teste não teria valor se diferentes pontuadores e intérpretes não conseguissem alcançar de forma confiável mais ou menos os mesmos resultados, que fossem mais ou menos consistentes com os achados de outros testes ou avaliações. No entanto, "como o método Rorschach é peculiarmente diferente da maioria dos testes psicológicos", escreveu, era difícil testar sua confiabilidade de maneira padronizada. Não era possível compará-lo com outras séries de manchas de tinta porque não existe outra que funcione. Não era possível usar um método da divisão ao meio, porque os resultados das cinco primeiras pranchas e os das últimas cinco pranchas são inexpressivos quando isolados. Se uma pessoa fosse testada novamente depois de um tempo, a psicologia dela poderia ter mudado nesse intervalo, por isso resultados diferentes não indicariam necessariamente que o método é falho. De que maneira o teste poderia ser testado?

Inspirada pelos próprios diagnósticos cegos de Rorschach, Hertz realizou a primeira interpretação cega e múltipla com o teste: submeteu o mesmo protocolo segundo as interpretações de Klopfer, de Beck e dela mesma. O teste passou no teste: todas as três análises concordaram entre si e com as conclusões clínicas do médico do paciente, oferecendo "o mesmo quadro de personalidade" da inteligência, do estilo cognitivo, da influência das emoções, dos conflitos e das neuroses do paciente. Não houve diferenças substanciais, apenas ênfases ligeiramente diferentes. Hertz chamou isso de "um grau notável de concordância". Na batalha real, todos ganharam.

Hertz passou anos como pesquisadora da Fundação Brush na Universidade Western Reserve (agora Case Western), coletando dados para um enorme estudo normativo — mais de 3 mil protocolos de Rorschach de grupos variados: crianças, adolescentes, diferentes etnias, saudáveis, patológicos, chefes, delinquentes. No fim dos anos 1930, ela já havia quase terminado seu manuscrito, um livro abrangente que provavelmente teria mudado a história do teste de Rorschach nos Estados Unidos se tivesse sido publicado. Mas o projeto da Fundação Brush foi cancelado e, em seguida, Hertz recebeu um telefonema: "Um dia decidiram descartar o material que não estava mais em uso e que as autoridades consideravam inútil. Recebi uma ligação e me disseram que eu podia *ficar* com o meu material. Fui imediatamente até lá com alunos de pós-graduação e um caminhão, mas, para meu espanto, descobri que meu material já tinha sido queimado 'por engano'. Fora 'confundido' com todo o resto que estava sendo descartado. Todos os registros de testes de Rorschach, todos os dados psicológicos, todas as fichas de trabalho, além do meu manuscrito, viraram fumaça." A coleta de dados era irreproduzível, a perda era "irreparável", e Hertz não estava "disposta a escrever um livro sem relacioná-lo à minha pesquisa". Com esse desastre, a principal voz moderada em relação ao teste — mais próxima em tom e espírito ao próprio Rorschach — tinha se perdido ou, pelo menos, estava subordinada às de Klopfer e Beck.

Hertz escreveu dezenas de artigos importantes nos anos seguintes, mas nunca os reuniu em um livro — aparentemente querendo que Klopfer assumisse a liderança depois que ele publicou seu próprio livro em 1942, ainda mais porque a ênfase psicométrica inicial dela dava lugar a uma abordagem mais próxima à dele. Durante meio século, ela escreveu regularmente artigos gerais avaliando o campo como um todo, sintetizando ou criticando os outros, em vez de apresentar suas próprias afirmações. Grande parte do seu trabalho inicial se concentrava em crianças e adolescentes, sem a ênfase no diagnóstico médico que marcou as primeiras décadas do teste nos Estados Unidos fora de Chicago. Sem dúvida, o fato de ela ser mulher foi significativo, embora, como sempre, seja difícil dizer exatamente como a diferença de gênero se apresentou: direta ou indiretamente, pela sua escolha de tópicos de estudo mais "feminizados", pela sua falta de opção de publicar. De qualquer forma, embora sua abordagem à aplicação e à interpretação do teste de Rorschach fosse significativamente diferente da de Beck e Klopfer, ela nunca apresentou sua metodologia como um sistema integrado próprio.

As interpretações intuitivas de Klopfer e a abordagem geralmente subjetiva tendiam a gerar reações mais intensas do que a ênfase de Beck na objetividade. Na pior das hipóteses, Beck era seco e rígido, enquanto Klopfer, ao longo de sua carreira, seria aclamado como uma espécie de mago e vilipendiado como fraude. Mas ninguém, na época ou depois, contestou que o brio organizacional de Klopfer foi indispensável para a ascensão do teste de Rorschach.

Em 1940, Klopfer lecionava três disciplinas na Faculdade de Professores da Columbia e uma no Instituto de Psiquiatria do Estado de Nova York, orientava oito estudantes de pós-graduação na Columbia e na Universidade de Nova York, e dava *workshops* e seminários em vários lugares, desde São Francisco, Berkeley e Los Angeles até Denver, Minneapolis, Cleveland e Filadélfia. Seções no Texas, Maine, Wisconsin e Canadá, na Austrália, Inglaterra e América do Sul se seguiram no período de um ano. Hertz também lecionava duas disciplinas de pós-graduação a cada ano desde 1937, junto de um curso de administração e pontuação de seis meses; Beck estava ocupado em Chicago; até mesmo Emil Oberholzer, que tinha emigrado para Nova York em 1938, deu uma série de palestras para a Sociedade Psicanalítica de Nova York entre 1938 e 1939. As partes interessadas podiam fazer um treinamento inicial ou avançado em todo o país.

Na Sarah Lawrence, uma faculdade de elite para mulheres perto de Nova York e cuja instrução era flexível e adaptada a cada aluna, a equipe e o corpo docente em 1937 estavam insatisfeitos com o que conseguiam descobrir sobre as alunas a partir de "observações e da aplicação geral de testes objetivos". Assim, uma psicóloga chamada Ruth Munroe recorreu ao teste de Rorschach. Klopfer analisou seis protocolos de calouras e entregou os perfis, sem nomes, ao professor das alunas, que conseguiu identificar cada uma corretamente; outras análises cegas e "vários outros dispositivos de verificação" foram igualmente convincentes.

Satisfeita porque o teste funcionou, Munroe e seus colegas da Sarah Lawrence logo estavam "tão ocupados com o teste que a análise científica completa programada atrasou". O teste parecia melhor do que qualquer outro instrumento que tinham, e se os professores e conselheiros, com tantas informações pessoais detalhadas de cada aluna, confirmavam os resultados e sentiam que o teste, por sua vez, "confirmava e concentrava" o que já suspeitavam, o que mais podiam querer? O teste de Rorschach não era "infalível", escreveu Munroe. "Nem os julgamentos dos professores. No entanto, a correspondência geral é suficientemente próxima para justificar a aceitação do teste de Rorschach como ferramenta útil no planejamento educacional. Não é necessário mencionar a limitação de que nunca usamos o teste como critério único ou até como o principal critério de avaliação em qualquer decisão importante sobre uma aluna." Em três anos, a equipe de Munroe tinha aplicado o teste de Rorschach em mais de 100 alunas, além de 16 professores, para explorar a possibilidade de prever a afinidade entre aluno e professor.

Os resultados do teste de Rorschach logo eram usados para adaptar as abordagens de ensino às necessidades de cada uma ou para sugerir se uma aluna com dificuldades tinha "os recursos para a melhoria esperada". Uma estudante, filha de advogado, tinha interesses limitados, ideias extraordinariamente obstinadas e uma resistência brutal a qualquer novidade. Quando não ficou claro se era "uma reação adolescente superficial" a ser trabalhada ou "uma compulsão profunda" que não mudaria, o resultado de seu teste de Rorschach, rígido e intelectualmente medíocre, indicou a segunda opção. "É difícil saber como podemos ajudar mais essa menina", mas deixá-la definir suas próprias áreas de estudo não seria a abordagem correta. Outra aluna, nervosa e excessivamente conscienciosa, revelou ter imaginação original e vigorosa em seu teste de Rorschach. Mudar seu programa estritamente estruturado para outro que lhe dava mais liberdade para buscar seus próprios interesses gerou excelentes resultados.

As manchas de tinta também conseguiam detectar problemas precocemente. Por exemplo, uma caloura parecia estar bem, com seu "jeito dinâmico", "um certo vigor e bom humor", "bom senso e convencionalidade" e suas roupas e aparência "completamente 'colegiais'". Seu desempenho acadêmico fraco, segundo os professores, era em grande parte devido a "uma vida social um tanto excessiva": ela "aparentemente gostava muito de passear pelas faculdades masculinas", e uma briga recente "com o cara de Princeton" foi ligeiramente reduzida a "extensão de seu trote de formatura".

No entanto, seu teste de Rorschach, feito como parte de um grupo controle, e não por uma suspeita específica, mostrou que ela era "a aluna mais surpreendentemente perturbada" da turma: "Ela está morrendo de medo de alguma coisa". A estudante era extremamente defensiva, com sinais de hostilidade e ressentimento (uma de suas respostas foi "*Pessoas cuspindo uma na outra, mostrando a língua ou alguma coisa assim*"), e tinha um bloqueio emocional grave que suprimia quase totalmente as capacidades intelectuais evidentes em suas poucas respostas espirituosas e perceptivas. Uma reunião subsequente com todos os seus professores e conselheiros confirmou o que seu desempenho no teste sugeria: ela não estava indo muito bem nas aulas, demonstrando interesse no início, mas depois se mantinha em um nível superficial e, por fim, acabava desinteressada ou indiferente. A aluna em questão já tinha ido atrás da irmã com uma faca, "mas é claro que já tinha superado isso". Ela disse a seu conselheiro que se sentia "suicida o dia todo", mas depois fingiu que era brincadeira.

Os problemas estavam ali, mas ninguém os notara até o teste de manchas de tinta. A partir de 1940, ele passou a ser aplicado em todas as alunas iniciantes na Sarah Lawrence, e os resultados eram rapidamente verificados para saber se havia problemas preocupantes. Depois, eram mantidos em arquivo, caso surgissem perguntas sobre a aluna posteriormente, e usados como "reservatório permanente para material de pesquisa".

Cerca de doze anos depois de chegar aos Estados Unidos, o teste de Rorschach era largamente ensinado, usado e estudado em todo o país. As pontuações foram refinadas e redefinidas, os dados eram coletados e analisados, as técnicas melhoradas e algumas outras foram inventadas, os resultados passavam por análise cega e eram correlacionados com outros testes e com todos os fatores socioculturais imagináveis. Além de perguntar o que no teste o tornou tão popular, faz sentido pensar sobre por que o país foi tão receptivo a ele. Os Estados Unidos estavam em outra "época faminta por testes", como Rorschach tinha escrito sobre a Suíça em 1921, mas havia mais. Cada vez mais os estados unidenses pensavam em si mesmos com alguma coisa especial dentro de si que não podia ser acessada com nenhum teste padrão, e o teste de Rorschach se provou singularmente capaz de compreender esse pensamento.

15

FASCINANTE, IMPRESSIONANTE,...
Criativo e dominante

O QUE VOCÊ FAZ — NA VERDADE, TUDO O QUE VOCÊ FAZ — EXPRESSA QUEM você é. Suas ações revelam não tanto o conteúdo de seu caráter, mas sua personalidade; não a conformidade com virtudes morais reconhecidas, mas como você se destaca por ser único e especial.

Essas ideias, um tanto familiares, foram o produto de uma mudança, nos Estados Unidos do início do século XX, da cultura do caráter para a cultura da personalidade. O "caráter", um ideal de servir a uma ordem moral e social mais elevada, era regularmente invocado na virada do século XX, ao lado de *cidadania, responsabilidade, democracia, trabalho, construção, ações de ouro, vida ao ar livre, conquista, honra, reputação, moral, modos, integridade* e, acima de tudo, *masculinidade.* A "personalidade", por outro lado, foi invocada nas décadas seguintes ao lado de palavras como *fascinante, deslumbrante, atraente, magnética, brilhante, magistral, criativa, dominante, vigorosa* — não substantivos, mas adjetivos; não tipos específicos de comportamento, mas um alarde para gerar impacto.

Esses novos termos de elogio eram amorais: o caráter de alguém era bom ou ruim, mas a personalidade era interessante ou repulsiva. Na verdade, o ruim era melhor — um rebelde estimulante era sempre melhor que alguém irritante e tedioso como uma goteira permanente. O charme e o carisma que faziam as pessoas gostarem de alguém passaram a ser vistos como mais importantes do que a integridade ou atos honrados que poderiam conquistar o respeito dessas pessoas; a postura tinha precedência sobre a virtude, parecer sincero era melhor do que ser sincero. Quem se importava com o que você era se fosse desinteressante demais para ser notado na multidão anônima?

A mudança cultural do caráter para a personalidade pode ser observada em livros de autoajuda, sermões, educação, propaganda, política, ficção ou qualquer coisa que apresente um ideal de como viver. O dr. Orison Swett Marden, o dr. Phil[1] de sua época, terminou seu livro de 1899, *Character: The Greatest Thing in the World* [Caráter: a Melhor Coisa do Mundo], com uma fala do presidente norte-americano Garfield: "Preciso conseguir me tornar um homem". Em 1921, quando escreveu *Masterful Personality* [Personalidade Magistral], Marden tinha mudado com o tempo: "Nosso sucesso na vida depende do que os outros pensam de nós". Estrelas de cinema fizeram parte da mesma mudança: os estúdios, no início, escondiam as identidades dos atores e atrizes, mas, por volta de 1910, quando uma estrela nascia, sua personalidade se tornava o principal atrativo de venda do filme. Douglas Fairbanks, a primeira dessas celebridades no cinema, foi descrito em 1907: "Ele não é bonito, mas tem muita personalidade". O *slogan* de uma das maiores atrizes do cinema, Katherine Hepburn, era: "Uma atriz que não é uma personalidade não é uma estrela". O arquétipo da nova e vibrante era não se identificava com Gatsby, a Pessoa Boa, mas com Gatsby, o incomparavelmente Maravilhoso, e como ele fazia seu dinheiro ter uma importância infinitamente menor do que suas qualidades indescritíveis, seu brilho, suas belas camisas.

Já que a pessoa tem algum controle sobre como se apresenta, é possível moldar seu destino aprimorando sua apresentação pessoal — a clássica promessa norte-americana assumiu essa forma no início do século XX, e foi incessantemente ecoada por revistas de moda e gurus de negócios nas décadas seguintes. A desvantagem das oportunidades infinitas de causar uma impressão magistral era, é claro, o risco igualmente infinito de causar uma má impressão. Em um mundo que nos monitora constantemente

1 Psicólogo que fala de comportamento e relações humans em programas de TV dos Estados Unidos como da Oprah Winfrey.

e faz comparações sociais, as exigências do marketing pessoal nunca cessam: para os olhos vigilantes e avaliadores, absolutamente qualquer coisa pode revelar mais sobre nós do que conseguimos imaginar.

Um estudo clássico, *Advertising the American Dream* [Propagandear o Sonho Americano], de Roland Marchand, reimprime uma série verdadeiramente assustadora de anúncios do início do século XX proclamava que todos notariam seu mau hálito, seu barbear descuidado, suas roupas lamentáveis ou suas meias caídas, estragando suas chances de romance, sucesso e de uma vida decente. "OLHARES CRÍTICOS AVALIAM VOCÊ NESTE MOMENTO", entoava a voz do creme de barbear Williams. Só porque tinha uma escova de dentes do dr. West, uma mulher conseguia passar no "Teste do Sorriso" quando caía de um tobogã e um belo desconhecido lhe ajudava a levantar. Os anúncios de uma geração anterior costumavam descrever os produtos em vez de oferecer essa combinação de promessa e ameaça.

Mas, mesmo que os novos anúncios exagerassem um pouco, refletiam as realidades sociais. Coisas superficiais "*eram* mais significativas em uma sociedade móvel, urbana e impessoal" do que na era anterior, na qual as relações eram mais estáveis, nas palavras de Marchand. Especialmente no amor e nos negócios, ter uma personalidade magistral significava que você tinha que "ser você mesmo", mas também significava dar o sorriso certo e usar a cinta-liga certa. Sem esses marcadores externos, você não ia ter sorte.

Por conta das altas apostas, o *glamour* e a elegância da "personalidade" paradoxalmente se tornaram essenciais: estilo *era* conteúdo, sua aparência representava quem você era. "Ainda em 1915", nas palavras de um importante antropólogo, "a própria palavra ainda carregava matizes principalmente de pungência, de ser imprevisível, de ousadia intelectual: a personalidade do homem era muito parecida com a da mulher" — o *sex appeal* era o que a tornava, usando o clichê da época, uma "It Girl". Na década de 1930, porém, quando Freud se tornou conhecido, os norte-americanos tinham se apegado à ideia de que uma força interna inefável dominava nossa vida, e a equiparavam à personalidade. Os "tipos psicológicos" de Jung, que descreviam algo mais parecido com o caráter do que com o estilo, foram reimaginados nos Estados Unidos como "tipos de personalidade", primeiro com o trabalho de Myers e Briggs na década de 1920. E, enquanto a energia fervilhante do inconsciente freudiano era irremediavelmente caótica, entendia-se que a personalidade tinha uma "estrutura", algo que poderia ser analisado, categorizado, atacado. Se alguém descrevesse essa força interior como "personalidade", mais poderia ser dito sobre ela.

Esse sentido evolutivo do *self* era o que o teste de Rorschach explorava e que acabou redefinindo o teste. Um ensaio de 1939 chamado "Projective Methods for the Study of Personality" [Métodos Projetivos para o Estudo da Personalidade], de Lawrence Frank, era nada menos que uma nova ideia sobre o lugar do indivíduo no mundo, que redefiniu a psicologia para o século XX e colocou o teste de Rorschach, como um teste de "personalidade", bem no centro dela.

Lawrence K. Frank (1890-1968) era chamado de "Johnny Appleseed das ciências sociais" por seu trabalho frutífero como escritor, palestrante, mentor e executivo em uma série de cargos de liderança em fundações filantrópicas entre as décadas de 1920 e de 1940. Margaret Mead escreveu em um obituário que ele "meio que inventou as ciências sociais" e foi "um dos dois ou três homens" que usaram as bases dessas disciplinas "do jeito que o Senhor queria". Suas maiores contribuições foram a promoção de pesquisas sobre o desenvolvimento infantil e a divulgação dos resultados em creches, escolas primárias e locais de tratamento; seus esforços moldaram, nas décadas seguintes, os campos da psicologia infantil do desenvolvimento, da educação infantil primária e da pediatria.

Em seu ensaio de 1939, Frank explicou a personalidade nos termos mais amplos possíveis, como a forma pela qual damos sentido à vida: "O processo da personalidade pode ser considerado uma espécie de carimbo que o indivíduo impõe a cada situação e dá, assim, a configuração que ele, como indivíduo, exige; ao fazer isso, necessariamente ignora ou subordina muitos aspectos da situação que, para ele, são irrelevantes e sem sentido, e reage seletivamente aos aspectos que lhe são pessoalmente significativos". Moldamos o nosso mundo, o que significa que não somos criaturas passivas, e sim que recebemos e reagimos a estímulos ou fatos no mundo exterior. Na visão de Frank, *não há* fatos, não há mundo exterior, não há nenhum estímulo externo, a não ser na medida em que uma pessoa "seletivamente os constitui e reage a eles". Era uma ideia com tons de Nikolai Kulbin, o futurista que Rorschach ouvira palestrar na Rússia: "O eu não conhece nada além de seus próprios sentimentos e, ao projetá-los, cria seu próprio mundo".

Essa subjetividade apresentava um problema para o cientista. Não havia nada replicável, não havia experimentos de controle, apenas a interação singular que ocorria sempre que "alguém percebe, e imputa ao que percebe o significado que ela mesma projeta e, então, reage a isso". Tudo que uma pessoa fazia era significativo, mas precisava ser interpretado, não apenas tabelado. Testes padronizados não funcionariam. O cientista precisava medir *como* a personalidade de um sujeito organizava sua experiência.

Lawrence Frank tinha uma solução e um novo nome: "métodos projetivos". Para Frank, esses não eram "testes", embora às vezes fossem chamados assim. Em vez disso, os métodos projetivos apresentavam à pessoa algo em aberto, que significava "não o que o experimentador decidia arbitrariamente (como na maioria dos experimentos psicológicos que usam estímulos padronizados para serem 'objetivos'), mas sim o que tivesse que significar para a personalidade que lhe dá, ou impõe, seu significado e sua organização particular e idiossincrática". Os sujeitos reagiriam de um jeito que expressasse sua personalidade. Em vez de dar uma resposta "objetivamente" certa ou errada, um sujeito "projetaria" sua personalidade para o mundo para que o experimentador a visse.

O método projetivo principal de Frank era o teste de Rorschach.

Outros métodos para extrair a personalidade já existiam em 1939: Frank mencionou a ludoterapia e a arteterapia, frases incompletas e fotos sem legendas, o método Cloud Picture [Fotos de Nuvens] e muito mais. O vice-campeão era o Teste de Apercepção Temática, ou TAT, desenvolvido por dois seguidores de Jung em Harvard na década de 1930. Esse método consiste em mostrar fotos aos sujeitos — um menino olhando para o violino sobre a mesa, um homem vestido com o braço sobre os olhos e uma mulher nua deitada na cama atrás dele — e pedir que criem uma "história dramática" para explicar a cena. Mas essas histórias não fornecem dados fixos e compartilhados para medir e pontuar, como as cruciais características formais de Movimento e de Cor, Global e Detalhes em manchas de tinta padronizadas. O TAT só podia ser interpretado de maneira genérica. Para os psicólogos que buscavam um jeito objetivo de medir a personalidade, não havia nada parecido ao teste de Rorschach.

Dezessete anos depois da morte de Hermann Rorschach, suas manchas de tinta passaram ao supremo método projetivo e como um novo paradigma da personalidade moderna, tanto na psicologia quanto na cultura em geral. O teste de Rorschach e nossa ideia de quem somos se uniram em torno de uma única situação simbólica, algo como "o mundo é um lugar sombrio e caótico". Isso é apenas o significado que damos a ele, mas eu percebo a forma das coisas ou será que eu criei essa forma? Eu vejo um lobo na mancha de tinta ou o coloco ali? (Eu encontro o sr. Perfeito em um lindo desconhecido ou o imagino?) Eu também sou um lugar sombrio e caótico, agitado por forças inconscientes, e outros estão fazendo comigo exatamente o que faço com eles. Assim como OS OLHARES CRÍTICOS AVALIAM VOCÊ NESTE MOMENTO do anúncio de creme de barbear, todo mundo está me avaliando, descobrindo meus segredos. Cientistas, anunciantes, belos desconhecidos, as próprias manchas de tinta olham para mim tanto quanto eu olho para elas. (Eu vejo um lobo na mancha; a mancha vê sanidade ou insanidade em mim.)

O teste de Rorschach, reinventado em 1939 como método projetivo, presumia que temos um eu individual e criativo que molda a maneira como vemos, depois oferecia uma técnica para descobrir e medir esse eu e um bonito símbolo visual para ele.

Rorschach não tinha descrito seu próprio teste nesses termos, pelo menos não explicitamente. Ele não o chamou de "método projetivo" e, na verdade, quase nunca mencionava "projeção", conceito que entendia no sentido freudiano mais estrito de atribuir algo inaceitável em nós a outras pessoas (uma pessoa irritada acha que todo mundo está com raiva dela; um homossexual reprimido nega seus próprios impulsos e odeia o que vê como sinais de homossexualidade nos outros). Mas o novo entendimento de Frank sobre o teste era fiel ao que sustentava as ideias de Rorschach. A projeção, no sentido dele, era, em última análise, outra versão da empatia: colocar-se no mundo antes de reagir ao que encontramos nele. A resposta de Movimento e a ideia de projeção de Frank se baseavam nas mesmas transferências entre o eu e o mundo exterior.

Depois de 1939, os grupos de Klopfer e Beck lançariam o teste de manchas como um "método projetivo para o estudo da personalidade" no sentido de Frank. Se o teste de Rorschach era uma radiografia, a personalidade oculta, mas muito importante, era o esqueleto invisível que as pessoas queriam ver, e a projeção era o que a tornava visível.

As implicações mais amplas da teoria de Frank também estavam em Rorschach. Frank observou que nossa personalidade não é escolhida a partir de infinitas opções: existimos em um contexto social. A "realidade" é um mundo público mais ou menos consensual que cada membro individual de uma sociedade específica tem que aceitar e interpretar dentro de um intervalo aceitável de desvio ou se arriscar a ser excluído e considerado doente. Sociedades diferentes têm realidades diferentes — o que é considerado loucura em uma não é necessariamente em outra. A posição de Frank era tão relativista quanto a de Jung: as culturas, e os indivíduos inseridos nelas, enxergam as coisas do seu próprio jeito.

A psicologia, com sua nova ênfase nas diferenças de personalidade, e não na universalidade do caráter humano, se mesclou com a antropologia, o estudo das diferenças culturais. Esse era o movimento que Rorschach esperava fazer com seus estudos sobre seitas e os experimentos transculturais de manchas de tinta que planejara, mas não viveu para isso.

Ao mesmo tempo, a antropologia também atingia grande público nos Estados Unidos por mérito próprio. Antes de 1920, era uma atividade relativamente seca: sua maior parte era composta de catálogos descritivos e históricos de artefatos e estruturas de parentesco, não importava o quão exóticos fossem os sujeitos. Os antropólogos estudavam instituições sociais e populações inteiras, com pessoas específicas vistas apenas como "portadoras" da cultura. O índice de 1928 dos primeiros 40 volumes de *American Anthropologist* [Antropólogo Norte-Americano] não tinha nenhuma menção à palavra "personalidade". Enquanto qualquer abordagem psicológica era relevante para essa antropologia inicial, foi o comportamentalismo que negou os instintos universais e insistiu que toda cultura era adquirida, que todo comportamento era resultado do condicionamento social.

A psicanálise, por outro lado, tratava pessoas específicas como indivíduos, não como representantes de uma cultura. Os analistas podiam ignorar mais ou menos as questões da diferença cultural contanto que seus pacientes tivessem origens sociais e culturais algo semelhantes. No entanto, conforme a psicanálise se espalhava para outras culturas, ficou claro que os perfis psicológicos eram, na verdade, determinados culturalmente. Entender a personalidade, então, exigia enxergar o indivíduo em relação ao que era fomentado ou subestimado pela sua cultura.

Os dois campos perceberam que compartilhavam um terreno comum: os antropólogos vinham inconscientemente coletando informações sobre as psicologias das pessoas o tempo todo e vice-versa. De certo modo, a psicanálise era uma antropologia em pequena escala, pois analisava histórias de vida de pacientes individuais. Alguns já haviam sido antecedido essa convergência — *O Ramo de Ouro*, de James Frazer (1890), era basicamente antropologia orientada pela psicologia; William Stern, na Alemanha, tinha proposto em 1900 que as diferenças individuais, raciais e culturais deviam ser estudadas pela "psicologia diferencial", que era, na verdade, a antropologia. Conforme Freud aumentava sua presença, as peças começavam a se encaixar. Os antropólogos podem diminuir Freud por inserir falsamente a educação vienense das crianças em padrões familiares "naturais" e "universais", mas, ao mesmo tempo, muitos perceberam que o que formava essa psicologia vienense, ou qualquer outra, eram exatamente os padrões sociais que eles estavam estudando.

Na década de 1930, a tendência dominante na antropologia era a "antropologia psicológica", ou "estudos de Cultura e Personalidade", liderados por figuras como Franz Boas, Ruth Benedict, Margaret Mead e Edward Sapir. Para Boas, considerado o pai da antropologia norte-americana, um dos problemas centrais do campo "era a relação entre o mundo objetivo e o mundo subjetivo do homem na forma que este último tinha assumido em diferentes culturas". Foi Boas quem levou Bruno Klopfer para os Estados Unidos como assistente de pesquisa — uma rede restrita de contatos sustentava os avanços das ciências sociais.

O relativismo cultural, um princípio central na abordagem de Cultura e Personalidade, foi a versão da antropologia para as descobertas de Frank e Jung na psicologia: é preciso ver cada cultura em seus próprios termos, não julgá-la de acordo com os padrões de outra. E essa foi a versão da antropologia que, nos anos 1930, alcançou público tão amplo quanto o de Freud. Ruth Benedict reformulou Jung em um contexto norte-americano ("Psychological Types in the Cultures of the Southwest" [Tipos Psicológicos nas Culturas do Sudoeste], 1930), e seu *best-seller* de 1934, *Padrões de Cultura,* transmitiu a uma geração a ideia de que a cultura é a "personalidade em larga escala". Assim como a psicologia ia por um rumo antropológico, a antropologia seguia um caminho psicológico, ambas convergindo no estudo da personalidade.

O teste de Rorschach oferecia a mesma promessa em ambos os campos: ser uma nova chave poderosa para o indivíduo. Como o teste teve origem no diagnóstico psiquiátrico, houve uma tendência a usá-lo na detecção de doenças mentais, mas seu uso na antropologia para explorar diferenças culturais de valor neutro acabou afastando-o cada vez mais do foco na patologia. Por mais que Hermann Rorschach tivesse ampliado o leque, com a aplicação do teste para diagnosticar pacientes até descobrir personalidades, os antropólogos agora tiravam as manchas de tinta do consultório de psiquiatria e as levavam para o mundo inteiro no intuito de investigar todos os diferentes modos de ser humano.

Em 1933 e 1934, dois dos filhos de Eugen Bleuler estavam no Marrocos. Manfred Bleuler tinha seguido os passos do pai e se tornado psiquiatra; residente no Boston Psychopathic Hospital entre 1927 e 1928, foi a segunda pessoa a levar o teste de Rorschach para os Estados Unidos. Richard Bleuler era engenheiro agrônomo, mas também se lembrava das manchas de tinta que seu pai lhe mostrara em 1921. Juntos, exibiram as manchas para 29 agricultores rurais marroquinos, em um esforço para "demonstrar que o Teste de Rorschach é aplicável além dos limites da civilização europeia".

O ensaio de 1935 dos Bleuler, apesar do tom vergonhoso em certos momentos ("Para o europeu que vive entre os nativos de Marrocos, há algo de estranho e misterioso naquelas figuras humanas que, com suas túnicas soltas ao vento, trotam incansavelmente em burros ou camelos ou andam a pé com dificuldade..."), acabou por provar que diferentes culturas são diferentes, e que essas diversidades criam tanto incompreensão quanto fascínio. Os Bleuler oscilavam entre uma sensação de "algo estranho e misterioso" em relação aos marroquinos e o "súbito sentimento de compreensão calorosa". Citaram Lawrence da Arábia:

> Em seu livro *Revolt in the Desert* [Revolta no Deserto], T.E. Lawrence escreve que no caráter dos árabes há "alturas e profundidades além de nosso alcance, embora não além de nossa visão...". As nações percebem as diferenças em sua constituição mental, mas não as compreendem. As diferenças observadas, mas incompreensíveis, no caráter das nações são um enigma fascinante que atrai as pessoas diversas vezes, afasta indivíduos e nações de sua terra natal, incita-os a fazer amizades ou os leva ao ódio e à guerra.

Era possível ver sem entender, honrar as diferenças que podiam ser observadas mesmo que não fossem bem compreendidas. De qualquer modo, elas eram reais.

Quando os Bleuler aplicaram o teste de Rorschach nos marroquinos, as respostas foram alinhadas com as dos europeus, com duas exceções. Havia muitas respostas de Detalhes Incomuns — por exemplo, ver dois acampamentos de fuzileiros inimigos em projeções que se assemelhavam a dentes quase invisíveis nos dois lados de uma mancha — e uma tendência a interpretações agregadas, e não sintetizadas, do todo. Um europeu podia ver uma cabeça e uma perna de cada lado de uma prancha e responder "*dois garçons*", unindo mentalmente as partes em corpos inteiros; um marroquino provavelmente veria os detalhes como um "*campo de batalha*" ou um "*cemitério*", uma pilha de cabeças e pernas desconectadas (Ilustração 6).

Os Bleuler enfatizaram que essas respostas eram perfeitamente razoáveis, e as explicaram em relação à literatura árabe digressiva como *As Mil e Uma Noites*, mosaicos fragmentados e lindamente detalhados e outras preferências culturais, em contraste com o que chamavam de predileção europeia por generalizações amplas, o "ar geral de ordem e arrumação" que os europeus valorizam, e assim por diante. Eles também citaram diferenças culturais mais concretas; por exemplo, que os marroquinos estavam menos acostumados a ver fotografias ou outras imagens do que os europeus, e por isso não tinham internalizado as convenções dessas representações. Nos casos em que um europeu tenderia a supor que os objetos em uma imagem têm a mesma escala, mas estão a distâncias variadas uns dos outros, com os objetos maiores no primeiro plano de importância, as interpretações marroquinas frequentemente colocavam formas de escalas diferentes lado a lado (por exemplo, uma mulher segurando uma perna de chacal do tamanho dela) ou viam significado em detalhes mínimos.

O objetivo dos Bleuler era "avaliar o caráter de um povo estrangeiro", não para julgá-lo ou classificá-lo. Ficar preso a detalhes extremamente pequenos nas manchas de tinta pode significar esquizofrenia em um europeu, mas isso claramente não acontecia com os marroquinos. Os Bleuler insistiram que o teste não indicava uma inferioridade mental desse povo, e também que não era suficientemente refinado para captar tudo de importante em relação às diferenças culturais. Eles argumentaram que era crucial conhecer a língua e a cultura locais, e pediam empatia (*Einfühlung*): o experimentador não deveria "se deixar guiar apenas por uma classificação estereotipada de respostas, mas sim 'se sentir' dentro de cada uma" — mais fácil falar do que fazer, é claro, mas isso muitas vezes sequer era dito.

Em 1938, Cora Du Bois, de 34 anos, chegou com suas próprias pranchas de Rorschach na ilha vulcânica de Alor, nas Índias Orientais Holandesas, ao leste de Bali e ao norte do Timor. Com 80 quilômetros de comprimento por 50 quilômetros de largura, eram necessários cinco dias para atravessar a ilha, um terreno acidentado de falésias quase verticais e desfiladeiros íngremes, com pouca terra arável para milho, arroz e, na estação seca, mandioca. A população de 70 mil pessoas, divididas em comunidades relativamente isoladas umas das outras por conta da paisagem hostil, falava oito idiomas diferentes e inúmeros dialetos. Depois de várias viagens ao interior a cavalo e de longas negociações com o rajá de Alor, Du Bois decidiu aonde iria: à aldeia de Atimelang, onde viviam 600 pessoas em um raio de um quilômetro e meio.

Ela levava consigo duas suposições fundamentais: que as diferenças culturais são significativas e que as pessoas são basicamente iguais. Todos precisamos comer, e alguns satisfazem essa necessidade com torradas e café às 8h, salada e sobremesa ao meio-dia e uma refeição equilibrada de três pratos às 19h, outros com dois punhados de milho cozido e verduras depois do nascer do sol, uma cabaça cheia de arroz e carne no fim da tarde e petiscos ao longo do dia. Essas são respostas igualmente razoáveis às nossas necessidades humanas, escreveu Du Bois: todos compartilham "semelhanças básicas" e também se adaptam às "experiências, relações e aos valores repetidos e padronizados que ocorrem em muitos contextos e aos quais a maioria dos indivíduos é exposta" em determinada cultura. A interação entre o cenário cultural e a composição básica de nosso corpo e cérebro resulta em uma "estruturação de personalidade culturalmente determinada", que a maioria das pessoas em uma cultura compartilha, mas nem todas, e não totalmente.

O que fez Du Bois ir a Atimelang não foi "um exercício esotérico", mas a jornada para entender o que nos faz quem somos: "Em sua forma mais simples, a pergunta é: por que um estado-unidense é diferente de um alorês? O fato de serem diferentes é uma conclusão de senso comum, mas as explicações, desde as climáticas até as raciais, provaram ser lamentavelmente inadequadas no passado." As respostas mais adequadas viriam de uma abordagem com nuances, em sintonia com a interação entre as instituições culturais e o caráter psicológico.

Du Bois ficou em Atimelang durante 18 meses. Ela aprendeu o idioma, deu a ele o nome de Abui e foi a primeira a lhe dar uma forma escrita. Entrevistou as pessoas, coletou informações sobre educação infantil, ritos de passagem da adolescência e dinâmica familiar, e registrou longas autobiografias de muitos dos aldeões. Du Bois achou os aloreses de sua comunidade emocionalmente frágeis e mal-humorados, e eram pessoas que tinham frequentes brigas verbais e físicas dentro da família e fora dela: essas qualidades, entre outras, compunham a "estruturação de personalidade culturalmente determinada".

Mas ela precisava formular suas impressões a partir de uma base objetiva mais sólida. Assim, após seu retorno, ela entregou as autobiografias e outros dados para Abram Kardiner em Columbia, proeminente teórico da psicanálise na época (autor de *The Individual and His Society* [O Indivíduo e Sua Sociedade], 1939). Além disso, ela entregou, sem compartilhar a análise de Kardiner ou suas próprias observações, protocolos de testes de Rorschach de 17 homens e 20 mulheres para outro colega: Emil Oberholzer.

Os três chegaram às mesmas conclusões sobre os aloreses. Oberholzer descobriu, por exemplo, que eles "são receosos e desconfiados. [...] Esse medo é parte de sua disposição emocional normal e natural. [...] Eles não são apenas facilmente perturbados e amedrontados, assustados, [...] mas também se apaixonam com facilidade. Deve haver entre eles explosões emocionais e geniosas, raiva e ira, às vezes resultando em ações violentas", exatamente o que Du Bois tinha encontrado pessoalmente. Suas análises de pessoas específicas — cujas autobiografias foram coletadas por Du Bois e psicanalisadas a distância por Kardiner com base nos documentos, e cujos testes de Rorschach foram pontuados e interpretados por Oberholzer — também convergiam.

Em uma carta para Ruth Benedict em fevereiro de 1940, Du Bois se referiu à sobreposição como algo impressionante: "O cerne das questões é se os dados individuais apoiam a análise de Kardiner das instituições. Os testes de Rorschach parecem confirmar totalmente. [...] Oberholzer e eu ainda estamos trabalhando neles e O. está feliz, mas cauteloso. Se a parte individual realmente confirmar a análise de K., ficarei de fato enlevada. Será bom demais para ser verdade." Ela reconheceu que a análise de Kardiner era consistente com as suas impressões; talvez ela tivesse, sem querer, escolhido ou distorcido os dados que lhe dera. "Mas não posso ter adulterado os testes de Rorschach. Oberholzer, sem saber as outras implicações, está tão empolgado quanto eu. Ele não sabe nada sobre a cultura, exceto o que é necessário para explicar as respostas. Ele vê isso como um triunfo para os testes de Rorschach, e eu, para todo o negócio de interpretação desde a sociologia até a psicologia. Empolgante, não é?"

A essa altura, Du Bois fazia parte do corpo docente da Faculdade Sarah Lawrence, onde o teste de Rorschach já era largamente aplicado. Em 1941, ela terminou de escrever sua síntese *The People of Alor* [O Povo de Alor] e a publicou em 1944, junto de extensos ensaios de Kardiner e Oberholzer. Ela havia reunido antropologia e psicologia.

Assim como os irmãos Bleuler fizeram anteriormente, Oberholzer estava testando o teste. Será que alguma coisa de útil podia ser aprendida com o método sem ser necessário conhecer a cultura específica dos aloreses (quais respostas eram populares ou originais, de boa ou má qualidade, quais detalhes eram normais ou incomuns, todas as normas numéricas que tornavam possível a pontuação)? Os resultados dos aloreses certamente pareceram estranhos à primeira vista: as respostas de uma mulher à Prancha v (o "morcego") foram:

> parecem pernas de porco (projeções laterais)
> parecem chifres de bode (centro superior, as orelhas do "morcego")
> parecem chifres de bode (centro inferior)
> parece um corvo (mancha escura na parte grande)
> parece um pano preto (metade da parte grande)

Mesmo assim, Oberholzer acabou argumentando que o teste poderia ir além dessas diferenças culturais superficiais e enxergar os tipos de perfil de personalidade que ele compartilhava com Du Bois.

Os riscos para Du Bois eram maiores: ela queria descobrir se era possível afirmar que a cultura molda a personalidade. Qualquer argumento desse tipo seria divulgado sem uma fonte de informação sobre a personalidade que fosse independente do comportamento observável que os antropólogos usavam para descrever as culturas. Esse acesso direto à personalidade era exatamente o que o teste de Rorschach alegava proporcionar. Em 1934, um EEG tinha traçado o primeiro registro das ondas cerebrais humanas em um rolo de papel, mas essa neurotecnologia tinha um longo caminho a percorrer. Conseguir, por meio das manchas de tinta, ver através das diferenças culturais e enxergar a pessoa ali seria, como disse Du Bois, "simplesmente bom demais para ser verdade".

A figura geralmente creditada por levar os métodos projetivos de Lawrence Frank para o coração da antropologia norte-americana o fez exatamente por esse motivo. Depois de estudar com Ruth Benedict sob a supervisão de Boas em 1922, A. Irving Hallowell (1892-1974) se voltou para os problemas dinâmicos de cultura e personalidade. Entre 1932 e 1940, ele passou os verões às margens do Berens, um pequeno rio canadense que saía da fonte a quase 500 quilômetros a leste e desaguava no lago Winnipeg.

Essa área foi uma das últimas na América do Norte a ser explorada pelos europeus, "um país de hidrovias labirínticas, pântanos, rochas desgastadas por geleiras e florestas intactas". Como o Berens não ligava nenhum grande lago ou rio ao lago Winnipeg, a área continuava isolada. Caçadores e pescadores nômades, parte do grupo ojíbua ou chippewa, viviam em três comunidades distintas a partir das quais, seguindo a leste, era possível embrenhar-se na natureza selvagem: uma no lago Winnipeg, na foz do rio, outra a cerca de 160 cansativos quilômetros em direção ao interior — eram necessárias 50 viagens de canoa, e não havia estradas — e a terceira ainda mais para o interior.

Essa geografia colocava as comunidades em três estágios diferentes ao longo do "gradiente de cultura", desde o pré-contato até a assimilação total. O grupo à beira do lago, que tinha residentes brancos e contava com um barco a vapor que, no verão, ia duas vezes por semana até a cidade de Winnipeg, vivia em casas de madeira no estilo europeu, com poucos sinais de cultura tradicional — sem cerimônias ou danças nativas, sem tambores. No interior, no entanto, onde poucos comerciantes ou missionários estiveram, havia "tendas cobertas com casca de bétula [...] nitidamente definidas contra um fundo de abetos negros e imponentes enfileirados no horizonte", e uma "atmosfera da velha vida indígena permanecia". Ali, os ojíbuas podiam usar roupas de tecido da loja local, cozinhar com panelas de ferro, beber chá, mascar chiclete e comer barras de chocolate, mas os homens ainda traziam carcaças de alce para a margem nas canoas enquanto as mulheres faziam mocassins, costuravam casca de vidoeiro com raízes de abeto ou cortavam e arrastavam pedaços de madeira com os bebês amarrados em tábuas nas suas costas. Havia curandeiros, cabanas para invocação de espíritos, danças *wabanówīwin* no meio do verão. "Nessa atmosfera", escreveu Hallowell, "não se pode deixar de sentir que, apesar de muitas aparências externas, grande parte da essência do pensamento e da crença aborígene ainda permanecia." Não se pode deixar de sentir, mas como se pode ter certeza?

Hallowell ouviu pela primeira vez "a estranha palavra Rorschach" em meados dos anos 1930, proferida por Ruth Benedict em uma reunião do Comitê de Personalidade em Relação à Cultura do Conselho Nacional de Pesquisas. Seu trabalho de campo em Winnipeg o levou ao que chamou de "área emergente de pesquisa em antropologia: as inter-relações psicológicas dos indivíduos e sua cultura", e essa nova técnica para revelar a psicologia individual sob a cultura era exatamente o que Hallowell estava procurando. Assim, ele reuniu informações suficientes para testar sua aplicação, combinando elementos das abordagens de Beck, Klopfer e Hertz e improvisando um procedimento para aplicar o teste por meio de um tradutor:

> "Vou lhe mostrar algumas pranchas, uma após a outra. Essas pranchas têm marcas" — nesse ponto, os intérpretes inseriram um termo ojíbua, *ocipiegátewin*, que significava "figura" — "nelas, parecidas com o que há neste papel (mostra a mancha de teste). Quero que você pegue cada prancha (mancha de teste dada ao sujeito). Olhe atentamente para ela e indique com esse graveto o que você vê (entrega um graveto de laranjeira ao sujeito). Fale tudo o que as marcas na prancha fazem você pensar ou o que elas parecem. Elas podem parecer diferentes de tudo que já viu, mas, se parecerem um pouco com alguma coisa, diga o que é, não importa o quê."

Depois do verão seguinte, ele voltou do Canadá com dezenas de protocolos de testes de Rorschach de ojíbuas em mãos.

Hallowell achava que os diferentes estágios da assimilação dos ojíbuas à cultura canadense branca ofereciam uma oportunidade de estudar de maneira perfeita "as inter-relações psicológicas dos indivíduos e de sua cultura" porque, por definição, esses estágios significavam a sujeição da mesma psicologia a diferentes forças culturais. "Se, como foi suposto, existem conexões íntimas entre a organização dos padrões de personalidade e a cultura", Hallowell escreveu, "então mudanças na cultura podem gerar mudanças na personalidade."

Assim como Oberholzer sobre os aloreses, Hallowell afirmou detectar em seus testes de Rorschach "uma constelação de personalidade ojíbua [...] claramente discernível em todos os níveis de aculturação estudados até agora". Embora as práticas culturais externas possam ter sido apropriadas de canadenses brancos, não havia "nenhuma evidência" de mudanças na "essência vital da psicologia nativa". Então argumentou que, uma vez que os três grupos ao longo do rio Berens compartilhavam a mesma hereditariedade e antecedentes culturais e receberam os testes de Rorschach sob as mesmas condições, qualquer diferença nos resultados dos grupos só poderia ser por causa do diferente nível de aculturação. O teste de Rorschach poderia revelar como diferentes indivíduos ojíbua estavam se adaptando, ou não, às novas pressões culturais.

O que Hallowell descobriu foi que a personalidade dos ojíbua "estava sendo pressionada aos seus limites". Os testes dos ojíbuas no interior mostraram resultados predominantemente introvertidos e uma repressão significativa de quaisquer tendências extrovertidas, o que fazia sentido em uma cultura na qual os eventos eram sempre entendidos de acordo com um sistema de crenças internas, os sonhos eram as experiências mais importantes e processados em privado (na maioria dos casos, compartilhar sonhos era um tabu), e as relações sociais eram altamente estruturadas. Os indígenas à beira do lago, por outro lado, "com uma relação mais próxima com outras pessoas e coisas em seu ambiente", mostraram uma variedade maior de personalidades, especialmente entre as mulheres, incluindo um número significativamente maior de indivíduos extrovertidos. As pessoas poderiam agir de maneira extrovertida se tivessem essa inclinação, em vez de reprimir esse lado de si.

Essa maior liberdade para ser diferente, que Hallowell encontrou especialmente nas mulheres, podia ser uma coisa boa: 81% dos indivíduos mais bem ajustados vinham do grupo à beira do lago. Ao mesmo tempo, 75% dos indivíduos mais mal ajustados também vinham do grupo à beira do lago. Hallowell concluiu que a cultura branca era mais desafiadora do ponto de vista psicológico, com maior chance de fracassar na adaptação e também de proporcionar mais autoexpressão. "Algumas dessas deduções podem ser feitas sem o benefício da técnica Rorschach", escreveu Hallowell, "mas seria difícil demonstrá-las sem um método de investigação que avaliasse o ajuste pessoal real de indivíduos concretos."

Assim como aconteceu com Du Bois, a lição geral foi além das descobertas específicas: se o teste de Rorschach conseguia detectar normas culturais dentro dos indivíduos, poderia ser usado para estudar como a cultura molda a personalidade em geral. Em dois artigos inovadores, "The Rorschach Method as an Aid in the Study of Personalities in Primitive Societies" [O Método Rorschach como Auxílio no Estudo de Personalidades em Sociedades Primitivas], escrito para psicólogos, e "The Rorschach Technique in the Study of Personality and Culture" [A Técnica

Rorschach no Estudo da Personalidade e da Cultura], escrito para antropólogos, Hallowell apresentou as vantagens singulares do teste: coletar dados quantificáveis e objetivos; ser portátil; as pessoas gostavam de fazê-lo; não exigia que o examinado fosse alfabetizado nem que o examinador fosse psicólogo profissional, já que o protocolo podia ser pontuado e interpretado por outra pessoa; não havia risco de que aqueles que já tinham feito o teste pudessem contar as respostas certas para os amigos.

Mais importante: Hallowell escreveu que o teste de Rorschach era "não cultural". As normas eram surpreendentemente estáveis em diferentes populações: as respostas populares eram quase as mesmas entre os norte-americanos europeus e os ojíbuas, por exemplo, exceto por uma prancha, na qual os primeiros costumavam enxergar uma "pele de animal" enquanto os ojíbuas tendiam a ver "uma tartaruga". Além disso, "já que o significado psicológico é a base da maior parte da interpretação do teste de Rorschach, e não as normas estatísticas", Hallowell achava que *insights* valiosos eram possíveis mesmo sem grandes amostras de dados. Na época de seu primeiro ensaio, menos de 300 protocolos de culturas não letradas tinham sido coletados, incluindo os de Bleuler, os de Du Bois e os do próprio Hallowell. Alguns anos depois, a contagem tinha subido para mais de 1200, e a possibilidade de qualquer futuro grupo não letrado não poder fazer o teste de Rorschach parecia "bem improvável", embora fosse "concebível" para Hallowell.

Apesar de o teste de Rorschach ser capaz de fornecer informações "não culturais" sobre a personalidade, os antropólogos que o utilizavam enfrentaram outro problema. Toda cultura tinha sua "estrutura típica de personalidade", mas deixava espaço para variações individuais, embora fossem consideradas diferentes e as pessoas fossem fundamentalmente as mesmas. Isso significava que era possível alegar que qualquer resultado poderia revelar a idiossincrasia dentro de uma sociedade ou apoiar uma generalização sobre as diferenças culturais — o que o antropólogo preferisse.

Um estudo de 1942 sobre os samoanos, inspirado por Hallowell, reconheceu o dilema. Os samoanos geraram um número extraordinariamente alto de respostas de Cor puras, o que significava que eram um povo extrovertido em geral. Mas o autor do estudo, Philip Cook, argumentou que isso se devia ao vocabulário de cores deles: a língua samoana tinha palavras abstratas apenas para preto, branco e vermelho (*mumu*, "como fogo, como chama", quase sempre associada a sangue), com palavras de cores mais raras intimamente ligadas a coisas específicas (a palavra para "azul" significava "a cor do mar profundo" e podia se referir ao verde ou ao cinza, já que o mar mudava de cor; a palavra "verde" significava "a cor de tudo que cresce"). Assim, era improvável que os samoanos descrevessem as coisas como coloridas, proporcionando um número menor de respostas FC. Eles também deram muito mais respostas Anatômicas, que em europeus e norte-americanos sugeriam "repressão sexual ou preocupação corporal mórbida". Mas, como os samoanos eram sexualmente ativos desde jovens, com mínima ou nenhuma repressão sexual na cultura, suas respostas Anatômicas provavelmente eram perfeitamente normais. Cook aceitou que, embora o teste de Rorschach parecesse revelar aspectos da cultura samoana, ele era incapaz de distinguir ou diagnosticar indivíduos. Mas, para ele, isso significava apenas que novas pesquisas em massa deveriam ser conduzidas em cada cultura, já que "o teste de Rorschach é sem dúvida um excelente instrumento para o estudo da psicodinâmica cultural".

Essas eram as suposições compartilhadas pela psicologia e pela antropologia. Hallowell tinha proposto uma integração teórica total dos dois campos e elogiado o teste de Rorschach como "um dos melhores meios disponíveis" para esse fim. Em 1948, Hallowell era presidente da Associação Americana de Antropologia e do Instituto Rorschach, de Klopfer — um sinal concreto da convergência das duas disciplinas. Também no entendimento popular, o teste de Rorschach conseguia descobrir a estrutura da personalidade em qualquer pessoa, quer fosse nos Estados Unidos, quer fosse na mais estranha e exótica cultura.

O teste de Rorschach "parecia uma máquina de radiografia mental", lembrou um estudante de pós-graduação da época. "Você conseguia decifrar uma pessoa apenas mostrando uma imagem."

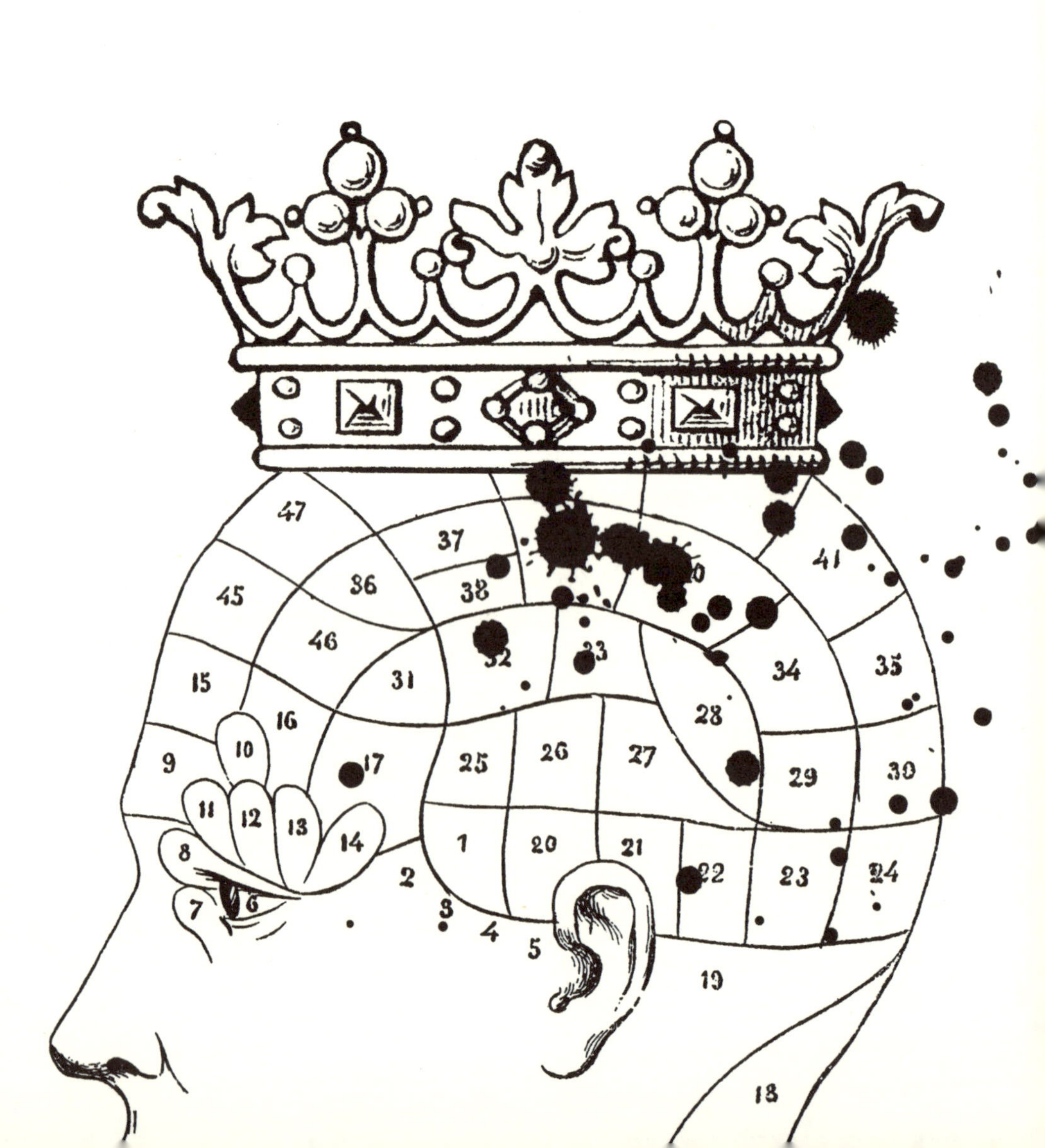
47
37
41
36
45
38
46
32
33
34
35
15
31
28
16
10
9
17
25
26
27
29
30
11
12
13
14
1
20
21
8
22
23
24
2
6
7
3
4
5
19
18

capítulo_dezesseis

16

O Rei dos Testes

Em 7 de dezembro de 1941, os japoneses atacaram Pearl Harbor. Três semanas depois, Bruno Klopfer organizou uma "unidade de voluntariado Rorschach" para coordenar entre o Instituto e os diversos membros que se voluntariaram para o serviço. Ele também se colocou à frente como referência para informações e conselhos sobre o teste. No início de 1942, as perguntas e os pedidos dos militares começaram a pingar e de repente transbordavam, e Klopfer logo estava trabalhando com a divisão de procedimentos de pessoal do exército para ver como o teste de Rorschach poderia ajudar no esforço de guerra dos Estados Unidos.

Esse teste de Rorschach era muito diferente do instrumento sutil na vanguarda dos estudos de antropologia e personalidade. Em primeiro lugar, os militares precisavam de avaliações eficientes, nos moldes de seu Teste de Classificação Geral do Exército, desenvolvido em 1940 e aplicado em 12 milhões de soldados e fuzileiros navais nos cinco anos seguintes. Ruth Munroe, examinadora de turmas novas na Faculdade Sarah Lawrence, publicou sua Técnica de Inspeção, elaborada para ajudar os examinadores a avaliar rapidamente os protocolos de Rorschach em busca de problemas preocupantes. Embora menos sutil, essa avaliação gerou interpretações mais uniformes em diferentes pontuadores, além de serem muito mais rápidas.

Para agilizar a administração do teste, bem como a pontuação, Molly Harrower introduziu a Técnica de Rorschach em Grupo, na qual os *slides* eram exibidos em uma sala meio escura e os examinados anotavam suas próprias respostas. Vinte minutos eram suficientes para testar um auditório com mais de 200 pessoas. Acertar os *slides* ainda era quase tão difícil quanto tinha sido para Rorschach imprimir suas manchas de tinta, especialmente por causa "das grandes dificuldades em obter filmes confiáveis durante o período da guerra", mas finalmente encontraram um fotógrafo que fizesse.

Teste de Rorschach em Grupo usado pelo Escritório de Serviços Estratégicos para fins de seleção durante a Segunda Guerra Mundial.

Mesmo com esses avanços, o teste de Rorschach apresentava dois grandes obstáculos à aplicação em massa. Embora funcionários menos especializados pudessem administrá-lo, os protocolos ainda precisavam ser pontuados e interpretados por rorschachianos treinados. Pior, os resultados ainda não podiam ser resumidos a um simples número para burocratas, cartões perfurados ou folhas de pontuação da IBM. Assim, Harrower foi um passo além, "afastando-se tanto da essência do que Rorschach pretendia" que, como ela mesma confessou, inventou "*um procedimento completamente diferente*", que chamou de "Teste de Múltipla Escolha (Para Usar com Pranchas ou *Slides* de Rorschach)".

Em uma lista de dez respostas para cada prancha, os examinados tinham que marcar "a sugestão que *você* acha que é a melhor descrição da mancha" e escrever um número 2 ao lado da segunda escolha (o que era opcional). A Prancha I, por exemplo, era:

☐ Um emblema do exército ou da marinha
☐ Lama e sujeira
☐ Um morcego
☐ Absolutamente nada
☐ Duas pessoas
☐ Uma pélvis
☐ Uma imagem de radiografia
☐ Pinças de um caranguejo
☐ Uma bagunça suja
☐ Parte do meu corpo
Algo diferente das opções acima: ______________________

Uma chave secreta de resposta distinguia as respostas de boa qualidade das de má qualidade, e o artigo que Harrower escreveu na época da guerra sobre o procedimento o descrevia com a linguagem de um *thriller* de espionagem: "Como é de extrema importância que essa chave de resposta não caia nas mãos erradas, ela não foi publicada aqui. No entanto, uma cópia será enviada imediatamente, por solicitação, a psiquiatras e psicólogos das Forças Armadas." Se a pessoa desse até três respostas de má qualidade, ela passava no teste; com quatro ou mais, era reprovada.

Se você acha isso um pouco suspeito, não é a única pessoa a pensar assim. "O procedimento de Rorschach em Grupo foi recebido com suspeita", Harrower comentou depois, mas "a introdução do Teste de Múltipla Escolha teve recepção ainda mais fria." No entanto, a necessidade de avaliar milhões de pessoas exigia novas abordagens. "Em última análise", como ela havia observado originalmente, em um programa de avaliações "estamos muito menos interessados em saber detalhes de POR QUE o indivíduo é inadequado, do que em identificá-lo", e "menos interessados em um instrumento muito sensível, que poucas pessoas podem usar, do que em uma ferramenta simples que qualquer possa usar em qualquer lugar."

O teste de Harrower parecia funcionar até certo ponto. Os resultados para 329 "normais não selecionados", 225 presos do sexo masculino, 30 estudantes que se consultavam com um psiquiatra da faculdade ("alguns deles com diagnósticos bem sérios, outros com melhora significativa depois da psicoterapia") e 143 pacientes internados com claros problemas mentais categorizavam os grupos de forma diferente. Os últimos grupos eram mais propensos a reprovação, enquanto 55% dos "adultos superiores" testados não tinham respostas de má qualidade, e o único com mais de quatro delas foi hospitalizado duas vezes por transtorno maníaco-depressivo. Harrower fez alguns ajustes, por exemplo, considerando que médicos e enfermeiros dão mais respostas Anatômicas, que em outras situações seriam pontuadas como de má qualidade. Ela também descobriu que um rorschachiano treinado que analisasse os resultados poderia fazer julgamentos melhores, ainda mais sobre os casos limítrofes de três ou quatro respostas de má qualidade. Mas mesmo "o apego quase religioso a termos puramente quantitativos" proporcionava resultados reais. Ela argumentou que seu teste rápido e grosseiro tinha "vantagens inegáveis, não melhores nem contrárias ao teste de Rorschach, mas como um procedimento em si".

O Teste de Múltipla Escolha teve uma recepção positiva na educação e nos negócios, mas vários estudos descobriram que não era confiável para análises militares, então não foi adotado para uso massivo. Assim, depois de ser reformulado em 1939 e se tornar o método projetivo definitivo para revelar as sutilezas da personalidade, o teste de Rorschach passava por outra reinvenção para virar um teste que gerasse um número rápido, um sim/não. Embora "continuasse um *método* que exigia seus próprios especialistas", escreveu Harrower, ela transformou as manchas de tinta em "um *teste* psicológico no sentido comum da palavra" (grifo nosso). Era disso que o exército precisava e era o que os norte-americanos queriam.

Sessenta milhões de testes padronizados, educacionais e vocacionais, bem como psicológicos, foram aplicados em 20 milhões de norte-americanos apenas em 1944. Em 1940, o *The Mental Measurements Yearbook* [Anuário de Medições Mentais] revisou 325 testes diferentes e listou mais 200. A maioria usada apenas por poucos psicólogos, e só um viria a ser conhecido como "o rei dos testes", por motivos menos relacionados às manchas de tinta do que com a transformação da psicologia norte-americana.

A Segunda Guerra Mundial foi o ponto de virada na história da saúde mental nos Estados Unidos. Antes da guerra, os psiquiatras trabalhavam em hospitais psiquiátricos, os psicólogos — cientistas ainda "concretos", e não terapeutas "suaves" — permaneciam em grande parte confinados em laboratórios universitários, e os poucos psicólogos clínicos se concentravam em crianças e na educação. As ideias freudianas tinham sido apropriadas por psiquiatras, a ponto de a psicanálise ser considerada quase exclusivamente como tratamento de doença mental, e não como um instrumento de investigação científica ou de conhecimento pessoal.

A maioria dos norte-americanos nunca tinha feito um tratamento de saúde mental e não sabia do que se tratava. Apesar de a abordagem psicanalítica ter tirado alguns psiquiatras dos hospitais e os colocado em clínicas particulares ou de Orientação Infantil em algumas cidades grandes, a psicoterapia continuava marginal na sociedade como um todo. Os psiquiatras tratavam pacientes, os psicólogos estudavam objetos, e a maioria das pessoas era deixada de lado e recebia ajuda de suas comunidades da melhor maneira possível.

Com a guerra e o primeiro serviço militar obrigatório geral do país, todos os homens fisicamente capazes passaram por avaliação psicológica, além de testes de inteligência e exames médicos. O número de potenciais soldados excluídos em virtude de "perfis intoleráveis de risco psicológico" foi espantosamente alto: cerca de 1.875.000 homens só no exército, ou 12% dos testados nos anos de 1942 a 1945. Mesmo com essa taxa de exclusão, seis vezes mais alta do que a da Primeira Guerra Mundial, o número de registros de neuroses de guerra nas Forças Armadas dos Estados Unidos mais que dobrou em relação aos da Primeira Guerra Mundial. Houve mais de um milhão de internações neuropsiquiátricas em serviços médicos do exército, outras 150 mil da Marinha, e assim por diante — isso só entre os soldados que tinham passado pela triagem. Cerca de 380 mil foram dispensados por motivos psiquiátricos (mais de um terço de todas as dispensas médicas), outros 137 mil por "transtornos de personalidade"; 120 mil pacientes psiquiátricos tiveram que ser evacuados do campo de operações, 28 mil deles por via aérea.

Quer esses números mostrassem o quanto a triagem era necessária, quer indicassem que ela não funcionava — o general George C. Marshall ordenou que fosse interrompida em 1944 —, o fato é que estava claro que havia uma crise. Algumas pessoas fingiam, mas a grande maioria dos casos era real, o que significava duas coisas: que a doença mental afetava uma parte muito maior da população do que jamais se sonhara e que as pessoas "saudáveis" também precisavam de tratamento psicológico. Apenas uma minoria dos colapsos nervosos entre os militares ocorreu nas linhas de frente ou no exterior. A maioria era provocada por uma variedade de fatores que também afetavam as pessoas em casa, como "estresse", um conceito que se espalhou rapidamente dos círculos psiquiátricos militares para o público geral.

Era uma preocupação nacional. Como diz uma história da psicoterapia nos Estados Unidos, a saúde física dos jovens norte-americanos era "lamentável" — "falta de dentes, abscessos e feridas sem tratamento, problemas de visão não tratados, deformidades ósseas não corrigidas, infecções crônicas sem tratamento" — e exigia esforços para aumentar o número de médicos e o acesso a eles em todo o país. Ainda assim, "a taxa de rejeição de 12% para doenças mentais era chocante e não tinha precedentes".

Quando a guerra começou, o Exército dos Estados Unidos tinha 35 psiquiatras no total. A "enorme escassez de pessoal treinado, não só de psiquiatras e neurologistas, mas também de psicólogos e assistentes sociais psiquiátricos", foi uma "revelação", segundo o responsável, o general de brigada William C. Menninger. No fim da guerra, os 35 tinham se tornado mil no exército e mais 700 no restante das forças armadas, incluindo "praticamente todos os membros" da Associação Americana de Psiquiatria que não haviam sido "barrados por idade, deficiência ou designados como essenciais para a psiquiatria civil", além de muitos novos recrutas.

Eles eram necessários em centenas de centros de indução, campos de treinamento básico, quartéis disciplinares, centros de reabilitação e hospitais no país e no exterior. Além dos psiquiatras, os psicólogos militares trabalhavam em tarefas como projetar painéis complexos de instrumentos adaptados às capacidades mentais e às limitações perceptuais. "Só quando a guerra estava quase no fim", resumiu Menninger, "tínhamos funcionários quase suficientes para fazer o trabalho."

Na verdade, não havia funcionários suficientes em nenhum lugar dos Estados Unidos. Menos de um terço dos oficiais médicos designados na neuropsiquiatria tiveram alguma experiência psiquiátrica antes da guerra. No fim do conflito, com 16 milhões de tropas retornando, a necessidade era ainda maior; mais da metade das internações na Administração de Veteranos [VA] depois da guerra foi por transtornos mentais. Os civis também estavam começando a descobrir os benefícios do tratamento da saúde mental. Nas palavras do general Menninger após a guerra, "Em termos conservadores, há pelo menos 2 milhões de pessoas que tiveram contato direto ou algum relacionamento com a psiquiatria por conta de doença mental ou de distúrbios de personalidade que afetaram soldados que participaram dessa guerra. Para uma grande porcentagem desse grupo, essa foi a primeira vez. Eles estão entendendo." Tendo aprendido a lição, Menninger começou a trabalhar arduamente para promover o treinamento em saúde mental, os cuidados preventivos e o tratamento em todo o país. A nação tinha que ampliar seus serviços de saúde mental da mesma maneira que os militares.

O Congresso aprovou a Lei Nacional de Saúde Mental em 1946, criando o Instituto Nacional de Saúde Mental com a missão de oferecer um amplo serviço público. Isso criou novos padrões para o campo, segundo os quais os psicólogos clínicos eram "cientistas-praticantes" destinados a trabalhar com o público, não apenas em laboratórios. O VA estabeleceu programas conjuntos entre seus hospitais e escolas de medicina próximas para oferecer os psicoterapeutas e, em pouco tempo, empregava três vezes mais psicólogos clínicos do que o país tinha em 1940. A psicologia clínica estava em expansão, fortemente apoiada pelo financiamento governamental.

O teste de Rorschach estava pronto para gerar benefícios em todas as frentes, tanto como uma ferramenta de diagnóstico com vantagens tangíveis para psiquiatras praticantes quanto como um teste compatível com o impulso por pontuação quantificável na psicologia acadêmica. Enquanto isso, a psicologia se tornava mais psicanalítica e menos quantitativa devido ao aumento de "psicólogos clínicos" e seus novos treinamentos para formar "cientistas-praticantes". Por questão de tempo, até o fim dos anos 1940 não havia livros de avaliação que pudessem concorrer com eles, e todos os novos programas de psicologia clínica que surgiam não tiveram outra escolha senão ensinar o método de Rorschach. Em 1946, o teste de Rorschach era o segundo tipo de avaliação de personalidade mais popular, atrás apenas do Teste do Desenho da Figura Humana, mais simples, e era o quarto método mais popular no geral, atrás de dois quantificadores diferentes de QI. Durante anos foi o tópico de dissertação de psicologia clínica mais popular.

Entre os militares, o teste de Rorschach continuou com uso limitado. Ele ainda era mais lento do que outros testes, e os médicos que tinham o treinamento necessário para aplicá-lo em todos aqueles milhões de soldados não eram suficientes. Nem mesmo manchas de tinta eram suficientes: um primeiro tenente designado para uma unidade psiquiátrica em Paris durante a guerra não conseguiu encontrar um conjunto de pranchas e precisou que a esposa procurasse Bruno Klopfer em Manhattan para conseguir um conjunto e enviar a ele por correspondência (algumas semanas depois, ele encontrou uma centena de conjuntos de pranchas de Rorschach e TAT no porão do quartel-general de Eisenhower: o exército os tinha pedido e esquecido). Ainda assim, apesar do fracasso do Teste de Múltipla Escolha para avaliações em massa, o teste de Rorschach encontrou muitas outras aplicações militares, tanto na psiquiatria — diagnosticando e tratando pacientes — quanto na psicologia, servindo, por exemplo, para estudar a fadiga operacional em pilotos de combate da Força Aérea.

Em um contexto mais amplo, o novo valor dado aos testes e a disputa por posições entre psiquiatras e psicólogos ajudaram no destino do teste de Rorschach. As conferências de estudo de casos, prática cada vez mais comum que começou nas clínicas de Orientação Infantil, uniram um psiquiatra encarregado do tratamento, um psicólogo que aplicava testes e uma assistente social psiquiátrica da terapia. No passado, o psicólogo reportava o QI do paciente e talvez mais um ou dois resultados numéricos, e seu trabalho estava feito. Mas, se ele fosse especialista no intrincado e misterioso teste de Rorschach, poderia palestrar acerca do choque de cores, do Tipo de Experiência ou da abordagem rígida de resolução de problemas, e seus colegas na mesa concordariam com a cabeça, reconhecendo verdades sobre seu paciente.

Milhares de psiquiatras e psicólogos tinham visto o que consideravam ser diagnósticos cegos muito rápidos e precisos, ou descobertas com o teste de Rorschach que nenhuma outra abordagem conseguia. Os psiquiatras psicanalistas em particular, desconfiados de testes de "autorrelato", como questionários que, segundo eles, subestimavam o poder do inconsciente, sentiam que o teste de Rorschach falava a língua deles. Foram esses psiquiatras, tanto quanto os psicólogos, que chamaram o teste de Rorschach de "o rei dos testes".

De outras formas, tanto psicólogos quanto psiquiatras lutavam para definir seus papéis profissionais contra uma ameaça comum. Os oficiais de saúde treinados com pressa para o serviço militar, sem formação em psicologia ou psiquiatria, tinham feito um bom trabalho. E os assistentes sociais? Se conseguiam ajudar as pessoas da mesma maneira, após um treinamento menos rigoroso e mais barato — chamando o trabalho que faziam de "aconselhamento" em vez de "psicoterapia" —, qual era o objetivo dos psiquiatras e dos psicólogos clínicos, afinal? A questão, argumentavam, eram seu treinamento e sua experiência, e o teste de Rorschach era um sinal dessa especialidade que intimidava e inspirava respeito. As dez pranchas com manchas de tinta se tornaram um importante e nítido símbolo de *status*, sendo boas para a estabilidade do emprego do clínico e também para sua autoestima.

O livro de Klopfer *The Rorschach Technique: Manual for a Projective Method of Personality Diagnosis* [A Técnica Rorschach: Manual para Um Método Projetivo de Diagnóstico da Personalidade] foi lançado em 1942, na hora certa para se tornar a Bíblia dos examinadores psicológicos e o manual padrão em programas de pós-graduação, moldando a geração seguinte. Klopfer observou, no prefácio, que o livro saía "em um momento de emergência, quando todos somos chamados a usar nossos recursos da maneira mais eficaz possível, sejam eles humanos ou materiais. O método Rorschach está provando seu valor ao nos ajudar a evitar o desperdício de recursos humanos" tanto no exército quanto na defesa civil, e ele, Klopfer, estava grato pela chance de fazer a sua parte. Como ele era um judeu alemão refugiado, seu patriotismo certamente era sincero; também era um excelente marketing. Nas palavras do importante psicólogo educacional Lee J. Cronbach, no fim dos anos 1950, nenhum livro "tinha mais influência sobre a técnica norte-americana de Rorschach — e, portanto, na prática do diagnóstico clínico — do que o livro de Klopfer-Kelley de 1942".

Duas psicólogas com mestrado em Bellevue, Ruth Bochner e Florence Halpern, nunca ficaram famosas, mas publicaram naquele mesmo ano o que poderia ter sido, em termos reais, o livro mais influente de todos sobre o teste de Rorschach. Escrito sob as pressões do período da guerra, *The Clinical Application of the Rorschach Test* [A Aplicação Clínica do Teste de Rorschach] foi ridicularizado por especialistas na época ("um trabalho escrito sem cuidado, repleto de declarações soltas, contradições e conclusões equivocadas"), mas fez sucesso — uma resenha na revista *Time* gerou uma segunda edição em 1945. O livro explicava a todos os novos psicólogos do exército o que era o teste e como usá-lo, pois muitos deles, até então, estavam em laboratórios universitários fazendo experimentos com ratos em labirintos, e de repente haviam recebido ordens para virarem rorschachianos imediatamente, sem treinamento prévio.

Se era simplificado demais ou não, o fato é que o livro era direto. Com uma tabela dobrável de frações na parte de trás, era possível calcular todas as pontuações percentuais sem perder tempo com divisões longas nem quebrar a régua de cálculo (13/29 = 44,7%). Os capítulos tinham títulos como "O que significam os símbolos na Coluna 1", um nível de clareza prática que os principais rorschachianos raramente adotavam. Klopfer abordou o mesmo material em "Pontuação de Categorias para Localização de Respostas", o que tomou quase 100 páginas de seu livro, enquanto a obra de 1944 de Beck o discutia em seis capítulos separados, incluindo "Problemas de Pontuação" e "Abordagem e Sequência: Ab, Seq.". Qual deles você acha que poderia ensinar alguém a aplicar um teste de Rorschach?

Bochner e Halpern estavam bem cientes dos debates de Klopfer e Beck, das nuances e ressalvas do próprio trabalho de Rorschach e das complexidades sobre como diferentes partes do teste poderiam interagir — mas foram direto ao ponto. Alguém que desse certo tipo de resposta seria "obviamente uma pessoa com habilidades, e a afinidade social será mais difícil para ela"; alguém que desse uma de outro tipo seria "uma pessoa egocêntrica, cheia de exigências e inclinada à irritação. Como não consegue fazer os ajustes necessários, espera que o resto do mundo se ajuste a ela." As pessoas que achavam uma prancha específica "sinistra" eram "facilmente perturbadas pela escuridão concentrada e tendem a ficar ansiosas e facilmente deprimidas". Sobre uma mulher que fez o teste, concluíram que a resistência dela a determinada prancha era "obviamente de natureza sexual, e a partir de uma análise do conteúdo de suas respostas, parece ligada à questão da gravidez", que ela tentava evitar "interpretando mal ou negando os símbolos da genitália masculina" na mancha de tinta. E, pasmem, seu histórico de caso revelou que ela e o namorado "foram além das carícias habituais" seis semanas antes e sua menstruação estava atrasada. Um relatório detalhado para terapia ou análise podia ser perfeitamente substituído por uma frase ou duas, para serem usadas como classificação. O teste de Rorschach pode ser mais difícil de dominar do que a maioria dos testes, mas isso não significa que não podia ser padronizado.

Essas afirmações arrebatadoras e outras semelhantes expuseram o que se tornaria a sabedoria auferida sobre a natureza e o significado do teste de Rorschach. Bochner e Halpern o lançaram decididamente como um método projetivo, não um experimento perceptivo, e minimizaram as qualidades objetivas das imagens reais: "Uma vez que as manchas basicamente não têm conteúdo, o sujeito deve necessariamente se projetar nelas". Elas declararam que um sujeito examinado "deve ser levado a pensar que qualquer resposta que dê é uma boa resposta" e que qualquer outra coisa "é incompatível com a ideologia do experimento", mesmo que as respostas tenham sido classificadas como de boa ou má qualidade", e o próprio Rorschach escrevera que enganar as pessoas não era ético se os resultados do teste tivessem consequências práticas.

A versão delas do teste de Rorschach foi a que entrou na cultura popular. Sem respostas certas ou erradas, a pessoa era livre para dizer o que quisesse, e aí, antes que percebesse, ela fora categorizada e seus segredos tinham sido revelados. Bochner e Halpern nunca atingiram diretamente um público enorme, diferentemente do que ocorrera com as popularizações de Freud ou o livro *Padrões de Cultura* de Ruth Benedict no campo da antropologia, mas o que o público norte-americano achava que sabia sobre o teste de Rorschach estava bem ali.

Um terceiro livro foi publicado em 1942: *Psicodiagnóstico,* de Hermann Rorschach, finalmente em inglês. Parecia ser uma afirmação oficial, algo que lembraria aos leitores o que realmente era o teste e que o colocaria de volta em seu rumo. Mas muita coisa tinha acontecido em 20 anos. Mal traduzido, confusamente parcial e autocontraditório por conta da inclusão do ensaio póstumo de 1922, *Psicodiagnóstico* não tinha nada a dizer sobre métodos projetivos, radiografias da alma, caráter e personalidade, testes em grupo, antropologia (com exceção das partes sobre os suíços bernenses ou os appenzellers), nem sobre os sistemas conflitantes de Beck e Klopfer. Era tarde demais para conter o aprendiz de feiticeiro.

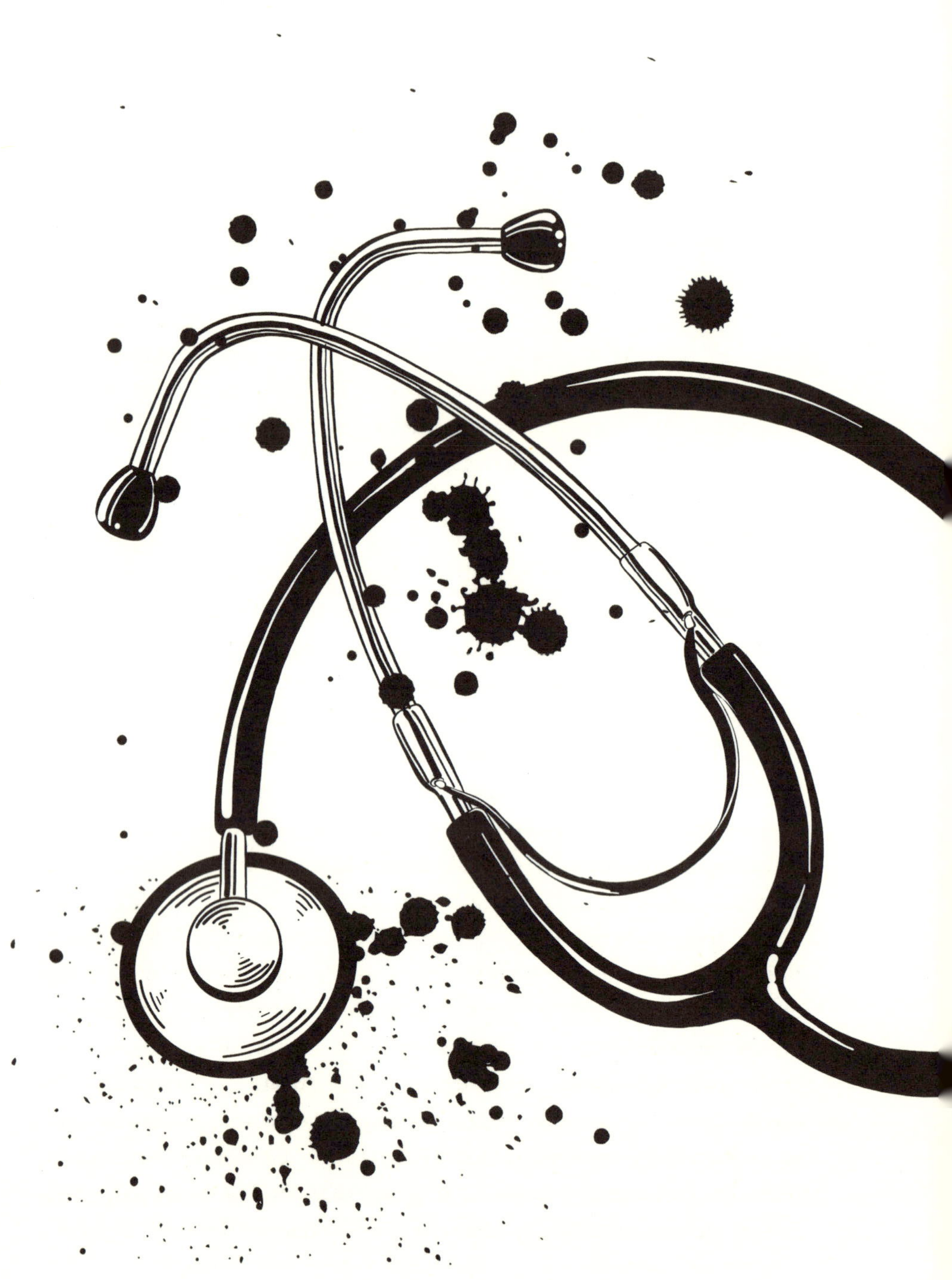

ICÔNICO COMO...

Um Estetoscópio

Em meados dos anos 1940, praticamente todo norte-americano tinha um filho, irmão ou outro ente querido que havia sido submetido a testes psicológicos no serviço militar obrigatório; e um número cada vez maior de pessoas tinha feito esses testes. Não surpreende que foi bem nessa época que o jargão freudiano — *complexo de inferioridade, repressão* e assim por diante — explodiu na cultura popular, junto da psicoterapia em geral e as manchas de tinta.

Em outubro de 1946, milhões leram o artigo "Personality Tests: Ink Blots Are Used to Learn How People's Minds Work" [Testes de Personalidade: Manchas de Tinta São Usadas para Aprender Como a Mente das Pessoas Funciona] na revista *Life*, que no fim da década de 1940 atingia 22,5 milhões de leitores, mais de 20% de toda a população adulta e adolescente dos Estados Unidos. A matéria mostrava quatro "jovens nova-iorquinos bem--sucedidos" olhando para manchas de tinta — o Advogado, o Executivo, o Produtor e o Compositor (por acaso, o futuro romancista Paul Bowles) — com Thomas M. Harris, "que ministra um curso em Harvard sobre a adaptação do teste de Rorschach à seleção de empregos". Ela abordava com precisão detalhes como normas e pontuações: "As respostas são avaliadas não tanto pelo conteúdo, mas pela forma como se comparam às que foram dadas em milhares de testes previamente aplicados. [...] Pertence a uma classe de testes chamados de projetivos." Os leitores, então, eram gentilmente convidados a fazer o teste.

Eles podiam ter deixado a revista de lado e ido ver *Espelhos da Alma*, filme *noir* que ganhou um Oscar e era estrelado por Olivia de Havilland, em papel duplo de gêmeas idênticas. O filme abria com os créditos sobre manchas de tinta e terminava, depois de mostrar dezenas de espelhos, padrões simétricos de papel de parede e composições cara a cara parecidas com as do teste de Rorschach, com a palavra "Fim" sobreposta a outra sinistra mancha de tinta. No filme, o herói, um psiquiatra, usa o teste de Rorschach, um teste de associação de palavras, um polígrafo e outros métodos ultramodernos para descobrir qual das gêmeas era a assassina, e acaba se apaixonando pela boazinha. A Universal Pictures pensou em utilizar a imagem universal de uma mancha de tinta em anúncios impressos para o filme, mas no fim decidiu usar um espelho escuro literal, emoldurando duas Olivias de Havilland e a palavra "Gêmeas!" escrita com letras manuscritas.

Olivia de Havilland (com uma mancha de tinta modificada) no filme *Espelhos da Alma*.

Hollywood estava ficando sombria. A revista *Life*, dois anos depois de sua foto de capa revitalizante de 1945, que exibia um marinheiro de volta da guerra beijando uma enfermeira na Times Square, se referia ao ano de 1946 como "o centro da profunda afeição pós-guerra de Hollywood pelo drama mórbido. De janeiro a dezembro, sombras profundas, mãos de garra, revólveres explosivos, vilões sádicos e heroínas atormentadas por doenças mentais profundamente enraizadas passaram pela tela em uma exibição ofegante de psiconeurose, sexo não sublimado e assassinatos terríveis." O *film noir*, a arte cinematográfica de projetar sombras psicológicas em preto e branco, deu vida às insinuações violentas e sexuais do teste de Rorschach.

O *noir* e as manchas de tinta compartilhavam mais do que um esquema de cores. O Expressionismo foi outra contribuição dos adolescentes e jovens adultos de língua alemã, e era mais um modo de tornar visuais os estados mentais. No filme *noir* — "onírico, estranho, erótico, ambivalente e cruel", como foi definido em *A Panorama of Film Noir* [Um Panorama do Filme Noir], o primeiro e ainda clássico livro sobre o gênero —, os emigrantes que chegavam em Hollywood usavam o estilo visual de *O Gabinete do Dr. Caligari* e outros clássicos expressionistas para enfrentar um mundo novo e desorientador. O enredo de *O Homem dos Olhos Esbugalhados* (1940), frequentemente citado como o primeiro filme *noir*, contemplava a percepção e a interpretação: se a testemunha-chave de um julgamento por assassinato estava certa sobre o que achava ter visto. Os personagens arquetípicos de um filme *noir* eram os detetives particulares, que buscavam a verdade em um mundo de ambiguidade moral, e a *femme fatale*, a personalidade inescrutável sob investigação. Testes de Rorschach naturalmente se tornaram um componente importante nos enredos cinematográficos.

Os filmes não foram a única arte da primeira metade do século a fazer referências ao teste. Nos anos 1920, imagens de manchas de tinta em nanquim tinham aparecido na arte de surrealistas franceses e alemães, que se interessavam pelo inconsciente como fonte de sonhos e escrita automática. Mas o surrealismo era mais próximo da klexografia de Kerner do que de um teste de Rorschach. Seus representantes achavam que os métodos fortuitos traziam o inconsciente à tona, assim como as manchas de Kerner traziam o outro mundo. Eles negavam ou minimizavam seu próprio papel consciente na criação de poemas ou imagens, enquanto muitas vezes insistiam, paradoxalmente, em uma interpretação específica: em 1920, quando Francis Picabia fez um respingo de tinta assimétrico em uma folha de papel salpicada, escreveu o título, "La Sainte Vierge" [A Virgem Maria], na imagem. A arte que os norte-americanos passaram a associar ao teste de Rorschach era menos superficial do que a dos surrealistas, mas funcionava mais como as manchas de tinta — um novo tipo de pintura que sintetizava a cultura da personalidade.

A manchete da revista *Life* sobre Jackson Pollock em 1949 era uma pergunta retórica: "Será que ele é o maior pintor vivo dos Estados Unidos?". As pinturas com a técnica de *dripping* desse artista eram puras efusões jorradas do eu: "paroxismos de paixão", "força arrebatadora", uma autoexpressão tão nítida que o movimento foi chamado de Expressionismo Abstrato. "A maioria dos pintores modernos", disse Pollock, "trabalha de dentro." As fotografias de Pollock tiradas por Hans Namuth em seu ateliê — tinta espalhada, areia derramada, pingos e chuviscos sobre uma tela enorme que cobria o chão — eram icônicas e mostravam, com ainda mais clareza do que as pinturas, o artista em ação: vestido de preto, com um cigarro pendurado na boca, encenando sua personalidade.

As pinturas e as manchas podiam parecer drasticamente diferentes — em simetria, cor, ritmo, contexto, tamanho —, mas provocavam sensações semelhantes no espectador. A arte de Pollock, combinada com a personalidade forte e silenciosa de caubói do artista e o contexto histórico da arrogância de superpotência dos Estados Unidos no pós-guerra, confrontava os observadores com um tipo de desdém imperioso: de maneira provocante, ela não ligava para como eles reagiriam, não tinha uma intenção sobre o que deveriam ver. Ao mesmo tempo, ela os envolvia, conduzia seus olhos pela tela dinâmica, muitas vezes os levava a se aproximar ou se afastar da imagem. Ser confrontado por uma imagem de Rorschach era mais ou menos a mesma coisa. Foi por volta de 1950, no auge da fama de Pollock, que incontáveis artigos, sátiras e charges sobre a arte moderna começaram a dar a ideia de que esse tipo de arte não passava de um teste de Rorschach.

As manchas de tinta também eram usadas para apimentar todos os tipos de atividades mais leves da cultura popular. Com sua mistura de especialidade e mistério, conhecido e desconhecido, os anunciantes consideravam o teste de Rorschach igualmente expressivo no mundo dos negócios de um homem e no mundo do prazer de uma mulher. Uma mancha sobreposta a um gráfico do mercado de ações em 1955 sugeria uma empresa de investimentos cujos especialistas conheciam suas idiossincrasias melhor do que você mesmo: "Existem muitos tipos de análises [...] A A. G. Becker & Co. fornecerá uma análise precisa de seu portfólio, com **seus** objetivos de investimento específicos em mente. (A propósito, você **consegue** declarar suas metas de investimento imediato e de longo prazo? — se não, mais uma razão para falar com a A. G. Becker & Co.).” Não que a especialização em negócios tivesse que ser chata: “Existe um jeito original de olhar para tudo”, e a American Mutual oferecia “talvez o mais criativo programa de seguro para funcionários”. Enquanto isso, uma série de anúncios de perfume de 1956-1957 exibia a foto de uma mulher com uma mancha de tinta e a explicação: “Você é o que quer ser com Bal de Tete, o complemento definitivo para sua personalidade”. Outros deixavam a mancha falar por si.

A Lowell Toy Manufacturing, fabricante de jogos familiares baseados em programas de TV (*The Price Is Right*, *Groucho’s You Bet Your Life*, *Gunsmoke*), mirou um pouco mais baixo quando lançou um jogo de tabuleiro com manchas de tinta em 1957: PERSON-ALYSIS, “um jogo psicológico revelador para adultos com base nas mais recentes técnicas de testes psicocientíficos”, como insinuava o livreto de instruções. Um anúncio no *New Yorker* forçou um pouco mais: “A mais recente novidade em jogos de tabuleiro sofisticados”, PERSON-ALYSIS “oferece aos participantes a chance de dar uma ‘espiadinha’ na vida particular de amigos e familiares [...] e até de si mesmos, revelando coisas hilárias, excitantes e íntimas”. Por um bom tempo, mães e pais apelaram para as manchas de tinta. A psicologia significava Freud, e Freud significava sexo, mas as ideias freudianas não tinham nenhuma imagem visual clara associada a elas. Nos anos 1950, uma mancha de tinta era como o inconsciente parecia e, depois dos relatórios de Kinsey, publicados em 1948 e 1953, os norte-americanos ficaram menos envergonhados de admitir o que mais ela poderia parecer.

Em todos os cantos da cultura norte-americana, esse foi o auge do teste de Rorschach. Segundo o Google, o pico do teste de Rorschach foi atingido em 1954. E, sendo um teste de verdade aplicado por psicólogos e psiquiatras, ele foi o mais popular do mundo nos anos 1950 e 1960. As manchas de tinta eram exibidas em hospitais, clínicas e centros de orientação pelo menos um milhão de vezes por ano só nos Estados Unidos, "tão intimamente associadas ao psicólogo clínico quanto o estetoscópio ao médico".

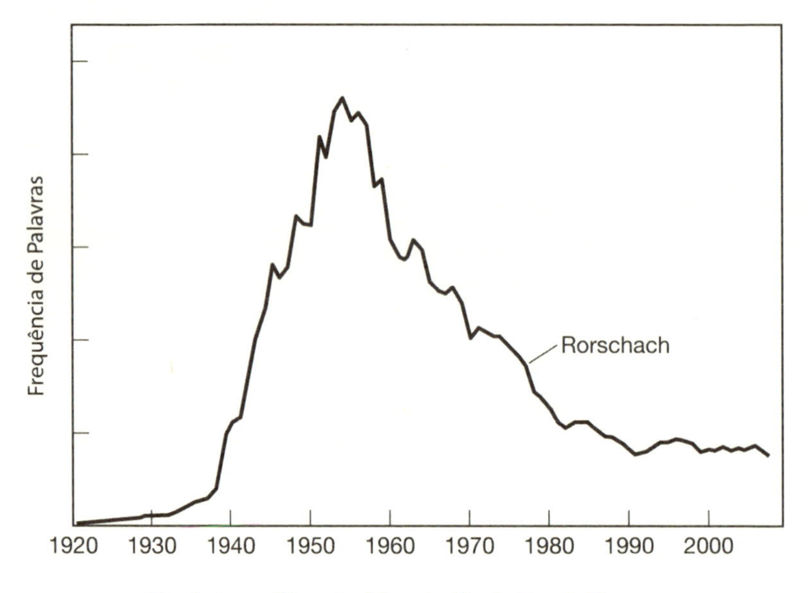

Uso do termo "Rorschach" em inglês, do Google Ngram.

As manchas foram usadas para estudar tudo e todos. Uma dissertação alemã usou o teste de Rorschach para confirmar evidências, publicadas em outros lugares, de que a psicologia da mulher muda durante a menstruação. O autor mostrou as manchas de tinta para 20 de suas colegas da faculdade de medicina, com idades entre 22 e 26 anos, uma vez durante o mês e outra vez no primeiro dia do ciclo. Durante a menstruação delas, percebeu mais respostas sexuais e Anatômicas, um tempo de resposta mais lento, mais respostas minuciosas de Detalhes Incomuns e uma abordagem mais arbitrária em geral. Ele não pôde deixar de notar que havia duas vezes mais respostas envolvendo "*sangue*" e seis vezes mais respostas que falavam de "*incêndios*", "*cavernas*" e "*portões*". As mulheres menstruadas deram menos respostas de Movimento e menos respostas para as pranchas que costumavam gerar respostas de Movimento, o que significava repressão: "desconfiança da própria vida interior". Havia mais respostas de Cor, o que indicava que estavam altamente "reativas às emoções". Conclusão: psicólogos que aplicavam o teste de Rorschach em mulheres deviam levar em conta o ciclo menstrual.

Anne Roe, professora de Harvard e psicóloga clínica, virou o jogo ao usar o teste de Rorschach e o TAT para investigar a psicologia de cientistas. Ela descobriu, por exemplo, que os cientistas sociais davam mais respostas nos testes de Rorschach do que os cientistas naturais (uma média de 67, em oposição a 22 de biólogos e 34 de físicos), ficavam mais confortáveis expressando agressividade e "se sentiam mais preocupados — mas também mais incomodados — com as relações sociais". Especialmente interessante foi o teste de Rorschach do behaviorista B.F. Skinner, que deu impressionantes 196 respostas, marcadas por "uma atitude desdenhosa em relação a outras pessoas". Ele viu poucos seres humanos e também demonstrou "falta de respeito pela vida dos animais" — características que fizeram um painel de especialistas, quando souberam que o sujeito era um psicólogo famoso, especular que poderia ser Skinner. Ele também desprezou as manchas em si, fazendo comentários em suas respostas como *"A simetria é um estorvo."*, *"Coisas pequenas me incomodam."*, *"Péssima pintura."* e *"Não muito organizado."*.

Skinner tinha um histórico com métodos projetivos. Certa manhã de domingo, em 1934, enquanto trabalhava em seu laboratório no porão da Harvard, ele ouviu o som de uma máquina através da parede — "Di-*deh*-dun-*dah*, *dah*-di-*dah*-di" — e se deu conta de que dizia mentalmente, várias vezes seguidas: "Você nunca vai sair. Você nunca vai sair." Isso o inspirou não a passar mais fins de semana fora do laboratório, mas a entrar em contato com Henry Murray, da Clínica Psicológica de Harvard, que estava ocupado desenvolvendo o TAT. Skinner ajudou a criá-lo e também elaborou um teste próprio, a técnica do Somador Verbal, que envolvia produzir para os sujeitos sons semelhantes a palavras, que ele havia coletado e gravado e chamava de "algo como manchas de tinta auditivas". Outros psicólogos adotaram brevemente esse teste de Rorschach auditivo.

Na década de 1950, outra pessoa tentou aplicar métodos projetivos na fronteira final dos sentidos. Parecia o médico Edward F. Kerman, era lamentável que os cegos estivessem fora do alcance desses métodos poderosos, por isso ele criou a Técnica Projetiva do Joelho de Cipreste de Kerman, que envolvia colocar seis réplicas de borracha de joelhos de cipreste nas mãos dos sujeitos ("O joelho de cipreste, para informação de quem não está familiarizado, é uma proeminência das raízes da árvore de cipreste [*Taxodium distichum*] que encontrou seu lugar na nossa cultura como um objeto ornamental, atraindo o observador por causa de sua inerente capacidade de estimular respostas criativas à sua forma tortuosa e ambígua."). As pessoas eram orientadas a classificar os moldes de borracha, numa escala que ia do seu preferido até o que menos gostavam, e dizer por quê, dar um nome ou título para cada joelho, contar uma história com esses seis personagens, atribuir a um joelho o papel de mãe, a outro o papel de pai e outro o de filho, e contar uma história com eles.

Um aluno cego de 18 anos gostou mais do #5: "Ele meio que me faz pensar em um daqueles monstros gregos, ou algo assim, que parece ter várias cabeças. [...] Não sei nada além disso, eu simplesmente gosto dele." Ele deu ao joelho o nome de Avogadro, pensando na lei da química que diz que volumes iguais de qualquer gás, na mesma temperatura e pressão, têm o mesmo número de moléculas. O #4 era sem graça: "Não gosto de nada muito liso". A análise do dr. Kerman parece uma autoparódia — "não significa implicar" que o jovem "deve ser considerado clinicamente uma personalidade psicopática ou um homossexual evidente, mas essas tendências estão presentes". Apesar de observar que a validade do teste não foi realmente provada, Kerman terminou com nota otimista: "Como são necessários estudos de validação, o autor convida trabalhadores interessados no campo das técnicas projetivas a se juntarem a ele".

Esse tipo de freudismo amador de Kerman estava em toda parte na época. Uma nova teoria afirmava que uma das manchas de tinta de Rorschach era a "Prancha do Pai", outra era a "Prancha da Mãe", e que qualquer resposta a elas era especialmente significativa para o psicodrama familiar da pessoa. Se uma mulher dissesse que os braços na Prancha do Pai pareciam "magros e fracos", isso era um sinal agourento sobre sua vida amorosa.

Conforme os psicólogos clínicos se aproximavam da segunda metade de sua missão como "cientistas-praticantes", tornando-se menos quantitativos e mais psicanalíticos, eles começaram a pensar que era uma pena negligenciar o rico material verbal que surgia durante um teste de

Rorschach. Pontuações específicas podem ser mais rigorosas, e pontuar de maneira adequada era algo reconhecido como uma tarefa delicada e difícil, que exigia longo treinamento, sensibilidade refinada e até mesmo senso artístico. Agora isso se tornara chato. Nas palavras de um defensor dessa abordagem, manter "o ponto de vista da análise objetiva rigorosa", por mais que seja "recomendável", ia "parecer inadequado no que diz respeito às necessidades do psiquiatra".

Robert Lindner, o popular psicólogo cujo livro de não ficção *Rebel Without a Cause* [Juventude Transviada] deu título ao filme icônico, era um dos principais defensores dessa abordagem ao teste de Rorschach. Ele argumentava que "*o que* o paciente sob o escrutínio do teste de Rorschach produz é tão importante quanto *o modo* como ele o produz, e às vezes até mais". Prestar atenção ao conteúdo "enriquece enormemente o valor do protocolo de Rorschach para fins diagnósticos e terapêuticos". De acordo com Lindner, havia 43 respostas específicas encontradas até então que representavam diagnósticos em si. Por exemplo, sujeitos normais do sexo masculino muitas vezes viam o centro da parte inferior da Prancha I como um torso feminino carnudo, enquanto homossexuais, especialmente "homossexuais masculinos do tipo feminino", o viam como um torso masculino musculoso. Bochner e Halpern descreveram o que significava achar uma certa prancha "sinistra"; Lindner a chamou de Prancha do Suicídio: "Respostas contendo projeções como 'um dente podre', 'um tronco de árvore podre', 'uma mortalha de fumaça preta', 'alguma coisa podre', 'um pedaço de madeira carbonizado e queimado' aparecem em estados depressivos graves com tons suicidas e conteúdo de pensamento autodestrutivo. No entanto, quando a resposta a essa área faz menção direta à morte, há uma boa perspectiva de que o paciente se beneficiará da terapia de eletrochoque."

A posição do próprio Rorschach na análise do conteúdo era ambígua. Em 1920, ele a rejeitara; em 1922, ele passara a crer que "o conteúdo das respostas também pode ser significativo". Depois que a última palestra foi incluída no *Psicodiagnóstico*, ambas as citações estavam no mesmo livro, e os proponentes dos dois lados do debate poderiam citar as escrituras em seu favor.

Enquanto isso, outros psicólogos começaram a prestar mais atenção a como os sujeitos falavam, independentemente do conteúdo e das pontuações formais. David Rapaport e Roy Schafer, as principais figuras do teste de Rorschach psicanalítico de meados do século, desenvolveram novos códigos para qualquer resposta ao teste de Rorschach que parecesse simplesmente louca: "Verbalizações Aberrantes", também classificadas em "Verbalizações Peculiares" ("*pele de zebra, não seria... sem manchas*"), "Verbalizações Estranhas" ("*experimentos psiquiátricos, pintura surrealista, uma alma queimando no inferno*"), "Lógica Autista" ("*outra luta que acontece na África do Sul*") e uma dúzia de outras categorias.

O comportamento de alguém durante um teste psicológico ainda era um comportamento; expressar fantasias violentas ou falar coisas sem sentido durante um teste de Rorschach era um sinal tão ruim quanto em qualquer outro contexto. Por que não interpretar tudo o que aparecia? E poucos poderiam negar que "uma mortalha de fumaça negra", junto de outras respostas mórbidas, sugeria preocupações tenebrosas. No entanto, assim como a tentativa de Georg Roemer, na década de 1920, de mudar para um "teste simbólico baseado em conteúdo", o afastamento da pontuação de Movimento, Cor e outras qualidades formais das respostas podia extinguir o valor singular das manchas de tinta. Alguns achavam que o tempo e o esforço necessários para aplicar um teste de Rorschach eram um pouco inúteis: qualquer pessoa que visse uma "*pintura surrealista, uma alma queimando no inferno*" provavelmente falaria algo nesse sentido se alguém conversasse com ela por apenas cinco minutos. Os proponentes da análise de conteúdo ou da análise de verbalização sempre se protegeram com avisos de isenção de responsabilidade: é necessário proceder com grande cautela; essas eram apenas sugestões ou diretrizes; isso apenas complementava a pontuação tradicional, nunca a substituía. Então surgiu o gabarito, que estabelecia que "fumar" significava isso, um "torso masculino ou feminino" significava aquilo.

Qualquer que fosse a intenção de Rorschach, a abordagem baseada em conteúdo — a mais sedutora e freudiana, mas também a mais controversa, propensa à subjetividade e ao uso indevido — era agora uma alternativa viável a outras metodologias mais sóbrias de Rorschach. Ela também estava cada vez mais difundida na imaginação popular. Ver uma borboleta feliz em um prado é bom, um assassino que usa um machado é ruim. Era uma ideia fácil de popularizar.

EM MEIO AO salve-se quem puder de usos e abusos das manchas de tinta na primeira metade do século, algumas figuras mais ponderadas pararam para considerar o que já tinha sido descoberto e o quanto faltava descobrir. Rorschach achava que as pessoas passavam por uma fase introvertida entre os 33 e os 35 anos, recolhendo-se para dentro de si com o objetivo de depois emergir carregadas de ideias e projetos para o futuro. Por coincidência ou não, o teste "nascido" no fim de 1917 passou pelo mesmo tipo de reflexão no início dos anos 1950.

Foi nesse momento que Henri Ellenberger localizou Olga Rorschach e outros parentes, colegas e amigos de Hermann ainda vivos, enquanto escrevia o ensaio de 40 páginas "The Life and Work of Hermann Rorschach" [Vida e Obra de Hermann Rorschach], publicado em 1954. Dois anos antes, na primeira edição de uma nova revista chamada *Rorschachiana*, Manfred Bleuler — filho de Eugen, o examinador dos fazendeiros marroquinos, o segundo homem a levar as manchas de tinta para os Estados Unidos — publicou um ensaio retrospectivo sobre os 30 anos do uso clínico do teste de Rorschach.

Ele concluiu, de um jeito mais modesto do que muitos norte-americanos que escreveram sobre o teste, que as questões práticas nunca deviam ser decididas apenas pelo teste de Rorschach: não era "de forma alguma um instrumento de diagnóstico infalível em casos individuais". Ele jamais poderia substituir, e sim apenas complementar, a conversa e a observação do paciente em situações cotidianas. Mas, além de seu uso em qualquer caso individual, Bleuler argumentou, a significância do teste era incalculável. "*O que o teste de Rorschach pode fazer*" (itálico dele) "*é o seguinte*":

> *Pode dar uma imagem clara dos grandes problemas da psicologia e da psicopatologia, e pode esclarecê-los a partir de novos ângulos.* [...] Já sabemos bem o papel que a simples pipa de uma criança representou no desenvolvimento da aviação. [Da mesma forma,] o psicólogo pode experimentar [o teste de Rorschach], pesquisar com ele, quase brincar com ele, enquanto se prepara para a difícil tarefa de ver o homem vivo e sua patologia como um todo e, ao mesmo tempo, individualmente.

> Estou convencido de que aqui reside uma missão cultural muito importante para o teste de Rorschach, [...] seguindo a tradição pessoal de seu criador: nada estava mais longe de suas ideias do que o desejo de aprisionar o homem em uma fórmula e reduzi-lo a um mecanismo que poderia ser selado de acordo com qualidades mensuráveis. O que ele realmente buscava era uma imagem do homem desimpedido dos véus da convenção. [...] Acho que pesquisas futuras com o teste de Rorschach também precisam desse espírito, que não busca esquematizar a pessoa viva, mas sim nos ajudar a olhar profundamente para o grande milagre da vida, apesar do espírito esquematizador e formalizador de nosso tempo.

O homem devia ser "desimpedido dos véus da convenção" porque interpretar as manchas era uma tarefa para a qual não havia convenções nem normas na vida cotidiana. Como Rorschach escreveu para a irmã em 1908: "As relações sociais e as mentiras, as tradições e os costumes etc. são represas que bloqueiam nossa visão da vida real".

Durante a virada geral para a análise de conteúdo, uma voz solitária pedia uma virada para a forma. Em dois artigos de 1951 e 1953, o psicólogo e teórico visual Rudolf Arnheim lembrou a seus leitores que havia "características perceptuais objetivas das manchas como estímulos visuais [...] em si mesmas". Uma resposta frequente se devia, pelo menos em parte, às "propriedades das próprias manchas de tinta, e não às idiossincrasias pessoais dos examinados". Em outras palavras, nem tudo era projeção. Na verdade, Arnheim argumentou, a metáfora da "projeção", apesar de visual, desvalorizava o ato de ver, de se envolver com o que realmente estava ali: "Depois de apresentar inocuamente o estímulo, costumamos falar como se o observador estivesse alucinando no vácuo", projetando o que sua personalidade dita, em vez de reagir à imagem real e específica.

Até mesmo a resposta de Movimento, que Rorschach tinha vinculado ao conceito de "sentir que está dentro", como uma projeção, não era totalmente subjetiva. Uma imagem pode ser mais objetivamente dinâmica ou menos, destacou Arnheim. *Existe* movimento em algumas imagens estáticas, como a de um homem virando a cabeça, e não em outras. Essas qualidades "não são mais 'subjetivas' do que a forma ou o tamanho". As "cunhas orientadas de forma oblíqua" da Prancha I eram inerentemente dinâmicas; os "garçons arqueados" da Prancha III tinham curvas oscilantes com mais energia objetiva do que os "ursos escaladores" da Prancha VIII, "pateticamente sem energia visual".

Arnheim começou a mapear em detalhes as propriedades visuais das manchas de tinta. A área central branca na Prancha II poderia facilmente ser vista como uma figura em primeiro plano "por causa de sua forma simétrica, convexidade e seu enclausuramento", mas também "combina igualmente bem" com a área branca externa para compor um fundo para a forma preta. Essas eram qualidades visuais objetivas que determinavam a variedade de respostas de uma pessoa. Arnheim gastou cerca de dez páginas falando apenas das complexidades da Prancha I.

Ele especulou que nunca houve essa análise visual, porque as manchas de Rorschach eram amplamente consideradas "desestruturadas", e as respostas a elas eram "puramente subjetivas". Ele chamou isso de "concepção unilateral". Se as manchas eram ao mesmo tempo ambíguas e "estruturadas o suficiente para provocar algum tipo de reação", certamente algum esforço deveria ser feito para dizer qual era essa estrutura. Mesmo assim, a complexidade das imagens levou Arnheim a sugerir usá-las para investigar diretamente o modo como as pessoas processam informações visuais. Por exemplo, alguém poderia perguntar às pessoas se viam a Prancha I "como uma combinação de três blocos verticais ou como um sistema de diagonais ascendentes", em vez da vaga pergunta: "O que pode ser isso?".

Depois de seus ensaios no início dos anos 1950, quando Arnheim se tornou o teórico mais influente a aplicar a neuropsicologia e a ciência cognitiva ao estudo da arte, sua tendência foi rejeitar o teste de Rorschach, precisamente porque a maioria das pessoas continuava a considerá-lo como um exercício de projeção puramente subjetivo. Apenas um escritor aceitou o pedido de Arnheim para fazer uma análise visual específica sobre o teste de Rorschach — e também questionou a ideia de que se tratava de um exercício de "projeção".

O psicólogo Ernest Schachtel (1903-75) foi quem chegou mais próximo de ser um filósofo do teste de Rorschach. Ele achava que tanto Beck quanto Klopfer tinham um foco estreito demais, e considerava o manual de Klopfer de 1942 vago, autocontraditório, com pouco apoio teórico e, em última análise, isolado da "totalidade da experiência humana". O

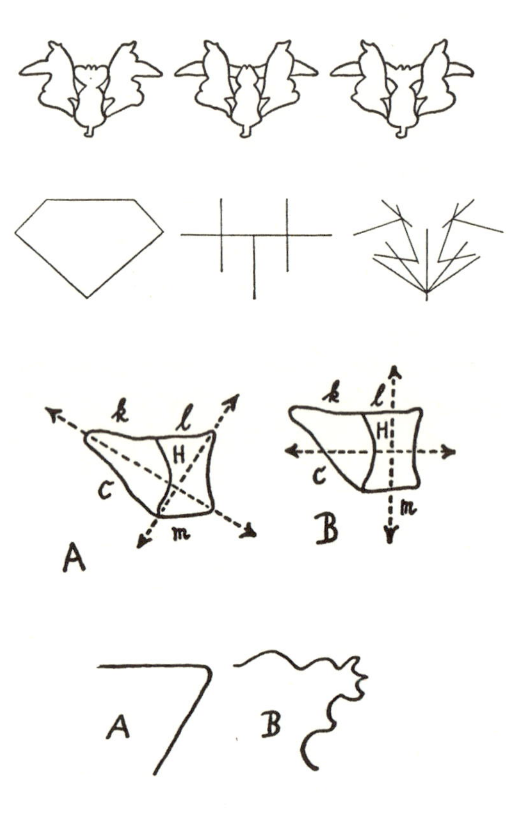

Figuras do estudo visual da Prancha 1 feito por Arnheim.

As partes podem ser agrupadas em diversos contextos: por exemplo, as asas triangulares de cada lado podem ser facilmente vistas como parte da coluna lateral ou de uma barra transversal na parte superior, separadas ou unidas à coluna central.

"A característica decisiva da forma visual não é o contorno externo, mas o que pode ser chamado de 'esqueleto estrutural'", e a Prancha 1 se adapta a vários esqueletos possíveis, como esses três.

Os esqueletos, especialmente os eixos principais, modificam a dinâmica perceptual. Por exemplo, o triângulo branco e o retângulo cinza na metade inferior da prancha podem parecer oblíquos e fortemente dinâmicos, como A, ou mais estáticos, como B.

Os contornos da imagem, como as pontas das "asas", são igualmente passíveis de suavização perceptual ou de nitidez perceptual.

verdadeiro objetivo do experimento das manchas de tinta, Schachtel escreveu, assim como Bleuler faria uma década depois, era "melhorar a compreensão da psique humana" e, enquanto o próprio Rorschach "nunca perde esse objetivo de vista, no livro de Klopfer ele quase nunca chega ao campo da visão do leitor".

No debate sobre análise de conteúdo, Schachtel concordou que os examinadores deveriam usar tudo que aparecesse na situação de teste. Mas ele fez uma distinção mais profunda do que aquela entre uma resposta formal e uma baseada em conteúdo. Ele queria saber quais *são* os resultados de um teste de Rorschach: palavras que os examinados dizem ou o quê os examinados veem? Empiristas ou literalistas diriam que só temos acesso ao que os examinados dizem em voz alta; afinal, não podemos ler a mente deles. Schachtel defendia que saber o que outras pessoas estão vendo ou sentindo é algo que fazemos o tempo todo e que, por mais difícil que seja enxergar através dos olhos delas, é isso que o psicólogo precisa fazer. O teste de Rorschach, Schachtel escreveu, analisava percepções e processos perceptuais em si, "não as palavras usadas para comunicar essas percepções ou parte delas, embora muitas vezes elas também sejam psicologicamente bem significativas". A questão era o que uma pessoa via e como, mesmo que o examinador pudesse acessar essa maneira de enxergar apenas por um processo não quantificável de empatia imaginativa. Se usado apenas para analisar palavras ditas, "o teste se tornará uma técnica estéril, e não um instrumento hábil para a investigação do homem, como foi concebido e apresentado por Rorschach".

Embora Schachtel nunca tenha criado um sistema de pontuação e interpretação do teste de Rorschach — seus *insights* eram exatamente do tipo resistente à sistematização —, foi ele quem aceitou o pedido de Arnheim, em 1951, para fazer uma análise detalhada das manchas de tinta como elementos visuais reais, e não meras telas nas quais se faziam projeções. Ele analisou a unidade ou fragmentação das manchas, a solidez ou fragilidade, o peso ou a delicadeza, a estabilidade ou precariedade, a dureza ou suavidade, a umidade ou secura, a luz ou escuridão, enfatizando o tempo todo a ressonância psicológica dessas qualidades. Por exemplo, o tamanho de uma imagem era um fato objetivo, mas o significado desse tamanho era um fato da psicologia. "Nenhum retrato em miniatura", argumentou, "nos toca com a profundidade, a qualidade e o poder verdadeiramente humanos" de um retrato de tamanho médio feito por qualquer grande pintor. Para fazer isso, a imagem tinha que ser em escala humana — não em tamanho real, mas na "escala em que se pode falar com toda a variedade de sentimentos humanos e reagir a eles". As imagens do teste de Rorschach, embora não fossem retratos, também dependiam do tamanho das pranchas pelo modo como funcionavam — uma razão pela qual o teste de Rorschach em Grupo com projeção de *slides* não era tão eficaz quanto o teste de verdade.

Tanto Schachtel quanto Arnheim — que no fim da carreira escreveu um livro inteiro sobre equilíbrio e simetria, *The Power of the Center* [O Poder do Centro] — mostraram como as descobertas científicas sobre a percepção, desde os dias de Rorschach, tinham sustentado seu *insight* de que a simetria horizontal era crucial. Por exemplo, a simetria vertical é menos significativa: a maioria dos objetos parece mudar de forma quando vistos de cabeça para baixo, mas não se são invertidos. Os adultos, por reflexo, viram as fotos de cabeça para baixo para cima, o lado certo, mas as crianças pequenas não — elas ainda não aprenderam a orientação espacial, o fato de que vertical é diferente de horizontal. Círculos idênticos em um aro horizontal parecem ter o mesmo tamanho e, em um aro vertical, não — uma razão pela qual a lua parece maior quando está mais baixa no céu —, mas essa diferença não existe para os macacos, que se movem pelo mundo tanto na horizontal quanto na vertical, nem para bebês que ainda não aprenderam a ficar de pé. Essas não são leis da geometria, são leis da psicologia humana.

Só olhando em retrospectiva é que Schachtel, Arnheim, Bleuler e Ellenberger, com suas reflexões ponderadas sobre a natureza do teste e a vida de seu criador, se destacam dos joelhos de cipreste, dos jogos de tabuleiro e dos anúncios de perfume. As manchas de tinta estavam sendo usadas de maneiras demais, em ambientes demais.

Um desses usos, que se deu na Alemanha logo após a Segunda Guerra Mundial, foi de clara importância. Mas isso foi mantido em segredo durante uma geração inteira, pois provocava muitas perguntas que o mundo pós-guerra, lutando contra os horrores do Holocausto, ainda não estava disposto a enfrentar. Outro teste de Rorschach, aplicado em Jerusalém em 1961, em um dos momentos mais marcantes do século, finalmente traria essas perguntas à tona.

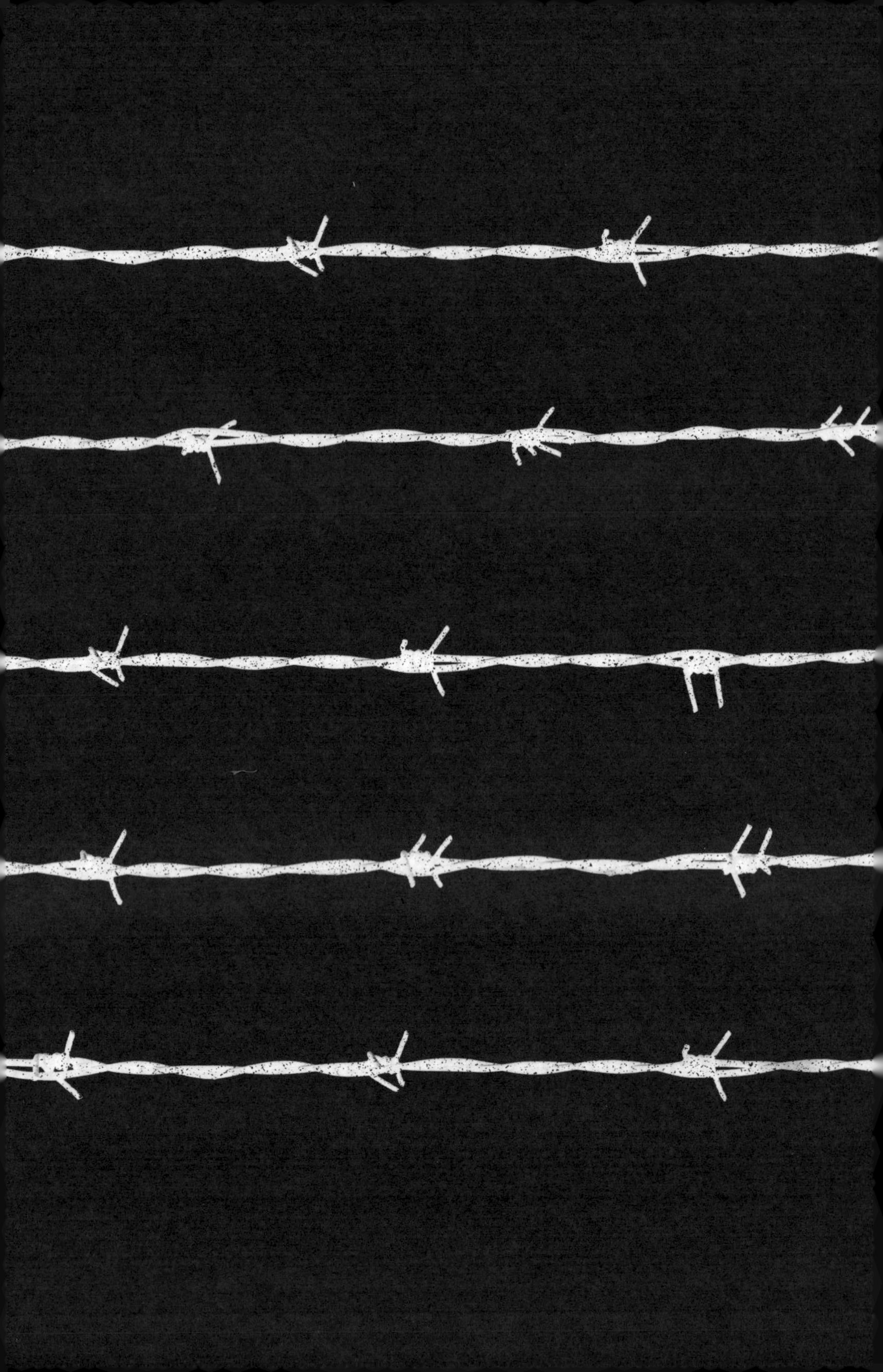

18

OS TESTES DE RORSCHACH... dos Nazistas

Em 1945, a palavra *nazista* — que se referia um membro do Partido Nacional-Socialista dos Trabalhadores Alemães — se tornou em todo o mundo uma abreviação que designa um monstro sádico de sangue frio além dos limites humanos. Seis milhões de judeus tinham sido assassinados. Como poderia um nazista não saber disso? Havia um desejo avassalador de encenar o espetáculo O Mundo contra Os Nazistas, com os todos os acusados sendo culpados e ouvindo que mereciam morrer, mas não havia base judicial clara para isso. E a verdade era que nem todos os perpetradores do Holocausto eram membros do partido e vice-versa. Era impossível, em princípio e do ponto de vista logístico, condenar todos os membros do partido como criminosos de guerra. As atrocidades eram inéditas na história da humanidade, mas, justamente por esse motivo, talvez não fossem tecnicamente contra as regras da guerra.

As questões judiciais foram resolvidas pela negociação entre os Aliados e por decreto. Um tribunal militar internacional foi criado. Os "crimes contra a humanidade" foram processados pela primeira vez nos Julgamentos de Nuremberg, a partir de 1945, no qual 24 nazistas proeminentes foram escolhidos como o primeiro grupo de acusados. Mas os dilemas morais continuavam. Os réus alegaram que seguiam as leis do próprio país, que, nesse caso, significavam o que Hitler queria. As pessoas poderiam ser judicialmente responsabilizadas com base em uma lei superior para toda a humanidade? Até que ponto vai o relativismo cultural? E se esses nazistas realmente eram psicopatas alucinados, não seriam incapazes de ir a julgamento ou até mesmo inocentes por insanidade? Um dos réus de Nuremberg, Julius Streicher, era um antissemita virulento e tão obscenamente pervertido que fora afastado do poder em 1939 e submetido a prisão domiciliar pelo próprio Hitler. Em que sentido ele era responsável por crimes de guerra?

Os prisioneiros eram mantidos em solitárias, no andar térreo de um prédio prisional de três andares, onde havia celas nos dois lados de um amplo corredor. Cada cela tinha três metros por quatro, com porta de madeira com vários centímetros de espessura, janela alta com grades que dava para um pátio, um catre de aço e um vaso sanitário, sem assento ou cobertura, de onde os pés dos prisioneiros ficavam visíveis para os guardas. Os pertences eram mantidos no chão. Um painel de 38 centímetros, localizado no meio da porta da cela, ficava aberto o tempo todo, formando uma prateleira na qual as refeições eram colocadas e um olho mágico pelo qual os guardas olhavam. Havia um guarda por prisioneiro, todos presentes o tempo todo. A luz ficava sempre acesa; era mais fraca à noite, mas ainda clara o suficiente para ler, e a cabeça e as mãos tinham que ficar à vista enquanto o prisioneiro estava na cama, dormindo ou acordado. Além de punições severas quando alguma regra era quebrada, os guardas nunca falavam com os prisioneiros, nem os carcereiros que levavam a comida. Eles tinham 15 minutos por dia para andar ao ar livre, separados dos outros presos, e tomavam banho uma vez por semana, sob supervisão. Até quatro vezes por semana, eram despidos, e a cela era tão profundamente vasculhada que demorava cerca de quatro horas para que fosse arrumada depois.

Eles também recebiam cuidados médicos, para mantê-los saudáveis para o julgamento. Uma equipe de médicos fez Hermann Göring perder seu vício em morfina, restaurou parte do uso da mão de Hans Frank depois que cortou o pulso em uma tentativa de suicídio, ajudou a reduzir a dor nas costas de Alfred Jodl e a nevralgia de Joachim von Ribbentrop. Havia dentistas, capelães — um católico, um protestante — e um psiquiatra da prisão, que era ninguém menos do que Douglas Kelley, coautor do manual de 1942 de Bruno Klopfer, *The Rorschach Technique*.

Kelley fora um dos primeiros membros do Instituto Rorschach a se voluntariar depois de Pearl Harbor, e em 1944 ele era chefe de psiquiatria do teatro de operações europeu. Em 1945, ele estava em Nuremberg, designado para ajudar a determinar se os réus tinham competência para serem julgados. Ele os visitou durante cinco meses, fez as rondas todos os dias e conversava demoradamente com eles, por cerca de três ou quatro horas, muitas vezes sentado na beira do catre de cada prisioneiro. Os nazistas, sozinhos e entediados, estavam sempre ansiosos para conversar. Kelley disse que nunca tivera um grupo de pacientes tão fácil de entrevistar. "Além de exames médicos e psiquiátricos cuidadosos, submeti aqueles homens a uma série de testes psicológicos", escreveu Kelley. "A técnica mais importante foi o Teste de Rorschach, um método bem conhecido e altamente útil de estudo da personalidade."

Outro norte-americano tinha livre acesso aos prisioneiros: o oficial de moral de Nuremberg, Gustave Gilbert. Seu trabalho era monitorar o estado de espírito dos prisioneiros e reunir toda a inteligência que conseguisse. Ele os visitava quase diariamente, conversava casualmente sobre o que quisessem, depois saía da sala e escrevia tudo. Por coincidência, tinha formação em psicologia e deu a si mesmo o título de Psicólogo Prisional, aparentemente sem nenhuma autoridade real. Na ausência de uma clara cadeia de comando, o título foi aceito.

Kelley precisava de um tradutor para aplicar os testes; Gilbert tinha pouca experiência em testes diagnósticos, pois tinha estudado psicologia social, não clínica, mas era o único oficial norte-americano na equipe da prisão, além dos capelães, que falava alemão. Além disso, "mal podia esperar para trabalhar com os nazistas". Tanto ele quanto Kelley sabiam que os dados objetivos sobre a personalidade desses criminosos históricos eram uma mina de ouro, e ambos queriam usar a técnica psicológica mais avançada da época para descobrir os segredos da mente nazista.

Antes do início do julgamento, Gilbert aplicou testes de QI nos prisioneiros, ajustados para não conterem perguntas que exigiam um histórico cultural norte-americano. Alguns nazistas se enfureceram, e pelo menos um provavelmente fingiu errar para enganar Gilbert, que era judeu (Streicher, ex-professor, alegou que não conseguia fazer a subtração 100-72). Mas a maioria se divertiu e gostou da distração. Hjalmar Horace Greeley

Schacht, ministro das finanças de Hitler, achou as visitas de Gilbert "em parte estimulantes"; Wilhelm Keitel, chefe das Forças Armadas nazistas, elogiou o teste, dizendo que "eram muito melhores do que aquela idiotice absurda que os psicólogos alemães usavam na estação de testes da Wehrmacht". Mais tarde foi descoberto que Keitel tinha abolido os testes de inteligência no exército depois que seu filho se saiu mal em um deles. O ex-vice-chanceler de Hitler, Franz von Papen, inicialmente pediu para ser dispensado do exercício, mas depois mudou de ideia, gabando-se de ter ficado em terceiro entre os réus (na verdade, ficou em quinto). Vários se comportaram como "estudantes brilhantes e egoístas"; Albert Speer disse que todos "se esforçaram para fazer o melhor que podiam" e "ver suas habilidades confirmadas".

Hermann Göring, criador da Gestapo e dos campos de extermínio, se sentiu especialmente à altura do desafio. Ele entendia os testes psicológicos e empossara seu primo, Matthias Göring, como chefe do Instituto Alemão de Pesquisas Psicológicas e Psicoterapia; ele adorava ser testado, e agora, com a bajulação de Gilbert lhe servindo como incentivo, estava especialmente animado. Como diz o registro do diário de Gilbert em 15 de novembro de 1945, Göring

> riu de exultação quando demonstrei surpresa pela sua façanha. [...] Ele mal conseguiu se conter de alegria e se encheu de orgulho. Esse padrão de entrosamento foi mantido durante todo o teste, com o examinador encorajando-o com observações sobre como poucas pessoas são capazes de solucionar o problema seguinte, e Göring reagiu como um aluno exibido. [...]
>
> "Talvez devesse ter sido professor em vez de político", sugeri.
>
> "Talvez. Estou convencido de que teria me saído melhor do que a média em qualquer coisa que fizesse."

Quando Göring falhou no teste de memória de dígitos com nove números — qualquer coisa acima de sete números está acima da média —, implorou a Gilbert: "Ah, vamos lá, me dê mais uma chance; eu consigo!". Ele ficou furioso quando soube mais tarde que outros dois prisioneiros tinham se saído melhor do que ele, e então mudou de ideia e decidiu que os testes de QI não eram confiáveis.

O fato desagradável era que os nazistas se saíram bem nos testes, com QIs variando desde o de Julius Streicher — 106, resultado provavelmente falsificado — até o de Schacht, que era realmente impressionante — 143, com ajustes de idade. Dos 21 nazistas testados, apenas três não tiveram pontuações acima de 120, "Superior" ou "Muito superior", sendo que nove deles poderiam entrar para a Mensa, pois haviam feito 130 pontos ou mais. O QI de 138 de Göring mostrou, nas palavras de Kelley, uma "incrível inteligência, que se aproximava do mais alto nível".

Essas descobertas foram, para dizer o mínimo, pouco divulgadas. Um artigo de 1946 do *New Yorker* sobre Kelley, chamado de "No Geniuses" [Nenhum Gênio], minimizava a inteligência de Göring mais do que Kelley faria em outras ocasiões. O artigo pintava Kelley como "um sujeito agradável e ágil, de trinta e poucos anos, com cabelos castanhos emaranhados e sorriso autenticamente sardônico", usando gírias da época, extraídas de J.D. Salinger. Ele é citado no artigo: "com exceção do dr. Ley", que tinha cometido suicídio, "não havia um maluco sequer no meio daqueles homens. Também não encontrei nenhum gênio. Göring, por exemplo, conseguiu um QI de 138 — ele é *muito* bom, mas não é extraordinário."

De qualquer forma, os testes de QI nunca resolveriam o mistério da mente nazista. "Com pouco tempo para trabalhar", escreveu Kelley, "decidi examinar os padrões de personalidade desses homens" com a técnica abordada no livro de sua coautoria. Ninguém em Nuremberg pediu testes de Rorschach. Os resultados dos testes nunca foram usados no julgamento. Kelley e Gilbert simplesmente decidiram, naquela atmosfera sobrecarregada e sem precedentes de Nuremberg, aplicá-los por conta própria. O teste de Rorschach, que nunca teve na Alemanha a mesma popularidade que encontrou nos Estados Unidos, tinha sido usado sob o comando dos nazistas, mas principalmente em testes de aptidão ou como avaliações para ajudar a "eliminar elementos sociais e 'raciais' rebeldes". Os nazistas, em geral, não se interessavam por *insights* psicológicos, exceto quando se tratava de outros países, para tentar desenvolver uma guerra psicológica eficaz. Agora o teste seria usado para obter *insights* sobre os próprios nazistas.

Kelley aplicou o teste de Rorschach em oito prisioneiros e Gilbert em dezesseis, cinco deles previamente testados por Kelley. Albert Speer; Rudolf Hess; o teórico racial Alfred Rosenberg; Joachim von Ribbentrop, o embaixador de Hitler; Hans Frank, o "Carniceiro da Polônia", chefe dos Países Baixos na ocupação nazista — a cada um deles foram exibidas dez manchas de tinta e foi feita a pergunta: "O que pode ser isso?". Göring se divertiu ainda mais com o teste de Rorschach do que com o de QI. Ele ria, estalava os dedos de empolgação e expressou "pesar", segundo Kelley, "porque a Luftwaffe não tinha essas excelentes técnicas à disposição".

Os resultados dos prisioneiros tinham alguns elementos em comum — uma certa falta de introspecção e propensão a uma flexibilidade camaleônica para se adaptar a ordens —, mas as diferenças superavam em muito as semelhanças. Alguns dos réus pareciam paranoicos, deprimidos ou perturbados. Joachim von Ribbentrop era "emocionalmente estéril" e uma "personalidade marcadamente transtornada" em geral; os resultados do Carniceiro da Polônia foram os de um louco cínico e antissocial. Outros eram medianos e alguns eram "particularmente bem ajustados". O culto Schacht, maior pontuador nos testes de QI e então com quase 70 anos de idade, "poderia recorrer a um mundo interior de experiências satisfatórias para mantê-lo em ordem nos meses estressantes antes da sentença". Sua personalidade foi classificada como "excepcionalmente bem integrada, com excelente potencial", e mais tarde ele se lembraria de seu teste de Rorschach com carinho: "um jogo que, se bem me lembro, tinha sido usado por Justinus Kerner. Através do processo [de derramar tinta e dobrar o papel], muitas formas bizarras são criadas para serem detectadas. No nosso caso, essa tarefa ficou ainda mais agradável, já que foram usadas tintas de cores diferentes no mesmo cartão."

Um louco inteligente era uma coisa; um líder nazista saudável e excepcionalmente bem ajustado, com excelente potencial, era outra. Mas aqueles realmente pareciam ser os resultados. Gilbert se recusou a aceitá-los. Em seu *Nuremberg Diary* [Diário de Nuremberg], publicado em 1947, descreveu que Göring, depois do veredicto de culpado, se deitou no catre completamente exausto e humilhado [...] como uma criança agarrando os restos rasgados de um balão que estourou na sua mão. Poucos dias depois do veredicto, ele me perguntou de novo o que aqueles testes psicológicos tinham mostrado sobre sua personalidade — especialmente o teste de manchas de tinta —, como se isso o incomodasse o tempo todo. Desta vez, eu lhe contei: "Sinceramente, eles mostraram que, embora tenha uma mente ativa e agressiva, você não tem coragem de realmente encarar a responsabilidade. Você se traiu com um pequeno gesto no teste de manchas de tinta." Göring me olhou furioso e apreensivo. "Você se lembra do cartão com um ponto vermelho? Bem, os neuróticos mórbidos muitas vezes hesitam nesse cartão e dizem que há sangue nele. Você hesitou, mas não chamou de sangue. *Você tentou tirar a mancha com o dedo*, como se achasse que podia enxugar o sangue com um pequeno gesto. Você tem feito a mesma coisa durante todo o julgamento — tirando os fones de ouvido no tribunal sempre que a evidência da sua culpa se torna insuportável. E você também fez a mesma coisa durante a guerra, drogando-se para afastar as atrocidades da sua mente. Você não tinha coragem de encarar. Essa é sua culpa. [...] Você é um covarde moral."

Göring olhou furioso para mim e ficou em silêncio por um tempo. Depois disse que esses testes psicológicos eram insignificantes. [...] Alguns dias depois, ele me disse que tinha dado [a seu advogado] uma declaração de que qualquer coisa que o psicólogo ou outra pessoa na prisão tivesse a dizer naquele momento era insignificante e parcial. [...] Aquilo o tinha afetado.

Foi um momento dramático — um momento shakespeariano, o clímax do livro de Gilbert. Mas o que o teste de manchas de tinta acrescentou, além de confirmar o que Gilbert já sabia pelo comportamento e pela história de Göring? Nenhum estudo duplo-cego jamais provaria que tentar limpar o vermelho era um sinal de covardia moral genocida.

Kelley, um rorschachiano muito mais experiente, viu os resultados de maneira diferente. Já em 1946, mesmo antes da divulgação dos veredictos de Nuremberg, ele publicara um artigo afirmando que os acusados eram "essencialmente sãos", embora em alguns casos fossem anormais. Ele não discutiu especificamente os testes de Rorschach, mas argumentou que "essas personalidades não eram únicas nem insanas, mas poderiam ser reproduzidas em qualquer país do mundo atualmente".

Ele expandiu o tema em seu livro de interesse geral de 1947, *22 Cells in Nuremberg* [22 Celas em Nuremberg], que iniciava com a seguinte declaração:

> Desde meu retorno da Europa, onde fui psiquiatra na Cadeia de Nuremberg, percebi que muitas pessoas — mesmo as bem informadas — não compreendem o conceito [de que a psicologia é determinada pela cultura]. Pois muitas delas me disseram:
>
> "Que tipo de pessoas eram os nazistas? É claro que nenhum dos oficiais era normal. É óbvio que eram loucos, mas qual o seu tipo de insanidade?"
>
> A insanidade não é uma explicação para os nazistas. Eles simplesmente eram crias do próprio ambiente, como todos os seres humanos o são; e também eram — em um grau maior do que a maioria dos seres humanos — os criadores de seu ambiente.

Kelley insistia em ir contra as coisas em que o público pós-guerra acreditava piamente e nas quais queria acreditar ainda com mais fé. Os nazistas, escreveu, eram "tipos não espetaculares, não como as personalidades que aparecem apenas uma vez por século", mas simplesmente "personalidades fortes, dominantes, agressivas, egocêntricas" e que tiveram "a oportunidade de tomar o poder". Homens como Göring "não são raros. Eles podem ser encontrados em qualquer lugar do país — atrás de grandes escrivaninhas resolvendo grandes problemas, como empresários, políticos e mafiosos."

Era o fim dos líderes norte-americanos. Quanto aos seguidores: "Por mais chocante que possa parecer para alguns, nós, como povo, nos assemelhamos muito aos alemães de duas décadas atrás", os dos anos 1920, antes da ascensão de Hitler ao poder. Os dois povos compartilham um perfil ideológico semelhante e confiam nas emoções, não no intelecto. Políticos norte-americanos "vulgares e perigosos", escreveu Kelley, estavam usando a isca racial e a supremacia branca para obter ganhos políticos "apenas um ano depois do fim da guerra" — uma alusão a Theodore Bilbo, do Mississippi, e a Eugene Talmadge, da Geórgia; ele também se referia à "política de poder de Huey Long, que fazia valer sua opinião de controle da polícia". Esses eram "os mesmos preconceitos raciais que os nazistas pregavam", exatamente as "mesmas palavras que ecoavam pelos corredores da Cadeia de Nuremberg". Em suma, havia "pouco nos Estados Unidos de hoje que pudesse impedir o estabelecimento de um estado nazista".

O Julgamento de Nuremberg não conseguiu definir o significado da guerra e do Holocausto, muito menos refazer o senso destruído de comunidade humana. Os réus não eram um grupo homogêneo de altos oficiais nazistas, e os verdadeiros líderes — Hitler, Himmler e Goebbels — já estavam mortos. Três dos 24 foram absolvidos, incluindo Schacht, que teve alto desempenho nos testes psicológicos. Agora, Kelley argumentava que até mesmo sua técnica mais sofisticada não tinha conseguido detectar uma "personalidade nazista".

A lição era inaceitável. Molly Harrower, inventora do teste de Rorschach em Grupo e de Múltipla Escolha, estava organizando um importante congresso internacional sobre saúde mental, a ser realizado em 1948. Seria a ocasião perfeita para divulgar os testes de Rorschach de Nuremberg. Ela enviou os 16 protocolos de Gilbert para os 11 principais especialistas do mundo, inclusive Beck e Klopfer, Hertz e Rapaport, Munroe e Schachtel. Todos estavam ansiosos para ver os relatórios, mas *nenhum* deles contribuiu para a conferência. Todos de repente tiveram um conflito inesperado de cronogramas ou deram alguma outra desculpa.

Os principais rorschachianos do mundo certamente poderiam espremer algumas horas de suas agendas para avaliar o que prometiam ser os testes mais significativos da história. É difícil acreditar que a recusa unânime possa ser coincidência. Talvez eles tenham pensado sobre as implicações e achado mais prudente não serem gravados declarando certas coisas, porque a imagem de malignos que os nazistas tinham entre o público era forte demais. O mais provável é que eles mesmos não sabiam o que fazer com o que viam e duvidaram da competência de Kelley e Gilbert, ou mesmo de suas próprias interpretações. Harrower, escrevendo em 1976, explicou o pensamento da época:

> Nós funcionávamos com a suposição de que uma ferramenta clínica sensível, coisa que o teste Rorschach inquestionavelmente é, também deve ser capaz de demonstrar propósito moral ou a falta dele. Naquela época também estava implícita a crença de que esse teste revelaria uma estrutura de personalidade uniforme de um tipo especialmente repulsivo. Defendemos um conceito de mal que lidava com preto e branco, ovelhas e bodes. [...] Tendíamos a desacreditar a evidência de nossos sentidos científicos porque nosso conceito de mal estava enraizado na personalidade e, portanto, devia ser um elemento tangível e pontuável nos testes psicológicos.

O painel de conferências de 1948 desmoronou, mas Gilbert e Kelley continuaram, ansiosos para imprimir os resultados dos testes de Rorschach primeiro.

Eles tiveram uma relação tensa em Nuremberg, que logo se transformou em outra rixa relacionada ao teste. O major Kelley costumava chamar o tenente Gilbert de "ajudante", embora ele fosse membro do Corpo de Contrainteligência, e não seu subordinado direto. Kelley chamava seus próprios testes de Rorschach de "originais", enquanto Gilbert os chamava de "prematuros", "corrompidos" (porque eram aplicados por meio de intérprete) e de alguma forma "manipulados". Os insultos e retaliações, ameaças judiciais e contra-ameaças aumentaram rapidamente. "Ele continua me surpreendendo pela sua aparente negligência da ética básica", escreveu Kelley; "Não vou suportar mais as bobagens de Kelley além das concessões específicas que já fiz", escreveu Gilbert; os editores de Gilbert "provavelmente não percebem que estão publicando artigos roubados", escreveu Kelley.

Gilbert publicou sua análise psicológica, *The Psychology of Dictatorship* [A Psicologia da Ditadura], em 1950. No fim, depois de pedir contribuições de David Levy e Samuel Beck, entre outros, ele não publicou os dados dos testes de Rorschach e nenhuma interpretação detalhada — em parte por pressão judicial de Kelley, em parte porque era o menos proficiente dos dois na interpretação dos testes, e em parte também porque os testes aplicados em Nuremberg não deram os amplos resultados negativos que ele queria. Kelley também tinha falado com Klopfer, Beck e outros. Ele não se importava com suas diferenças, pois estava "interessado apenas em obter os padrões mais completos de personalidade que podem ser extraídos dos registros do maior número possível de especialistas". Mas, apesar de receber relatórios longos e elaborados, e apesar de continuar acreditando no valor do teste de Rorschach, Kelley também desistiu de publicar os resultados obtidos em Nuremberg e suas interpretações. Ele acabou desistindo de responder às cartas irritadas dos especialistas perguntando o que ele faria com o trabalho deles, e o material ficou parado, guardado em caixas durante décadas.

Nos anos seguintes, Kelley continuou a lutar contra a demonização de criminosos. Ele teve um papel importante no desenvolvimento da simpatia pelo desconhecido em meados do século, quando o diretor Nicholas Ray o usou para analisar a precisão psicológica e criminológica do roteiro de *Juventude Transviada*. Em 1957, ele atuou em 20 episódios de um popular e premiado programa de TV chamado *Criminal Man* [O Criminoso], feito para "incentivar uma melhor compreensão do público em relação à pessoa que comete um crime" e promover a mudança de opinião, buscando fazer os telespectadores abandonarem a visão da "simples vingança" e adotarem a da reabilitação. "Não!", gritou ele para a câmera em um episódio que analisava se os criminosos têm características físicas em comum. "Não existe um tipo criminoso. Isso é lenda. É como dizer que a Terra é plana. Não é possível identificar um tipo só de olhar. Os criminosos não nascem assim."

Kelley se recusava até a demonizar Göring. Eles desenvolveram um vínculo desconfortavelmente próximo em Nuremberg: "Todos os dias, quando eu chegava à cela nas minhas rondas", escreveu Kelley em *22 Cells*, Göring "pulava da cadeira, me cumprimentava com sorriso largo e a mão estendida, me escoltava até o catre e dava tapinhas nele com sua grande pata. 'Bom dia, doutor. Estou muito feliz por ter vindo me ver. Por favor, sente-se, doutor. Sente-se aqui'". Göring ficava "positivamente jovial com minhas visitas diárias e chorou sem nenhuma vergonha quando fui embora de Nuremberg de volta para os Estados Unidos". E uma nota de admiração, quase paixão, penetrou em muito do que Kelley escreveu sobre o segundo em comando dos nazistas, mesmo plenamente ciente das atrocidades cometidas por Göring: "Ele não se deixava enganar, nem mesmo por Hitler. Era um executivo brilhante, corajoso, implacável, ganancioso e perverso...".

Kelley elogiou especialmente o suicídio de Göring por ingestão de cianureto na véspera de sua execução: "À primeira vista, sua ação pode parecer covarde — uma tentativa de escapar da punição imposta aos seus compatriotas. Mas uma consideração cuidadosa de suas ações revela que esse é o verdadeiro Göring, que desdenha das regras e dos regulamentos feitos pelo homem, tirando a própria vida de acordo com a sua conveniência e da maneira como ele escolheu." Tendo negado ao tribunal o direito de julgá-lo ou sentenciá-lo, Göring tinha resistido estoicamente ao julgamento e agora roubava dos Aliados a vitória, juntando-se aos outros comandantes nazistas que já tinham se matado. "Seu suicídio, envolto em mistério e enfatizando a impotência dos guardas norte-americanos, foi um toque final habilidoso, até mesmo brilhante, completando a obra para os alemães admirarem no futuro." Kelley chegou ao ponto de dizer que "parece haver pouca dúvida de que Hermann Göring se restabeleceu no coração do seu povo. [...] A história pode muito bem mostrar que Göring venceu no final!". Eis o que Gilbert tinha a dizer: "Göring morreu como viveu: um psicopata tentando ridicularizar todos os valores humanos e distrair a atenção de sua culpa com um gesto dramático". Os ensaios posteriores de Gilbert tinham títulos como "Hermann Göring, Amiable Psychopath" [Hermann Göring, Psicopata Encantador].

Kelley continuou um personagem salingeresco até o fim — assim como o herói de Salinger, Seymour Glass, Kelley também tinha sido um prodígio; fora parte de um memorável estudo longitudinal de Stanford sobre crianças californianas em idade escolar com QI acima de 140, consideradas gênias. E assim como Glass, Kelley se suicidou. Assim como seu anti-herói, escolheu um meio extremamente raro para isso: ingestão de cianureto. Houve rumores de que a pílula que ele esmagou com os dentes na frente da esposa e do filho no dia de Ano-Novo de 1958 era um souvenir de Nuremberg. Alguns até diziam que Kelley, mestre da prestidigitação nas horas vagas (vice-presidente da Sociedade Americana de Mágicos), fora o responsável por contrabandear a pílula para Göring, o que não é verdade, mas não há dúvidas quanto ao significado de seu último gesto: uma identificação com o "toque final habilidoso, até mesmo brilhante" de Göring.

Quanto a Gilbert, seu destino foi acabar em outro julgamento do século, que forçaria nova avaliação com os testes de Rorschach de Nuremberg.

Em 1960, o nazista encarregado pela deportação judeus para campos de extermínio foi capturado na Argentina por agentes israelenses. Eles o levaram até Jerusalém para ser julgado, e um psiquiatra indicado pelo tribunal, Istvan Kulcsar, fez sete sessões de três horas com ele e lhe aplicou uma bateria de sete testes psicológicos. Entre eles, um teste de QI, um TAT e o que era, em 1961, o principal teste de personalidade do mundo: o teste de Rorschach.

Os testes revelaram a Kulcsar que Adolf Eichmann era uma personalidade psicopata com uma visão de mundo "desumana" e sadismo tão extremo que superava o Marquês de Sade, a ponto de merecer outro nome: "eichmannismo". Gustave Gilbert testemunhou no julgamento de Eichmann, e seu material sobre os testes de Rorschach de Nuremberg foi admitido como prova; logo depois, ele publicou "The Mentality of SS Murderous Robots" [A Mentalidade dos Robôs Assassinos da SS] no jornal acadêmico do Holocausto *Yad Vashem Studies*, descrevendo o tipo de personalidade nazista como "reflexo dos sintomas da doença de uma sociedade doente [e] elementos doentes da cultura alemã". Kelley não estava mais por perto para contestar as interpretações de Kulcsar e Gilbert, mas outros estavam.

A revista *New Yorker* enviou uma das filósofas políticas mais importantes da época, Hannah Arendt, para cobrir o julgamento. No livro que resultou disso, *Eichmann em Jerusalém*, ela cunhou a expressão "a banalidade do mal". O delito de Eichmann era de um novo tipo, segundo ela: burocrático, sem se prender ao caráter e à personalidade. No mínimo, ele era a antipersonalidade, pois não se destacava na multidão, mas aceitava os valores do grupo sem questioná-los. Arendt o descreveu como "uma pessoa mediana, 'normal', nem com a mente fraca, nem doutrinado, nem cínico", mas esse tipo de pessoa podia ser "perfeitamente incapaz de distinguir o certo do errado". Nos termos de hoje, Eichmann não era um robô, mas uma pessoa afiliada a grupos. O problema surgia quando a pessoa decidia se afiliar à Alemanha nazista — ou, visto de outra forma, quando Hitler encontrou cooperadores irracionais em vez de indivíduos íntegros e com uma essência moral. Eichmann era o exemplo que Arendt deu da incapacidade de "pensar pelo ponto de vista de outra pessoa" — mesmo que, em certo sentido, pelo próprio ponto de vista individual.

Esse fracasso banal poderia, em um contexto nazista, "provocar mais estragos do que todos os instintos malignos juntos". Mas se Eichmann não tinha uma bússola moral, como poderia ser julgado de maneira justa?

A questão ia muito além de Eichmann. Quando um nazista tentava justificar suas ações dizendo que era apenas uma engrenagem em uma máquina, argumentou Arendt de um jeito provocador, era "como se um criminoso apontasse para as estatísticas do crime" e dissesse "que só fez o estatisticamente esperado, que foi um mero acidente ter feito aquilo, e não outra pessoa, já que, afinal, alguém tinha que fazer". A psicologia e a sociologia — qualquer teoria, "desde o *Zeitgeist* [espírito da época] até o complexo de Édipo", que "explicava a responsabilidade do executor pelo seu feito em termos desse ou daquele tipo de determinismo" — também consideravam inútil julgar.

Arendt chamou isso de "uma das maiores questões morais centrais de todos os tempos", e era um dilema impossível de resolver. Alguém poderia se sentir tentado a se distanciar de pessoas como Eichmann, negando qualquer humanidade compartilhada, mas o império da lei pressupunha uma humanidade comum entre o acusador e o acusado, o juiz e o julgado. Ou alguém poderia insistir na humanidade em comum, pressupondo que toda consciência humana tem os mesmos valores fundamentais e que existem crimes objetivamente "contra a humanidade" ou ordens que nunca deveriam ser obedecidas. Mas os nazistas, e Eichmann em especial, mostraram que esses ideais universais eram, nas palavras de Arendt, "a última coisa a ser considerada normal no nosso tempo". As pessoas fazem o que têm que fazer, e "parece que a opinião pública em toda parte está muito feliz em concordar com o fato de que ninguém tem o direito de julgar ninguém". E, no entanto, o caso de Eichmann clamava por julgamento.

Enquanto Arendt escrevia sobre o julgamento, um psicólogo de Yale chamado Stanley Milgram reagia a Eichmann de maneira diferente, criando um experimento destinado a descobrir como pessoas comuns podiam participar de um genocídio. Ele levantou a famosa questão: "Será que Eichmann e seus milhões de cúmplices no Holocausto estavam apenas seguindo ordens?". Originalmente, Milgram planejou um ciclo preliminar do experimento nos Estados Unidos antes de levá-lo para a Alemanha, onde esperava encontrar pessoas mais propensas à obediência. Acabou não sendo necessário.

Começando em julho de 1961, voluntários norte-americanos em uma "prática de ensino" operavam um dispositivo que aplicava em "aprendizes" em outra sala o que eles achavam ser choques extremamente dolorosos. Tudo era encenado, mas esses voluntários, quando recebiam ordens verbais do experimentador, administravam o que pensavam ser choques elétricos verdadeiros, incluindo rajadas de até 450 volts com o aviso "Perigo: Choque Grave", mesmo depois que os gritos ouvidos na sala ao lado foram silenciados de maneira nefasta. Eles disseram ao experimentador que aquilo era errado e que não queriam fazê-lo, mas o fizeram mesmo assim. Parecia que, para encontrar monstros dispostos a simplesmente seguir ordens, só precisávamos olhar no espelho.

O livro de Arendt e o estudo de Milgram foram publicados em 1963. Suas linhas de argumentação eram muito diferentes — a filósofa questionava o significado da responsabilidade pessoal, o experimentador mostrava como era fácil forçar a obediência em uma situação específica —, mas logo se tornou impossível separar um do outro. Milgram tornava concretas as reflexões de Arendt; Arendt, por sua vez, dava ao cenário de Milgram uma ressonância histórica mundial. Os voluntários submissos que eletrocutavam as pessoas pareciam ainda mais assustadores pela sua associação com Eichmann; a imagem de Milgram da conformidade suprimindo os valores morais fez as pessoas enxergarem na obra de Arendt uma afirmação de que Eichmann tinha sido obrigado "a seguir ordens", apesar de ela nunca ter dito que ele era um seguidor relutante.

Arendt tinha descaracterizado o teste de Rorschach feito com Eichmann — escrevendo que "meia dúzia de psiquiatras o tinham considerado 'normal'" quando, na verdade, ele só fora examinado por Kulcsar, que o considerou alucinado. Seu objetivo era rejeitar de maneira contundente "a comédia dos especialistas da alma". E seu argumento filosófico geral, sobre o que a responsabilidade individual pode significar quando as ações são explicadas por leis gerais, ia muito além do que qualquer teste poderia provar ou refutar. E, no entanto, em um sentido mais amplo, Arendt — pelo menos em conjunto com Milgram — foi uma figura chave na história do teste de Rorschach. Seus pontos de vista, ou a maneira como foram entendidos, levaram o relativismo implícito no teste à sua conclusão radical.

Arendt e Milgram também acabaram possibilitando o confronto com os testes de Rorschach de Nuremberg. Foi Molly Harrower — a organizadora da conferência de 1948 que não publicou os resultados — que retornou aos protocolos de Gilbert, mas só em 1975, quando lhe pediram para discursar em um seminário acadêmico de alto nível chamado Civilização Americana. Ela disse explicitamente que a razão pela qual ela e sua profissão tinham anteriormente "defendido um conceito de mal que lidava com preto e branco, ovelhas e bodes" era porque não tinham sido "desafiados por ideias tão surpreendentes e impopulares como as de Arendt e Milgram".

Harrower ordenou que os protocolos de Nuremberg fossem reanalisados de maneira cega, utilizando resultados de não nazistas como controles. As análises confirmaram a opinião de Kelley de que os nazistas eram normais ou anormais de maneiras típicas: "Procurar um denominador comum encoberto nos registros dos testes de Rorschach dos prisioneiros nazistas é fazer uma supersimplificação", concluiu Harrower. "Os nazistas que foram a julgamento em Nuremberg eram um grupo tão diverso quanto se pode encontrar no nosso governo hoje ou, na verdade, até na liderança da Associação de Pais e Professores."

Também em 1975 foi publicado o primeiro livro que cita e analisa especificamente os testes de Rorschach dos nazistas: *The Nuremberg Mind: The Psychology of Nazi Leaders* [A Mente de Nuremberg: A Psicologia dos Líderes Nazistas], de Florence R. Miale (uma das especialistas que abandonaram a conferência de 1948) e Michael Selzer, cientista político. Eles decidiram inequivocamente pelo outro lado, permitindo o julgamento moral e alegando que havia uma psicologia distinta e patológica comum a todos os réus de Nuremberg. Selzer publicou na *New York Times Magazine* um artigo intitulado "The Murderous Mind" [A Mente Assassina], que incluía os desenhos de Eichmann em dois outros testes projetivos, o Teste de Bender-Gestalt e o Teste Casa-Árvore-Pessoa, e diagnósticos cegos que descreviam Eichmann como um "indivíduo altamente deturpado". O debate entre Kelley e Gilbert era retomado na mídia e agora também em relação aos resultados de Eichmann.

Os críticos imediatamente chamaram *The Nuremberg Mind* de parcial, escrito para provar os julgamentos pré-existentes dos autores. A maioria dos psicólogos achava que a obra tinha se apoiado demais na análise de conteúdo, reconhecida nos anos 1970 como a abordagem mais subjetiva e menos verificável da interpretação dos testes de Rorschach. Outros responderam abraçando a subjetividade e a parcialidade. Em uma análise de 1980 do teste de Rorschach de Eichmann, um psicólogo admitiu, sem remorso, que sua análise foi influenciada por saber de quem era o teste, mas argumentou que seu objetivo era ter um *insight* sobre a personalidade complexa do indivíduo específico — "descobrir mais sobre como esse homem seria" —, e não um diagnóstico objetivo.

Ainda assim, um consenso foi alcançado. Os testes de Rorschach de Nuremberg mostraram, como Kelley e Harrower alegavam, que não existia uma "personalidade nazista". No único caso em que *queríamos* que houvesse uma diferença intransponível entre as pessoas, um abismo moral entre os nazistas e "nós", o teste parecia ter chegado à conclusão oposta — e parecia implicar que essas diferenças entre as pessoas não podiam ser julgadas.

O caso do teste de Rorschach de Eichmann era mais complexo, em parte porque dizia respeito a um indivíduo. Os resultados mostravam que ele era normal ou anormal? Os resultados eram interpretados por quem? E Eichmann era realmente um monstro ou apenas um exemplo da "banalidade do mal"? E o que esse termo significa, afinal? Os debates em torno de todas essas perguntas interligadas continuam até hoje.

Juntos, no entanto, esses acontecimentos foram devastadores para o *status* dos testes psicológicos. Não havia terreno comum para rotular o mal como mal, base para o julgamento moral que todos aceitassem, e dúvidas sérias tinham sido lançadas sobre a autoridade moral do psicólogo.

A controvérsia em torno de Arendt e Milgram foi parte da mudança cultural sísmica que floresceu mais tarde nos anos 1960. Os EUA começavam a desconfiar não apenas da autoridade dos psicólogos, mas de quase todo poder institucional, e a reputação do teste de Rorschach seria vítima disso.

Crise de Imagens

No fim dos anos 1950, o dr. Immanuel Brokaw, talvez o maior psiquiatra que já existiu, desapareceu de seu proeminente consultório em Nova York sem deixar rastros. Teve uma crise de fé. Certo dia, ouvindo as gravações de suas sessões de terapia, descobriu que uma paciente tinha dito que o marido "amava o melhor de mim", e não, como Brokaw pensava, "amava o pior de mim". Um tipo muito diferente de casamento. Brokaw descobriu que estava ouvindo errado seus pacientes havia anos: centenas de tratamentos aparentemente bem-sucedidos foram todos baseados em erro e ilusão. Novas lentes balançaram ainda mais sua visão de mundo, revelando a sujeira e a feiura em seu ambiente antes desfocado, em seu próprio rosto no espelho. Ele podia ter interpretado mal a realidade esse tempo todo, mas agora preferia não ver o mundo real.

Dez anos depois, um ex-amigo o encontrou vagando de um lado para o outro no corredor de um ônibus em Newport, Califórnia. Era assim que ele, já velho, passava o tempo agora: de bermudas, com boné de beisebol do L.A. Dodgers, sandálias de couro pretas e uma camisa psicodélica: florida, cheia de detalhes, esvoaçante e repleta de linhas e cores. Tudo que o grande médico tinha a oferecer era uma simples pergunta sobre sua camisa: "O que você vê?". Homens e mulheres, adultos e crianças, viam cavalos, nuvens, ondas grandes e pranchas de surfe enormes, raios, amuletos egípcios, nuvens em forma de cogumelos, lírios devoradores de homens. Não um pôr do sol, mas um belo nascer do sol! Sua camisa provocava risadas e alegria, conseguia uma resposta de todos a quem ele perguntava, e então o dr. Brokaw, satisfeito, saía do ônibus e desaparecia na praia.

Brokaw não costuma ser mencionado nas histórias da psicologia porque ele é fictício. Ray Bradbury o inventou em um conto chamado "O Homem com a Camisa Rorschach", publicado na revista *Playboy* em 1966 e em livro em 1969. Por mais que o enredo fosse bobo, ele capturava o espírito da contracultura dos anos 1960, que desconfiava cada vez mais de figuras de autoridade e especialistas sem coração de todos os tipos, fossem eles burocratas nazistas, experimentadores de Milgram, Strangeloves nucleares ou simplesmente qualquer pessoa com mais de 30 anos. A história do dr. Brokaw simbolizava — e propunha o teste de Rorschach como um símbolo disso — como a rejeição da verdade única poderia desencadear um belo caos de individualidade.

Na história de Bradbury, a camisa de Rorschach permitia que o protagonista escapasse do seu beco psiquiátrico sem saída. No mundo real, a psicologia clínica passava por sua própria crise de fé. Alguns profissionais estavam cada vez mais céticos em relação ao principal teste de sua área. E se os testes de Rorschach que estavam sendo aplicados em todo o país também tivessem baseados em erros e ilusões?

Apesar de toda a proeminência do teste de Rorschach, as manchas de tinta ambíguas nunca se ajustaram muito bem ao que os psicólogos norte-americanos costumam considerar como "a atitude intransigente da tradição psicométrica". Os defensores do teste que o entendiam como "projetivo" continuavam afirmando que as manchas de tinta revelavam a singularidade da personalidade de maneiras que tornavam irrelevante a padronização. Mas o teste de Rorschach jogava dos dois lados, e os cientistas ainda queriam usá-lo como método. Assim, a validade e a confiabilidade do teste continuaram sendo objetos de extensas pesquisas.

No início da década de 1950, os cientistas da Força Aérea começaram a estudar como os militares podiam usar testes de personalidade para prever se uma pessoa teria sucesso como piloto de combate. Mais de 1500 cadetes da Força Aérea passaram por testes de Rorschach em grupo, uma entrevista de perfil, pelo questionário Sentir e Fazer, por um teste de conclusão de sentenças especialmente projetado para a Força Aérea, um teste de grupo Desenhe uma Pessoa e um Teste de Szondi em grupo, no qual se pedia que os examinados dissessem quais eram os rostos mais atraentes e os mais repugnantes de um conjunto de fotografias faciais. Alguns desses cadetes brilharam, sendo bem avaliados pelos professores e considerados líderes pelos seus pares; outros tinham boas habilidades de voo, mas foram expulsos do serviço por causa de "evidentes distúrbios de personalidade"; a maioria era mediana ou falhou por outros motivos.

Em 1954, cientistas selecionaram aleatoriamente cinquenta casos entre os dos cadetes mais bem-sucedidos e cinquenta entre os das personalidades perturbadas e os dividiram, também de forma aleatória, em cinco grupos de vinte. Cada pacote de vinte arquivos foi entregue a vários especialistas em avaliação, entre eles Molly Harrower, a criadora do teste de Rorschach de Múltipla Escolha, e Bruno Klopfer. Será que conseguiriam identificar, pelos resultados dos testes, em qual categoria cada cadete se encaixava? Em outras palavras, os testes iniciais de um cadete, nas mãos dos principais especialistas do país, conseguiriam prever seus futuros problemas psicológicos?

Em média, um jogo de cara ou coroa daria o resultado certo dez vezes em cada grupo de vinte casos. Os psicólogos acertaram, em média, 10,2 vezes. Nenhum deles se saiu significativamente melhor do que o acaso. Pediram a eles que dissessem sobre quais avaliações se sentiam especialmente confiantes e, mesmo levando em conta apenas esses casos, só dois dos 19 psicólogos tiveram um resultado melhor do que o acaso. Sete tiveram um resultado pior.

Alguns dos psicólogos disseram depois que as modificações da Força Aérea nos testes padrão tinham distorcido os resultados. Harrower já tinha observado, em resposta a descobertas negativas semelhantes, que o que faz um piloto ser bem-sucedido talvez "não esteja, no momento, claramente previsto em termos de um teste de Rorschach"; talvez os bons soldados não tenham o que normalmente se considera uma "boa saúde mental". Os resultados dos testes de Rorschach apresentaram um número igual de "personalidades francamente instáveis ou psicopatas" entre os aviadores condecorados e aqueles que não conseguiram completar mais de cinco missões — mas essas eram "personalidades psicopatas, isto é, julgadas pelos nossos padrões em época de paz". Uma personalidade bem equilibrada em circunstâncias normais pode não ser a mais adequada para um ambiente perigoso e de alto risco como o interior de um jato de combate. Sendo tais contra-argumentos convincentes ou não, o fato era que "10,2 vezes em 20" parecia ser um resultado muito crítico, se não do teste de Rorschach em si, então certamente da bateria de testes de personalidade disponíveis.

Em outros estudos, o teste de Rorschach se mostrou pior na previsão do desempenho no trabalho ou do sucesso acadêmico do que ferramentas mais simples, como boletins, registros de emprego ou breves questionários. O "choque de cor" — termo de Hermann Rorschach para quando alguém ficava surpreso com os cartões coloridos, um sinal de vulnerabilidade quando a pessoa era assoberbada por emoções — foi desacreditado quando se descobriu que isso também era comum quando se mostravam aos sujeitos versões em preto e branco das manchas de tinta coloridas. Outros estudos, que investigavam a alegação de que o teste de Rorschach deveria ser usado com outros testes e nunca sozinho, descobriram que incorporar a informação do teste de Rorschach em uma bateria de testes na verdade tornava o diagnóstico menos preciso, e não o contrário.

Diversos pesquisadores descobriram que psicólogos clínicos diagnosticaram, de forma consistente, problemas mentais excessivos em sujeitos do teste de Rorschach. Em um estudo de 1959, foram aplicados testes em três homens saudáveis, três neuróticos, três psicóticos e três com outros distúrbios psicológicos. "Personalidade passiva dependente" — "Neurose de ansiedade com características histéricas" — "Caráter esquizoide, tendências depressivas": *nenhum* dos indivíduos saudáveis foi classificado como "normal" pelos vários avaliadores do teste de Rorschach.

A crítica mais mordaz era referente ao grande argumento de venda do teste de Rorschach: os resultados dependiam de quem você era, não de como você tentava se apresentar. O teste era uma radiografia, não poderia ser falsificado, assim como um *slide* jamais seria capaz de enganar um projetor de *slides*. Por volta de 1960, porém, estudos mostravam que os examinadores podiam, consciente ou inconscientemente, influenciar os resultados e que os examinados modificavam suas respostas dependendo do motivo da aplicação do teste, do que o examinador pensava deles ou simplesmente do estilo do examinador. Enquanto alguns viam o aspecto interpessoal do teste como parte de seu poder, isso na verdade tornava o método menos objetivo.

O que os examinadores psicológicos gostavam de chamar de "validade clínica" — o fato de um intérprete experiente poder usar o teste de Rorschach para ter *insights* que funcionavam na prática e que poderiam ser confirmados com o paciente ou checado com outras fontes — estava começando a parecer muito diferente para os céticos. Eles descreviam esses supostos *insights* como uma combinação de viés de confirmação (supervalorização, até superpercepção, da informação com a qual alguém já concorda), correlações ilusórias (decidir que existe uma conexão que não existe) e os tipos de técnicas usadas por cartomantes e paranormais (com informações contextuais inconscientes, declarações verdadeiras para quase qualquer pessoa, mas que parecem perspicazes, previsões "impulsivas" sutilmente modificadas ou até mesmo totalmente invertidas em perguntas de acompanhamento, e assim por diante).

O diagnóstico cego eliminou algumas dessas questões, mas não todas. O teste ainda tinha que ser administrado por alguém em contato com o examinado. Qualquer verificação do diagnóstico exigia que ele fosse confrontado com os julgamentos de uma pessoa como o terapeuta regular do sujeito, o que apenas duplicava o problema. Além disso, no caso de verdades psicológicas, era difícil dizer como seria uma confirmação externa. Se um clínico e um paciente sentiam que a descrição do avaliado era verdadeira, o que mais podia haver? Mas esses sentimentos não satisfariam a demanda por provas concretas.

Alguns alegaram que os examinadores do teste de Rorschach eram cínicos fraudulentos ou charlatões, e eram conscientes disso. Por outro lado, uma cartomante cercada de clientes maravilhados com a precisão de sua leitura de mentes também poderia começar a acreditar nas suas próprias habilidades — e alguns dos críticos mais vigorosos do teste de Rorschach faziam exatamente essa analogia. Eles expressavam, no mínimo, consternação com uma "cultura Rorschach" de ortodoxia, argumentos de autoridade e preconceito anticientífico.

Essas críticas, que apareciam em publicações profissionais, tiveram pouco efeito sobre o teste de Rorschach, que era amplamente usado e fundamental para a autodefinição da psicologia clínica. Havia uma demanda enorme pelo acesso à personalidade que as manchas de tinta afirmavam oferecer.

Nos anos 1960, a Guerra Fria estava no auge, exigindo total clareza ideológica na batalha entre comunismo e capitalismo, e houve momentos em que o destino do mundo literalmente dependia de como a ambiguidade era interpretada. Em outubro de 1962, o presidente Kennedy recebeu fotografias de Cuba, tiradas do avião espião U-2, o mais moderno dos Estados Unidos, que exibiam ou não um lançamento de mísseis balísticos soviéticos de médio alcance, e que eram ou não motivo para dar início a uma guerra nuclear.

JFK viu "um campo de futebol" em uma das fotos; RFK viu "a limpeza de um campo para instalar uma fazenda ou o porão de uma casa". Até mesmo o vice-diretor do Centro Nacional de Interpretação Fotográfica — isso realmente existiu, foi criado em 1961 — admitiu que o presidente teria que "confiar" no que as imagens mostravam. Mas era necessário ter certeza. Quando JFK fez um discurso televisionado para a nação em 22 de outubro, ele chamou as fotografias de "evidência inconfundível" de local de mísseis soviéticos; quando foram reproduzidas em todo o mundo, o público as achou igualmente inconfundíveis.

A combinação de ambiguidade real e de uma necessidade esmagadora de certeza visual e ideológica produziu o que foi chamado de uma "crise de imagens da Guerra Fria", que afetava os dois lados da Cortina de Ferro. Tanto os capitalistas quanto os comunistas procuravam mensagens secretas em tudo e insistiam que as tinham encontrado. Uma nova palavra para se referir ao ato de esconder significados específicos em materiais que pareciam aleatórios e sem propósito — "criptografia" — entrou para o *Dicionário Webster* em 1950. Os oficiais da alfândega dos Estados Unidos confiscavam pinturas abstratas enviadas de Paris porque achavam que as imagens continham mensagens comunistas codificadas. Ambiguidades como as manchas de tinta agora tendiam a ser pensadas não mais como métodos úteis para explorar personalidades individuais, mas como códigos a serem decifrados.

Era impossível separar os esforços para ler mentes das tentativas de controlá-las — um elo que ficou muito claro na pesquisa e nos debates sobre a suposta "lavagem cerebral" que abalou as ciências comportamentais norte-americanas na época da Guerra da Coreia. (Essas técnicas de controle mental acabaram imortalizadas na cultura popular por *Sob o Domínio do*

Mal: livro de 1959; filme de 1962.) O governo dos Estados Unidos promoveu intensamente esforços para sondar os segredos da "mente soviética", da "mente africana", da "mente não europeia" etc., tanto na antropologia quanto em outras áreas. Financiou empreendimentos como o Programa Fulbright e promoveu o intercâmbio cultural e a infiltração, e a criação de Estudos de Área (departamentos "latino-americanos" ou do "Extremo Oriente" em universidades proeminentes).

A psicologia era vista como intrinsecamente ligada à segurança nacional e à causa da democracia, e mesmo fora de pontos de acesso específicos, como a América Latina ou a mente soviética, as manchas de tinta eram amplamente utilizadas para penetrar na psique estrangeira. Os fazendeiros marroquinos de Bleuler, os aloreses de Du Bois e os ojíbuas de Hallowell tinham sido apenas o começo. A pesquisadora Rebecca Lemov contou 5 mil artigos publicados entre 1941 e 1968 no que ela chama de "Movimento do Teste Projetivo": pesquisas que usaram testes de Rorschach e outros métodos projetivos sobre diversos povos, desde os indígenas Blackfoot no oeste norte-americano até os últimos ifalukanos que vivem em ilhas de coral na Micronésia, numa área de pouco mais de um quilômetro quadrado. Esses estudos também receberam um bom financiamento do governo. "As fantasias da era da Guerra Fria sobre olhar para a mente das pessoas progrediram", observa Lemov.

Nesse contexto tecnocrático, as informações coletadas provavelmente terminariam como enormes estoques de dados em arquivos e bibliotecas universitárias. A Coleção Vicos em Cornell documentou como a universidade alugou uma aldeia peruana em 1952, expropriou-a para meeiros e administrou sua transição para a modernidade, estudando o local e seus habitantes com testes projetivos a cada etapa. As Publicações da Microcard sobre Registros Primários em Cultura e Personalidade em Wisconsin, conhecidas como "banco de dados de sonhos", continham milhares de protocolos de Rorschach e histórias de vida miniaturizadas, fragmentos de vida como as respostas que um indígena menominee do nordeste de Wisconsin e que encalhou na transição para a modernidade deu ao teste de Rorschach. A Prancha VI, disse, "*é um planeta morto. Parece contar a história de um povo outrora grandioso, que perdeu... como se algo tivesse acontecido. Tudo que sobrou foi o símbolo.*"

Outro menominee, usuário de peiote, achou as manchas de tinta mais reconfortantes: "Sabe, esse Rorschach... é parecido com o peiote, de certa forma. Ele olha dentro da sua mente. Vê as coisas que não são reveladas. É assim com o peiote. Em uma reunião, em poucas horas você conhece melhor um homem do que o conheceria em toda a vida. Tudo nele fica bem ali à vista."

Talvez o ponto baixo das ambições da Guerra Fria na psicologia tenha ocorrido quando a ARPA, a Agência de Projetos de Pesquisa Avançada do Departamento de Defesa, enviou equipes de psicólogos para as selvas arrasadas pela guerra no Vietnã. Eles testaram mais de mil camponeses com um TAT modificado (fotos sem legenda, redesenhadas a partir dos originais de Harvard por um artista de Saigon), procurando os valores, esperanças e frustrações que os motivavam. Eles então se encontraram com oficiais militares e civis ansiosos para "converter uma guerra de devastação em uma 'guerra de bem-estar'" que levaria "paz, democracia e estabilidade" para a região, e que queriam adaptar sua propaganda de contrainsurgência para conquistar os corações e as mentes dos sul-vietnamitas. Como observa um historiador: "A psique vietnamita era o alvo político crucial".

A Simulmatics Corporation era uma empresa de pesquisa com fins lucrativos, fundada originalmente em 1959 para simular em computadores o comportamento dos eleitores antes da eleição presidencial de 1960. Desde então, ela se ramificou e, em 1966, enviou Walter H. Slote, professor e psicoterapeuta da Universidade Columbia, a Saigon para uma estadia de sete semanas. Sua missão: descobrir "a personalidade vietnamita". Ele acreditava que uma vida poderia revelar as forças que moldam as outras — quanto mais "profunda" a motivação de uma pessoa, "maior a probabilidade de representar elementos universais" —, e assim tirou suas conclusões a partir de quatro pessoas. Depois de admitir que a amostra era pequena demais para generalizar, generalizou mesmo assim.

Um monge budista sênior e membro do corpo docente de três universidades vietnamitas; um bombástico líder de manifestação estudantil que derrubou um governo interino e vivia pela glória da rebelião teatral; um intelectual de destaque, filho de fazendeiro de uma aldeia pobre que chegou à França aos 16 anos, se formou aos 20 e voltou ao Vietnã como escritor dissidente; e um terrorista vietcongue que bombardeou a embaixada dos Estados Unidos e seis outros locais, "um homem completamente abatido" disse que "os únicos momentos de felicidade que conhecera foram aqueles em que estava matando" — que "estrutura de caráter" tinha feito esses quatro "evoluírem para os tipos de pessoas que se tornaram"? Para descobrir, Slote usou testes de Rorschach e TAT e psicanalisou os quatro sujeitos durante duas (às vezes até sete) horas por dia, de cinco a sete dias por semana.

Depois de vasculhar detalhes pessoais repetidas vezes, apesar do desconforto dos sujeitos em falar sobre esses assuntos, Slote concluiu que a dinâmica familiar "era a chave" para a psique vietnamita. Naquela cultura, os pais autoritários eram idealizados, e toda a hostilidade contra eles era reprimida. Isso fazia o vietnamita se sentir insatisfeito, incompleto. Eles só estavam "em busca de uma figura paterna gentil e amorosa" — tinham "o desejo, às vezes quase melancólico, de serem abraçados pela autoridade", e atribuíram aos Estados Unidos o papel de "figura paterna toda-poderosa e altruísta". Isso significava, "em essência", que os vietnamitas não eram antiamericanos de jeito nenhum, e sim pró-americanos! Infelizmente, essa repressão extrema também acumulava "quantidades monumentais de raiva" que tinham que ser canalizadas para algum lugar. Isso explicava "sua perspectiva muito volátil e confusa em relação ao papel dos Estados Unidos".

Slote percebeu uma estratégia que achou especialmente paranoica: a tendência de seus sujeitos, ao atribuir culpa, de "começar no meio de um incidente e desconsiderar totalmente os eventos antecedentes que o precipitaram". Por exemplo, o combatente vietcongue tinha a ideia delirante de que os soldados norte-americanos queriam matar civis vietnamitas inocentes. Os norte-americanos tinham atirado em um ônibus cheio de fazendeiros. Slote observou que o ônibus estava passando por um prédio onde uma bomba tinha acabado de explodir; os norte-americanos tinham motivos para pensar que a carga de civis desse ônibus pudesse ser hostil; "De acordo com as circunstâncias imediatas, os norte-americanos poderiam, compreensivelmente, não ter feito seu melhor julgamento", sugeriu. No entanto, por alguma razão, esses fatos foram "completamente desconsiderados" pelo membro vietcongue ao interpretar o tiroteio. "Uma profunda falta de autoavaliação crítica", na opinião de Slote.

Em retrospecto, é fácil ver a profunda falta de autoavaliação crítica no próprio Slote. Ele ignorou todas as razões políticas, históricas ou militares que os vietnamitas pudessem ter para odiar os Estados Unidos. O país só foi responsável por "promover essa situação infeliz" porque era grande e poderoso demais. Mas, aparentemente, isso era o que os norte-americanos queriam ouvir: um artigo de primeira página de 1966 no *Washington Post* chamou o trabalho de Slote de "fascínio quase hipnótico"; as autoridades em Saigon o acharam "extraordinariamente perspicaz e persuasivo".

No FIM DOS anos 1960, a crescente onda de antiautoritarismo estava acabando com exercícios como os de Slote. Havia estudantes nas ruas e o clima de revolução no ar. Acadêmicos estavam cada vez mais desconfortáveis em se associar com financiamentos obscuros do governo, e a ideia de que qualquer técnica poderia dar aos investigadores norte-americanos mais curiosos e tolerantes um acesso quase total a almas inacessíveis começava a parecer bem menos plausível.

Os antropólogos tinham prometido que os testes projetivos poderiam dar voz às pessoas testadas, mas era cada vez mais difícil ignorar que, nas palavras de Lemov, esses testes pretendiam "fornecer uma espécie de radiografia psíquica instantânea que, pelo seu próprio funcionamento, transferia *para o especialista* a tarefa de discernir o verdadeiro significado do que era dito, o que o nativo estava pensando". Era o mesmo dilema ético levantado por qualquer noção do inconsciente: se alguém afirma que existem coisas sobre as pessoas que elas mesmas desconhecem, está dizendo que fala melhor por elas do que elas mesmas, usurpando o direito às suas próprias histórias de vida. Os habitantes, políticos e revolucionários do Terceiro Mundo estavam deixando cada vez mais claro que queriam que suas próprias vozes fossem ouvidas.

Na antropologia, havia uma ênfase cada vez maior na biologia e um retorno às teorias baseadas no comportamento, que viam as interações sociais como mais significativas do que os estados mentais inconscientes. Os estudos de Cultura e Personalidade, e especialmente o movimento do teste projetivo, rapidamente atingiram a total irrelevância, não sendo praticados, ensinados ou lidos. Até mesmo seu antigo defensor, Irving Hallowell, agora olhava para seus estudos sobre os ojíbuas e duvidava que o teste de Rorschach tivesse dado contribuições valiosas a eles — só complementara o que já tinha descoberto por outros meios.

Mudanças análogas estavam em andamento nas áreas relacionadas a saúde mental. Psicofármacos recém-descobertos (antidepressivos, lítio, Valium, LSD) estavam provocando uma rápida mudança, deixando a psiquiatria psicanalítica e indo em direção à psiquiatria da "ciência dura", que conhecemos hoje. Com o aumento do tratamento da saúde mental baseado na comunidade, que se concentrava nas forças externas socioeconômicas e culturais, e com o retorno à proeminência também das teorias comportamentais, prestar atenção à mente ou às motivações internas começou a parecer inútil.

Na psicologia clínica em especial, as críticas ao teste de Rorschach ganhavam força. Ao analisar a situação em 1965 para o trabalho de referência mais respeitado no campo, *The Mental Measurements Yearbook* [Anuário de Medições Mentais], o renomado psicólogo Arthur Jensen foi tão direto sobre o método quanto ninguém fora até então: "Colocando francamente, o consenso da avaliação qualificada é de que o teste de Rorschach é muito pobre e não tem valor prático para nenhum dos propósitos pelos quais é recomendado por seus devotos".

Foi Jensen, nesse ensaio, que afirmou que o teste de Rorschach era "tão intimamente associado ao psicólogo clínico quanto o estetoscópio é ao médico", mas não disse isso como elogio. O teste não era apenas inútil: poderia "levar a consequências prejudiciais em ambientes não psiquiátricos, como nas escolas e na indústria", pela tendência a um excesso de patologização. "O motivo para o teste de Rorschach ainda ter tantos devotos e ser tão amplamente utilizado é um fenômeno surpreendente", concluiu, cuja explicação exige "maior conhecimento da psicologia da credulidade do que temos agora. Enquanto isso, a taxa de progresso científico na psicologia clínica pode muito bem ser medida pela velocidade e meticulosidade com que supera o teste de Rorschach."

Com o uso generalizado e descentralizado do teste na metade do século, até mesmo uma acusação tão vigorosa de uma voz proeminente no campo se perdeu. Nenhuma autoridade, por mais bem credenciada que fosse, era confiável para dar a última palavra. No ano seguinte ao artigo de Jensen, foram publicados o relatório de Walter Slote e a história de Ray Bradbury — os testes paternalistas da Guerra Fria levados ao extremo e a reação contra eles, respectivamente. Era improvável que Slote ou Bradbury tivessem ouvido falar de Jensen, mas certamente não se importariam nem um pouco com sua crítica.

E, no entanto, a psicologia clínica, nas palavras de Jensen, "superou" Freud com "velocidade e eficácia" totalmente surpreendentes. A partir do fim dos anos 1960, a psicoterapia freudiana desabou de sua centralidade até então indiscutível e se tornou um enclave controverso, às vezes faccioso. O teste de Rorschach, com seu valor sob questionamento e a confiabilidade das pessoas que o administravam sob suspeita, poderia facilmente ter encontrado o mesmo destino.

Mas sobreviveu, tanto na cultura em geral quanto na psicologia clínica.

As manchas de tinta já tinham surgido como uma metáfora para o mesmo relativismo antiautoritário que colocava o teste em dúvida. A reação de alguém a uma mancha, ou camisa, agora interpretava a si mesma com prazer, sem a necessidade de um médico de jaleco branco ou com um charuto ao lado do sofá. A autoexpressão livre que a cultura exigia era exatamente o que as manchas de tinta ofereciam, pelo menos na imaginação popular.

No mesmo momento em que o dr. Brokaw levava sua camisa para o povo, o teste de Rorschach se tornava, na vida real, um símbolo para qualquer coisa que provocasse opiniões diferentes e igualmente válidas. Em 1964, um crítico do *Times* que fora confrontado com dez livros sobre Nova York resumiu: "Compor um livro sobre a cidade de Nova York é uma espécie de teste psicológico projetivo, um teste de Rorschach, digamos assim; os cinco distritos são apenas um estímulo ao qual o observador reage de acordo com sua personalidade". Pelo menos no *New York Times*, esse foi o primeiro dos milhares de clichês relacionados ao teste de Rorschach que estavam por vir. Charles de Gaulle logo seria "um teste de Rorschach" para biógrafos; as pontas soltas do enredo de *2001: Uma Odisseia no Espaço*, de Stanley Kubrick, também eram um teste de Rorschach.

Em meio a uma crise de autoridade espalhada por toda a cultura, era mais fácil os intermediários pararem de reivindicar alguma autoridade. As opiniões diferiam, e chamar algo de "teste de Rorschach" significava que não havia necessidade de tomar partido e correr o risco de criar rusgas com alguém. Jornalistas e críticos não achavam mais que era sua tarefa dizer aos leitores qual possível reação à cidade de Nova York ou a *2001* estava correta: todos tinham o direito de opinar, e uma mancha de tinta era a metáfora indispensável para essa liberdade.

Uma única metáfora ressonante, porém, não teria sido suficiente para salvar o teste de Rorschach como verdadeiro teste psicológico. O fato era que, a essa altura, não existia algo como "o" teste de Rorschach.

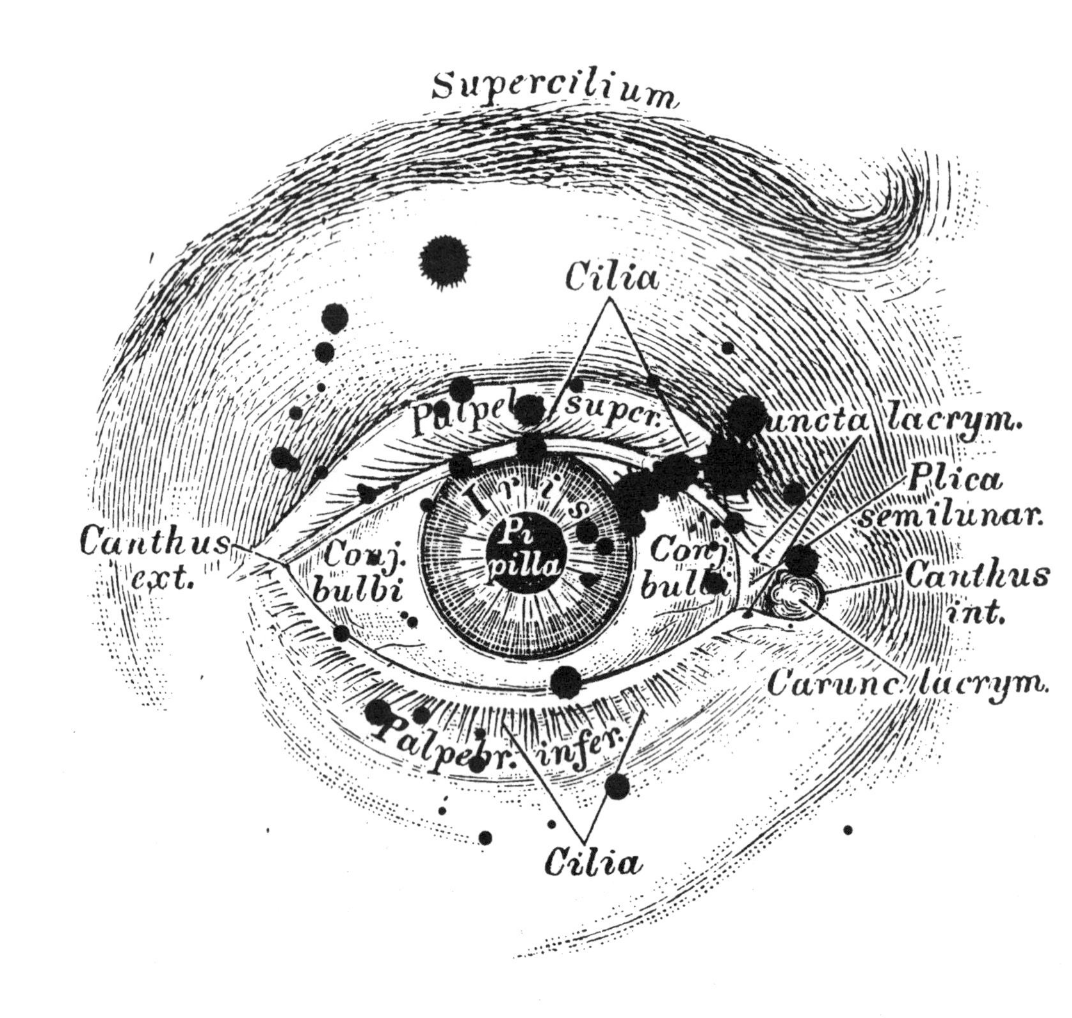
Supercilium
Cilia
Palpebr. super.
Puncta lacrym.
Plica
semilunar.
Iris
Canthus
ext.
Conj.
bulbi
Pupilla
Conj.
bulbi
Canthus
int.
Carunc. lacrym.
Palpebr. infer.
Cilia

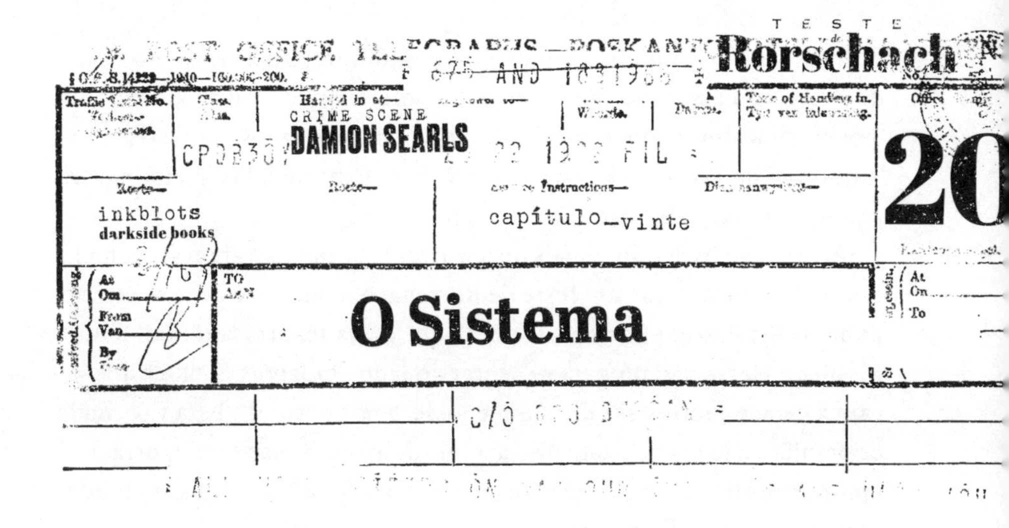

O Sistema

O HOMEM QUE MUDARIA ISSO ERA JOHN E. EXNER JR., nascido em Syracuse, Nova York, em 1928. Depois de um período na Força Aérea durante a Guerra da Coreia, servindo como mecânico de avião e assistente de médico, ele voltou para os Estados Unidos e fez a faculdade na Trinity University em San Antonio, Texas. Viu as manchas de tinta pela primeira vez em 1953 e soube imediatamente que tinha descoberto o trabalho de sua vida. Ele se matriculou em Cornell e começou o doutorado em psicologia clínica.

O que Exner encontrou foi o caos. As abordagens de Klopfer e Beck continuavam a divergir desde os anos 1940. Hertz tinha seus próprios métodos, enquanto outros dois sistemas estavam ganhando destaque nos Estados Unidos: o psicanalítico Schafer-Rapaport e o idiossincrático "Perceptanálise" de Zygmunt Piotrowski, sem mencionar diversas outras abordagens no exterior. Todos usavam as mesmas dez manchas de tinta na mesma ordem, embora alguns acrescentassem uma mancha de amostra adicional, mostrada no início para explicar aos examinados o que lhes seria solicitado. Mas os procedimentos administrativos, os códigos de pontuação e o questionário de acompanhamento muitas vezes eram incompatíveis, e até mesmo *o que* o teste avaliava divergia muito.

Nenhum desses métodos foi usado por uma clara maioria de psicólogos, embora Klopfer tenha mantido sua pluralidade, com Beck em segundo lugar. Os professores não sabiam qual sistema ensinar; os próprios profissionais os combinavam de maneira desorganizada. Como Exner descreveria mais tarde, eles operavam "adicionando intuitivamente um 'pouco de Klopfer', uma 'pitada de Beck', alguns 'grãos' de Hertz e um 'tiquinho' de Piotrowski em suas próprias experiências, e chamavam aquilo de *O Teste de Rorschach*".

Até mesmo os detalhes mais insignificantes demonstraram ser complicados. Ao administrar um teste de Rorschach, onde você deve se sentar? Exner tinha lido em Rorschach e Beck que devia ser atrás do examinado; Klopfer e Hertz diziam para se sentar ao lado, Rapaport-Schafer diziam cara a cara, e Piotrowski dizia onde fosse "mais natural". Essa variedade de opiniões não era pelo fato de o arranjo de assentos não ter importância, mas por motivos contraditórios e bem elaborados a favor de cada abordagem. Mas você tinha que se sentar em algum lugar.

Uma geração depois de Marguerite Hertz ter tentado, sem sucesso, curar a "rixa na família" dos rorschachianos, Exner aceitou o desafio. Foi ele que em 1954, aos 26 anos, como estudante de pós-graduação, apareceu na casa de Sam Beck em Chicago sem perceber que estava com o livro de Klopfer, e ouviu a pergunta: "Você conseguiu isso na *nossa* biblioteca?". Quando contou a gafe ao seu comitê, um deles sugeriu: "Por que não chamamos o velho Klopfer para você trabalhar com ele no próximo verão?". Exner fez isso e, mais tarde, lembrou, "se apaixonou pelos *dois*".

Klopfer e Beck continuavam implacáveis, mas por sugestão de Beck e com a aprovação de Klopfer, Exner decidiu escrever um pequeno artigo comparando os dois sistemas. Cada um pensava que seu sistema "venceria". Esse breve artigo se transformou em um longo livro, que levou quase uma década para Exner escrever: a história detalhada e a descrição dos cinco principais sistemas de Rorschach, com biografias dos diversos fundadores e a amostra de uma interpretação completa de cada método. Em 1969, aos 41, ele publicou *The Rorschach Systems* [Os Sistemas de Rorschach].

Exner descobriu que os cinco sistemas geralmente coincidiam nos conceitos-chave que Hermann Rorschach tinha discutido explicitamente, como o significado das respostas de Movimento ou da sequência de respostas Globais e de Detalhes. Mas, nas muitas áreas do teste em que Rorschach era vago ou para as quais não tinha fornecido nenhuma orientação antes de sua morte prematura — procedimentos de aplicação, sustentação teórica, códigos além dos poucos que ele propôs —, os rorschachianos acabaram seguindo seus próprios caminhos.

Estava claro o que precisava vir em seguida. Com base em milhares de pesquisas e estudos publicados por centenas de médicos, Exner começou a compilar uma síntese. Cinco anos depois, em 1974, ele publicou *The Rorschach: A Comprehensive System* [O Teste de Rorschach: Um Sistema Compreensivo] — com 500 páginas e diversos outros volumes, revisões e desdobramentos posteriores. Seu objetivo declarado era "apresentar, em um formato único, o melhor do teste de Rorschach".

Passando metodicamente por todos os aspectos do teste, Exner colocou tudo em uma única estrutura. Ele decidiu se sentar ao lado do examinado, aliás, para reduzir a interferência de qualquer pista não verbal do examinador, e observou que a posição do assento provavelmente deveria ser reconsiderada para todos os tipos de testes psicológicos, levando em conta as pesquisas sobre como o comportamento pode ser influenciado por isso. Ele forneceu inúmeros resultados e interpretações de amostras e também listas muito mais completas de respostas comuns e incomuns — as "normas" cruciais que eram usadas para determinar se um examinado era normal ou anormal. Noventa e duas respostas Globais para a Prancha I:

Boa: Mariposa
Boa: Criaturas mitológicas (de cada lado)
Ruim: Ninho
Boa: Decoração (Natal)
Ruim: Coruja
Boa: Pelve (de esqueleto)
Ruim: Panela
Ruim: Prensa
Ruim: Foguete
Ruim: Tapete
Boa: Animal marinho...

Seguiam-se mais 126 elementos encontrados em nove áreas de detalhes tipicamente interpretadas na prancha, e mais 58 respostas cobrindo dez áreas raramente interpretadas, todas mostradas em diagramas. Em seguida, para a Prancha II...

O Sistema Compreensivo era mais complexo do que qualquer método Rorschach até então, repleto de novas pontuações e fórmulas. Os cerca de 12 códigos de Hermann Rorschach aumentaram para aproximadamente 140 no total, incluindo

> Sofrimento Atual (eb) = Necessidades Internas Não Atendidas (FM) + Sofrimento Determinado pela Situação (m) / Respostas de Sombreamento (Y + T + V + C')
>
> ou
>
> 3 x Reflexo (r) + Par (2) / Total de Respostas (R) = "Índice de Egocentricidade"

Em português simples: se o Zé da Silva dava duas respostas para cada prancha em um teste de Rorschach, seu número total de respostas (R) seria vinte. Qualquer reação que descrevesse a mancha de tinta como alguma coisa e sua imagem ou reflexo no espelho — "*Uma mulher se olhando no espelho*"; "*Um urso atravessando rochas e água, e ali é seu reflexo no riacho*" — tinha que ser codificada no sistema de Exner como resposta de Reflexo, "r", junto de seus outros códigos (o urso que atravessava também seria resposta de Movimento e de Cor se a "água" fosse uma parte azul da prancha, e Global ou de Detalhe...)

Digamos que o sr. Zé deu essas duas respostas de Reflexo, além de quatro de Par, cada uma codificada como "2" — esse tipo de resposta descreve duas coisas, "*Um par de burros*" ou "*Um par de botas*", localizadas simetricamente em cada lado do cartão, mas *não* como partes de um único conjunto, como dois olhos em um rosto ou duas lâminas de uma tesoura. Juntar esses números à fórmula de Exner produziria um Índice de Egocentrismo de ([3 x 2] + 4) / 20 = 10/20 = 0,5 — um sinal ruim para o Zé, já que qualquer coisa acima de 0,42 sugeria "autofoco intenso que poderia contribuir para distorções da realidade, especialmente em situações interpessoais". Um número abaixo de 0,31 sugeria depressão. Mas nem tudo estava perdido para o Zé da Silva: uma série de outras pontuações e índices extraídos de seu teste podiam modificar o significado desse número alto.

Em alguns casos, as novas pontuações de Exner permitiam que o teste medisse condições e estados mentais que o teste de Rorschach não havia considerado ou que sequer tinham sido definidos em sua época: risco de suicídio, déficit de enfrentamento, tolerância ao estresse. Em outros casos, os códigos pareciam anexar números sem motivo. A importante pontuação de Exner, WSum6, por exemplo, que media a presença ou ausência de pensamento ilógico e incoerente, era simplesmente uma soma ponderada de seis outras pontuações que datam dos anos 1940: Verbalizações Dissidentes (agora codificadas como DV), Respostas Dissidentes (DR), Combinações Incompatíveis (INCOM), Combinações Fantasiosas (FABCOM), Contaminações (CONTAM) e Lógica Autística (ALOG). A nova pontuação proporcionava um limiar mensurável: pesquisas concluíram que WSum6 = 7,2 era a média para adultos, enquanto WSum6 ≥ 17 era alto, resultando em outro ponto no PTI (Índice de Pensamento Perceptual) de nove variáveis que veio substituir o SCZI (Índice de Esquizofrenia) anterior, com sua alta taxa de falsos positivos. Uma pontuação de PTI ≥ 3 "geralmente identifica sérios problemas de ajuste atribuíveis a disfunção ideativa". Tudo isso era um jeito extraordinariamente elaborado de reafirmar que *se você disser muitas coisas malucas, talvez você seja louco.*

Mas esse tipo de enquadramento quantitativo era exatamente o que a época exigia. Exner foi o defensor do teste de Rorschach em uma era posterior à de Klopfer: não um apresentador exibido, mas um tecnocrata sólido e amistoso cuja perícia parecia superar as rixas. O teste de Rorschach tinha que ser padronizado, despojado de suas qualidades intuitivas, emocionalmente poderosas e indiscutivelmente belas, para se encaixar na nova era da medicina norte-americana, orientada por dados.

Em 1973, um ano antes da publicação da síntese de Exner, Nixon sancionou a Lei de Organização da Manutenção da Saúde (Health Maintenance Organization — HMO). A "assistência médica administrada" — um termo abreviado para um novo e complexo sistema de regras de planos de saúde e programas de pagamento — visava a eficiência por meio da eliminação de hospitalizações "desnecessárias" e da imposição de terapias econômicas por tarifas fixas. O médico de família agora era um "médico de atenção primária", responsável por orientar o membro da HMO por um labirinto de especialistas e autorizações, e cada vez mais pressionado para reduzir custos e a necessidade de satisfazer os consumidores, antes conhecidos como pacientes.

Embora as políticas de assistência médica administrada proporcionassem um acesso melhor aos cuidados de saúde (mais pessoas tinham planos de saúde), o aumento de custos resultante (mais pessoas usavam o plano de saúde) obrigava as seguradoras a arrochar. Quanto aos cuidados de saúde mental, o afastamento da avaliação tradicional da personalidade, que fora iniciado nos anos 1960, acelerou. A necessidade de se estabelecer a "necessidade médica" de um tratamento colocava pressão sobre qualquer abordagem que não envolvesse a prescrição de um medicamento. A avaliação psicológica era reembolsada com menos frequência; os requisitos de pré-autorização e outras burocracias dificultavam o uso flexível da avaliação. Mesmo pensando em termos utilitários tacanhos, seria de se esperar que melhores avaliações iniciais e diagnósticos levassem à redução de custos, mas na verdade era provável que fosse uma das primeiras coisas a acabar, a menos que os psicólogos provassem que ela oferecia "informações relevantes para o tratamento e com custo reduzido" e que era "relevante e válida para o planejamento do tratamento". Pesquisas nacionais sobre a prática psicológica na era da assistência médica administrada confirmaram um sentimento difundido entre os médicos de que "as demandas orientadas pelo mercado" tinham "criado [...] obstáculos que [...] ameaçavam a própria existência da prática psicológica tradicional".

Para todos os efeitos, Exner reformulou o teste de Rorschach para esse mundo moderno. Ele não podia tornar o teste rápido e fácil, assim como Molly Harrower não tinha conseguido fazer nos anos 1940, mas poderia torná-lo numérico. Isso sempre fez parte do apelo do teste de Rorschach, seu próprio criador considerava "meio impossível obter uma interpretação definitiva e confiável sem fazer os cálculos". Em comparação com a psicanálise, era realmente mais fácil codificar, contabilizar e comparar o que alguém via nas manchas de tinta do que seus sonhos ou associações livres feitas no sofá do analista. Houve épocas, como quando as manchas de tinta eram amplamente usadas como método projetivo para descobrir as sutilezas da personalidade, em que uma abordagem mais intuitiva ou qualitativa assumia o primeiro plano, mas, quando o pêndulo oscilava para favorecer os números na psicologia, podia-se enfatizar o lado quantitativo do teste. Dito isso, o sistema de Exner era numérico como nenhum antes. E conforme os cartões perfurados da era de Harrower se transformavam em computadores cada vez mais poderosos — parte da crescente burocracia da assistência médica administrada —, o método quantitativo se tornava cada vez mais importante.

Já em 1964, apenas quatro anos depois que o termo *ciência dos dados* foi cunhado, os pesquisadores rodaram em um programa de indexação computadorizada as respostas dos testes de Rorschach de 586 estudantes saudáveis de medicina da Johns Hopkins e geraram uma enorme concordância de 741 páginas. Em meados da década de 1980, esse corpus, somado às histórias de vida obtidas a partir de acompanhamentos de longo prazo dos examinados, possibilitou que se fugisse completamente da interpretação tradicional do teste de Rorschach. Os computadores simplesmente contavam as ocorrências de cada palavra falada nos testes e procuravam correlações entre respostas e destinos posteriores. Um artigo assustador de 1985, "Are Words of the Rorschach Predictors of Disease and Death?" [As Palavras dos Testes de Rorschach Preveem a Doença e a Morte?], afirmou que aqueles que mencionaram o termo "girar" em qualquer uma das dez pranchas tinham cinco vezes mais probabilidade de cometer suicídio do que aqueles que não o fizeram, e quatro vezes mais chances de morrer de outras causas.

Exner também inseriu os computadores na sua própria metodologia. A partir de meados dos anos 1970, ele explorou maneiras de "aumentar o uso de computadores para auxiliar na interpretação do teste", resultando no Programa de Assistência à Interpretação do Rorschach (1987, com inúmeras atualizações posteriores). Depois que um examinador codificava todas as respostas do paciente, o programa fazia os cálculos, gerava pontuações complexas e destacava desvios significativos das normas estatísticas. Ele também fornecia uma impressão de "hipóteses interpretativas" em forma de prosa:

> Esta pessoa parece se comparar desfavoravelmente com outras e, consequentemente, sofre de baixa autoestima e tem autoconfiança limitada.
>
> Esta pessoa demonstra ter habilidades adequadas para se identificar confortavelmente com pessoas reais em sua vida e parece ter oportunidades para formar essas identificações. [...]
>
> Esta pessoa demonstra evidências de uma capacidade limitada para construir relações de intimidade com outras pessoas...

Exner repudiou a abordagem computadorizada no fim da vida, mas o estrago estava feito. O teste de Rorschach, outrora aclamado como a janela mais sofisticada para a personalidade humana, agora podia ser lido por uma máquina.

Mesmo quando usado exclusivamente por seres humanos, o sistema de Exner tinha um lado negativo. Sua rigorosa ênfase empírica minimizava o que muitos defensores achavam mais valioso no teste de Rorschach: a capacidade ilimitada de gerar *insights* surpreendentes. As estratégias que gerações de médicos tinham considerado úteis e reveladoras — por exemplo, a ideia de que a primeira resposta de uma pessoa à primeira prancha dizia algo sobre sua autoimagem — não encontraram lugar no meio da enxurrada de códigos e variáveis de Exner. Como resultado, os psicólogos que usavam as manchas de tinta como ponto de partida para a terapia falada ou para outras investigações abertas tenderam a rejeitar Exner ou a se afastar do teste de Rorschach.

No entanto, Exner deu ao teste uma nova respeitabilidade no campo, especialmente depois de 1978, quando foi publicado o mais rigoroso Volume 2 de seu manual. Sua abordagem flexível e sintetizadora conquistou a maioria dos profissionais mais resistentes, que ainda aplicavam os sistemas anteriores do teste de Rorschach, e até mesmo os principais psicólogos avaliadores, que há muito criticavam os métodos projetivos como subjetivos, começaram a elogiar o rigor que Exner conferiu ao teste de

Rorschach. Exner também zerou a história das controvérsias relacionadas ao teste de Rorschach: agora podia-se dizer que a crítica de Arthur Jensen, de 1965, e todos os outros ataques anteriores se referiam a "versões anteriores e menos científicas" do teste.

Os cursos particulares que Exner ministrava em Asheville, Carolina do Norte, iniciados em 1984, ensinaram o teste de Rorschach a uma geração de clínicos, e seus livros didáticos substituíram os de Klopfer e Beck nos programas de pós-graduação em psicologia clínica. Havia apenas uma exceção, a City University em Nova York, que continuou klopferiana, mas seus alunos tiveram que aprender o sistema de Exner também, já que deveriam usá-lo em residências e estágios em outros lugares. Enquanto milhares de artigos e estudos sobre o teste de Rorschach continuavam a proliferar, o teste centralizado de Exner se tornou a única fonte de consulta para a maioria dos profissionais.

Bruno Klopfer morreu em 1971, Samuel Beck em 1980; Marguerite Hertz passou o bastão para Exner em 1986, se referindo à sua pesquisa como "a primeira tentativa séria e sistemática de confrontar algumas das questões não resolvidas que nos atormentaram ao longo dos anos". "O melhor de tudo", acrescentou, era que "Exner e seus colegas trouxeram disciplina à nossa hierarquia e um senso de otimismo ao nosso campo."

Ao longo dos anos, enquanto Exner aperfeiçoava suas fórmulas, o teste de Rorschach conseguiu gerar resultados cada vez mais corretos — "corretos" no sentido de rotular, digamos, a esquizofrenia exatamente como os outros testes ou critérios a rotulavam. As manchas de tinta eram usadas e julgadas como uma medida padronizada de quantidades conhecidas, não como um experimento exploratório.

Apesar de todos os benefícios que oferecia, integrar o teste de Rorschach com as descobertas de outros métodos psiquiátricos tendia a torná-lo um método mais incômodo e menos econômico para fazer o que os psiquiatras já faziam por meio de outras técnicas. Assim como na informatização, Exner começou a denunciar cada vez mais a busca por "verdades generalizadas" e a criticar trabalhos de referência psiquiátrica como o *Manual Diagnóstico e Estatístico de Transtornos Mentais* (DSM), se referindo a eles como "manuais de escriturários para classificar pessoas angustiadas" que geravam planos de tratamento massificados. Ele pode ter reservas quanto à forma como essas classificações padrão eram usadas, mas elas eram o que seu sistema fornecia — e que outros testes e avaliações também forneciam, porém mais rápido.

O movimento em direção a testes mais eficientes antecedeu o sistema de Exner. Uma pesquisa de 1968 com psicólogos clínicos acadêmicos mostrou que, enquanto o teste de Rorschach ainda era amplamente usado, mais da metade dos entrevistados achava que os métodos "objetivos" e "não projetivos" estavam crescendo em uso e importância. Um desses métodos em especial ganhava terreno rapidamente.

O Inventário Multifásico Minnesota de Personalidade, ou MMPI, publicado pela primeira vez em 1943, ultrapassou o teste de Rorschach em 1975. Continha 504 afirmações — 567 no MMPI-2 modificado — com as quais os sujeitos eram solicitados a concordar ou discordar, e que iam desde coisas aparentemente triviais ("Tenho um bom apetite"; "Minhas mãos e pés geralmente são quentes") até as obviamente alarmantes ("Às vezes, espíritos malignos me possuem"; "Eu vejo coisas, animais ou pessoas ao meu redor que os outros não veem"). Podia ser administrado a um grupo por um funcionário administrativo e era fácil de pontuar. Cada escala MMPI — Escala de Depressão e Escala de Paranoia — tinha duas listas de números de perguntas associadas; para se obter o resultado, somava-se o número de itens da primeira lista que tinham sido respondidos como Verdadeiros com o número de itens da segunda lista marcados como Falsos. Era rápido e "objetivo".

Tecnicamente, isso só significava que ele não era "projetivo". A resposta marcada como Verdadeira ou Falsa de uma pessoa para a afirmação "Algumas pessoas acham que é difícil me conhecer", "Eu não vivi o tipo certo de vida" ou "Um grande número de pessoas é culpado de má conduta sexual" não poderia ser objetiva em nenhum sentido significativo. As pessoas não estão dispostas a se avaliar em termos objetivos, nem são capazes disso — descobriu-se que as autodescrições, na melhor das hipóteses, só correspondiam parcialmente ao que amigos e familiares disseram sobre o examinado ou ao que seu comportamento mostrava. As respostas nem deviam ser tomadas pelo valor nominal: responder "Verdadeiro" a muitas afirmações depressivas e "Falso" a muitas afirmações felizes não significava necessariamente que a pessoa estava deprimida. Havia escalas para medir se uma pessoa parecia exagerar ou mentir; havia outras maneiras pelas quais uma escala podia afetar as outras. A interpretação dos resultados do MMPI também era uma arte, exigindo um julgamento subjetivo. Mas os termos *objetivo* e *projetivo*, ambos tendenciosos, certamente ajudaram o MMPI.

Na década depois de 1975, o teste de Rorschach deixou de ser o segundo teste de personalidade mais usado em psicologia clínica e passou a ser o quinto. Estava agora atrás do MMPI e de vários outros métodos projetivos: o Teste do Desenho da Figura Humana (usado principalmente com crianças), o Teste de Completação de Sentenças e o Teste Casa-Árvore-Pessoa.

Os resultados desses testes mais limitados eram relativamente autoexplicativos. Desenhar uma figura humana com cabeça grande podia sugerir arrogância. Deixar de fora partes importantes do corpo era mau sinal. Completar frases com palavras hostis, pessimistas ou violentas não era nada bom. Esses testes, portanto, eram mais vulneráveis ao "gerenciamento de impressões" — os sujeitos podiam saber como passar a impressão que queriam, se apresentar como queriam ser vistos. Um policial da cidade de Nova York, que fez o Teste Casa-Árvore-Pessoa no processo de contratação, disse que seus amigos tinham lhe dito de antemão: "A casa tem que ter uma chaminé com fumaça saindo, e não importa o que você faça, coloque folhas na árvore". Foi o que fez. Por mais que esses testes tivessem pontos fracos, o fato é que eles eram rápidos e baratos, e por isso cada vez mais usados.

Os rankings de popularidade entre os testes, geralmente baseados em pesquisas esporádicas com amostras pequenas e não representativas, não são tão precisos ou confiáveis quanto parecem. Mas as linhas de tendência eram claras — a tinta estava na parede.

Nesse novo cenário, os psicólogos avaliadores estavam começando a achar o sistema educacional mais acolhedor do que o de assistência médica. As empresas de plano de saúde não estavam dispostas a desembolsar 3 ou 4 mil dólares por testagens amplas em um ambiente hospitalar — na verdade, raramente eram permitidas estadias hospitalares mais longas aos pacientes psiquiátricos —, mas as escolas ainda pagavam pelas avaliações. Não eram do tipo de programa abrangente que a Faculdade Sarah Lawrence tinha instituído na década de 1930 — para isso havia setores prósperos, os testes de QI e os de aptidão. Eram testes psicológicos aplicados individualmente a crianças ou adolescentes problemáticos que apareciam em centros de aconselhamento escolar ou encaminhados para avaliação.

E assim, enquanto Exner continuava a desenvolver seu Sistema Compreensivo, ampliava sua gama de aplicações. Em 1982, dedicou um volume adicional de seu manual a crianças e adolescentes. Em geral, as respostas de uma criança ao teste de Rorschach significavam praticamente a mesma coisa que as de um adulto, argumentou Exner (por exemplo, respostas C puras e CF indicavam pouco controle emocional), mas as normas muitas vezes eram diferentes (muitas dessas respostas seriam normais no caso de um menino de sete anos, mas imaturas para o perfil de um adulto, enquanto em uma criança o perfil maduro de um adulto indicaria "um provável desajuste de supercontrole").

Exner enfatizou que o teste de Rorschach era de uso limitado em casos de problemas de comportamento, porque as conclusões do teste não se traduziam diretamente em informações sobre o comportamento. Nenhuma pontuação específica do teste de Rorschach poderia "identificar de maneira confiável uma criança 'impulsiva' ou diferenciar a delinquente da não delinquente". Nesses casos, especialmente onde havia fatores ambientais que causavam o comportamento da criança, o teste apenas sugeria os tipos de forças e fraquezas psicológicas que poderiam afetar o tratamento. No entanto, nos casos mais comuns que os psicólogos de jovens enfrentavam — estudantes com problemas acadêmicos —, o teste de Rorschach podia ajudar a distinguir entre inteligência limitada, comprometimento neurológico e dificuldades psicológicas.

Muitas das mesmas forças de mercado que empurraram os psicólogos clínicos para a educação nos anos 1970 e 1980 também os impeliram para o sistema judicial. A "avaliação forense" explodiu: avaliavam-se pais em disputas de custódia, crianças em casos de abuso, danos psicológicos em processos de lesões corporais, competência para enfrentar julgamento em casos criminais. O volume de 1982 da obra de Exner incluía vários casos que ilustravam como usar o teste de Rorschach tanto com crianças quanto em ambientes judiciais.

Um desses casos envolvia Hank e Cindy, que haviam começado a namorar no ensino médio e tinham se casado em meados da década de 1960, quando Hank tinha 22 anos. Depois de uma lua de mel de duas semanas, ele embarcou para o Vietnã, onde serviu por um ano e foi condecorado por heroísmo em Da Nang. Os primeiros três ou quatro anos depois de seu retorno foram felizes para o casal, mas isso não se manteve nos anos seguintes. No fim dos anos 1970, o casamento de treze anos terminou em separação e uma batalha por custódia. Hank acusou Cindy de ser psicologicamente incapaz de cuidar da filha de doze anos; Cindy apresentou um contra-argumento, de que Hank tinha sido "mentalmente violento" com ela e com a filha, e que avaliar apenas ela seria injusto. Foram solicitadas avaliações dos pais e também da criança.

Os problemas conjugais apareceram de maneira cristalina nas entrevistas — Cindy reclamou da "canalhice" de Hank, admitiu ter surtos de compras por "rancor" —, enquanto as descobertas do sistema de Exner foram complexas e técnicas. No teste de Rorschach da filha, "se a magnitude da relação *ep:EA* existiu por muito tempo", isso explicaria seus problemas recentes na escola. "*Afr* é bem baixo para a idade", então ela pode ser muito retraída. Quanto a Hank, "A relação *a:p* extremamente desproporcional sugere que não é muito flexível em seus pensamentos ou atitudes. [...] O alto Índice de Egocentrismo, de 0,48, sugere que ele é muito mais autocentrado do que a maioria dos adultos, e isso pode ter efeitos negativos em suas relações interpessoais."

Cindy parecia mais perturbada. Sua primeira resposta para a Prancha I foi "uma aranha, que ela depois distorce ainda mais, adicionando asas. Se isso é, de fato, uma projeção de sua autoimagem, deixa muito a desejar. [...] Todas as suas respostas *DQv* ocorrem em pranchas [coloridas], [indicando] que ela é uma pessoa que não lida muito bem com provocações emocionais." Conclusão: "Ela é fortemente influenciada pelos sentimentos e não os controla muito bem. [...] É provável que ela não tenha uma necessidade de proximidade que é comum à maioria das pessoas." Era fácil entender como a imaturidade superemotiva de Cindy e a inflexibilidade egocêntrica de Hank, reveladas pelos testes de Rorschach, podiam ter causado conflitos no casamento.

No fim, as recomendações dos psicólogos foram modestas. A criança estava "em considerável sofrimento", escreveram. Independentemente de quem ficasse com a custódia, o fato era que "o estado atual da criança indica a necessidade de alguma forma de intervenção" e os dois pais deviam se envolver. O relatório sobre a mãe "enfatizou que, embora ela possa se beneficiar da psicoterapia, isso não significa que ela seja incapaz, nem indica que ela pode ser uma mãe menos capaz do que o pai". Apesar da pressão constante dos advogados para que os psicólogos tomassem partido, não havia "recomendação específica sobre a custódia" nem evidências de que um dos pais fosse incapacitado. Como resultado, a contribuição deles ficou aquém do que o tribunal esperava, e o juiz teve que chegar à sua própria conclusão. Ele decidiu pela custódia compartilhada e ordenou que a mãe procurasse terapia para si e arranjasse uma intervenção para a criança.

Exner incluiu o caso de Hank e Cindy na obra exatamente por não ter nada de incrível ou chocante. Era assim que as descobertas dos testes de Rorschach em contextos judiciais deveriam ser. Como o livro era o manual de Exner sobre como usar o teste de Rorschach, naturalmente era assim que ele detalhava, fornecendo as transcrições completas dos testes de Rorschach, as pontuações e as interpretações dos três membros da família. Nesses casos, os psicólogos combinaram os resultados dos testes de Rorschach com outras informações não publicadas em tantos detalhes. Ainda assim, a combinação de códigos enigmáticos com amplos julgamentos de caráter e psicologia parecia uma enorme bobagem para os céticos, especialmente aqueles menos familiarizados com a versão de Exner do teste. Para os profissionais, era como qualquer dia no consultório.

Assim como o sistema de planos de saúde, o sistema judicial tinha encontrado a versão do teste de Rorschach de que precisava — uma que sustentasse uma superestrutura cada vez mais impressionante de códigos, pontuações e verificações cruzadas. A psicologia norte-americana tinha feito duas barganhas faustianas: pedir para ser paga como um serviço médico justificável para os planos de saúde, que exigiam o cumprimento de seus padrões, e entrar no tribunal, que exigia que o psicólogo reivindicasse o mesmo tipo de autoridade impessoal que um juiz. Em teoria, a psicologia não deveria ser usada para responder a perguntas limitadas — Doente ou saudável? São ou insano? Culpado ou inocente? — mais do que a arte ou a filosofia. Podiam ser perguntas abertas, que levavam a verdades, mas sem obter respostas. Mas agora, mais do que nunca, era assim que ela era usada, em contextos que impulsionavam veredictos e resultados em preto e branco.

A contribuição mais importante de John Exner foi acabar com o alvo em movimento de vários sistemas de teste de Rorschach. Conforme o século XX chegava ao fim, a história do teste desmoronou nas controvérsias em torno dele. Nenhuma evidência seria igualmente aceita em ambos os lados, nenhum exemplo de aplicação do teste seria mais emblemático do que milhares de outros, e nada parecia capaz de mudar a mente de alguém.

capítulo vinte e um

21

PESSOAS DIFERENTES VEEM... Coisas diferentes

No outono de 1985, uma mulher chamada Rose Martelli se casou com Donald Bell; seis meses depois, grávida, o deixou. Depois que o filho nasceu, Bell a processou pelo direito de custódia e visitação. Rose alegou que ele tinha sido violento durante o casamento, e a filha de oito anos dela, de um casamento anterior, de repente alegou se lembrar que Donald tinha abusado sexualmente dela três anos antes. Mas o juiz, achando suspeito o momento das acusações, concedeu a Donald direitos parentais totais e contato não supervisionado. O menino começou a voltar para casa com hematomas inexplicáveis, e Rose chamou o Serviço de Proteção à Criança (CPS) e alegando abuso físico e sexual, mas sem nenhuma evidência decisiva. O CPS solicitou que o pai e a mãe fossem avaliados por psicólogos.

Os resultados do teste de Donald foram normais. O psicólogo de Rose relatou que ela "estava seriamente perturbada e provavelmente não tinha preocupação genuína com os dois filhos" e também que "o raciocínio de Rose era tão prejudicado que distorcia a realidade e as ações de outras pessoas". A assistente social do CPS disse a Rose que abandonasse o caso e procurasse terapia, e se recusou a tomar atitudes quanto aos relatórios subsequentes. Oito meses depois, o menino, agora com cinco anos, disse que o pai batera nele e "o cutucara na bunda" e pediu para ser levado a um médico. O cotonete de um kit parar detectar estupro deu resultado positivo.

Uma nova revisão do caso por um psicólogo especializado em abuso infantil revelou várias evidências de que as alegações de Rose e da filha deviam ter sido consideradas verdadeiras. Donald tinha um registro de violência; Rose tinha reputação de pessoa honesta em sua comunidade; todas as "supostas histórias bizarras" dela investigadas se revelaram "meticulosamente precisas". No entanto, o CPS tinha considerado o relatório do psicólogo original como a palavra final. Na verdade, o segundo psicólogo ficou chocado ao perceber que Rose tinha sido rotulada como suspeita e emocionalmente perturbada só por causa de um teste: o de Rorschach.

O examinador tinha tirado conclusões sobre o teste de Rorschach de Rose usando as pontuações de Exner, que tinham pouca validade comprovada ou que davam diagnósticos excessivos a sujeitos normais, ao mesmo tempo em que negligenciava outras descobertas mais positivas nos resultados dos testes. Rose tinha visto "*um peru de Ação de Graças já comido*" em uma das manchas: essa "resposta de Alimento" contribuiu para que fosse avaliada como carente e dependente. Mas o examinador podia ter levado em conta que Rose fizera o teste no horário de almoço e que não comia desde o café da manhã, ou que era dia 5 de dezembro, uma semana depois do Dia de Ação de Graças, quando havia uma carcaça de peru na geladeira.

Uma das conclusões mais contundentes do examinador, a de que Rose era "egocêntrica e não tinha empatia pelos filhos", se deu por causa de uma única resposta de Reflexo (espelhos ou ver reflexos), que elevou o Índice de Egocentricidade, indicando narcisismo e egoísmo. Mas o que Rose tinha visto nas manchas de tinta era "*um floco de neve de papel, daqueles que fazemos dobrando um pedaço de papel e cortando*". Isso não era uma resposta de Reflexo — o examinador a tinha codificado errado. Quando o psicólogo revisor percebeu tudo isso, era tarde demais. O pai já tinha a custódia.

Com casos como o de Rose Martelli em mente, Robyn Dawes, ex-membro do Comitê de Ética da Associação Americana de Psicologia, escreveu no fim dos anos 1980 que "o uso das interpretações de testes de Rorschach no estabelecimento do *status* judicial de um indivíduo e da custódia dos filhos é a prática mais antiética dos meus colegas".

Apesar de o teste de Rorschach ser, em suas palavras, "inválido e não confiável", "a plausibilidade da interpretação de um teste de Rorschach é tão convincente que ainda é aceita em processos judiciais que envolvem comprometimento involuntário e custódia de crianças, com psicólogos que oferecem tais interpretações nessas audiências convenientemente reconhecidos como 'especialistas'". O livro de 1994 de Dawes, *House of Cards* [Castelo de Cartas], usou o teste de Rorschach como exemplo central da psicologia baseada no mito e não na ciência.

A reinvenção que Exner fizera do teste de Rorschach não convenceu a todos.

ENQUANTO ISSO, AS manchas de tinta continuavam a capturar o imaginário popular. No fim do século XX, muitos jovens tiveram o primeiro vislumbre do nome de Rorschach em *Watchmen* (1986), a revista em quadrinhos de super-heróis com tom psicológico que entrou para a lista dos cem melhores romances em língua inglesa publicados entre 1923 e 2005 da revista *Time*. O anti-herói *noir*, chamado Rorschach, escondia uma alma sombria por trás de sua máscara de mancha de tinta. Por causa das propriedades especiais da máscara, as formas pretas simétricas mudavam, mas nunca se misturavam com o fundo branco, simbolizando o código moral em preto e branco, sem tons de cinza, que o personagem levava a extremos brutais. As duas cores nunca se juntariam.

Em 1993, Hillary Clinton também usou a metáfora da mancha de tinta para evocar extremos irreconciliáveis: "Eu sou um teste de Rorschach", disse a um repórter da *Esquire*, e essa imagem ficou com ela por anos (comentando seu artigo clássico de 2016, o repórter original, Walter Shapiro, escreveu: "Acredito que foi a primeira vez que Hillary disse essa frase frequentemente repetida". E que ainda é repetida: em uma antologia de artigos sobre a carreira de Clinton publicada para a temporada eleitoral de 2016, a introdução chamava Clinton de "um teste de Rorschach das nossas atitudes — incluindo as inconscientes"; a coleção "não vai responder a todas as perguntas dos leitores, mas no mínimo dá à mancha de Rorschach um foco mais claro"). De acordo com a metáfora, as reações a Hillary definiam as pessoas, não a ela; ela tinha pouca ou

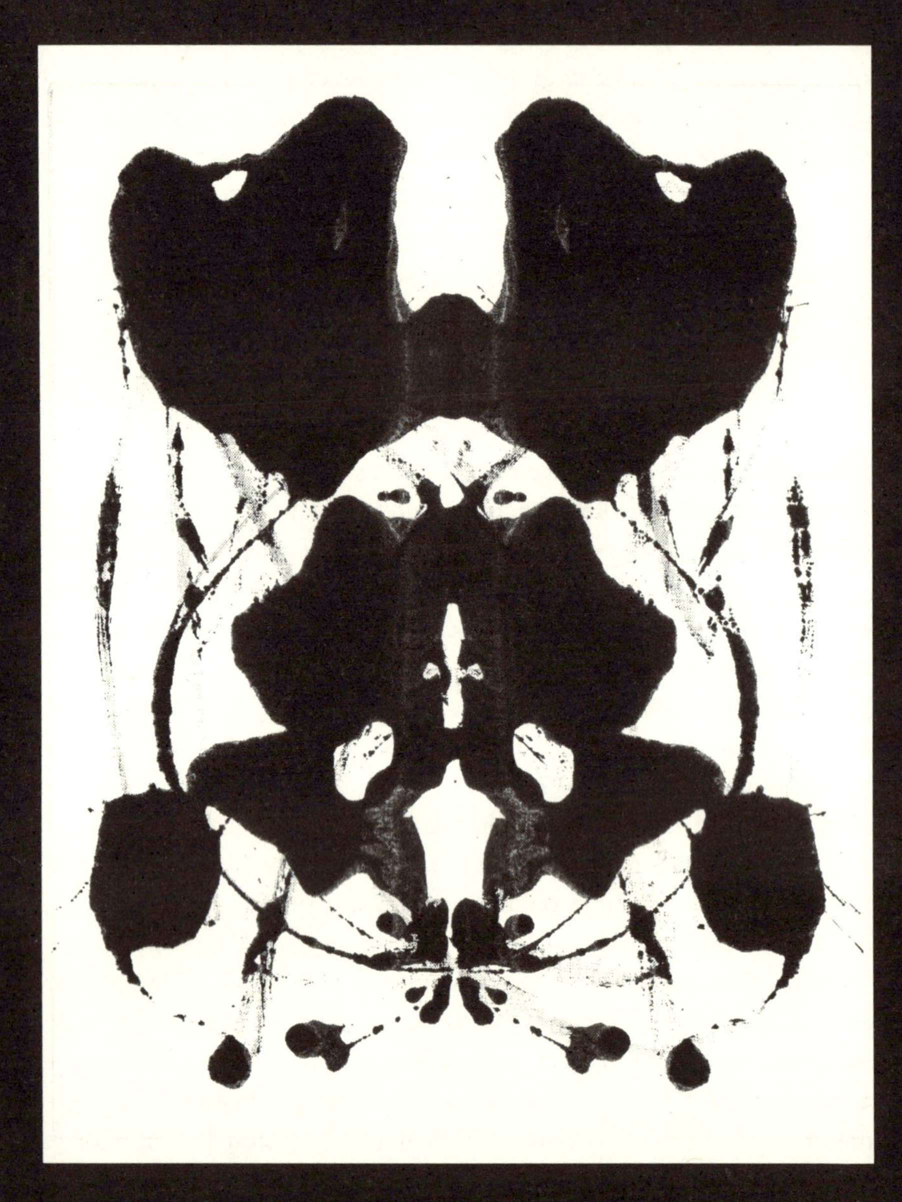

Andy Warhol, quadro Rorschach (1984).

nenhuma responsabilidade sobre qual lado elas escolhiam. Nesse caso, o teste de Rorschach atuava como divisor. O artigo de Shapiro passou a desmascarar diversos mitos e mostrar que algumas interpretações sobre Hillary eram simplesmente falsas. E, ainda assim, ele escreveu: "Ela está certa. Hillary Rodham Clinton, a pessoa real, é em grande parte desconhecida. Olhamos para o semblante dela na televisão e nas capas de revista — e vemos o que queremos ver."

Fora de um contexto político polarizado, "vemos o que queremos ver" pode parecer indiferença, e ninguém acolheu essa indiferença, e até mesmo a levou à forma de arte, melhor do que Andy Warhol. Ele tinha começado a construir imagens de produtos de consumo industrializados nos anos 1960, com serigrafias de latas de sopas Campbell's como as que tinha pintado anteriormente ou pedindo a carpinteiros que fizessem caixas de compensado do mesmo tamanho de caixas de supermercado para que outras pessoas pintassem desenhos serigrafados das caixas de sabonete Brillo. O resultado foi uma série de objetos produzidos em massa quase idênticos aos produtos reais. "Estou pintando dessa maneira porque quero ser uma máquina", disse, a frase ficou famosa. "Se você quer saber tudo sobre Andy Warhol, basta observar a superfície das minhas pinturas, dos meus filmes e de mim mesmo, e lá estou eu. Não há nada escondido."

Além de minar friamente o estilo bombástico dos expressionistas abstratos como Pollock, Warhol estava negando completamente o eu interior. Artistas não expressavam nada. Assim como as manchas de Rorschach, Warhol escondia artisticamente qualquer traço de intenção. Nas palavras de um erudito: "O trabalho é apenas uma coisa pronta ou transmite algo mais? Há uma significância intencional nessas marcas na tela?". Provavelmente, nenhum "trabalho físico real, de nenhum outro grande artista, é tão importante quanto o de Andy Warhol" — as reações de alguém a um Warhol *realmente* importavam mais do que o próprio Warhol.

A máquina ambiciosa que contratava outras pessoas para fazer suas caixas de Brillo, suas serigrafias e dar palestras no lugar dele retornou apenas uma vez, no fim da carreira, para fazer marcas expressivas de sua autoria com tinta no papel. Em 1984, Warhol despejou tinta em grandes telas brancas, às vezes do tamanho de uma parede, dobrou-as ao meio e terminou com uma série de cerca de seis dúzias de pinturas de manchas de tinta simétricas. A maioria usava tinta preta, outras eram douradas ou coloridas. Foram exibidas juntas pela primeira vez em 1996. Todas se chamavam *Rorschach*.

O projeto começou com um erro: Warhol achava, ou alegou que achava, "que quando você vai a lugares como hospitais, eles lhe dizem para desenhar e fazer testes de Rorschach. Eu queria ter sabido antes que havia um conjunto" de imagens padrão, disse, pois assim poderia simplesmente copiá-las. Em vez disso, ele fez suas próprias manchas para ver o que encontraria. Warhol rapidamente ficou entediado com a parte de interpretação do processo e disse que preferia contratar alguém para fingir que era ele e dizer o que via nas manchas. Dessa forma, os resultados seriam "um pouco mais interessantes", disse sem nenhuma emoção. "Tudo que eu veria seria o rosto de um cachorro ou algo parecido com uma árvore ou um pássaro ou uma flor. Outra pessoa poderia ver muito mais."

Era uma provocação clássica de Warhol, e as manchas eram ótimas — Warhol conseguiu mais do que igualar o senso de *design* e o "ritmo espacial" de Rorschach. Ele até admitiu: os quadros *Rorschach* "também tinham técnica. [...] Ao jogar a tinta, podia aparecer apenas um borrão. Então talvez estejam melhores porque eu estava tentando fazê-los."

Warhol levou as manchas de tinta para o *mainstream* artístico e, ao fazer isso, transformou sua importância. Suas manchas não dançavam no limite da interpretação como as de Rorschach; como um crítico escreveu na ocasião da exposição de 1996: "São pinturas abstratas sem o ar pesado da obscuridade enigmática e da profundidade vaga que paira em torno de grande parte da arte abstrata. Há uma qualidade democrática do tipo 'faça você mesmo' nos quadros *Rorschach*: você consegue ler o que quiser, não há respostas erradas." Acima de tudo, as manchas não eram psicológicas — não tentavam penetrar na mente do observador, não eram projetadas para gerar respostas de Movimento, um "sentimento de estar dentro" das imagens. Nada disso seria, usando a palavra de Warhol, "interessante". Basta olhar para a superfície, elas diziam: aqui estou eu.

Na história do teste de Rorschach, Warhol marca o ponto de maior distância entre o teste na psicologia e as manchas de tinta na arte e na cultura popular. Diferentemente dos interesses científicos e humanistas de Hermann Rorschach, ou do trabalho de Bruno Klopfer e da influente antropóloga Ruth Benedict, ou dos analistas de conteúdo dos anos 1950 e dos criadores de *Juventude Transviada*, ou mesmo da crise fictícia de fé do dr. Brokaw e da verdadeira de Arthur Jensen, os quadros *Rorschach* de Warhol e o teste de Rorschach de Exner praticamente não tinham nada a ver um com o outro. Warhol não tinha ideia de como o teste real funcionava; Exner tinha entrincheirado o teste na ciência quantitativa em vez de insistir em uma relevância mais ampla para a arte ou a cultura em geral.

Também na literatura, o teste de Rorschach podia ser aplainado em uma superfície pura. Um livro de 1994, surpreendentemente emocionante, intitulado *The Inkblot Record* [O Registro das Manchas de Tinta], do poeta experimental Dan Farrell, reuniu as respostas de meia dúzia de livros didáticos sobre o teste de Rorschach e simplesmente as colocou em ordem alfabética — todas as cartas e todos os examinados se misturavam como em um solo musical livre de Coltrane, falando de coisas vistas ocasionalmente e dando gritos que vinham do fundo da alma:

> [...] Asas aqui, a cabeça poderia estar aqui ou aqui. Asas voando. Asas abertas, orelhas, não sei dizer de que lado está a frente, uma representação esquemática. Fox terrier de pelo crespo, a cabeça está aqui, a forma, e é um pouco peludo em volta do nariz. Osso da sorte. Osso da sorte. Os desejos nunca se realizavam, mas era divertido fingir. Desejar ter realmente uma mãe, eu não tenho, nunca tive. Chapéus de bruxa. Com uma barba grande, olhos grandes. [...][1]

Resposta após resposta, despojadas de todos os esforços para endossá-las.

1 A tradução não reproduziu a ordem alfabética, somente manteve a ordem do original em inglês, em que todas as primeiras palavras da frase começam com W.

Quando a polarização em torno do teste de Rorschach chegou a um ponto crítico na psicologia, ele era sinônimo de Exner. Em 1989, havia o dobro de psicólogos usando o Sistema de Exner em relação aos que usavam o de Klopfer ou Beck; como era ensinado em 75% dos cursos de pós-graduação sobre o teste de Rorschach, seu domínio só aumentou com o tempo. E Exner parecia estar mudando a sorte do teste. Depois de cair para a quinta posição no fim dos anos 1980, no fim do século XX o teste de Rorschach estava novamente em segundo lugar: ainda atrás do MMPI, mas administrado centenas de milhares de vezes ou mais por ano nos Estados Unidos, cerca de seis milhões de vezes por ano em todo o mundo.

Em contextos judiciais, Exner também prevalecia. Ele e um coautor publicaram um breve artigo em 1996, intitulado "Is the Rorschach Welcome in the Courtroom?" [O Teste de Rorschach é Bem Aceito nos Tribunais?], para o qual entrevistaram os psicólogos na lista de discussão de Exner. Eles descobriram que em mais de 4 mil processos criminais, mais de 3 mil casos de custódia e em cerca de mil casos de agressões pessoais, em 32 estados e no Distrito de Columbia, o depoimento desses psicólogos sobre o teste de Rorschach quase nunca foi contestado. Assim, Exner concluiu: "Ao contrário de qualquer opinião diferente que possa ser divulgada, o teste de Rorschach é bem aceito nos tribunais". Embora isso certamente parecesse incorrer em uma petição de princípio, a lei tem padrões reais para o que é admissível como prova nos tribunais, e o teste de Rorschach atendia a eles. A adoção do padrão Daubert em 1993 — exigir que as evidências fossem "objetivamente científicas", não apenas práticas comuns — levou a um aumento do uso de Exner nos tribunais, não a diminuição.

Como o Conselho de Assuntos Profissionais da APA escreveu, ao homenagear Exner em 1998 com um prêmio pelo conjunto da obra, ele "resgatou o teste de Rorschach praticamente sozinho e o trouxe de volta à vida. O resultado [foi] a ressurreição do talvez mais poderoso instrumento psicométrico já imaginado." Exner tinha então 70 anos, tendo dedicado sua vida às manchas de tinta que o atingiram com tanta força em 1953. Seu nome, de acordo com a citação, "se tornou sinônimo desse teste".

Isso era verdade nos dois lados das guerras relacionadas ao teste de Rorschach.

Junto de Robyn Dawes, um grupo de pessoas contrárias ao teste de Rorschach de Exner publicou uma série de artigos nos anos 1980 e 1990 denunciando-o como não científico. O primeiro pico dessa onda aconteceu em 1999, apenas um ano depois de Exner receber o prêmio, quando Howard Garb, membro do Sistema de Saúde dos Veteranos — um baluarte dos testes psicológicos desde os anos 1940 — pediu a suspensão do uso do teste de Rorschach tanto no ambiente clínico quanto no forense até que a validade das pontuações fosse estabelecida. Seu artigo começava com a retórica que dominava a discussão sobre o teste e praticamente todo o resto: "Tentar decidir se o teste de Rorschach é válido é como olhar para uma mancha de tinta de Rorschach. Os resultados da pesquisa são ambíguos, assim como as manchas são ambíguas. Pessoas diferentes olham para a pesquisa e veem coisas diferentes."

O segundo pico aconteceu em 2003, quando os quatro críticos mais contundentes do teste, incluindo Garb, publicaram um livro que reunia todos os ataques ao teste de Rorschach reunificado de Exner. O principal autor do livro era James M. Wood, o psicólogo que tinha reavaliado o teste de Rorschach de Rose Martelli, e a obra, *What's Wrong with the Rorschach? Science Confronts the Controversial Inkblot Test* [O Que Há de Errado com o Teste de Rorschach? A Ciência Enfrenta o Controverso Teste de manchas de Tinta] começava com o caso de Rose.

O livro apresentava a história mais completa do teste de Rorschach escrita até então, embrulhada em um pacote sensacionalista, a começar pelo título. Três dos quatro coautores publicaram no mesmo ano um artigo chamado "What's Right with the Rorschach?" [O Que Há de Certo no Teste de Rorschach?], que concluía que "as virtudes do teste de Rorschach são modestas, mas genuínas", mas não foi assim que o livro foi apresentado. Um capítulo sobre o futuro do teste se chamava "Still Waiting for the Messiah" [Ainda Esperando o Messias]. Um relato dos pontos fortes e fracos de Hermann Rorschach como cientista apareceu em uma seção chamada "Just Another Kind of Horoscope?" [Mais um Tipo de Horóscopo?], apesar de a resposta da seção a essa pergunta aparentemente ser "não": Rorschach foi criticado por várias falhas, mas elogiado por estar certo sobre a conexão entre personalidade e percepção, e à frente de seu tempo por insistir em estudos de grupo e validação quantitativa.

Mas nem tudo era sensacionalismo. O livro reunia décadas de críticas ao longo de toda a história do teste, redefinindo figuras anteriores, como Arthur Jensen, não como vozes isoladas, mas como defensores negligenciados da objetividade científica. Wood também revisou a nova onda de pesquisas críticas ao sistema de Exner, como 14 estudos da década de 1990 que tentaram replicar as descobertas de Exner sobre sua pontuação no Índice de Depressão. Também descobriu-se que esse índice era alto em Rose Martelli. Mas onze desses estudos, de acordo com Wood, não encontraram nenhuma relação significativa entre a pontuação e o diagnóstico de depressão, com dois outros estudos indicando resultados mistos.

Um problema mais sistemático com o sistema de Exner, do qual outros sabiam, mas que foi destacado por Wood, era que o número total de respostas que uma pessoa dava no teste distorcia muitas das outras pontuações. Dar muitas respostas tornava a pessoa mais propensa a ser considerada anormal de outras maneiras — isso alterava pontuações e resultados que não deviam ter nada a ver com o quanto o examinado gostava de falar. O sistema de Exner não tinha como controlar essas variações.

Mais drasticamente, Wood publicou um problema que data de 2001. A credibilidade das normas de 1989 de Exner recebeu um golpe brutal quando se descobriu que centenas de casos usados para calculá-las eram invenção de erro administrativo. Alguém aparentemente tinha apertado o botão errado, e então 221 registros da amostra de 700 pessoas foram contados duas vezes, e outros 221 simplesmente não foram contabilizados. Exner parecia saber do erro havia pelo menos dois anos, mas só o revelou no meio de um parágrafo na página 172 da quinta edição de seu *Rorschach Workbook* [Manual de Instruções do Teste de Rorschach], oferecendo um novo conjunto de normas que afirmou ser válido desta vez. Quer essas normas fossem ou não muito diferentes, Wood chamou o ocorrido de "erro de enorme magnitude" e ficou estarrecido com o tratamento desdenhoso de Exner em relação a uma dúzia de anos de diagnósticos potencialmente inválidos.

Wood também tinha críticas mais gerais para fazer. Ele ressaltou que muitas das conclusões de Exner se baseavam em centenas de estudos inéditos realizados por seus cursos de Teste de Rorschach, cujos dados nunca tinham sido cedidos para pessoas de fora e raramente tinham sido replicados. Ele acusou o Sistema Compreensivo de ter um grande componente do que poderíamos chamar de teatro científico, com uma enxurrada de códigos e uma avalanche de publicações que se reforçam mutuamente, encantando uma geração de psicólogos clínicos menos treinados em estatística e um ramo jurídico que desconhecia as controvérsias na psicologia clínica.

Esses ataques relativamente técnicos ao sistema de Exner foram seguidos, no entanto, de especulações sobre por que os psicólogos ainda "se agarravam aos destroços" — com explicações que pareciam condescendentes, até mesmo aviltantes, para os leitores profissionais. Por exemplo: é difícil mudar a mente de alguém. Quando lhe perguntaram sobre o tom de rompimento do livro, James Wood admitiu sentir "exasperação e incredulidade perplexa em relação ao que está acontecendo no movimento Rorschach". Ele e seus coautores sentiam que a mensagem agressiva era justificada, pois era uma reação a 60 anos de esquivos e desvios, deprezo e rejeição de evidências inconvenientes por parte dos seguidores de Rorschach.

Provavelmente não é nenhuma surpresa que psicólogos avaliadores praticantes e especialistas em Rorschach discordassem disso quase em unanimidade. Várias críticas apontaram para o próprio viés de confirmação de Wood e seus colegas, sua apresentação seletiva e tendenciosa da informação, sua confiança na evidência anedótica (que o próprio livro criticava) e sua recusa em diferenciar a má prática clínica das fraquezas inerentes ao teste — ou seja, eles dificilmente eram os árbitros científicos imparciais que afirmavam ser. Uma resenha representativa chamou o livro de "útil e informativo", mas advertiu que "todo e qualquer estudo citado pelos autores deve ser cuidadosamente examinado em busca de abstração seletiva e parcialidade para confirmar se é retratado com precisão". Mais de uma resenha destacou que o caso de Rose Martelli, embora desolador, tinha pouca ou nenhuma relevância para o valor do teste de Rorschach quando usado adequadamente. As respostas de Rose tinham sido codificadas de maneira errada e mal interpretadas; seu advogado aparentemente tinha pedido uma reavaliação especializada do teste quando já era tarde demais.

Enquanto isso, o pedido dos críticos por uma moratória no uso do teste de Rorschach nos tribunais foi ignorado. Com base no artigo de Garb de 1999, o livro de Wood terminava com um capítulo de conselhos para advogados, psicólogos forenses, querelantes e acusados, chamado "Objection, Your Honor! Keeping the Rorschach Out of Court" [Objeção, Meritíssimo! Para Manter o Teste de Rorschach Fora dos Tribunais]. Mas uma declaração de 2005 "destinada a psicólogos, outros profissionais de saúde mental, educadores, advogados, juízes e administradores" se contrapôs, citando inúmeros estudos para reafirmar o argumento de Exner dos anos 1990. Concluía que "o teste de manchas de tinta de Rorschach tinha confiabilidade e validade semelhantes aos de outros instrumentos de avaliação de personalidade geralmente aceitos e seu uso responsável na avaliação da personalidade é adequado e justificado". Embora o artigo tenha sido escrito pelo pouco imparcial Conselho Administrativo da Sociedade para Avaliação da Personalidade, o fato é que o teste ainda estava em uso. Foi citado com uma frequência três vezes maior em casos de apelação entre 1996 e 2005 do que nos 50 anos anteriores (1945-95), e as críticas a essa declaração ocorreram cinco vezes menos do que as citações, sem nenhum exemplo do teste de Rorschach sendo "ridicularizado ou menosprezado por pareceres adversos".

Em última análise, a tarefa de combater a complexa controvérsia em torno do teste de Rorschach foi deixada para cada psicólogo ou advogado. Embora Wood duvidasse que o apelidado "culto ao teste de Rorschach" mudaria de ideia de repente, ele esperava que o público norte-americano os obrigasse a isso. "O aumento da conscientização pública pode ser a chave para acabar com a longa paixão dos psicólogos pelo teste de Rorschach", escreveu, e "a notícia está começando a vazar."

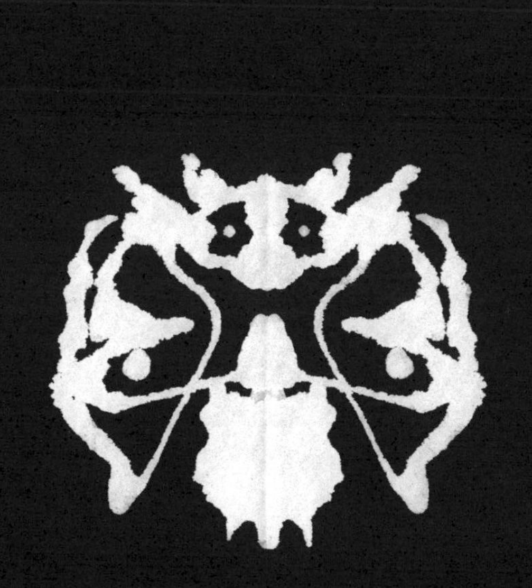

capítulo vinte e dois

22

ALÉM DO... Verdadeiro ou Falso

O TESTE TINHA CHEGADO A UM IMPASSE, COM DOIS CAMPOS DIVIDIDOS e observadores resignados ao fato de que pessoas diferentes veem coisas diferentes. Quando John Exner morreu, em fevereiro de 2006, aos 77 anos, deve ter pensado que esse seria seu legado.

Seu sucessor natural era Gregory Meyer, morador de Chicago 33 anos mais novo. A dissertação de Meyer, de 1989, demonstrou várias das principais falhas do sistema de Exner que ganhariam destaque no fim dos anos 1990. Mas ele viera para melhorar o teste, não para enterrá-lo. Meyer começou a publicar inúmeros artigos densamente quantitativos, debatendo atualizações do sistema, e em 1997, quando Exner motivado pelos artigos anteriores de Wood, montou um "Conselho de Pesquisas do Teste de Rorschach" para decidir quais ajustes eram necessários em seu sistema, Meyer se envolveu, e foi capaz de enfrentar as batalhas científicas do teste de Rorschach nos termos dos críticos.

Mas Exner deixou o controle do Sistema Compreensivo — o nome e os direitos autorais — para a família, e não para alguém da comunidade científica. A viúva de Exner, Doris, e seus filhos decidiram que o sistema tinha que ficar do jeito que estava: depois de todas as décadas de reconciliação e revisão por parte de Exner, novas atualizações não seriam mais incorporadas. O termo "congelado em âmbar" aparece com frequência quando se fala sobre a decisão, que pareceu tão bizarra e contraproducente que começaram a surgir teorias da conspiração para explicá-la. Qualquer que fosse o argumento, o Sistema Compreensivo agora enfrentava exatamente o tipo de rixa que buscava superar quando foi criado.

Meyer minimizou de maneira diplomática qualquer conflito e disse que as negociações com os herdeiros de Exner tinham sido longas e que a decisão final era amigável — que seria "impreciso" dizer que ela "causava discórdia" ou que queria "iniciar uma guerra". Mas ela realmente causava discórdia. Meyer e outros pesquisadores importantes — quatro dos seis membros do Conselho de Pesquisas do Teste de Rorschach de Exner (Meyer, Donald Viglione, Joni Mihura e Philip Erdberg), junto de um psicólogo forense chamado Robert Erard — sentiram que não tinham escolha senão se separar e criar o que é atualmente a última versão do teste de Rorschach, publicada pela primeira vez em 2011: O Sistema de Avaliação por Performance no Rorschach, ou R-PAS.

Por ser essencialmente uma atualização que ia além dos limites do agora congelado sistema de Exner, o R-PAS incorporava as novas pesquisas e fazia inúmeros outros ajustes, grandes e pequenos, para levar para o século XXI o teste de Rorschach do mundo real. As edições contínuas do manual estão disponíveis *on-line*. As abreviações dos códigos são simplificadas para facilitar o aprendizado do sistema. Os resultados dos testes são impressos com informações exibidas em gráficos, já que as impressoras hoje são mais avançadas do que as máquinas de escrever — por exemplo, as pontuações são marcadas ao longo de uma linha e codificadas nas cores verde, amarelo, vermelho ou preto, dependendo de a quantos desvios padrão estão da norma.

Havia o problema de que mais ou menos respostas distorciam os outros resultados, o que foi discutido na dissertação de Meyer, e para resolvê-lo, ele e seus colegas propuseram uma nova abordagem para administrar o teste. Os examinados agora receberiam uma informação direta: "Queremos duas, talvez três respostas". Se o sujeito desse uma resposta ou nenhuma, o fato era anotado, mas ele seria solicitado a mais: "Lembre-se: queremos duas, talvez três respostas". Se o sujeito se empolgasse, receberia um agradecimento depois da quarta resposta e teria que devolver a prancha.

Isso significava dar ao examinador uma experiência sutilmente diferente do que no passado: o teste era mais como uma tarefa concreta, um pouco menos aberto e misterioso. Isso representou mais um afastamento do próprio Rorschach, que privilegiava a experiência aberta de fazer o teste, e não a padronização. Por exemplo, ele argumentara em 1921 que medir os tempos de reação com um cronômetro "não era aconselhável, porque altera a atenção do sujeito e a inocuidade pode ser perdida. [...] Não se deve exercer absolutamente nenhuma pressão." Agora, as restrições ao teste e a pressão sobre o examinado eram preços aceitáveis a se pagar por uma validade estatística melhor.

Em geral, os examinadores aplicavam o teste de maneira mais direta. Eram instruídos a evitar dizer que não há resposta certa ou errada, por exemplo, uma vez que isso não é inteiramente verdade e uma vez que pensar nesses termos pode fazer com que as pessoas enfatizem determinadas respostas. As sugestões do manual sobre o que dizer a um examinado curioso eram notavelmente mais amigáveis do que os roteiros de Exner (citados na p. 31):

> Como é possível obter algo significativo a partir de manchas de tinta?
> *Todos vemos o mundo de maneira um pouco diferente, e essa tarefa nos permite entender como você vê as coisas.*
>
> O que significa ver um... ?
> *Essa é uma boa pergunta. Se quiser, podemos conversar sobre isso quando terminarmos.*
>
> Por que estou fazendo isso?
> *Ele nos ajuda a conhecer você melhor, para que possamos ajudá-lo mais.*

Por fim, era hora de ser realista quanto à exposição às manchas de tinta na era da internet. O Centro de Recursos e Acesso de Pais Separados, ou SPARC, grupo de apoio voltado principalmente para pais divorciados, fundado no fim dos anos 1990, achava que o teste de Rorschach era inadequado em casos de custódia. Aparentemente, eles foram os primeiros a disponibilizar as manchas de tinta *on-line*, em uma das primeiras páginas do *site*, para que os membros pudessem se recusar a aceitar o teste de Rorschach sob a alegação de que já tinham visto as imagens. O *site* chegou a discutir respostas específicas para cada prancha, embora negasse que essas "não eram necessariamente respostas 'boas' ao teste de Rorschach. [...] Não aconselhamos ninguém a usar as respostas da amostra. O que aconselhamos é que você NÃO faça um teste de Rorschach, em nenhuma circunstância."

O SPARC descartou as queixas éticas dos defensores do teste de Rorschach, bem como as queixas judiciais da editora suíça, que alegava que as imagens eram protegidas por direitos autorais. Na verdade, elas estavam em domínio público, embora o termo "Rorschach" tivesse sido registrado em 1991 (é ilegal chamar algo de "teste de Rorschach" ou de "pranchas de Rorschach" e vendê-lo). Quando as manchas de tinta apareceram na Wikipédia em 2009, os editores suíços enviaram e-mails ao *site* dizendo "Estamos avaliando medidas judiciais contra a Wikimedia", mas não havia nada que eles pudessem fazer. O *New York Times* perguntou na primeira página: "Has Wikipedia Created a Rorschach Cheat Sheet?" [A Wikipédia Criou um Roteiro para Burlar o Teste de Rorschach?].

As manchas de tinta estavam no mundo havia muito tempo, é claro. Os livros de Exner estavam disponíveis em bibliotecas ou para compra; o teste de Rorschach propriamente dito também. O diagrama visual dos testes de visão do DMV também está *on-line*: as pessoas podem, teoricamente, memorizar a sequência de letras e tirar a carteira de motorista apesar de uma possível deficiência visual, mas, na realidade, isso quase nunca acontece. No entanto, por décadas, psicólogos tentaram manter as manchas de tinta em segredo. Essa batalha agora estava perdida.

O manual do R-PAS adotava uma abordagem pragmática: "Como as imagens das manchas de tinta estão na Wikipédia e em outros *sites*, e também em roupas e utensílios domésticos, como canecas e pratos", os examinadores devem saber que "o simples fato de ter ocorrido exposição prévia às manchas de tinta não compromete a avaliação". Estudos mostraram que os resultados do teste de Rorschach eram "razoavelmente estáveis ao longo do tempo". O próprio Rorschach usara as mesmas manchas nas mesmas pessoas mais de uma vez. Em vez de fingir que as imagens ainda eram secretas, os examinadores deveriam aprender a reconhecer se um examinado tinha sido instruído sobre o que dizer e como lidar com a "distorção de resposta" intencional.

Em um estudo preliminar de 2013 sobre o que esse novo mundo de acesso às manchas de tinta poderia significar, 25 pessoas receberam a página da Wikipédia sobre o teste de Rorschach e foram instruídas a "fingir respostas boas", para tentar tornar os resultados dos testes mais positivos. Em comparação com um grupo controlado, os impostores deram menos respostas gerais, mais respostas populares padrão e, portanto, várias pontuações foram, em média, mais normais. Mas isso levantou suspeitas no protocolo, e o controle do número inflado de respostas populares eliminou em grande parte os outros efeitos. A conclusão do estudo foi incerta, exigindo muito mais pesquisas.

Junto de mudanças relativamente superficiais do Sistema Compreensivo, Joni Mihura, coautora do R-PAS e ex-membro do Conselho de Pesquisa (que se casou com Meyer em 2008), liderou um projeto hercúleo para examinar todas as variáveis de Exner e analisar todos os estudos existentes sobre qualquer uma delas. Como Wood e outros sugeriram décadas antes, não se pode, a rigor, perguntar se um teste com várias métricas é válido; pode-se questionar apenas se cada métrica individual é válida. Se as respostas de Movimento indicavam ou não a introversão, e se o Índice de Suicídio conseguia ou não prever tentativas suicidas são duas dúvidas muito diferentes — e nenhuma delas equivale a decidir se "o teste de Rorschach funciona". Como a maioria das pesquisas considerava pontuações diferentes ao mesmo tempo, combinar todos os estudos anteriores era uma tarefa de complexidade estatística atordoante. Mihura e seus coautores levaram sete anos para completá-la.

Eles isolaram cada uma das 65 variáveis principais de Exner e descartaram as que tinham evidências empíricas fracas ou inexistentes quanto à validade, ou que eram válidas, mas redundantes — mais ou menos um terço do total. Essa era uma checagem muito mais rigorosa do que aquelas às quais outros testes, como o MMPI, com centenas de diferentes pontuações e escalas próprias, já tinham sido submetidos. As variáveis que passaram pela metanálise de Mihura foram aceitas no R-PAS; ao contrário de todos os outros na história dos sistemas de Rorschach, os criadores do R-PAS não acrescentaram nenhuma variável nova e não testada a ele.

Em 2013, as descobertas de Mihura apareceram no *Psychological Bulletin*, o principal periódico de revisões em psicologia, que não publicava nada sobre o teste de Rorschach havia décadas. Seu trabalho se destacou da avalanche de outros artigos e refutações, opiniões e contra-argumentos, e colocou o teste de Rorschach em uma base verdadeiramente científica. E, com isso, a luta existencial contra Wood e os outros principais detratores parece ter chegado ao fim. Os críticos chamaram o trabalho de Mihura de "um resumo imparcial e confiável da literatura publicada" e retiraram oficialmente o pedido de uma moratória no teste de Rorschach em contextos clínicos e forenses "à luz das evidências convincentes apresentadas" pelo artigo, afirmando que, sim, o teste podia medir distúrbios de pensamento e processamento cognitivo. O teste de Rorschach venceu; muitas das críticas de Wood foram abordadas, portanto, em certo sentido, os críticos também venceram.

Depois de construir um teste de Rorschach melhor, os criadores do R-PAS tinham que fazer que as pessoas o usassem. O artigo de Mihura estabeleceu o parâmetro: pouco antes da introdução do R-PAS, 96% dos clínicos de Rorschach usavam o sistema de Exner. Desde então, o R-PAS progrediu, mas lentamente; é provável que ele prevaleça, assim como o sistema de Exner acabou fazendo com o de Klopfer e o de Beck, mas isso ainda não aconteceu. A maioria dos psicólogos fora da vanguarda teórica parece se ater a Exner por enquanto; muitos deles, ocupados com a prática, e não necessariamente seguindo as últimas pesquisas, nunca ouviram falar do R-PAS. Os psicólogos forenses aderiram, em grande parte, a Exner, quer devessem ou não fazer isso, já que ele tem anos de precedentes; três dos criadores do R-PAS fizeram a defesa judicial do novo sistema, mas parece que ainda não penetrou muito na prática de fato.

As diferenças conceituais entre os sistemas podem ser relativamente pequenas, mas, em termos concretos, os problemas da era anterior à síntese de Exner retornaram. Os professores têm que escolher qual sistema ensinar, ou então ensinar os dois e gastar menos tempo com cada um. A partir de 2015, mais de 80% dos programas de doutorado que ofereciam cursos sobre o teste de Rorschach ensinavam Exner, e pouco mais da metade ensinava o R-PAS. Exner ainda é o que os alunos provavelmente precisam saber; o R-PAS está encontrando a preferência em alguns ambientes clínicos e de estágio, mas não em todos. Pesquisas conduzidas com um dos sistemas podem ou não continuar válidas quando transportadas para o outro.

O consenso do R-PAS, assim como o do sistema de Exner antes dele, era tentar reduzir o teste a algo que pudesse ser comprovado com uma validade irrefutável. Isso estreitou os termos do debate até o ponto em que os dois lados passaram a concordar, mas também pode ter estreitado o teste de outras maneiras. Outra abordagem seria abrir o teste de novo, sem afirmações não científicas radicais sobre seus poderes mágicos de radiografia, mas reconectando-o a um sentido mais completo do eu, colocando-o de volta no mundo agora mais amplo. O teste poderia ser revitalizado se seus possíveis usos fossem completamente reimaginados.

O DR. STEPHEN FINN, sediado em Austin, Texas, parece ser a representação ideal de um psicoterapeuta sensível: rosto gentil, barba branca, olhos bem abertos, voz suave e sincera. Hoje é comum que se utilize a avaliação e rotule as pessoas para que outras as tratem, por isso os jovens psicólogos avaliadores admiram Finn mais do que ninguém no campo, entusiasmados com a perspectiva de usar suas habilidades em um papel menos secundário. Com sua abordagem, começam a abandonar a pergunta imparcial "Qual é o diagnóstico dessa pessoa?" e adotam a questão "O que você quer saber sobre si mesmo?". Ou, ainda mais diretamente: "Como posso ajudar?".

O conjunto de práticas que Finn elaborou desde meados dos anos 1990 é conhecido como Avaliação Colaborativa/Terapêutica, ou C/TA. *Avaliação colaborativa* significa abordar a sessão de teste com senso de respeito, compaixão e curiosidade — com o desejo de entender o examinado, não de classificá-lo ou diagnosticá-lo. Os examinados geralmente são vistos como "clientes", e não como "pacientes". *Avaliação terapêutica* significa usar o processo para ajudar os clientes diretamente, não apenas para fornecer informações a outros tomadores de decisão ou prestadores de serviços no sistema judicial ou médico. Os dois objetivos — tentar entender os clientes e mudá-los — vão contra o que Finn chamou de modelo de "coleta de informações", que visa descobrir fatos para rotular as pessoas com um diagnóstico, uma pontuação de QI ou alguma outra classificação preexistente.

Certo dia, perto da virada do século XXI, um homem entrou no consultório de Finn se perguntando por que ele sempre evitava conflitos e críticas. Quando lhe pediram para transformar essa pergunta abstrata, esse "por que", em um objetivo claro, o cliente disparou: "Como posso me sentir mais confortável com o desagrado de outras pessoas?"

Suas pontuações no teste de Rorschach indicaram uma tendência a evitar ou fugir de situações emocionais (Afr. = 0,16, C = 0), mas Finn não falou das pontuações. Em vez disso, ele leu de novo para o homem uma de suas respostas à Prancha VIII, a prancha colorida com as formas cor-de-rosa parecidas com ursos nas laterais: "*Essas duas criaturas estão fugindo de uma situação ruim. [...] Parece que uma explosão pode acontecer a qualquer momento, e estão correndo alucinadamente para salvar a própria vida.*"

Finn: "Você se identifica com essas criaturas de algum jeito?"

O homem sorriu. "Claro que sim! É isso que eu faço o dia todo no trabalho. Acho que eu penso que vou ser morto se ficar parado. A explosão da qual esses dois estão fugindo é bem ruim."

"E isso é verdade para você?"

"Não é tão ruim assim, na verdade. Mas eu nunca tinha percebido que a sensação é de como se eu fosse morrer."

"É, isso parece ser um *insight* importante sobre por que você evita confrontos", disse Finn.

"Nem me fale. Não admira que eu tenha tido tanta dificuldade com isso."

O tratamento foi concluído depois de apenas algumas sessões. No último encontro, Finn voltou à pergunta inicial de avaliação: "Então, pelo que conversamos até agora, você vê algum jeito de se sentir mais confortável ao confrontar outras pessoas?"

O homem respondeu: "Acho que só preciso aprender que não vou morrer se outras pessoas ficarem com raiva de mim. [...] Talvez possa começar com pessoas que não são tão importantes para mim. Seria menos assustador."

Todas as décadas de debate sobre a validade do teste de Rorschach eram irrelevantes aqui — aquelas criaturas apavoradas na Prancha VIII deram a Finn um jeito de ver o que o cliente sentia e apresentar isso de forma que o ajudasse a aprender sobre si mesmo. Isso era a camisa de Rorschach de Brokaw de volta no consultório médico, com um terapeuta experiente na pontuação padrão do teste de Rorschach, capaz de descobrir quais respostas eram mais reveladoras — nesse caso, formas geralmente vistas como animais lentos *correndo alucinadamente para salvar a própria vida*.

Finn argumentou que um bom terapeuta deve adotar a perspectiva do paciente e depois recuar para ter uma visão objetiva mais distante dos problemas dele. Uma falha em qualquer direção pode ser prejudicial, quer porque o terapeuta se identifique demais com os pacientes, a ponto de comportamento destrutivo ou patológico parecer normal, ou porque esteja tão decidido a diagnosticar um comportamento anormal que não consegue reconhecer sua importância na vida ou na cultura do paciente e intervir efetivamente. Os testes psicológicos, argumentou Finn, podem ajudar o terapeuta com esses dois movimentos: "Eles podem servir tanto como *lupas de empatia* — nos permitindo ver de perto os sentimentos dos nossos clientes — quanto como *apoios* externos — permitindo nos afastar dos sentimentos para ter uma perspectiva externa."

Na prática, então, a abordagem de Finn significa apresentar os resultados dos testes como teorias a serem aceitas, rejeitadas ou modificadas pelo cliente. As pessoas são "especialistas em si mesmas" e precisam estar envolvidas na interpretação das respostas que dão a qualquer teste. O terapeuta compartilha os resultados em linguagem não técnica, em cartas pessoais em vez de relatórios, ou como fábulas para crianças. E, em vez de tentar responder a uma pergunta de orientação — "X está sofrendo de depressão?" —, os terapeutas negociam com os clientes as metas de avaliação e as perguntas da vida real, como "Por que as mulheres me chamam de emocionalmente indisponível? Acho que sou autossuficiente e autocontrolado, mas elas estão certas?". No caso de crianças: "Por que eu fico tão bravo com minha mãe?", "Eu sou bom em alguma coisa?"

A ideia é que, quando os resultados dos testes estiverem ligados a perguntas ou objetivos pessoais, um cliente terá maior probabilidade de aceitá-los e de se beneficiar deles. Um cliente que "vem para uma avaliação psicológica é muito diferente do que o que vem para um exame de sangue ou uma radiografia", escreve Finn; é um "evento interpessoal", que depende da relação que se desenvolve entre cliente e terapeuta para dar sentido ao que se revela.

Não é necessário dizer que esse tipo de modelo "centrado no cliente" normalmente não é usado nos tribunais nem em outros contextos em que uma visão externa da pessoa é necessária. Mas, enquanto um número crescente de estudos controlados demonstra que o C/TA é eficaz — que essas avaliações breves realmente podem acelerar o tratamento, ou até mesmo dar às pessoas uma visão de mudança de vida, às vezes de forma mais incisiva do que a terapia tradicional de longo prazo —, os planos de saúde começam a pagar por ele. Uma metanálise, feita em 2010, de 17 estudos específicos mostrou que a abordagem de Finn tem "efeitos positivos e clinicamente significativos sobre o tratamento" e "implicações importantes para a prática da avaliação, do treinamento e da formulação de políticas" (uma resposta cética ao artigo, escrita por três dos coautores de *What's Wrong with the Rorschach*, também foi publicada).

Às vezes, o simples processo de fazer um teste pode ser terapêutico, como o caso de uma mulher na faixa dos 40 anos que entrou para fazer uma avaliação. Ela era uma pessoa que tinha trabalhado muito a vida inteira, mas tinha sofrido esgotamento em um emprego exigente vários anos antes e não tinha se recuperado desde então. No teste de Rorschach, ela se esforçou para dar respostas Globais para todas as pranchas; a equipe de avaliação discutiu isso com ela, e ela concordou que sempre evitava "seguir pelo caminho mais fácil". Eles lhe asseguraram que as respostas sobre as partes eram "muito boas" e pediram a ela que visse várias pranchas novamente, só para ver como era responder desse jeito. Depois de dar algumas respostas hesitantes de Detalhes, com a garantia contínua dos avaliadores de que as respostas eram boas, ela finalmente suspirou, pareceu aliviada e disse: "Assim é muito mais fácil". Eles tiveram uma longa discussão sobre como ela podia ter ideias exageradas a respeito do que se esperava dela e sobre como essa abordagem da vida tinha origem na sua infância.

Esse uso não padronizado do teste claramente torna essas respostas de Detalhes cientificamente inválidas, mas ajudou a mulher a ver as coisas de um jeito novo. Isso significa que o teste "funcionou" ou não? Na primeira vez, seu alto número de Gs e a falta de Ds deram a Finn informações válidas sobre ela e levaram a uma intervenção terapêutica que se mostrou eficaz — mas e na segunda vez? Os testes devem detectar alguma coisa; os tratamentos devem fazer alguma coisa — essa é a perspectiva que Exner,

Wood e os criadores do R-PAS compartilhavam. Uma pontuação em um teste funciona se der informações válidas e confiáveis sobre uma pessoa. Os resultados são verdadeiros ou falsos. Mas Hermann Rorschach tinha chamado sua invenção de experimento com manchas de tinta — um experimento exploratório, não um teste. Fazer um teste *é* fazer alguma coisa. Nas palavras de Finn: "Não consideraríamos necessariamente nosso trabalho em vão se os resultados de uma avaliação não fossem usados por profissionais externos para tomar decisões ou moldar suas interações com os clientes. Se um cliente se sentiu profundamente tocado e modificado por uma avaliação e conseguiu manter essa mudança ao longo do tempo, consideraríamos que a avaliação valeu o nosso tempo e esforço."

Finn treinou milhares de psicólogos em seus métodos ao longo dos anos, e em conferências de avaliação de personalidade, o C/TA é considerado o aprimoramento mais importante que surgiu em uma geração. É claro que suas raízes remontam a um tempo mais distante — Constance Fischer foi pioneira na "avaliação psicológica colaborativa" nos anos 1970; em 1956, Molly Harrower descreveu o "aconselhamento projetivo", no qual as pessoas discutem suas próprias respostas ao teste de Rorschach com os examinadores para "enfrentar alguns dos seus problemas". O próprio Rorschach usou suas manchas de tinta dessa maneira, com Greti e o pastor Burri e muitos outros. O C/TA é, ao mesmo tempo, algo muito recente e o que deu origem a tudo.

A AVALIAÇÃO TERAPÊUTICA, como um método aberto para chegar a *insights* que parecem corretos, pode dar a impressão de que ocupa um tipo de universo paralelo em relação aos esforços dos criadores do R-PAS para melhorar e validar um teste científico. Na verdade, porém, o R-PAS e o C/TA de Finn reformulam a natureza do teste de Rorschach de maneiras semelhantes.

A referência à projeção e à radiografia foi abandonada. Em vez disso, assim como Finn se concentra no "evento interpessoal" do teste, o R-PAS — o Sistema de Avaliação por *Performance* em Rorschach — trata o teste como uma tarefa a ser executada por um examinador. Como o manual do R-PAS estabelece: "Em essência, o teste de Rorschach é uma tarefa comportamental que permite ampla latitude" de respostas e comportamentos que expressam "as características de personalidade e o estilo de processamento de uma pessoa": "As pontuações do teste de Rorschach identificam características de personalidade que se baseiam no que as pessoas fazem, o que, por sua vez, é um complemento das características que reconhecem conscientemente e aprovam de forma voluntária em um instrumento de autorrelato. Como tal, o teste de Rorschach é capaz de avaliar características implícitas que podem não ser reconhecidas pelo próprio examinado." Fazer um teste de Rorschach significa mostrar o que se tem: é uma espécie de resolução de problemas sob estresse, e não há nada de freudiano nisso. As ações das pessoas são enquadradas não como "projeções" de sua psique, mas simplesmente como um comportamento no nosso mundo objetivo compartilhado. Ao contrário de uma audição ou uma prova de contrarrelógio, no entanto, não é óbvio para o examinado como essa tarefa se relaciona à vida fora da situação de teste. O fato de não termos muita certeza do que é pedido é o que faz o teste funcionar.

Embora Meyer e Finn raramente o citem, a ênfase que eles deram ao desempenho interpessoal remete aos *insights* de Ernest Schachtel, o filósofo do início do teste de Rorschach. O R-PAS e a avaliação colaborativa, de maneiras diferentes, reiteram o argumento de Schachtel de que "o desempenho no teste de Rorschach e as experiências do examinado na situação do teste são um desempenho e uma experiências interpessoais". Como ele diz em outra parte, de maneira mais inspiradora, "o encontro com o mundo das manchas de tinta" faz parte da vida. O ato de reagir às manchas para um examinador pode ser visto artificialmente de maneira isolada desse contexto humano, mas não existe realmente.

Isso fica especialmente claro quando o C/TA é usado para ajudar pessoas que outras terapias muitas vezes não conseguem alcançar — pessoas que não são clientes educados, brancos, de classe alta ou média alta, já familiarizados com a linguagem e a visão de mundo da psicoterapia tradicional. A Clínica Infantil WestCoast, em Oakland, Califórnia, presta serviços a milhares de crianças vulneráveis e muitas vezes abusadas, muitas delas vivendo com pais adotivos, e a maioria proveniente de famílias sem recursos financeiros ou de transporte para usar outros serviços. A clínica foi fundada com a convicção de que essas crianças têm que ser vistas no contexto de suas situações, que muitas vezes são extremas, e não apenas classificadas com medidas padronizadas de, digamos, "problemas comportamentais". Desde o início, a clínica tentou adotar uma abordagem flexível e respeitosa; em 2008, começou a aplicar especificamente o C/TA de Finn.

Lanice, uma garota afro-americana de onze anos, não morava mais com a mãe, que sofria de deficiências intelectuais leves a moderadas. Ela morava com a tia, Paula, e a filha adulta de Paula. Lanice estava agindo de maneira impulsiva na escola e em casa; certa vez, ela derramou esmalte na bebida da prima e ficou sentada em silêncio, esperando para ver o que aconteceria quando ela bebesse. Paula costumava minimizar os problemas de Lanice em casa e se concentrar nos da escola, que eram cada vez maiores. Quando Lanice estava na terceira série, os professores insistiram para que Paula solicitasse uma avaliação, mas, quando a escola finalmente testou Lanice — um ano e meio depois do pedido de Paula —, foi determinado que ela não era qualificada, apesar de já saber ler no jardim de infância. Paula a levou à Clínica Infantil WestCoast para obter ajuda.

As perguntas de avaliação, obtidas em colaboração com Paula e a mãe de Lanice, incluíam "Lanice realmente não tem uma deficiência de aprendizagem?" e "Por que ela está sempre tão zangada?". O avanço crucial se deu por causa da prática do C/TA de incentivar os cuidadores a observar as sessões de testes de uma criança, para ajudá-los a entender melhor como ela funciona. Depois de uma primeira sessão de construção de afinidade, na qual Lanice teve permissão para agir de maneira impulsiva, ela fez um teste de Rorschach e outros testes no dia seguinte. Dessa vez, quando se contorcia no assento, se esparramava sobre a mesa ou girava as pranchas de Rorschach no dedo como uma bola de basquete, o examinador estabeleceu limites mais firmes do que antes. Paula assistia a tudo em tempo real por um vídeo.

Depois de passar o dia com testes, Lanice foi direto para a escola, onde seu comportamento parecia pior do que nunca: afastou-se furiosa do professor e se recusou a seguir instruções. Quando Paula foi buscá-la, recebeu a informação de que Lanice tinha agido de maneira impulsiva e corria o risco de ser expulsa. Paula foi pega de surpresa, pois tudo correra bem no começo daquela tarde.

No terceiro dia, quando Paula e a mãe de Lanice voltaram para fazer o registro de entrada antes da última sessão, foi Paula quem explodiu. Ela culpou os terapeutas pelo comportamento de Lanice, insistindo que, ao deixar a garota agir de maneira impulsiva, haviam destruído seu senso de como se comportar em público. Os terapeutas então puderam conversar não apenas sobre os problemas de Lanice, mas sobre as expectativas e a raiva de Paula. Eles disseram que tentariam apoiá-la e conversariam com a professora depois da aula para explicar a situação; eles "reconheceram que a sessão do dia anterior foi muito intensa e que fariam o melhor para planejar a transição de Lanice da sessão de testes para a escola".

No fim da sessão daquele dia, Paula conseguiu ver até que ponto o comportamento de Lanice se dava por ela se sentir sobrecarregada e como as próprias expectativas de Paula estavam contribuindo para os problemas da sobrinha. Agir de maneira impulsiva era uma forma de comunicação; a garota não sabia como comunicar verbalmente seus sentimentos, incluindo a vergonha em relação à mãe e a raiva por se sentir abandonada por ela, mas esses sentimentos apareceram nas avaliações, como Paula assistira pelo vídeo e começara a entender.

Em uma tarefa conjunta de contação de histórias, na qual Lanice, a tia e a mãe tinham que criar uma história juntas, a família "começou a ouvir, tolerar e identificar a raiva e a frustração de Lanice". O tratamento funcionou quando se expandiu o processo de avaliação para incluir a família de Lanice e a comunidade — para ajudar a garota, os terapeutas precisaram entender a mãe, apoiar a tia, reconsiderar sua própria abordagem e conversar com as pessoas que tomavam decisões na escola dela. O *insight* sobre a psicologia dela significava um *insight* sobre um contexto mais amplo de sua vida.

NA ESTRUTURA DO R-PAS, o teste de Rorschach funciona como um desafio de desempenho porque é misterioso. As manchas de tinta e a tarefa de interpretá-las são desconhecidas e desorientadoras, forçando as pessoas a reagir sem suas estratégias habituais de autoapresentação ou "gerenciamento de impressão". Como terapia colaborativa, o teste funciona porque o que a pessoa vê na mancha de tinta *não* é misterioso: aquela explosão e aquele morcego estridente são concretos, nítidos, prontos para serem compartilhados e discutidos de maneira significativa com um terapeuta.

Por essas duas perspectivas, o teste de Rorschach vai além da dicotomia entre objetivo e subjetivo. Ele não é apenas um conjunto de imagens, não é apenas um lobo que encontramos ou colocamos nas pranchas, mas um processo de lidar com uma situação complexa, em um ambiente confuso e repleto de expectativas e demandas.

Se as descobertas de Finn e Meyer dão alguma indicação, essa visão do teste como tarefa a ser realizada ou como um jeito possível de um cliente e um terapeuta se conectarem pode capturar sua complexidade melhor do que a suposta objetividade ou a projeção puramente subjetiva. É por isso que Gregory Meyer propôs se desfazer dos antigos rótulos de "objetivos" e "projetivos" que os testes tinham e, em vez disso, chamá-los de "testes de autorrelato" e "testes baseados em desempenho". Os dois tipos geram informações reais e são subjetivos, mas, no primeiro tipo de teste, a pessoa diz quem é; no segundo, ela mostra.

Enquadrar a diferença dessa maneira é um movimento sutil para destacar o que o teste de Rorschach tem a oferecer. Afinal de contas, na opinião dos céticos, "confiar muito no teste de Rorschach, mesmo quando ele entra em conflito com informações biográficas e resultados do MMPI", simplesmente "coloca a fonte de informação mais fraca primeiro (o teste de Rorschach)" e é algo que está "quarenta anos atrasado e fora de sintonia com as evidências científicas". Para Meyer e Finn, que estudaram extensivamente o relacionamento entre os resultados do teste de Rorschach e do MMPI, os dois tipos de teste são válidos, mas funcionam de forma diferente. Um conflito entre os resultados é uma informação significativa, não uma razão para rejeitar uma das abordagens.

O MMPI é altamente estruturado, não interativo, e sua aplicação consiste em preencher cartões de resposta ou apertar botões. Suas respostas no formato Verdadeiro/Falso refletem a autoimagem consciente de uma pessoa e os mecanismos de enfrentamento conscientes ou inconscientes dela. Na opinião de Finn, se alguém está funcionando razoavelmente bem — talvez procurando aconselhamento ou com problemas de relacionamento, mas não em crise aguda —, é provável que ele se dê bem nessas tarefas estruturadas. O teste de Rorschach pode, então, revelar problemas subjacentes, lutas emocionais ou propensões para agir como "louco" que só apareceriam em relacionamentos privados ou íntimos que são tão desestruturados, interpessoais e emocionalmente carregados quanto o experimento das manchas de tinta. Essas podem ser dificuldades das quais a pessoa não tem conhecimento, por isso não pode expressar em um questionário MMPI — e, apesar disso, a razão inicial pela qual ela procurou serviços de saúde mental pode ser por ter problemas na vida que não se encaixam com sua autoimagem. Um teste de Rorschach que encontra coisas que outros testes não encontram pode ser um "excesso de patologização", ou então pode chegar a problemas reais que normalmente conseguimos manter sob controle.

Finn descobriu que o cenário inverso, de alguém que gera um protocolo de Rorschach normal e um teste MMPI perturbado, é muito menos comum. Isso geralmente significava uma destas duas coisas: ou o examinado estava fingindo, talvez para reivindicar benefícios por invalidez ou como um "pedido de ajuda", e poderia conscientemente exagerar no MMPI, mas não sabia como fazer o mesmo no teste de Rorschach, ou o fato de o teste de Rorschach ser uma tarefa mais desafiadora em termos emocionais e ter um potencial avassalador fez com que a pessoa "se fechasse" e gerasse um protocolo maçante, mas desinteressante, com poucas e simples respostas. No primeiro caso, o teste de Rorschach estava "certo"; no segundo, o MMPI foi mais preciso.

A partir dessa perspectiva, a base do MMPI no autorrelato é ao mesmo tempo sua força e sua fraqueza. Ele e outros testes desse tipo mostram como a pessoa tenta se apresentar. A força e a fraqueza do teste de Rorschach é que ele contorna essas intenções conscientes. A pessoa consegue controlar o que quer dizer, mas não o que quer ver.

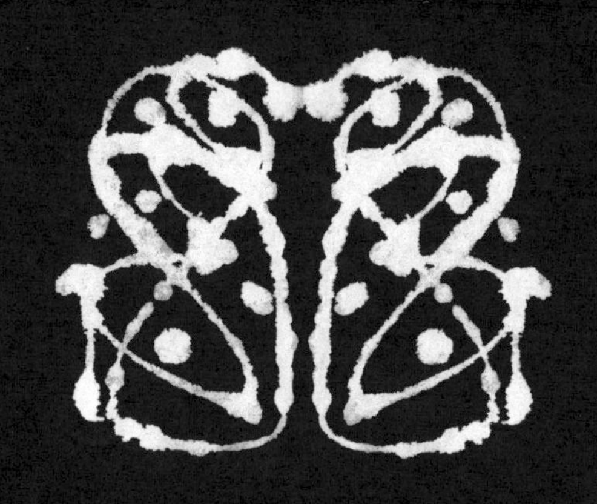

CRIME SCENE
DAMION SEARLS

23 Olhando adiante

HOJE, APESAR DE O TESTE DE MANCHAS DE TINTA TER UMA BASE CIENTÍFICA mais firme do que nunca, tanto como ferramenta diagnóstica quanto como método terapêutico, ele é aplicado com menos frequência. Nos Estados Unidos, seu uso desabou de milhões por ano (quantidade estimada no auge da aplicação) para uma pequena fração disso — não mais do que um décimo, talvez um vigésimo. O teste de Rorschach fora o teste de personalidade mais usado naquele país durante décadas até o surgimento do MMPI, depois do qual passou para o segundo lugar, exceto por uma queda nos anos 1980. Não mais.

Chris Piotrowski, psicólogo que acompanha o uso do teste de Rorschach há décadas, estimou em 2015 que o procedimento ficou em nono lugar, talvez até pior, entre os testes de personalidade usados por psicólogos avaliadores. Estava atrás de testes de autorrelato (MMPI, Inventário Clínico Multiaxial de Millon, ou MCMI, e Inventário de Avaliação de Personalidade), listas curtas (como Inventário de Sintomas 90, Inventário de Ansiedade de Beck e Inventário de Depressão de Beck), roteiros de entrevistas estruturadas para diagnósticos psiquiátricos específicos e outros métodos projetivos mais rápidos, como Desenho de Figura Humana e Completação de Sentenças. Evidências anedóticas sugerem um declínio gradual no uso, e não o efeito bombástico da obra *What's Wrong with the Rorschach*, mas não há estudos que revelem quando e por que a mudança aconteceu e se a introdução do R-PAS em 2011 e do artigo de 2013 de Mihura apressou, diminuiu ou inverteu a tendência.

O livro de Wood parece ser uma causa plausível do declínio, mas é difícil avaliar seu impacto real. A maioria dos psicólogos e avaliadores continuou fazendo o que já fazia. Aqueles que não gostavam do teste de Rorschach aplaudiram a queda; aqueles que conheciam e usavam o teste rejeitaram o livro ou usaram suas críticas para melhorias pequenas, mas reais. Também é impossível desvincular Wood de dinâmicas mais amplas no campo. O teste de Rorschach se tornou, depois de Freud, um símbolo de tudo que as pessoas não gostavam na psicoterapia: excesso de inferências improváveis, muito espaço para distorções, era pouco uma ciência dura. Muitos críticos do teste de Rorschach também eram críticos de Freud, com os mesmos tipos de argumento contra os dois. E assim os pesquisadores do teste tiveram que defender o que praticavam muito mais do que outros psicólogos avaliadores, embora parte dos mesmos problemas também tenham afetado outros testes. Muitos preferiram escolher outras batalhas.

Na mídia popular, pelo menos, o ceticismo domina. Sempre que a *Scientific American* ou a *Slate* têm motivos para mencionar o teste de Rorschach e citar um especialista, esse especialista quase sempre é um dos coautores de *What's Wrong with the Rorschach* e que, via de regra, diz que o teste foi cientificamente desmentido, mas ainda está em uso. As críticas levantadas são aquelas feitas ao sistema de Exner no início dos anos 2000, e ninguém menciona nenhum dos desenvolvimentos desde então.

As informações sobre a frequência com que o teste é ensinado, e não aplicado, são misturadas. Seja devido ao ceticismo ou a mudanças mais amplas no campo, como o aumento da especialização, as escolas de pós-graduação e os estágios credenciados reduziram sua ênfase nas técnicas projetivas ou "baseadas no desempenho". O teste de Rorschach não estava entre os dez testes mais cobertos em uma pesquisa de 2011 sobre programas de psicologia clínica; Piotrowski chamou o declínio de "precipitado", concluindo que o teste de Rorschach logo se tornaria "inexistente no treinamento de psicologia clínica nos Estados Unidos". Um estudo mais recente sugere que essa previsão era rígida demais: embora a cobertura do teste de Rorschach tivesse caído de 81% dos programas em 1997 para 42% em 2011, ela voltou para 61% em 2015. E quase todos os programas "voltados para o profissional", em oposição aos programas "voltados para a pesquisa", continuam a ensinar o teste de Rorschach, embora esse treinamento tenha diminuído nas escolas de pós-graduação em geral.

E temos a qualidade do ensino dos testes de Rorschach. A APA exige que os psicólogos clínicos sejam competentes em avaliação psicológica, mas não diz o que isso significa: os alunos costumavam ter cinco semestres sobre avaliação da personalidade, mas agora têm um curso de um semestre sobre teorias da personalidade, que também aborda como estabelecer afinidade em situações de teste e uma ampla variedade de testes específicos. Em 2015, cerca de duas aulas de três horas cada apresentavam todo o teste de Rorschach, seu histórico, teoria e prática, Exner, R-PAS ou ambos.

Eugen Bleuler trabalhou para levar os métodos onerosos de Freud às pessoas que mais precisavam deles — os pobres, os hospitalizados, os psicóticos. Rorschach também aspirava criar um método que pudesse ser usado com todas as pessoas. Mas as forças mais amplas da desigualdade e da especialização parecem se empenhar contra essa visão. A avaliação e a psicoterapia, em geral, se tornam, cada vez mais, uma espécie de aconselhamento ou *coaching* pago pelo próprio sujeito: exploratório e improvisado, com menos ênfase em diagnóstico específico. O próprio *ethos* da avaliação — tentar obter a visão da pessoa como um todo — parece não se encaixar no sistema de assistência médica administrada que ainda temos hoje. Talvez o teste tecnocrático de Rorschach simplesmente não seja capaz de competir no mercado, e a versão mais exploratória siga o caminho da análise freudiana e de outros serviços abertos ao cliente, um luxo para quem pode pagar. Essa abordagem mais artesanal provavelmente vai durar enquanto as pessoas quiserem saber mais sobre si mesmas.

"Mesmo para simpatizantes como eu", nas palavras de Chris Hopwood, um jovem psicólogo ativo na comunidade de avaliação, o teste de Rorschach "é como um vinil: você só o usa se realmente quer que a música seja boa." Se o teste de Rorschach fosse apenas um teste sutil, mas ineficiente em uma bateria de avaliações, esse seria o fim da história.

O DECLÍNIO DO teste de Rorschach na psicologia clínica não deve ser exagerado: o R-PAS está ganhando terreno, e uma fração de um milhão de vezes por ano ainda é um número alto. As manchas de tinta são usadas como teste em todo o mundo, às vezes para atribuir um diagnóstico, às vezes para mudar de maneira menos mensurável como o terapeuta entende o cliente. Se uma mulher procura um psicólogo para obter ajuda com transtorno alimentar e, em seguida, tem alta pontuação no Índice de Suicídio no teste de Rorschach, o psicólogo pode falar com ela de modo diferente: "Algumas das maneiras como você organiza seu mundo são muito parecidas com as das pessoas que se matam. Devemos falar sobre isso?"

Exemplos como esse parecerão suspeitos para psicólogos ou leigos que acham que o teste de Rorschach encontra alguma maluquice em todos. Mas o teste também é usado para encontrar a saúde mental. Recentemente, em uma instalação de psiquiatria estadual do sistema de justiça criminal que abriga pessoas declaradas como Não Culpadas por Motivo de Insanidade ou Incompetentes para Enfrentar um Julgamento, um homem violento estava em um tratamento extenso (essa história tem que ser mantida em tom vago por motivos de confidencialidade). O tratamento parecia ter funcionado — os sintomas psicóticos do homem tinham desaparecido; aparentemente, ele não era mais um perigo para si mesmo nem para os outros —, mas a equipe de médicos de seu caso estava dividida entre decidir se ele realmente tinha melhorado ou se fingia estar saudável para sair da instalação. Então aplicaram um teste de Rorschach, e os resultados não apresentaram nenhum sinal de distúrbios de pensamento. O teste foi considerado tão confiável e sensível como indicador de tais problemas que o resultado negativo convenceu a equipe, e o homem foi liberado.

O teste de Rorschach também continua a ser usado em contextos de pesquisa. Muitas vezes, é difícil distinguir a demência do tipo Alzheimer de outros efeitos da idade e da doença mental — as manchas de tinta poderiam diferenciá-los? Em uma conferência de 2015, um cientista finlandês apresentou sua análise dos testes de Rorschach aplicados a 60 pacientes com idade entre 51 e 93 anos (idade média: 79) em uma unidade geriátrica de Paris. Vinte deles apresentavam Alzheimer leve ou moderado e quarenta apresentavam diversos outros distúrbios de humor, ansiedade, psicose e problemas neurológicos. O teste encontrou muitos elementos comuns entre os dois grupos, mas também uma variedade de características distintivas. Meia dúzia de resultados do teste de Rorschach mostraram que os pacientes com Alzheimer eram menos psicologicamente inventivos, com menos sofisticação cognitiva, criatividade, empatia e capacidade de resolução de problemas; eles distorciam as informações e não integravam ideias e percepções. O mais intrigante é que, apesar de colocarem uma quantidade normal de esforço no processamento de estímulos complexos e emocionais, os pacientes com Alzheimer deram menos respostas Humanas — um tipo de resposta de conteúdo ainda geralmente aceita como indicador de interesse pelas outras pessoas. Esses pacientes, mais do que seus colegas, tinham se afastado do mundo social. Essa descoberta teve implicações nos tratamentos e cuidados de pessoas com Alzheimer.

Fora da psicologia clínica, o fato de haver tantos dados sobre como as manchas de tinta são percebidas as torna úteis em uma ampla variedade de aplicações. Em 2008, quando uma equipe de neurocientistas japoneses quis estudar o que acontece quando as pessoas veem as coisas de maneiras originais, precisavam de critérios reconhecidos e padronizados para saber se algo que uma pessoa vê é comum, incomum ou único. Eles pegaram o que chamaram de "dez figuras ambíguas que tinham sido usadas em estudos anteriores" e as projetaram dentro de um tubo de ressonância magnética equipado com um *scanner* de voz, acompanhando a atividade cerebral dos sujeitos em tempo real, enquanto eles davam respostas típicas ou atípicas às manchas de tinta.

O estudo demonstrou que ver uma coisa de um modo padrão usa regiões cerebrais mais instintivas e precognitivas, enquanto a visão original, que exige uma integração mais criativa entre percepção e emoção, usa outras partes do cérebro. Como os cientistas japoneses destacaram, os rorschachianos, muito tempo antes, tinham argumentado com precisão que as respostas originais "são produzidas a partir da interferência da emoção ou de conflitos psicológicos pessoais [...] sobre as atividades perceptuais". O estudo da ressonância magnética confirmou a tradição de Rorschach, assim como as manchas de tinta haviam possibilitado o experimento da ressonância magnética.

Outra conclusão dessa pesquisa foi que as pessoas que veem formas com menos qualidade têm amígdalas maiores, um sinal de que essa região do cérebro, que processa as emoções, é ativada com mais frequência. "Isso sugere que a ativação emocional influencia muito a medida de distorção da realidade", como Rorschach havia postulado um século antes com sua correlação de respostas de Cor e Forma de má qualidade (F-).

Outros estudos recentes sobre percepção usaram novas tecnologias para investigar o próprio processo de fazer o teste. Como os examinados típicos do teste dão, em média, de duas a três respostas por prancha, mas podem dar de nove a dez se lhes pedirem, uma equipe de psicólogos da Universidade de Detroit argumentou, em 2012, que as pessoas deviam estar filtrando ou censurando as próprias respostas. Contornar essa censura talvez tornasse mais revelador um teste baseado em desempenho. Mas para isso seria preciso que houvesse uma reação involuntária a uma imagem, ou pelo menos uma reação "relativamente mais difícil de censurar". E havia: os movimentos dos olhos ao percorrerem uma mancha de tinta antes de o sujeito falar.

Assim, com base nos estudos de Rorschach sobre movimento ocular de 1948, os pesquisadores fixaram à cabeça de treze alunos um rastreador EyeLink, mostraram a eles as manchas de tinta e perguntaram "O que pode ser isso?", depois mostraram cada mancha novamente e perguntaram "O que mais pode ser isso?". Eles quantificaram e analisaram o número de vezes que cada sujeito parava e olhava para um ponto na imagem, por quanto tempo olhava, quanto tempo demorava para se desligar de toda a imagem e começar a olhar ao redor, e até onde o olhar saltava. Eles também tiraram conclusões gerais, como a de que mantemos nosso olhar fixo em algo por mais tempo na segunda vez que olhamos, já que reinterpretar uma imagem é uma "tentativa de adquirir uma informação conceitualmente difícil". Isso é prestar atenção ao modo como vemos, não ao que dizemos, uma espécie de desforra. Os movimentos oculares nunca revelam tanto sobre a mente quanto o que vemos nas manchas de tinta, mas pesquisadores estão explorando o que indicam sobre como vemos — e retornando à visão original de Rorschach do teste como um jeito de entender a percepção.

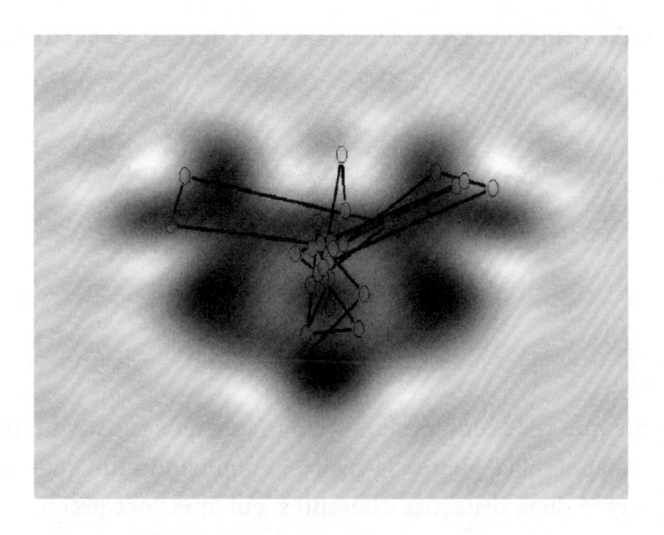

Não o que você vê, mas como: movimentos oculares ao olhar para a Prancha I. A mancha é mostrada pelos pesquisadores assim, borrada, para não revelar a imagem real. As linhas são os caminhos de rastreamento e os círculos são pausas ou fixações; esse sujeito prestou mais atenção à parte central da mancha.

A pergunta mais fundamental sobre o teste que Rorschach deixou sem explicação ao morrer foi como essas dez pranchas podiam gerar respostas tão ricas. A tendência predominante na psicologia, de Beck aos analistas de conteúdo e a Exner e seus críticos, foi deixar de lado essa pergunta de base teórica. Os empiristas pensavam no teste como algo que gerava respostas e passaram décadas aperfeiçoando como essas respostas deviam ser tabuladas. Para Rorschach — e apenas outros poucos que vieram depois —, as manchas de tinta geravam algo mais profundo. Ernest Schachtel argumentou que os resultados do teste não são as palavras faladas, mas os modos de ver. "É preciso enfatizar que este é um teste formal", escreveu Rorschach em 1921: "*como* uma pessoa *percebe* e *absorve*."

Hoje sabemos mais do que nunca sobre a ciência e a psicologia da percepção. Conforme o teste se liberta das guerras culturais da psicologia clínica, pode finalmente ser possível integrar as manchas de tinta a uma teoria completa da percepção, como Rorschach queria, ou pelo menos esboçar o que, na natureza da visão, dá poder às manchas de tinta.

Olhe bem para esta imagem. Haverá um teste a partir dela.

Imagine que você tenha todo o tempo que quiser para analisar essa imagem, e depois ela é guardada e você é conduzido a um quarto escuro. Agora imagine duas situações diferentes: em uma você precisa, de olhos fechados, responder à simples pergunta perceptual sobre a imagem: *a árvore é mais larga do que alta?* Na outra, você tem que responder à mesma pergunta, mas seus olhos estão abertos e a imagem é exibida palidamente em uma tela para que a observe enquanto a pergunta é feita.

Esse experimento foi realizado com 20 pessoas, usando imagens semelhantes e perguntas análogas. A atividade cerebral dos sujeitos foi medida em cada situação — a sala escura era um *scanner* de ressonância magnética. Descobriu-se que a sobreposição na atividade cerebral entre os dois cenários era de 92%, sugerindo que quase tudo que seu cérebro faz quando você *vê* algo é igual a quando você *visualiza* algo — ou pelo menos acontece na mesma área do cérebro. A captação ou não de luz pela retina corresponde a apenas 8% do que acontece, digamos. A percepção é um processo principalmente psicológico, não físico.

Quando a pessoa olha para algo, está direcionando sua atenção para algumas partes do campo visual e ignorando as outras. Ela vê o livro em sua mão ou a bola de beisebol voando em sua direção e decide ignorar todas as outras informações que chegam aos seus olhos: a cor da sua mesa, as formas das nuvens no céu. Ela está constantemente verificando o que está lá fora e confrontando isso com objetos e ideias que reconhece e dos quais se lembra. As informações e instruções estão viajando ao longo dos nervos, dos olhos até o cérebro, e também do cérebro até os olhos. Em outro experimento, Stephen Kosslyn, coautor do estudo de visualização de árvores e atualmente um dos principais pesquisadores da percepção visual, monitorou essa atividade neural bidirecional que se deslocava "para cima" e "para baixo" durante um ato de observação e descobriu que a proporção é de 50/50. Ver é tanto agir quanto reagir, tanto expor quanto absorver.

Até mesmo as tarefas ópticas que parecem completamente naturais não são apenas passivas ou mecânicas. Nossos olhos podem registrar comprimentos de onda, mas um pedaço de carvão parece igualmente preto no fundo de uma sacola ou num churrasco sob o sol do verão — a luz que ele reflete é diferente, mas o enxergamos como preto porque o reconhecemos como preto. Da mesma forma, uma folha de papel branco parece branca, independentemente da iluminação do ambiente. Os pintores precisam desaprender essa maneira de ver para poder pintar coisas "pretas" ou "brancas" com cores diferentes. Como Kenya Hara, um *designer* japonês, escreve em seu belo livro *White* [Branco]: "Coisas como o rico amarelo-ouro da gema de um ovo quebrado ou a cor do chá transbordando em uma xícara não são apenas cores; ao contrário, são percebidas em um nível mais profundo por meio da textura e do gosto, atributos inerentes à sua natureza material. [...] Nesse caso, a cor não é entendida apenas pelo nosso sentido visual, mas por todos os nossos sentidos.". Em outras palavras, a mais perfeita amostra de amarelo--gema no maior livro de amostras do mundo não está dentro da casca de um ovo pouco cozido nem brilhando em uma camada clara que se solidifica em uma frigideira com aroma de azeite começando a aquecer, então não pode ser a cor amarelo-gema que realmente vemos. As cores existem em conexão com coisas coloridas que despertam nossas lembranças e nossos desejos. Os sistemas objetivos existentes —tabela Pantone, roda de cores, grade de pixels de "todas" as cores — não conseguem representar *nenhuma* cor de maneira real. Até mesmo o ato de ver uma cor é do eu, não apenas do olho.

Rorschach defendeu a mesma questão em *Psicodiagnóstico* da seguinte maneira, citando seu professor Eugen Bleuler: "Na percepção, existem três processos: sensação, memória e associação". As teorias "associacionistas" de Bleuler são inadequadas de várias maneiras, como o próprio Rorschach passou a reconhecer, mas o fato básico ainda é o seguinte: a visão é uma combinação de (1) registro visual de um objeto; (2) reconhecimento do objeto, isto é, identificação dele *como* algo ao compará-lo com coisas conhecidas; e (3) integração do que vemos a nossas atitudes sobre essas coisas e a nossa visão de mundo em geral. Não é uma sequência de três etapas, mas três partes inextricáveis do mesmo ato. Você não vê *primeiro* uma árvore, ou um rosto, ou um anúncio, e *depois* o processa e *só então* reage; tudo acontece ao mesmo tempo.

Isso significa que é possível ver de maneira impulsiva, sonhadora, hesitante — não apenas ver primeiro e depois agir de maneira impulsiva, sonhadora, hesitante. Um psicólogo pode lhe observar vendo com ansiedade, não apenas lhe observar se mexer com ansiedade ou falar com ansiedade. É por isso que faz sentido chamar de performance o ato de ver uma mancha de tinta. Pode parecer óbvio que a percepção acontece no interior, de maneira particular e inacessível, com o "desempenho" no teste vindo depois do ato de ver. Rorschach afirmava o contrário.

Como ele disse em palestra de 1921 para professores suíços:

> Quando olhamos para uma pintura de paisagem, sentimos um conjunto de sensações que desencadeiam processos de associação. Esses processos evocam imagens da memória que nos permitem *perceber* a pintura, tanto como imagem quanto como paisagem.
>
> Se for a imagem de uma paisagem que conhecemos, dizemos: nós *reconhecemos* a imagem. Se não *conhecemos* a paisagem, podemos *interpretá-la* (ou deixar de interpretá-la) como um pântano, a margem de um lago, o vale do Jura etc. Reconhecer, interpretar, determinar —são todos tipos de percepção que diferem apenas no grau de trabalho associativo secundário envolvido.

Em outras palavras, toda percepção combina "as sensações que vêm com os traços internos de memória que essas sensações evocam", mas na vida cotidiana essa "correspondência interior" acontece automaticamente e sem ser notada. A *interpretação*, Rorschach explicou ao público, é simplesmente a percepção ativa, "em que notamos e percebemos a correspondência conforme acontece". Sentimos que estamos juntando pistas sobre essa paisagem desconhecida e chegando a uma resposta que parece uma interpretação mais ou menos subjetiva. A mancha de tinta é simplesmente o caso da paisagem desconhecida levada ao extremo. Mas, mesmo assim, interpretar a mancha não é algo que acontece depois de percebê-la. Você não interpreta o que viu, mas sim enquanto o vê.

A percepção não é apenas um processo psicológico, é também — quase sempre — cultural. Vemos através de nossa "lente" pessoal e cultural, de acordo com os hábitos de uma vida moldada por uma cultura específica, como os antropólogos de Cultura e Personalidade sabiam. O deserto sem trilha de uma cultura é repleto de informações detalhadas e significativas, plantas e animais específicos, para membros de outra; algumas pessoas notam o corte de cabelo de um amigo, outras não; há mais nos olhos de quem vê do que a beleza. Uma enorme vantagem do teste de Rorschach é que ele geralmente contorna essas lentes — como disse Manfred Bleuler, ele nos tira os "véus da convenção".

Ernest Schachtel apontou, há mais de meio século, que quando nos pedem para dizer o que determinada mancha de tinta pode ser, não estamos em um contexto em que podemos esperar, de forma racional, que algumas coisas apareçam e não outras — uma sala de estar escura, uma estrada nebulosa, um olhar para dentro de um aquário. Como resultado, interpretar a mancha requer mais da nossa percepção ativa e organizada do que normalmente usamos; somos forçados a escavar uma variedade mais ampla da nossa experiência e da nossa imaginação para ter ideias em relação à mancha. Ao mesmo tempo, um lobo na mancha não é uma ameaça, ao contrário de um lobo em uma noite sombria, então não importa se o descobrimos ou não. Os examinados saudáveis sabem que a mancha, diferentemente de tudo que encontramos fisicamente ao longo da vida, não é algo "real", é apenas um cartão real impresso. Os riscos são baixos — o que vemos não tem consequências práticas imediatas. Nossa visão tem espaço para relaxar e vagar livremente pelo tanto de espaço que estivermos dispostos a lhe dar.

Isso ajuda a explicar por que a pergunta que Rorschach fazia no teste é tão crucial. As perguntas "Como isso faz você se sentir?" ou "Conte uma história sobre essa cena", não testam a nossa percepção. A imagem no TAT que mostra um menino com um violino deve parecer um menino com um violino, qualquer que seja a história que contarmos. Podemos associar livremente pensamentos ou sentimentos sobre as manchas de tinta, mas, para esse propósito, elas não são melhores do que nuvens, borrões, tapetes ou qualquer outra coisa; o próprio Rorschach achava que as manchas não eram especialmente adequadas para a livre associação. A pergunta "O que você vê?" ou "O que pode ser isso?", no entanto, mostra como processamos o mundo no nível mais básico — e, ao fazê-lo, invoca a nossa personalidade e variedade de experiências.

Ser livre, pelo menos uma vez, para perceber algo, sem nenhuma pista ou orientação — ver sem os filtros restritivos da convencionalidade rígida — pode ser uma experiência poderosa. O dr. Brokaw, ao oferecer essa experiência aos passageiros de ônibus com sua camisa psicodélica, podia estar tentando obter alguma coisa. As drogas psicodélicas reais não estimulam nem superestimulam as partes visuais do cérebro, como seria de se esperar; em vez disso, elas suprimem ou desligam a "camada administrativa" do funcionamento mental: a parte do cérebro que mantém todo o resto separado, como faz, por exemplo, ao manter os centros visuais isolados dos centros emocionais. Com esse tipo de droga, sua percepção fica livre de administração, filtros e diretrizes, os "véus da convenção". Como na citação de William Blake que Aldous Huxley e Jim Morrison tornaram famosa, "As portas da percepção ficam limpas" — como as "janelas" pelas quais a abundância do mundo flui, no verso preferido de Rorschach do poema de Gottfried Keller. Olhar para uma mancha de Rorschach não é uma experiência tão poderosa quanto tomar ácido, obviamente, mas as duas coisas funcionam de maneira análoga.

A percepção não é apenas visual: "O que pode ser isso?" e "O que você vê?" não são exatamente a mesma pergunta. Mas não foram apenas a preferência pessoal ou as limitações tecnológicas que levaram Rorschach a fazer manchas de tinta e não um teste de áudio de Rorschach, ou joelhos de cipreste, ou manchas para cheirar. A visão é o sentido que funciona à distância, ao contrário do tato e do paladar, e ao mesmo tempo pode ser focada e direcionada, ao contrário da audição e do olfato. Podemos prestar atenção a certos ruídos ou odores ou tentar ignorá-los, mas não podemos piscar os ouvidos nem mirar o nariz: o olho é muito mais ativo, está sob um controle muito maior. Ver é nossa melhor ferramenta de percepção — a principal maneira de nos conectarmos ao mundo.

Durante o auge do freudismo, as pessoas achavam que o inconsciente era de suma importância e que um método para projetá-lo revelaria a verdadeira personalidade de alguém. Parte do motivo de tanta raiva em relação ao uso do teste de Rorschach em situações do mundo real — como o pai no caso do bebê sacudido, indignado por "lhe pedirem para observar uma arte abstrata" — é que as pessoas ainda pensam nisso como um jeito de gerar "projeções". Mas um teste de visão faz muito mais. Ele revela a compreensão de uma pessoa sobre a realidade, seu funcionamento cognitivo, sua suscetibilidade às emoções. Mostra como ela aborda uma tarefa, e lhe dá uma chance de se conectar com um terapeuta empático e se curar. Como qualquer ato de visão, fazer o teste de Rorschach é uma combinação de forma, pensamento e sentimento, como Rorschach afirmou em sua carta a Tolstói.

Os sentimentos são especialmente importantes. Uma série de pesquisas mostrou que uma psicoterapia eficaz deve ser emocional: falar em termos intelectuais nem sempre é suficiente. Uma metanálise de 2007 mostrou que terapeutas que especificamente chamam atenção para as emoções, fazendo comentários como "Percebi que sua voz mudou um pouco quando falávamos de seu relacionamento, e eu queria saber o que você está sentindo agora", conseguem resultados melhores do que terapeutas que não o fazem. Esse foco nas emoções acaba tendo um efeito positivo ainda maior do que uma boa afinidade entre terapeuta e paciente.

Um teste visual, argumentou Stephen Finn, insere um foco emocional em todo o processo. "Basicamente, proponho que testes como o de Rorschach — por suas propriedades de estímulos visuais emocionalmente excitantes e pelos aspectos emocionalmente excitantes de seus procedimentos de aplicação — usem materiais que reflitam mais o funcionamento do hemisfério direito. Outros testes, como o MMPI, utilizam mais as funções do hemisfério esquerdo por seu formato verbal e sua administração, que não é emocionalmente excitante (não quero simplificar demais — obviamente, ambos os tipos de testes utilizam os dois hemisférios em algum grau)." Não é apenas que as respostas ao teste de Rorschach — que envolvem coisas como ursos e explosões — sejam fáceis de expressar. O simples fato de solicitar aos pacientes que *olhem e vejam* permite que os terapeutas meçam "aspectos do funcionamento emocional e interpessoal que não são bem capturados por outros procedimentos de avaliação". Faz sentido que a principal metáfora de Finn para o teste seja visual, se referindo ao teste de Rorschach como uma "lupa da empatia", não como um amplificador de empatia. Uma tarefa visual pode criar os laços emocionais que ajudam a tornar a cura possível.

Isso certamente é mais possível, em comparação a responder um questionário. Em uma avaliação colaborativa/terapêutica de uma menina perturbada de oito anos, sua mãe contou aos psicólogos que o teste de Rorschach foi a parte mais útil da avaliação para obter um novo *insight* sobre a filha, "porque demonstrou que ela não é totalmente dramática e artificial e que realmente não vê as coisas como o resto do mundo as vê". Os acompanhamentos à terapia revelaram mudanças reais na família, incluindo a redução dos conflitos familiares e dos sintomas na menina, conforme relatado pela mãe e pela filha, e o fato de que os pais "se sentiam mais pacientes, empáticos, compassivos e esperançosos" em relação à filha, e "menos frustrados, com menos vontade de desistir, menos desesperados". Ver as coisas pelos olhos da criança os aproximou mais dela do que apenas ouvi-la.

Além de ter um poder emocional, ver também é um processo cognitivo diferente de qualquer outro. O clássico *Visual Thinking* [Pensamento Visual] (1969), de Rudolf Arnheim, ainda é o argumento mais convincente para a noção radical de que a visão não precede o pensamento nem dá à mente algo em que pensar; ela *é* pensamento. Ele mostrou como "as operações cognitivas chamadas de pensamento" — explorar, lembrar e reconhecer, captar padrões, resolver problemas, simplificar e abstrair, comparar, conectar, contextualizar, simbolizar — não ocorrem em algum lugar bem além do ato de ver, mas são "os ingredientes essenciais da percepção em si". Mais do que isso, problemas organizacionais, como captar padrões ou o caráter de um fenômeno complexo, podem ser resolvidos *só* no ato da percepção: uma conexão não pode ser analisada nem pensada sem antes ser vista; a inteligência está no ato de ver.

O interesse no pensamento visual, uma tradição relativamente marginal porém persistente, está aumentando no nosso mundo cada vez mais saturado por imagens. Uma minoria apaixonada continua defendendo a ênfase na educação artística e na "alfabetização visual" como essencial para formar cidadãos melhores. *The Visual Display of Quantitative Information* [A Exibição Visual da Informação Quantitativa], de Edward Tufte, e suas sequências (1983, 1990, 1997) mostraram o quanto de inteligência visual é necessário para a tarefa aparentemente simples de apresentar informações. *Visual Intelligence: How We Create What We See* [Inteligência Visual: Como Criamos o Que Vemos] (1998), de Donald Hoffman, reiterou as afirmações de Arnheim com décadas de conhecimentos científicos mais recentes. O pensamento visual eficaz em um contexto de negócios foi defendido em *The Back of the Napkin: Solving Problems and Selling Ideas with Pictures* [O Verso do Guardanapo: Solução de Problemas e Venda de Ideias com Imagens] (2008), de Dan Roam, que provou seu próprio argumento ao se tornar um enorme *best-seller*, enquanto *Graphesis: Visual Forms of Knowledge Production* [Graphesis: Formas Visuais de Produção de Conhecimento] (2014), de Johanna Drucker, levou Arnheim para a era *online* e dos *smartphones*.

A questão aqui não é que as manchas de tinta devam ser usadas para a exibição de informações quantitativas ou para vender ideias no verso de um guardanapo, e sim que podemos compreender como elas funcionam como um teste psicológico apenas quando as entendemos como Rorschach as entendeu— no contexto mais amplo da visão, com toda a sua emoção, inteligência e criatividade.

Em princípio, então, o teste de Rorschach se apoia em uma premissa básica: ver é um ato não apenas do olho, mas também da mente, e não apenas do córtex visual ou de outra parte isolada do cérebro, mas também da pessoa como um todo. Se isso for verdade, uma tarefa visual que invoque o suficiente dos nossos poderes perceptuais pode revelar nossa mente em ação.

Uma análise recente feita por Gregory Meyer ajudou a quantificar a capacidade única das manchas de tinta de ativar nossas percepções. Não é verdade que quaisquer figuras amorfas podem funcionar bem; como Rorschach sabia e outros reconheceram, as manchas não são "sem sentido" nem "aleatórias". Afinal de contas, depois de um século olhando para as manchas de tinta — calculando, categorizando e reenquadrando o que as pessoas veem, tudo o que elas conseguem imaginar e boa parte do que não conseguem — uma verdade continuou inexpugnável: a Prancha v parece um morcego. Ou talvez uma borboleta.

Entre 2000 e 2007, 600 testes de Rorschach foram aplicados em homens e mulheres brasileiros não pacientes, e 370 deles viram um morcego na Prancha v; a maioria dos outros viu uma borboleta ou uma mariposa. Como de costume, houve muitos ursos na Prancha II. Na verdade, de cerca de 14 mil respostas no total, menos da metade era diferente, e apenas umas 30 respostas eram comuns o suficiente para serem dadas por 50 ou mais pessoas. As manchas de tinta objetivamente se parecem com certas coisas, apesar de também provocarem interpretações. Não seria um teste se todos vissem algo totalmente diferente ou se quase todo mundo visse a mesma coisa. Nesses 600 testes, a cauda longa da variação pessoal consistiu em aproximadamente mil respostas dadas, cada uma, por duas pessoas, e um total de 4.538 respostas dadas uma única vez, inclusive o "pedaço tragicamente incompreendido de couve-flor", visto por um fazendeiro deprimido.

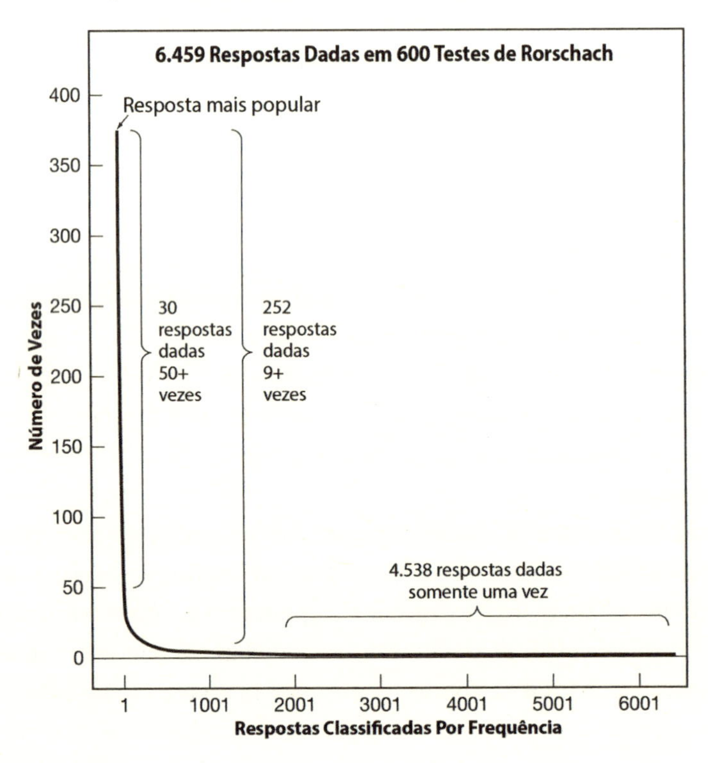

Se representarmos graficamente as respostas, a linha quase vertical à esquerda mostra os pontos comuns das manchas de tinta — os óbvios morcegos e ursos —, enquanto a linha horizontal mostra o desvio para a idiossincrasia pessoal. Meyer chamou isso de estrutura e latitude do teste de Rorschach. O gráfico também revela um padrão mais específico: a resposta mais comum é duas vezes mais comum que a segunda mais frequente, três vezes mais comum que a terceira mais frequente, e assim por diante.

Isso é conhecido como distribuição Zipf, um dos princípios de ordenação matemática que estruturam o mundo. Outros padrões são mais conhecidos — a sequência de Fibonacci em uma concha de náutilo, a curva de sino de uma distribuição aleatória —, mas o Zipf descreve desde fenômenos como a magnitude de terremotos (ocorrem pouquíssimos grandes e muitos pequenos) até a população das cidades, o tamanho de negócios e a frequência das palavras: em inglês, "*the*" é duas vezes mais comum que "*of*", três vezes mais comum que "*and*", e assim sucessivamente, até "*cormorant*" e "*methylbenzamide*". As respostas ao teste de Rorschach em uma grande amostra seguirão o mesmo padrão. O morcego na Prancha v equivale, em ocorrência, à palavra inglesa "*the*".

Um único teste também gera mais de um ponto de dados. Normalmente, uma pessoa dá vinte, trinta respostas ao longo do teste, e um resultado saudável não fica preso em nenhum dos lados da curva Zipf. Ter apenas respostas óbvias sugeriria que a pessoa é muito cautelosa ou rígida, ou desinteressada na tarefa, ou entediante, enquanto ter muitas respostas incomuns ou bizarras pode significar que a pessoa tem um controle ruim sobre a realidade, ou uma mania, ou que talvez seja um rebelde tentando ser diferente.

Finalmente, o teste de Rorschach gera vários pontos de dados em uma sequência. O teste é uma série fixa de dez pranchas, mas os examinados têm a liberdade de dar várias respostas por prancha, em qualquer ordem. As respostas de uma pessoa sobem e descem pela curva Zipf, digamos assim, um movimento que tem sua própria estrutura e latitude. As respostas desmoronam nas pranchas coloridas no fim do teste ou se juntam? A pessoa começa com algo óbvio em cada prancha e depois dá respostas estranhas, ou só chega a respostas comuns e populares gradualmente? Mesmo que dois examinados dessem, de alguma forma, exatamente as mesmas respostas para cada prancha, mas em ordem diferente, talvez apenas um deles tivesse uma compulsão rígida por dar um tipo de resposta primeiro e outra por último em cada prancha, um padrão significativo para um examinador sensível.

Apenas com intuição, habilidade artística, tentativa e erro, e algumas ideias sobre o poder da simetria, Hermann Rorschach criou um conjunto de imagens tão inerentemente organizadas, mas flexíveis, quanto a linguagem natural ou os terremotos. Nesse sentido, é difícil imaginá-las aprimoradas — psicólogos projetaram séries alternativas de manchas de tinta ao longo dos anos, mas todas caíram rápido no esquecimento. As manchas de tinta de Rorschach são como o ato de ver, que tem em si estrutura e latitude. Existe algo ali de fato, mas nada que nos limite completamente. A natureza visual do mundo está de modo objetivo nas coisas, mas a vemos ali; impomos nossa visão do mundo subjetivamente sobre as coisas, mas só se essa visão se encaixar no que vemos. Olhamos todos para a mesma coisa, mesmo quando a vemos de forma diferente.

As manchas de Rorschach são únicas não só na forma. As cores provocam emoções, às vezes até neutralizam as formas, mas nem sempre. Dar movimento a uma imagem imóvel não é fácil — é preciso um artista com habilidade real e, nas palavras de Rorschach, "ritmo espacial" (como um Michelangelo, diferentemente de um futurista). É ainda mais difícil transmitir *potencialmente* uma sensação de movimento para algumas pessoas do que para outras. Como Rorschach afirmou em 1919: "Uma questão importante é que o experimento é preparado para dificultar as respostas de Movimento. Se você mostrar fotos boas, todos os sujeitos, até mesmo os deficientes intelectuais, vão parecer ser um tipo que dá respostas de movimento."

A simetria das manchas, como Rorschach reconheceu, faz as pessoas verem "desproporcionalmente muitas borboletas etc.", mas ele também estava certo de que "as vantagens superam em muito as desvantagens". A simetria horizontal das manchas ajuda as pessoas a se conectarem, até mesmo a se identificarem com elas. As manchas não são matematicamente simétricas — têm variações em minúsculas protuberâncias, riscos e sombras —, mas também não são animais nem pessoas, e é exatamente por isso que são vistas como equilibradas e vivas. Além disso, como os grupos de pessoas que encontramos na vida real estão próximos um do outro, não um em cima do outro, a simetria horizontal cria uma conexão "social" entre os dois lados de qualquer imagem. Ela faz com que diferentes partes das manchas de tinta interajam, como pares de pessoas ou de outras criaturas. O teste de manchas de tinta não teria funcionado sem a simetria horizontal — as manchas não teriam sido pessoais, psicológicas.

Em todas as mudanças nos sistemas de pontuação, nos procedimentos de administração e no entendimento do significado do teste, as manchas de tinta de Rorschach continuaram constantes, por um bom motivo.

Em um ensaio sobre o teste de Rorschach, o filósofo Jean Starobinski começa de um jeito poético: "'Todos os movimentos nos revelam', escreveu Montaigne. Hoje podemos acrescentar: toda percepção também é um movimento e também nos revela." E hoje, os *insights* de Rorschach sobre a percepção do movimento continuam a ser reconhecidos como o aspecto mais original e duradouro de seu trabalho. Eles também foram confirmados diretamente por algumas das mais comentadas pesquisas em neurociência nos últimos 30 anos.

No início dos anos 1990, cientistas da Universidade de Parma, na Itália, fizeram uma descoberta aparentemente simples: um conjunto de células cerebrais dos macacos disparava tanto quando os macacos realizavam uma ação, como alcançar um copo de água, quanto ao verem outra pessoa — ou outro macaco, ou uma figura de macaco ou de pessoa — realizando a mesma ação. Uma série de experimentos engenhosos se seguiu, mostrando que as células não disparavam quando os macacos observavam o mesmo movimento sem a intenção (a mão segurava da mesma maneira, mas não alcançava um copo), mas disparavam quando a ação era diferente mas tinha a mesma finalidade (com a mão esquerda em vez da mão direita, ou com alicate reverso, em que os dedos têm que ficar afastados em vez de próximos para apertar a ferramenta). Parecia que esses neurônios reagiam ao *significado* das ações. Em vez de simplesmente controlar processos mecânicos ou motores, eles eram reflexos que levavam as intenções e os desejos dos outros diretamente para o cérebro.

O problema de aprender a entender outras pessoas ou decodificar seu comportamento — o problema filosófico de outras mentes — desaparece se for verdade que espelhamos neurologicamente, sentimos literalmente, o que os outros estão tentando fazer. Os cientistas apelidaram as células de "neurônios espelho" e desencadearam um fluxo de pesquisas e especulações ligando-as a tudo, desde à natureza do autismo até às opiniões políticas, à gentileza e aos fundamentos da sociedade humana.

Em 2010, outra equipe de cientistas italianos fez a conexão com o teste de Rorschach. Levantaram a hipótese de que, se os neurônios espelho disparam quando uma pessoa vê intenção em uma ação, talvez eles disparem também quando uma pessoa vê movimento em uma imagem: "Nós especulamos que essa mentalização é muito próxima do que pensamos que ocorre quando um indivíduo articula a resposta M ao observar os estímulos de Rorschach". Quando fixaram fios de EEG à cabeça de voluntários que olhavam para manchas de tinta, eles perceberam que ocorria uma ativação de neurônios espelho "altamente significativa" quando os sujeitos davam respostas de Movimento Humano, e não respostas de Movimento Animal, Movimento Inanimado, Cor, Sombreamento ou Forma. "Pela primeira vez, até onde sabemos", concluíram, foi comprovado que as respostas de Movimento têm base neurobiológica. "Esse resultado geral é totalmente consistente com a tradição secular da literatura teórica e empírica sobre o teste de Rorschach." Outros estudos sobre o teste de Rorschach e os neurônios espelho se seguiram, um trabalho que o cocriador do R-PAS, Donald Viglione, facilitou e que Finn e Meyer citam com frequência.

O verdadeiro significado dos neurônios espelho continua controverso — assim como toda a ideia de que a tecnologia de escaneamento, como a ressonância magnética, pode ler diretamente o cérebro, quanto mais ler mentes. Mas independentemente do que sejam ou não sejam, o fato é que os neurônios espelho despertaram novamente o interesse científico pelo que a dissertação de Rorschach sobre alucinações reflexas descreveu e pelo que as respostas de Movimento no teste de Rorschach demonstram: que sentimos na mente e no corpo o que acontece no mundo, e que esses movimentos literais ou imaginados são como percebemos.

Outros experimentos recentes mostraram que sorrir quando alguém sorri, ou balançar a cabeça em sincronia — comportamento conhecido como sincronia motora — não apenas gera uma afinidade emocional, mas *é* uma afinidade emocional. Todos sabemos que, se uma pessoa vê alguém com uma expressão facial sofrida, ela sente a dor, mas o mimetismo é causa, não efeito, da percepção: em um estudo, os participantes que seguravam um lápis entre os dentes e, portanto, não podiam sorrir, fazer careta e outros movimentos faciais, eram muito menos capazes de perceber mudanças emocionais nas expressões faciais de outras pessoas. O mimetismo, o movimento físico, era necessário para tornar a percepção possível. "Acontece que a percepção de um rosto quase invariavelmente implica movimento. É muito difícil olhar para um rosto e não pensar nele em movimento, com expressões faciais."

Rorschach já tinha falado sobre ser capaz de visualizar uma pintura apenas depois de estender o braço do mesmo jeito que o cavaleiro da imagem estendia o dele. Edgar Allan Poe apresentou a mesma estratégia com seu detetive, Dupin, em "A Carta Roubada": "Quando quero descobrir o quão sabido, estúpido, bom ou mau é o adversário, ou o que passa por sua cabeça em um determinado momento, reproduzo a expressão de seu rosto, imitando-o da maneira mais precisa possível, e então espero para ver que ideias ou sentimentos surgem em minha mente ou em meu coração, como se para combinar ou corresponder com a expressão"[1]. Parece contraintuitivo, mas só se for a partir de uma estrutura que imagina a mente como um computador, com o olho como uma câmera e o corpo como uma impressora ou alto-falante: entrada — processamento — saída, percepção — reconhecimento — mimetismo. Não é assim que funciona.

A resposta de Movimento — em certo sentido, todo o experimento das manchas de tinta — se baseia na premissa de que ver inclui o processo de "sentir que está dentro" do que se vê, e essa sensação é algo que acontece por meio da visão. Essa ideia percorreu um longo caminho desde sua origem, por volta de 1871, na teoria estética alemã, especialmente sob seu nome traduzido: empatia.

A empatia tem sido ainda mais discutida nos últimos anos do que os neurônios espelho, com livros e mais livros populares de não ficção colocando-a no centro do que significa ser humano. Alguns críticos, como Paul Bloom, chegam a argumentar contra: se a empatia é tendenciosa em relação ao familiar e ao atraente, se ela se sobrepõe aos fatos quantitativos

1 Tradução de Marcia Heloisa, para o conto que é parte do livro *Edgar Allan Poe: Medo Clássico vl*, DarkSide, 2017.

(sentimos mais por um único bebê em um poço do que por milhares de mortes sem rosto), se é francamente "paroquial, tacanha e inumerável", então podemos tomar decisões melhores sobre problemas complexos sem ela.

Discussões sobre o teste de Rorschach podem levantar perspectivas úteis para os debates de hoje, já que toda a história do teste, desde seu nascimento no debate sobre se a psiquiatria deve definir doenças ou compreender indivíduos, tem sido sobre equilibrar as alegações concorrentes de "sentir que está dentro" de outras perspectivas e manter uma postura distanciada da objetividade racional. O trabalho de Stephen Finn, em especial, pode ser usado para reformular a conversa em torno da empatia. Ao refletir sobre a abordagem C/TA, ele argumentou que a empatia age de três modos. É um jeito de coletar informações: você passa a entender alguém ao sentir a sua dor ou ao se colocar no lugar dele, não apenas ao monitorar seu comportamento. É um processo interativo: enquanto um terapeuta está tentando entender, uma pessoa ansiosa para ser entendida está "ao mesmo tempo me rastreando e me dando informações para me ajudar a entender melhor seu mundo interior". Por fim, a empatia é um elemento de cura em si: a compaixão pode curar; muitos dos clientes de Finn lhe dizem que se sentir profundamente compreendido mudou a vida deles. Esses três modos de empatia podem apontar para direções diferentes: um vigarista pode ser extremamente sensível e capaz de ler as pessoas, "empático" em certo sentido, embora seja sociopaticamente sem empatia quanto ao que faz com essa informação. Por essa perspectiva, argumentos como os de Bloom apontam para as fraquezas da empatia como ferramenta de coleta de informações, mas também negligenciam seu valor como meio de conexão e cura.

Talvez o lembrete mais valioso que o teste de Rorschach pode oferecer é que a empatia é uma questão maior do que palavras e histórias. Empatia é visão: sentir que está dentro do mundo e, em seguida, enxergar dali algo ao qual você se conecta, em seu corpo. A empatia é uma alucinação reflexa, uma resposta de Movimento. Ela requer não apenas imaginação ou certa sensibilidade, mas também uma percepção sensível e precisa. Você não entende os sentimentos de alguém sem ver essa pessoa como ela realmente é e sem saber o que significa ver o mundo através dos olhos dela.

24

O TESTE DE RORSCHACH NÃO É...

Um Teste de Rorschach

Eu cheguei às manchas de tinta pelo lado cultural, não como psicólogo praticante ou militante contra os testes de personalidade. Não tinha interesse pessoal em saber se o teste, qualquer que fosse o sistema, deveria ser o segundo ou o nono mais utilizado; assim como a maioria das pessoas com quem converso, fiquei surpreso ao saber que ele ainda era usado em clínicas e tribunais. "Rorschach" também era uma palavra estranha para mim — pessoa, lugar ou coisa? —, e eu não sabia nada sobre a vida de Hermann. O que eu sabia era que chamavam tudo de teste de Rorschach. Eu tinha visto as manchas de tinta, ou achei que tivesse, e queria descobrir mais sobre elas.

Meu primeiro passo foi fazer o teste. Foi então que aprendi que nem todo mundo sabe aplicá-lo, e os especialistas, que sabem, não gostam de ceder à curiosidade de ociosos. Fui à procura de alguém pelo menos um pouco desiludido, que conhecia todas as técnicas e fórmulas, mas que também ainda via o teste como exploração, algo do qual se podia falar. Acabei conhecendo o dr. Randall Ferriss.

No consultório, ele puxou a cadeira para ficar de frente para mim, um pouco ao lado, pegou um bloco de notas e uma pasta grossa e tirou dela uma prancha, e me entregou. "O que você vê?"

Na Prancha v, eu vi, claro, um morcego. Na Prancha viii, *"a bruxa do inverno"*. No que costumava ser chamado de Prancha do Suicídio, *"um cão grande e amigável com orelhas caídas"*.

"Ah!", exclamei quando ele me deu a Prancha II; me assustei com o vermelho, embora eu já tivesse lido que nem todas as manchas seriam em preto e branco. "Choque afetivo", anotou Ferriss.

Falei que a Prancha III representava "*pessoas segurando baldes*", e que as listras cinzas "*dão a impressão de que estão se movendo*". Mais tarde, quando eu sabia o suficiente sobre o assunto para discutir os detalhes técnicos com Ferriss, ele me disse que isso podia ter sido uma resposta de Sombreamento: uma coisa cinza que está se movendo ou que está sob algum tipo de tensão. Muitas respostas de Sombreamento podiam significar ansiedade, disse Ferriss. Mas também havia um Movimento Cooperativo na minha resposta, e era uma resposta Popular. "Então está tudo bem."

A coisa toda demorou cerca de uma hora e eu voltei no fim da semana para ouvir as interpretações básicas e os resultados. O teste funcionou? O exercício não foi feito para me diagnosticar, resolver ação judicial ou dar início a terapia, então, nesse sentido, não. Ele não precisava fazer nada. Parecia revelador, assim como acontece com essas coisas, e a visão do dr. Ferriss sobre a minha personalidade parecia mais ou menos perspicaz. O que mais me impressionou foram as dez pranchas em si, tão ricas e estranhas — ainda assim, atraentes o suficiente para que eu passasse os próximos anos explorando sua história e seu poder. Ferriss me disse que eu era um pouco obsessivo.

MESMO AGORA, NÃO sei muito bem o que fazer com a cor das pranchas. "As manchas multicoloridas são ruins" e as cores "têm um efeito repelente em qualquer pintor": assim disse Irena Minkovska, pintora e esposa de um neurologista que conhecia pessoalmente Hermann e Olga Rorschach. A cunhada de Irena, Franziska Minkovska, outra amiga que Rorschach fizera em Kazan em 1909, concordou. Ela se mudara para Paris em 1915 e mais tarde escreveu um importante estudo psicológico sobre Vincent van Gogh, e disse que quando aplicou o teste de Rorschach em vários artistas modernos em Paris — eu gostaria de saber quais —,todos reagiram mal às cores.

As cores podem ser o ponto fraco do teste de manchas de tinta, e é revelador o fato de que o novo teste que Rorschach estava começando a desenvolver no fim da vida, com seu amigo artista/psicólogo Emil Lüthy, era especificamente dedicado às cores. Mesmo assim, depois que o "choque de cor" foi desacreditado como um diagnóstico de "neurose", a maior ideia de Rorschach — de que as cores estão ligadas à emoção — foi desperdiçada. Durante meio século, quase não houve pesquisas sobre cores no teste de Rorschach. O fato é que as pessoas geralmente reagem com um susto aos cartões coloridos, não importa como esse comportamento é interpretado. Eu claramente sou uma delas. Rorschach projetou as pranchas coloridas para desequilibrar os sujeitos se estiverem dispostos a ser afetados, então talvez o efeito perturbador que causam signifique que elas funcionam conforme planejado.

Em todo caso, os desenhos poderosos das infinitamente fascinantes manchas em preto e branco, com ou sem o detalhe vermelho, são obviamente as obras-primas duradouras de Rorschach — não exatamente arte, mas também não exatamente não arte.

Alguns historiadores de arte estão finalmente começando a levá-las a sério. Pesquisas clássicas às vezes mencionavam as manchas de tinta de Rorschach, mas geralmente caíam na armadilha de listar precedentes, especialmente os borrões de Leonardo da Vinci na parede e a klexografia de Kerner, cuja influência sobre Rorschach sempre foi exagerada pelos pesquisadores. Um longo ensaio publicado em 2012 foi o primeiro tratamento minucioso das manchas de tinta, fazendo conexões sutis com Ernst Haeckel, a *art nouveau* e o modernismo. O catálogo de *Inventing Abstraction* [Abstração Criativa], uma exposição inovadora feita em 2012 no Museu de Arte Moderna de Nova York, incluiu um ensaio que discutia as manchas de tinta de Rorschach com as pinturas abstratas de Malevich, os experimentos imaginados de Einstein e as visualizações de Robert Koch dos bacilos da tuberculose, que foram vencedoras do Prêmio Nobel. Existem inúmeras outras conexões visuais a serem feitas.

Descendente de artistas pelos dois lados da família, Hermann Rorschach sempre acreditara na percepção como ponto de intersecção entre mente, corpo e mundo. Ele queria entender como pessoas diferentes veem, e no nível mais fundamental a visão é, como disse o pintor Cézanne sobre as cores, "o lugar onde nosso cérebro e o universo se encontram".

Sozinho entre os pioneiros da psicologia, Rorschach era uma pessoa visual e criou uma psicologia visual. Esse é o grande caminho não adotado na psicologia tradicional, embora hoje a maioria de nós, mesmo os mais falantes ou mais letrados, viva em um mundo predominantemente visual de imagens em superfícies e telas. Nós evoluímos para sermos visuais. Nosso cérebro é, em grande parte — cerca de 85%, segundo estimativas —, dedicado ao processamento visual, e os cientistas agora estão começando a levar esse fato a sério; anunciantes em busca de um jeito de manter os "olhos na página" começaram a levar isso a sério há muito tempo. Ver é mais profundo do que falar.

Freud, no entanto, era uma pessoa das palavras. Toda a tradição que fundou, desde notar trocadilhos e "atos falhos freudianos" até a terapia falada, foi projetada para revelar o inconsciente no que dizemos ou não dizemos. É a psicologia de pessoas das palavras para pessoas das palavras. A psicologia moderna, enquanto isso, presta culto no altar das estatísticas — a vingança do pessoal da matemática. Quase todos os campos do conhecimento são inclinado para o verbal ou para o matemático. A educação é conduzida por meio de palestras e testes escritos e fetichiza medidas estatísticas ainda mais do que a psicologia. Na vida intelectual, muitas vezes parecem ser as duas únicas escolhas: números ou palavras, dados ou histórias, ciências ou humanidades, fácil ou difícil.

Mas isso não é tudo que existe. Existem pessoas visuais, pessoas musicais, atletas e dançarinos com uma inteligência física brilhante, há a enorme inteligência emocional de consoladores e manipuladores. Imagine se fosse esperado que os ensaios de história incluíssem desenhos a carvão das principais pessoas ou paisagens de eventos históricos, não apenas esboços em palavras, e se os historiadores fossem treinados para desenhar tanto quanto para escrever — todo artista sabe que o desenho é uma verdadeira e séria fonte de conhecimento.

Quer você o ame ou o odeie, enquadrar Freud como uma pessoa das palavras muda as coisas, porque sabemos que nem todos são assim. Eu sou uma pessoa das palavras casado com uma pessoa visual, uma pintora e historiadora da arte. Enfrento todo dia o fato de que esses dois tipos de pessoas veem o mundo de maneiras muitas vezes incompatíveis — ou melhor, pessoas visuais o veem e pessoas das palavras o leem. Conversei com muitas pessoas das palavras que têm tipos visuais na família e vice-versa, e a conclusão é que essa diferença fundamental não é novidade para ninguém. Hermann Rorschach foi um dos primeiros a usar todo esse lado da experiência humana para explorar a mente.

O FATO DE existirem diferentes "tipos" de pessoas suscita o espectro do relativismo, que surgiu com os *Tipos Psicológicos* de Jung e veio à tona com o colapso da autoridade nos anos 1960. O *insight* fundamental de Rorschach era uma versão visual dos tipos de Jung: todos vemos o mundo de maneiras diferentes. Mas o fato de que se trata de algo visual faz toda a diferença. Entender as manchas de tinta reais e suas qualidades visuais específicas nos oferece um jeito de ir além do relativismo, pelo menos em princípio. Não é tudo arbitrário: realmente existe algo ali que cada um vê de um jeito. O *insight* de Rorschach pode se sustentar sem nos obrigar a negar a existência de julgamentos válidos, a Verdade com v maiúsculo.

Perdi a conta do número de vezes que ouvi o seguinte, depois de descrever este livro para alguém: "É como se o teste de Rorschach fosse um teste de Rorschach! Pode significar qualquer coisa!". Tenho vontade de dizer *Não, não é.* Por mais que seja tentador "apresentar os dois lados" e deixar por isso mesmo, o teste de manchas de tinta é algo real, com uma história específica, usos reais e qualidades visuais objetivas. As manchas têm determinada aparência; o teste funciona de determinada maneira ou não. Os fatos importam mais do que as nossas opiniões sobre eles.

A metáfora do teste de Rorschach também está mudando. Primeiro ele ganhou destaque nos Estados Unidos, com uma cultura da personalidade que privilegiava qualidades individuais únicas e exigia um jeito de medi-las. Ele se tornou um símbolo dos mesmos impulsos antiautoritários que derrubaram os especialistas em psiquiatria da geração anterior. Durante décadas, foi um símbolo de diferenças individuais irreconciliáveis. Agora, ele geralmente reflete uma crescente impaciência com a fragmentação e a promessa de compartilhar nossos mundos uns com os outros.

Comecei a vê-lo usado para descrever não algo ao qual reagimos, revelando nossa personalidade, mas sim o modo como nos expressamos. Em uma reportagem publicada na revista *Lucky* em agosto de 2014, na qual falava sobre o fato de ter oito calças jeans pretas tipo *skinny* quase idênticas, a autora disse: "Eu as chamo de calças Rorschach. Elas são o que eu quero que elas sejam." Naquele mesmo ano, o analista de dados do *site* de relacionamentos OK Cupid publicou uma análise das autodescrições em perfis *on-line*, revelando quais são as palavras mais e menos típicas para diferentes combinações de gênero e etnia. "Meus olhos azuis", "andar de motoneve" e "Phish" são mais usados por homens brancos em comparação com outros grupos; "bronzeamento" e "Simon e Garfunkel" são menos usados por mulheres negras em comparação com outros grupos. As palavras menos usadas, escreveu, são "o espaço negativo no nosso Rorschach verbal" — uma imagem reveladora da nossa autoapresentação.

Essas são, sem dúvida, apenas metáforas distorcidas, que não percebem que um teste de Rorschach é realizado com imagens que nos são mostradas, não com imagens que criamos. Eu não vejo desse jeito. Esses erros específicos, se é que são isso, não teriam sido cometidos dez ou cinquenta anos atrás.

Mesmo quando as manchas de tinta são usadas como teste, atualmente a nossa reação importa menos do que o que fazemos com ela. No dia 8 de novembro de 2013, aniversário de Rorschach, o doodle do Google foi um teste de Rorschach interativo. Enquanto um Hermann taciturno, mas de certa forma simpático, fazia anotações, você podia clicar para ver diferentes manchas, depois compartilhar suas respostas no Google+, no Facebook ou no Twitter. "O que você vê?" deu lugar à seguinte instrução na tela: "Compartilhe o que você vê".

Em 2008, quinze anos depois de Hillary Clinton se autodenominar um teste de Rorschach, o candidato Barack Obama também o fez, mas ele quis dizer algo diferente. "Sou como um teste de Rorschach", afirmou. "Mesmo que no fim das contas as pessoas me achem decepcionante, elas podem ter algum ganho." Em vez de rotular as pessoas como América Vermelha ou América Azul, o uso da metáfora por Obama o colocou como colaborativo/terapêutico: dar às pessoas um vislumbre útil de si mesmas e seguir em frente. Nossas diferentes reações individuais não precisavam nos separar.

O teste de Rorschach obviamente não vai nos unir mais do que Obama fez como presidente. Ainda assim, a metáfora mudou de ênfase, de *dividir* para *unir*. Tradicionalmente, a questão do clichê tem sido a de que não há respostas erradas — uma imagem borrada do telescópio Hubble nunca teria sido chamada de "teste de Rorschach das teorias concorrentes", porque uma das interpretações astronômicas estaria certa e as outras erradas. Agora, porém, a metáfora pode ser usada dessa maneira, compatível com a fé em uma verdade única e objetiva.

Um artigo recente sobre novas tecnologias que permitem aos arqueólogos sobrevoar a Amazônia e compilar, em um só dia, dados que em outras épocas levariam décadas, mencionou brevemente que "em áreas de floresta densa, essas tecnologias geram imagens parecidas com as do teste de Rorschach que nem os especialistas conseguem decifrar". Isso é uma ambiguidade sem relativismo: a verdade está lá fora, e uma tecnologia melhor a encontrará. Andy Warhol rejeitou a autoexpressão e os significados subjacentes — "Quero ser uma máquina" —, mas quando Jay-Z usou um *Rorschach* de Warhol como capa de seu livro de memórias, *Decoded*, tanto o título quanto o livro em si, repleto de explicações e histórias sobre as letras, colocaram fé na verdade singular por trás do código. Jeff Goldblum recentemente descreveu uma peça em que atuou como "destinada a ser como um teste de Rorschach ou um tipo de renderização cubista, de modo que você tenha ao mesmo tempo narrativas concorrentes e igualmente viáveis". Uma pintura cubista vê todos os lados de uma só vez, então, na metáfora de Goldblum, estamos todos parcialmente certos, e só parcialmente, mas a verdade toda está ali.

Um punhado de exemplos não pode provar o *Zeitgeist*, especialmente se um deles vem de Jeff Goldblum, mas a seguir apresentamos mais um. A campanha publicitária "Reality Check" [Teste de Realidade] da Verizon, em 2013, mostrava pessoas comuns em uma galeria de arte de imagens borradas e que ouviam a pergunta "Como você reage quando vê isso pela primeira vez?". "É meio que uma dançarina", respondeu o primeiro espectador, intrigado, movendo os braços (uma resposta de Movimento!). Outros disseram que era uma megera parecida com uma bruxa, ou um monte de frutas. As imagens eram, na verdade, mapas de cobertura de telefones celulares — os do fundo se transformavam para ficarem simétricos, no estilo do teste de Rorschach — e, quando viam o mapa da Verizon, todos sabiam que era "claramente uma imagem dos Estados Unidos". Sem latitude. O último observador, com um copo de *latte* na mão, deu a única interpretação válida: "Eu devia mudar para a Verizon *imediatamente!*". A interpretação pessoal era apenas uma distração irrelevante causada pelo fracasso do sinal da tecnologia; um "Teste de Realidade" depende da existência de uma realidade a ser testada.

No entanto, como essa realidade compartilhada pode ser imposta a alguém que não a vê *imediatamente!*? Essa é a controvérsia sobre o diagnóstico, sobre "rotular as pessoas", sobre ser certo obstruir a carreira de alguém ou interferir drasticamente em sua vida por causa de um teste. É a pergunta de Hannah Arendt: *O que dá a alguém o direito de me julgar?* Cinquenta anos depois, a pergunta é mais potente do que nunca. As pessoas parecem sentir que têm direito aos seus próprios fatos, não apenas às suas próprias opiniões. Mas há situações em que os riscos são altos demais, ou nas quais não estamos dispostos a reconhecer a existência de diferentes visões de mundo e chamar isso de "teste de Rorschach".

Existe subjetividade na avaliação de uma pessoa e, no fim das contas, as pessoas podem discordar e ficar com raiva do avaliador. Não temos as informações concretas que queremos, mas ainda temos que fazer escolhas reais — em clínicas, escolas, tribunais — confiando em um julgamento falível. Podemos melhorar esse julgamento ao longo do tempo, mas só com a prática, e jamais chegaremos à perfeição.

Precisamos continuar tentando apoiar nossas decisões na base mais sólida possível que encontrarmos, como as décadas de brigas ferozes por conta da validade e da padronização tentaram fazer. A adoção generalizada do R-PAS, que trata de falhas graves no sistema de Exner e volta aos princípios científicos de pesquisa e desenvolvimento contínuos, seria uma mudança para melhor. Mas a fantasia de poder saber, de saber com perfeição, se alguém deve ter permissão para ser professor, ou se precisa de terapia, ou se deveria ter a custódia de uma criança, é apenas isso: uma fantasia. As pessoas vão cometer erros com qualquer conjunto de ferramentas. Quando um júri produz um trágico erro de justiça, não concluímos que o julgamento por júri é errado em princípio.

Casos como o de Rose Martelli são provas anedóticas brutais contra o teste de Rorschach, mas as evidências anedóticas compõem uma pilha quase tão grande do outro lado, como a quase inacreditável história de Victor Norris, com a qual abri este livro. Como me disse a avaliadora de Norris, não exagerar na patologização é função do psicólogo, não do teste. Ela é a primeira a admitir que o teste de Rorschach "acaba aplicado erroneamente por *muitas* pessoas". Mesmo que ele fosse uma técnica milagrosamente confiável e objetiva, treinar pessoas para usá-lo adequadamente continuaria uma arte, e haveria inúmeras maneiras pelas quais o erro humano ainda poderia se infiltrar. Um estudo recente descobriu que juízes costumam conceder liberdade condicional em dois terços das vezes quando ouvem um caso logo de manhã ou depois de um intervalo para comer, e que as chances caem para quase zero à medida que o dia passa e o açúcar no sangue diminui. O teste de Rorschach não é imune a nenhuma dessas complicações: nada existe isoladamente da nossa conturbada vida no mundo.

É por isso que a humildade em relação ao teste é fundamental, tanto por parte dos defensores quanto dos céticos. Hermann Rorschach tinha um senso mais forte do que qualquer pessoa em relação às limitações concretas do teste, mas também em relação à visão mais ampla que ele abria para a mente.

Para terminar: um último psicólogo e uma última mancha de tinta.

Quando o dr. Ferriss me aplicou o teste de Rorschach, suas pranchas com manchas de tinta não eram usadas havia algum tempo. Ele raramente aplica o teste hoje em dia. Ele reconheceu que o teste precisava ser padronizado para ser usado em ambientes diagnósticos e judiciais. Mas Ferriss também achava que o sistema de Exner tinha "drenado parte da vida do teste": a mera pontuação "perde o toque humano". Ferriss preferia fazer a análise de conteúdo, pois, para ele, era uma abordagem "mais interessante e psicanalítica", exatamente o que o desvio quantitativo rejeitava.

Há outros motivos, no entanto, para Ferriss não usar o teste de Rorschach. Ele trabalha com réus no sistema de justiça criminal e não quer descobrir nada que possa mandá-los para a cadeia. O último teste de Rorschach que ele aplicou antes do meu foi em uma prisão. A maioria dos examinados tem um perfil perturbado — o que não é surpresa, já que penitenciárias são ambientes muito perturbadores. Ferriss estava trabalhando com um jovem afro-americano em julgamento por porte de arma. Seu irmão tinha acabado de ser morto a tiros no centro-sul de Los Angeles e ele sabia que era um alvo. O jovem parecia "raivoso e hostil", como qualquer pessoa estaria nessas circunstâncias, então por que lhe aplicar um teste? "Você está tentando contar a história dele", disse Ferriss. "Você não vai querer saber o quanto as pessoas são perturbadas, a menos que as esteja diagnosticando para tratá-las." Mas ninguém estava considerando dar um tratamento a esse cara, queriam apenas prendê-lo e jogar a chave fora.

Como seria o "aperfeiçoamento do teste de Rorschach" para esse réu? Não ajustar as pontuações, compilar normas melhores, redefinir procedimentos de administração ou refazer as imagens, mas usando-as para ajudar, em uma sociedade mais humana, como parte de um processo de dar acesso a todos que precisam de cuidados de saúde mental. Pode-se argumentar que o Dr. Ferriss estava escondendo a verdade ao não testar seu cliente, mas ela existe no contexto de como vai ser usada — que pode ser decidir se alguém precisa de ajuda ou se deve ser jogado na cadeia.

Para superar as antigas controvérsias conservadoras relacionadas ao teste de Rorschach e usar ao máximo as maneiras como ele revela o funcionamento da nossa mente, temos que revelar o que queremos dele. Precisamos voltar, de fato, à visão amplamente humanista de Hermann Rorschach.

Por fim, a Prancha I.

Em janeiro de 2002, veio à tona que Steven Greenberg, um homem de 40 anos, da cidade de San Rafael, na Califórnia, tinha molestado sexualmente Basia Kaminska, uma garota de 12 anos, durante mais de um ano. Ela era filha de uma imigrante solteira que morava em um dos apartamentos dele. Mais tarde, descobriu-se que os abusos aconteciam desde que a garota tinha nove anos. A polícia apareceu na casa de Greenberg com um mandado de busca; horas depois, ele dirigiu seu novo Lexus até o Aeroporto Municipal de Petaluma, decolou em um avião monomotor e colidiu com a montanha Sonoma, deixando para trás um pequeno frenesi da mídia sobre o abuso e o suicídio.

Aqui, diferentemente da história com a qual comecei este livro, os nomes e detalhes de identificação não foram alterados. Basia quer que sua história seja contada.

Quando Basia se consultou com uma psicóloga, sua tendência a minimizar e negar os problemas tornou os testes de autorrelato basicamente inúteis. Na Lista de Sintomas de Trauma para Crianças, no Índice de Depressão de Beck, na Escala de Desesperança de Beck, na Escala de Ansiedade Manifesta para Crianças e na Escala de Autoconceito para Crianças de Piers-Harris, e também na conversa com a psicóloga, ela subnotificou os sintomas, disse que não tinha sentimentos bons nem ruins em relação a Greenberg, e alegou que sentia que os eventos tinham ficado para trás e preferia não discuti-los.

Apenas dois testes geraram resultados confiáveis. Seu QI, medido pela Escala de Inteligência Wechsler para Crianças (WISC-III), era extremamente alto. E suas pontuações no teste de Rorschach revelaram um distanciamento emocional, menos recursos psicológicos do que se pensaria pelo modo como ela se apresentava e um senso de identidade profundamente danificado.

Sua primeira resposta à Prancha I, a resposta muitas vezes interpretada como expressão de uma atitude em relação a si mesmo, foi algo superficialmente convencional, mas na verdade bem avariado. A mancha costuma ser vista como um morcego, mas não com a mesma frequência da Prancha V. O que Basia viu foi um morcego com buracos nas asas: "*Olha, aqui está a cabeça, as asas, mas está tudo bagunçado, elas têm buracos. Parece que alguém o atacou, e isso é triste. Ele parece muito rasgado aqui, e as asas do morcego geralmente são precisas. As asas normalmente sairiam daqui. Isso meio que distorce o que seria normal.*" O restante do teste, tanto as respostas quanto as pontuações, confirmou essa primeira impressão. A psicóloga examinadora escreveu nas anotações: "Muito perturbada e à beira do abismo, com um escudo de sofisticação". Seu relatório concluiu que Basia estava "claramente prejudicada emocionalmente como resultado de circunstâncias traumáticas, apesar de seu exterior frio e protestos em contrário".

Basia processou o estado pelos danos sofridos e, quatro anos depois, o caso foi ao tribunal. Os advogados de Greenberg tentaram usar a minimização e a negação anteriores contra ela. Então a psicóloga leu para o júri a resposta de Basia para o teste de Rorschach.

Para ser eficaz em um tribunal de justiça, as evidências devem ser válidas, mas também claras. Os psicólogos forenses tiveram que dominar os debates técnicos em torno do teste de Rorschach para poder responder a críticas como as de *What's Wrong with the Rorschach*, mas também precisam evitar entrar nesses debates. As pesquisas mostram que as opiniões clínicas em linguagem cotidiana clara são mais persuasivas do que as minúcias estatísticas ou metodológicas. Paradoxalmente, quanto mais um depoimento impressiona em termos quantitativos e de especialização, maior é a probabilidade de um júri entediado ou perplexo rejeitá-lo ou ignorá-lo.

O morcego triste e destruído de Basia parecia ser verdadeiro — fez o júri sentir que tinha atravessado a névoa da acusação e da defesa e chegado à vida interior da menina, à sua verdadeira experiência. Não é mágica. Qualquer um que olhasse para Basia e tivesse certeza de que ela estava mentindo ou fingindo não mudaria de opinião com esse resultado de teste ou qualquer outra coisa. Mas o que Basia viu na mancha de tinta revelou sua história. Ajudou as pessoas no tribunal a vê-la de maneira profunda e clara, de uma forma que os outros depoimentos não conseguiram.

Nenhum argumento, nenhum teste, técnica ou truque vai contornar o fato de que pessoas diferentes experimentam o mundo de formas diferentes. São essas diferenças que nos tornam seres humanos, não máquinas. Mas nossos modos de ver convergem — ou não — para algo objetivo que realmente está ali: interpretação, como insistiu Rorschach, não é imaginação. Ele criou suas enigmáticas manchas de tinta em uma época em que era mais fácil acreditar que as imagens conseguiam revelar a verdade psicológica e entrar em contato com as realidades mais profundas da vida. E, ao longo de todas as recriações do teste, as manchas permanecem. A pergunta "O que pode ser isso?" tem uma resposta quando você olha para algo que está bem na sua frente.

A FAMÍLIA RORSCHACH, 1922-2010

O Caráter de Hermann

Olga, Wadim e Lisa, 1923

Depois da morte de Hermann Rorschach em 1922, Olga teve permissão para continuar em Herisau. Ela havia trabalhado como médica durante os anos de Hermann lá, mas só enquanto o diretor Koller estava fora. Agora lhe fora oferecido um cargo no Krombach, mas só o de administradora — as razões apresentadas foram a falta de diploma suíço, o fato de ela parecer "estrangeira" para os pacientes e "ter menos autoridade como médica" do que um homem teria. Ela ocupou o cargo até 24 de junho de 1924, pouco depois de seu aniversário de 46 anos.

De acordo com Olga, Hermann ganhou um total de 25 francos com o teste de manchas de tinta ao longo da vida. Com a modesta quantia paga pelo seguro de vida dele, Olga conseguiu comprar uma casa na cidade vizinha de Teufen, onde montou uma pequena clínica residencial, na qual abrigaria e cuidaria de dois ou três pacientes de cada vez. O contrato de Hermann com Ernst Bircher previa direitos autorais pelo livro *Psicodiagnóstico* a partir da segunda edição, que saiu apenas em 1932, em parte porque Ernst Bircher falira em 1927. Um ex-funcionário, Hans Huber, que ajudou na impressão original das manchas de tinta de Rorschach, conseguiu comprar os direitos da obra e reiniciar os negócios como Hans Huber Verlag, editora que até hoje publica o teste de Rorschach.

Olga levou uma vida solitária e precária, criou os dois filhos e raramente pode aproveitar todo o seu potencial na prática da medicina. Ela nunca se casou novamente e morreu em 1961, aos 83 anos. Lisa, que tinha 44 anos em 1961, viveu com Olga até o fim, estudou inglês e línguas românicas na Universidade de Zurique e trabalhou como professora. Ela nunca se casou; morreu em 2006, aos 85 anos. Wadim estudou medicina em Zurique, teve um consultório psiquiátrico e morreu em 2010, aos 91 anos. Rorschach não teve netos.

Em 26 de junho de 1943, na 99ª Conferência da Sociedade Suíça de Psiquiatria, em Münsterlingen, local do seu primeiro lar de casada, no lago de Constança, Olga Rorschach-Shtempelin, então com 65 anos, deu uma palestra intitulada "A vida e o caráter de Hermann Rorschach". Informações biográficas da primeira metade de sua apresentação foram usadas ao longo deste livro; a segunda metade foi traduzida aqui na íntegra.

O DESENVOLVIMENTO DE H.R. TEVE UMA BASE CIENTÍFICA, MAS sua atitude em relação à vida, em relação às pessoas, em relação ao mundo, era emocional. Ele era muito tranquilo, cordial, amigável e alegre. Não gostava de problemas e conflitos nas relações humanas — ele quase instintivamente rejeitava qualquer um e qualquer coisa que tivesse alguma "insatisfação" ou "um conflito consigo mesmo". Sempre buscou unidade e clareza.

Ele era muito modesto e direto na vida cotidiana, frugal e despretensioso, o "eterno estudante"; inofensivo e quase descuidado com coisas práticas; não ambicioso; um tipo de Parsival. Durante toda a sua vida, manteve uma inclinação infantil para a aventura, de estar pronto para qualquer coisa. Vivia totalmente no presente, com um bom senso de humor e apreciando o bom humor de outras pessoas.

Enérgico nos atos físicos, ele se considerava uma pessoa de movimento. Tinha sentimentos muito profundos pelos amigos, mas costumava reprimi-los. Só no pequeno círculo familiar se entregava completamente. Era muito fiel nos sentimentos, não autoritário. Ele considerava o sentimento de *profundo respeito* como a virtude essencial da humanidade e julgava as pessoas com base na presença ou ausência dessa qualidade. Era religioso, mas não devoto, e indiferente à Igreja oficial.

Acima de tudo, o que lhe interessava era a mente ou o espírito que se revelava na dinâmica humana. Daí surgiu seu grande interesse pelas religiões, seus fundadores e suas origens, e também por mitos, seitas e pelo folclore. Ele via em todos esses fenômenos a revelação do espírito humano criativo/dinâmico. Ele via pela imaginação o rio subterrâneo da humanidade através dos séculos, desde os antigos gregos, passando pelo romantismo, até a nossa própria época... de Dionísio, passando por Anton Unternährer, até Rasputin... de Cristo a Francisco de Assis. Ele amava essa corrente de vida em sua multiplicidade de aparências, em toda a sua busca e perambulação. Ele costumava repetir as falas de Gottfried Keller: "Assimile, olho, o que seu cílio abarca/Da abundância dourada do mundo que passa!". Como ele sentia essa abundância dourada do mundo! A história, como caminho da humanidade na luta das ideias e nas transformações da forma, também lhe interessava. Com sua pronunciada tendência a sintetizar, sempre procurava a ideia que ligava tudo.

Não tinha interesse por questões econômicas nem as entendia, e era indiferente ao dinheiro, nunca se esforçou para ter bens materiais.

Ele amava a natureza, o mundo das montanhas. Embora não fosse alpinista, todo ano, em algum momento, ele fazia caminhadas nas montanhas, durante as quais não falava muito. Ele amava as cores; sua preferida era azul genciana. Sua atitude em relação à música era puramente emocional: ele amava *Lieder*, os românticos. Na pintura, por um lado, preferia os românticos, como Schwind e Spitzweg; por outro, admirava Hodler pela sua representação do movimento e Böcklin pelas suas cores, embora achasse o último "morto". Também apreciava os retratistas, especialmente os russos. No teatro, preferia comédias alegres a tragédias e dramas. E gostava de ir ao cinema, arte que achava interessante principalmente pelas ricas possibilidades expressivas dos rostos e gestos.

Não era especialmente letrado, exceto na literatura especializada do seu campo. Mas, nas noites tranquilas na época em que morava na clínica, ele lia muito com a esposa: Zola, "o fotógrafo da vida"; ele evitava Strindberg, entretanto, por razões médicas. Adorava Jeremias Gotthelf, Gottfried Keller e Tolstói, considerados por ele os "maiores artistas". Era especialmente interessado em Dostoiévski, com seu dinamismo impetuoso, seus filosóficos problemas existenciais, sua busca por Deus e o problema de Cristo. Lia os russos no original, é claro. Tinha planos de escrever sobre Dostoiévski, mas nunca o fez.

Sua atitude em relação a Freud não era "ortodoxa", isto é, não aceitava tudo dito por ele e via a psicanálise apenas como um método de tratamento médico indicado em certas situações e não em outras. Ele se opunha firmemente à tendência dominante da época de aplicar a psicanálise a todas as questões da vida e até aos escritores, pois achava que poderia castrar o espírito humano, calando a presença necessária de qualquer dinamismo e removendo a bipolaridade. Ele mesmo nunca foi analisado e sempre recusou com uma risada qualquer sugestão de seus amigos psicanalíticos nesse sentido.

Nas mulheres, o que ele valorizava por excelência era a feminilidade, a "nobreza de coração", a bondade, o senso de domesticidade, a coragem na vida cotidiana e a alegria. Não gostava das sufragistas e de mulheres com interesses exclusivamente intelectuais. Ele não estudara muita filosofia e via isso como uma falha; gostava de dizer que só começaria a fazê-lo depois dos quarenta. Mas estudou o gnosticismo.

Era mais atraído pelos bernenses do que pelos outros suíços; ele os considerava muito dinamicamente carregados e gostava da praticidade e do "enraizamento" deles. Sua cidade suíça preferida era Zurique, por ter mais a oferecer do que qualquer outra e por ser a cidade de sua juventude. Nas férias, ele aproveitava Ticino ao máximo.

H.R. trabalhava com uma facilidade incrível, como se estivesse brincando, e era extremamente produtivo. O segredo dessa produtividade era sua constante movimentação entre diferentes atividades. Ele nunca trabalhava por horas a fio em apenas uma coisa; gostava de alternar entre o trabalho intelectual e o manual. Nunca trabalhava à noite, pois a dedicava à família; da mesma forma, nunca trabalhava durante as férias, que serviam apenas para relaxar, para o *dolce far niente*. Essa mudança de tarefa, essa transição da criação intelectual para a marcenaria ou a leitura, o restaurava, renovava sua mente e sua receptividade. Ele também gostava de receber visitas, mas não sem aviso prévio e não se durassem muito tempo. Conversas longas sobre um único tópico o cansavam, mesmo que o achasse interessante.

Ele via seu livro *Psicodiagnóstico* como chave para conhecer as pessoas e suas capacidades e também para entender a cultura, o funcionamento do espírito humano. Ele assumiu a visão ampla e vislumbrou a possibilidade de, na extensão futura do método, compreender *a conexão* (um tipo de síntese), o humano como tal. Ele raramente falava nesses termos. Para ele, *Psicodiagnóstico* não era um cristal já lapidado, e sim apenas o começo — ele o via *in statu nascendi*, em fluxo, como sondagem e busca. Esperava encontrar pessoas para trabalhar com ele, seguidores, mas não se atrevia a dizer isso abertamente, dada a sua modéstia. Para ele, seu livro já estava "obsoleto". Com sua perpétua criatividade interior, ele já tinha chegado muito mais longe do que a versão preservada por escrito ali.

Ele sabia que seu método não tinha nenhuma base teórica, por isso a insistência, na primeira publicação do livro, em relação à "necessidade preliminar" de "definições inexpugnáveis" de sua terminologia e de seus conceitos. Tinha sérias reservas sobre popularizar demais o método, temendo o risco de ser diminuído ao nível de uma "máquina de adivinhação". Já estava profundamente desconfortável com a tendência de G. Roemer (que, aliás, apesar de suas alegações, nunca "colaborou" com H.R.) de conduzir seu método por outras trilhas. Ele via esse processo não como um *desenvolvimento adicional*, mas como *uma variação e uma fragmentação* que só provocariam mal-entendidos. Três dias antes de sua morte, ele falou no assunto e sofreu ao pensar nisso.

Depois da morte de H.R., Eugen Bleuler escreveu em uma carta para mim: "Seu marido era um gênio". Não cabe a mim, como esposa, alegar isso, mas eu sempre estive ciente de que dividia o caminho de minha vida com uma pessoa altamente talentosa, única, excepcionalmente cordial e totalmente amável, com grandes dons intelectuais e uma rica alma artística. Ele estava sempre expandindo seu Tipo de Experiência da introversão para uma extroversão cada vez maior. Assim, ele alcançou um equilíbrio invejável e pode ser adequadamente rotulado como *ambíguo*. Obviamente, ele não tinha consciência disso.

Eu gostaria de fechar com as palavras dele (de uma carta a G. Roemer) para mostrar como ele entendia esse equilíbrio: "A pessoa que está 'verdadeiramente viva', o ser humano ideal, é ambígua: ela pode fazer a transição da introversão intensa para a extroversão extensa. Esse ideal humano é o gênio. Isso parece significar: Gênio = Ser Humano Normal! Mas provavelmente há alguma verdade nisso." Nesse sentido, Hermann Rorschach era um ser humano normal.

Ao lado: autorretrato de Rorschach em silhueta.

AGRADECIMENTOS

Quando comecei a escrever este livro, a trilha biográfica parecia ter esfriado. Os filhos de Rorschach, que tinham dois e quatro anos quando Hermann morreu, faleceram em 2006 e 2010. A família protegeu sua privacidade, e muito material pessoal foi destruído. A seleção das cartas de Rorschach publicadas em 2004 omitiu informações consideradas "meramente pessoais"; nas cartas e diários do arquivo, algumas páginas faltavam e outras estavam riscadas.

O Arquivo e Museu Hermann Rorschach em Berna, na Suíça, era um lugar extremamente modesto, no térreo de um prédio de apartamentos, com alguns estojos de vidro mostrando seu boné com o rótulo "Klex", rascunhos das manchas de tinta e alguns desenhos. Eles conseguiram convencer os herdeiros a doarem todo o material restante, mas não havia muito mais do que lembranças e bugigangas.

Em pouco tempo, essa fria trilha começou a parecer quase amaldiçoada. Em 2012, um incêndio destruiu o último andar do edifício que abrigava o Arquivo Rorschach, e a água dos sprinklers automáticos provocou danos em todo o edifício. O arquivo felizmente foi poupado, mas acabou transferido para a biblioteca da universidade em Berna, e o acesso público foi fechado indefinidamente. A autora da primeira história sobre as manchas de tinta a usar extenso material de arquivo, Naamah Akavia, morreu de câncer em 2010; Christian Müller, coeditor das cartas de Rorschach e autor de inúmeros artigos breves sobre Rorschach, planejava uma futura biografia, mas morreu em 2013. Em um canto distante da internet, encontrei um esboço biográfico de 1996 de dez páginas sobre Rorschach, afirmando que "a primeira biografia completa de material inédito de fonte primária" estava "em preparação" pelo autor, Wolfgang Schwarz. A biografia nunca foi publicada e Schwarz morreu em 2011.

Pedi ao arquivo uma pasta chamada "Correspondência com Wolfgang Schwarz". A primeira carta estabelecendo contato era de 1959, e uma carta de Lisa datada de 4 de setembro de 1960 combinou uma reunião entre Schwarz e a família: Lisa, Wadim e Olga. Schwarz, um norte-americano descendente de alemães nascido em 1926, que descobriu *Psicodiagnóstico* na biblioteca de sua universidade em 1946 e passou uma noite toda na leitura, estava interessado na vida de Rorschach. Com o primeiro subsídio dos Institutos Nacionais de Saúde na história da medicina, ele rastreou e entrevistou todos que conseguiu encontrar e organizou e traduziu o material, tudo enquanto trabalhava como psiquiatra, o que fez durante 62 anos, e criava oito filhos. Ele se correspondia com a irmã de Hermann, Anna, que viveu até 1974. O documento mais atraente do arquivo era um esboço de dezenove páginas e um sumário do seu livro, *Hermann Rorschach, M.D.: His Life and Work* [Hermann Rorschach, M.D.: Vida e Obra], acompanhado de um bilhete manuscrito de Lisa datado de 2006: "Finalmente concluído em 2000/01, procurando uma editora".

Numa noite quente de junho de 2013, eu me sentei à mesa da sala de Susan Decker Schwarz em Tarrytown, subúrbio de Nova York, e à minha frente havia um grande cofre de metal. Continha, ela me contou, o trabalho da vida de seu falecido marido. Ela não tinha analisado nada e não falava alemão. Ele tinha passado décadas caçando todos os fatos sobre a vida de Rorschach, mas não mostrou os resultados para ninguém.

A caixa continha centenas de fotografias, cartas e desenhos da família Rorschach, tanto cópias quanto originais; protocolos de teste escritos na caligrafia de Hermann; uma primeira impressão das manchas de tinta. Grande parte do material duplicava o que eu já tinha visto nos arquivos de Berna, mas muita coisa era nova, incluindo algumas das fotografias de família mais marcantes e a longa carta de Olga ao irmão de Hermann descrevendo os últimos dias do marido. Ao lado da caixa de metal, em uma sacola de compras, havia uma cópia de mil páginas do manuscrito de Schwarz. Ele costumava contar ao filho sobre o arquivo na Suíça, dizendo que "eles têm metade e eu a outra metade". No fim daquela noite de junho, havia dois Arquivos Hermann Rorschach: um em Berna e outro no meu apartamento.

Duas grandes caixas de plástico que Susan Schwarz encontrou depois continham a essência da pesquisa de Wolfgang: 362 páginas de anotações de suas entrevistas. Ele tinha encontrado e conversado com os colegas de Rorschach, seu melhor amigo da escola, a empregada doméstica dele e de Olga; a viúva de Konrad Gehring, com quem Rorschach fizera as primeiras manchas de tinta para diagnóstico; a mulher que estava na sala quando Olga foi informada de que Hermann havia morrido. O manuscrito, no entanto, era quase todo composto de traduções das cartas e dos arquivos de Rorschach. Schwarz queria deixar Rorschach falar por si mesmo e, quanto mais coisas ele encontrava, menos queria deixar alguma coisa de fora. Não era uma biografia, mas um espantoso depósito de pesquisas fundamentais.

Sou profundamente grato à viúva e aos filhos de Wolfgang Schwarz por me darem acesso a todo esse material e por sua aprovação para usá-lo. Ele agora foi doado ao Arquivo Rorschach, para ser disponibilizado para outras pessoas.

Eu também gostaria de agradecer a muitas outras pessoas e instituições que tornaram possível escrever este livro. O Centro Leon Levy de Biografias do Centro de Pós-Graduação da CUNY e o Centro de Escritores e Estudiosos Doris e Lewis B. Cullman da Biblioteca Pública de Nova York me deram bolsas de estudo e associação — devo muito a Gary Giddins e Michael Gately no Levy; Jean Strouse, Marie d'Origny, Paul Delavardac, Caitlin Kean e Julia Pagnamenta no Cullman; e às minhas inspiradoras coortes de outras associações. Na Suíça, a Rita Signer e Urs Germann, do Arquivo Hermann Rorschach, em Berna; Beat Oswald, Erich Trösch e seus colegas do Staatsarchiv do cantão de Thurgau em Frauenfeld; Hans Ruprecht e Marianne Adank, generosos anfitriões em Berna em 2010; a conferência Walser Weltweit de 2013, que levou a mim e outros tradutores de Robert Walser do mundo todo para visitar Herisau; Raimundas Malašauskas e Barbara Mosca, que me convidaram para falar sobre Hermann Rorschach na Academia de Verão "HR" do Paul Klee Center em Berna; e Reto Sorg, pela gentileza e pela generosidade em muitas frentes. As editoras Amanda Cook, Domenica Alioto e Meghan Houser, da Crown, e Edward Orloff, meu agente na McCormick Literary, injetaram uma quantia titânica de trabalho no livro de narrativa de não ficção de um iniciante e fizeram dele o que ele agora é, pelo qual sou muito grato; agradeço também a Jon Darga e ao restante da equipe da Crown, especialmente à designer Elena Giavaldi, por fazer um produto tão bonito. Jay Leibold, Scott Hamrah e Mark Krotov leram o trabalho em andamento — eles e muitos outros amigos deram uma ajuda e um estímulo valiosos.

Este livro é dedicado a Danielle e Lars, por toda uma vida me ensinando a ver.

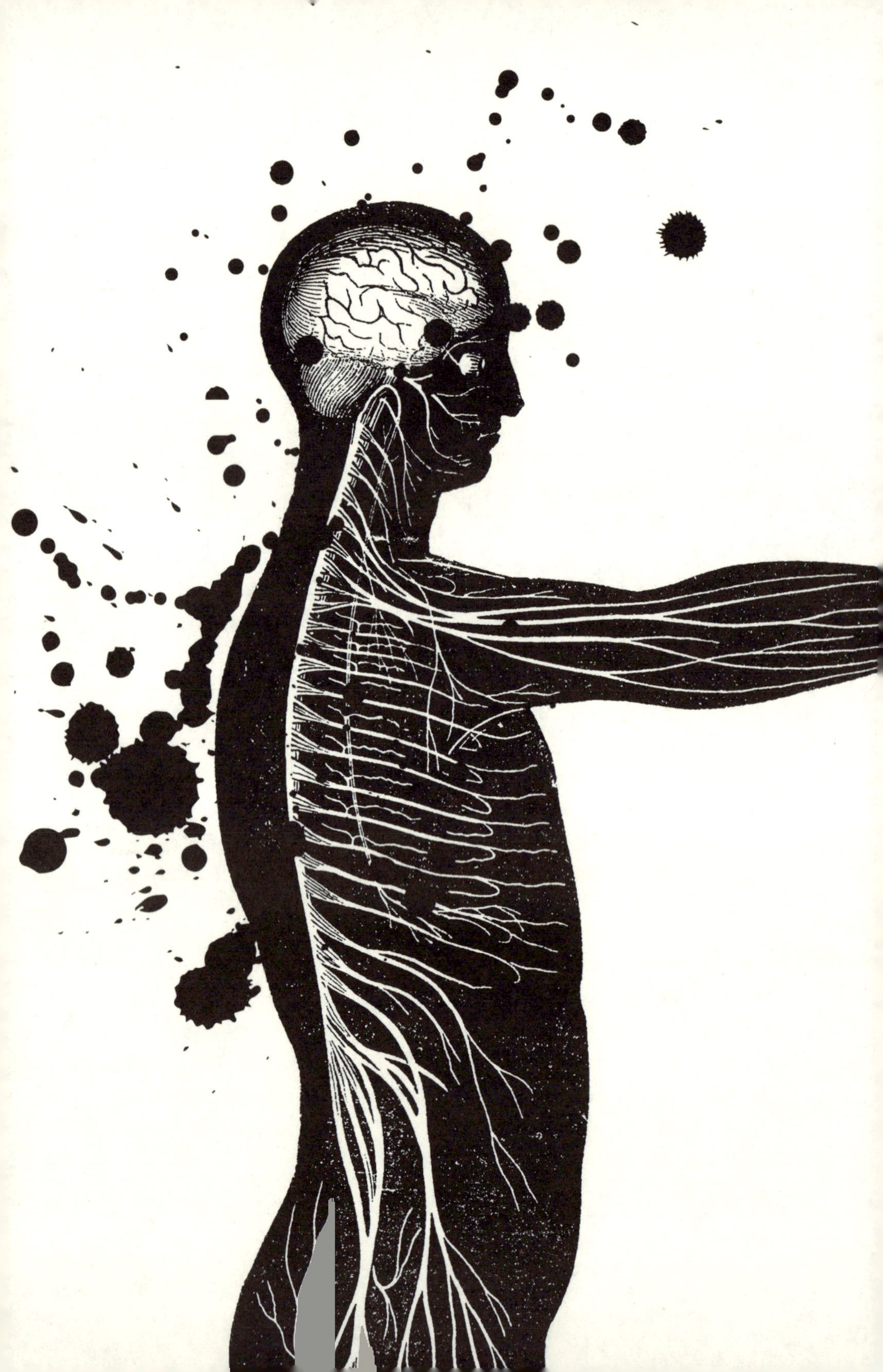

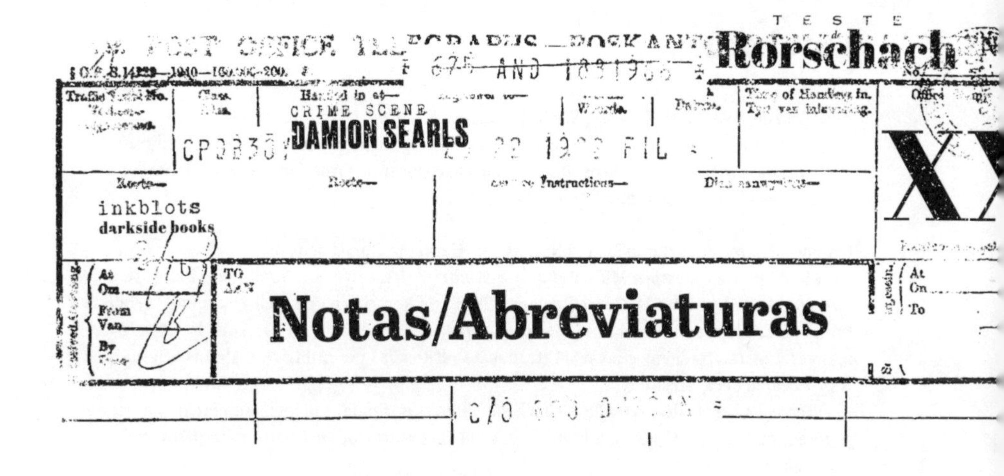

Notas/Abreviaturas

Arquivos

HRA: Arquivo Hermann Rorschach (Archiv und Sammlung Hermann Rorschach), Berna, Suíça; a coleção HR, salvo indicação em contrário

STATG: Staatsarchiv Thurgau, Frauenfeld, Suíça

WSA: Arquivo Wolfgang Schwarz, agora doado ao HRA, onde será catalogado e ficará acessível

WSI: Entrevista de Schwarz com [nome], citada a partir de notas no WSA, retificada por motivos de clareza e precisão na tradução

WSM: Manuscrito inacabado de Wolfgang Schwarz, consistindo, em grande parte, de citações das cartas de Rorschach traduzidas para o inglês

Escritos por Rorschach

PD: *Psychodiagnostics: A Diagnostic Test Based on Perception* (Berna: Hans Huber, 1942; 6ª ed., 1964), trad. Paul Lemkau e Bernard Kronenberg, a partir de *Psychodiagnostik: Methodik und Ergebnisse eines wahrnehmungsdiagnostischen Experiments (Deutenlassen von Zufallsformen)* (Ernst Bircher, 1921; 4ª edição ampliada, Hans Huber, 1941). A tradução é precária, e eu traduzi novamente todas as citações, mas as notas dão o número da página na edição em inglês.

Fut: Até hoje, o único outro texto de Rorschach publicado em inglês é “The Psychology of Futurism”, trad. Veronika Zehetner, Peter Swales e Joshua Burson, em Akavia, p. 174-86. Aqui também eu me referi ao alemão e corrigi as traduções (HRA 3:6:2; há uma transcrição *on-line*: www.history.ucla.edu/academics/fields-of-study/science/RorschachZurPsychologiedesFuturismus.pdf).

Em alemão:

CE: [Ensaios coletados] *Gesammelte Aufsätze*, ed. KW Bash (Hans Huber, 1965).
L: [Cartas] *Briefwechsel*, ed. Christian Müller e Rita Signer (Hans Huber, 2004). Esta edição selecionada, produzida quando os filhos de Rorschach estavam vivos, omite cartas e partes de cartas consideradas "meramente pessoais".

Grupos menores de cartas estão publicados em "Hermann Rorschachs Briefe an seinen Bruder", ed. Rita Signer e Christian Müller (*Luzifer-Amor: Zeitschrift zur Geschichte der Psychoanalyse 16* [2005]: p. 149-57); Georg Roemer, "Hermann Rorschach und die Forschungsergebnisse seiner beiden letzten Lebensjahre" (*Psique* 1 [1948]: 523-42); *CE*, p. 74-79; Anna R, 73-74. Algumas cartas estão traduzidas no WSM (traduções retificadas por mim), com alguns originais na WSA ou então desaparecidos.

Todas as cartas de e para Rorschach são citadas por data, independentemente de onde e se foram publicadas. O HRA é a fonte dessas outras publicações e a única para pesquisadores, agora que inclui o WSA.

Diário: de 3 de setembro de 1919 a 22 de fevereiro de 1920 (HRA 1:6:6).

Rascunho: "Investigações de percepção e apreensão nos saudáveis e nos doentes", com o título "Rascunho de 1918", acrescentado depois com uma máquina de escrever diferente, agosto de 1918 (HRA 3:3:6:1).

Escritos importantes sobre Rorschach

Há poucos escritos úteis não técnicos sobre Hermann Rorschach e o teste de manchas de tinta. As principais fontes são:

Akavia: Naamah Akavia. *Subjectivity in Motion: Life, Art, and Movement in the Work of Hermann Rorschach*. Nova York: Routledge, datado de 2013, mas na verdade é de 2012.
Ellenberger: Henri Ellenberger. "Hermann Rorschach, MD, 1884-1922: A Biographical Study". In: *Bulletin of the Menninger Clinic* 18.5, set. 1954, p. 171-222. Mais facilmente disponível em *Beyond the Unconscious: Essays of Henri F. Ellenberger in the History of Psychiatry* (Princeton: Princeton University Press, 1993), p. 192-236, mas em uma versão reduzida, sem indicação de todas as partes apagadas. As notas apresentam os números de página da versão do *Bulletin*. A tradução alemã de *CE* (19-69), por sua vez, é "ligeiramente alterada e expandida por K. W. Bash com base em observações de Anna Berchtold-Rorschach, com a permissão do autor". O material que não está em inglês é citado a partir dos *CE*.
ExCS: John E. Exner Jr., *The Rorschach: A Comprehensive System*, vol. 1 salvo indicação, ano citado para indicar a edição.
ExRS: John E. Exner Jr., *The Rorschach Systems* (Grune e Stratton, 1969).
Galison: Peter Galison, "Image of Self", em *Things That Talk: Object Lessons from Art and Science*, ed. Lorraine Daston (Nova York: Zone Books, 2008), p. 257-94.
Wood: James M. Wood, M. Teresa Nezworski, Scott O. Lilienfeld e Howard N. Garb, *What's Wrong with the Rorschach? Science Confronts the Controversial Inkblot Test* (San Francisco: Jossey-Bass, 2003).

Em outros idiomas:

Anna R: Anna Berchtold-Rorschach, "Einiges aus der Jugendzeit", em *CE*, p. 69-74.
ARL: Anna Berchtold-Rorschach, "Lebenslauf", 7 set. 1954 (HRA Rorsch ER 3:1).
Blum/Witschi: Iris Blum e Peter Witschi, eds., *Olga und Hermann Rorschach: Ein ungewöhnliches Psychiater-Ehepaar* (Herisau: Appenzeller Verlag, 2008), especialm. ensaios de Blum (p. 58-71, 72-83), Witschi (p. 84-93) e Brigitta Bernet e Rainer Egloff (p. 108-20).
Gamboni: Dario, "Un pli entre science et art: Hermann Rorschach et son test", em *Autorität des Wissens: Kunst-und Wissenschaftsgeschichte im Dialog*, ed. Anne von der Heiden e Nina Zschocke (Zurique: Diaphanes, 2012), p. 47-82.
Morgenthaler: Walter Morgenthaler, "Erinnerungen an Hermann Rorschach: Die Waldau-Zeit" (1954), *CE*, p. 95-101.
Olga R: Olga Rorschach-Shtempelin, "Über das Leben und die Wesensart von Hermann Rorschach", em *CE*, 87-95; a segunda metade está traduzida no Apêndice.
Schwerz: Franz Schwerz, "Erinnerungen an Hermann Rorschach" (*Thurgauer Volkszeitung*, em quatro etapas, 7-10 de novembro de 1955).

Periódicos

JPA *Journal of Personality Assessment*, continuação de
JPT *Journal of Projective Techniques*, também continuação de
RRE *Rorschach Research Exchange*, de Bruno Klopfer

Todas as traduções são minhas, salvo indicação em contrário.

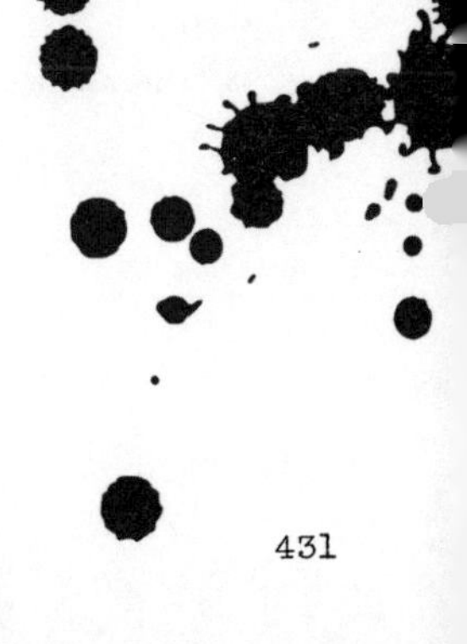

Notas do autor

22. "o simples fato de ser previamente exposto": Gregory J. Meyer et al., *Rorschach Performance Assessment System: Administration, Coding, Interpretation, and Technical Manual* (Toledo, OH: Rorschach Performance Assessment System, 2011), 11. Veja o Capítulo 22 abaixo.

Introdução

29. Victor Norris: Caroline Hill, entrevista, janeiro de 2014.

31. Todas as perguntas: Estes são *scripts* retirados do manual padrão do teste de Rorschach da época, ensinando aos examinadores como desviar das perguntas: ExCS (1986), 69, citado em Galison, p. 263-64.

33. tinham sido "perversas": Elizabeth Weil, "What Really Happened to Baby Johan?", *Matter*, 2 de fevereiro de 2015, media.com/matter/what-really-happened-to-baby-johan-88816c9c7ff5.

34. Um crítico de cinema: David DeWitt, "Talk About Sex. Have It. Repeat.", *New York Times*, 31 de maio de 2012.

35. "ritmo espacial": *PD*, 15.

37. CeeLo Green, um dos criadores...: "Gnarls Barkley: Crazy", website Blind, www.blind.com/work/project/gnarls-barkley-crazy.

38. "O método e a personalidade": Walter Morgenthaler, "Preface to the Second Edition", em *PD*, 11.

38. "alto, magro e louro": Ellenberger, 191.

Capítulo 1: Tudo se Torna Movimento e Vida

41. Em uma manhã do fim de dezembro: Essa cena imaginada se baseia em cartas, fotografias e hábitos de Rorschach. Jogos infantis germano-suíços típicos: Reto Sorg, Robert Walser Center, em Berna, comunicação pessoal, 2012.

43. em 1437 já havia ancestrais seus...: Heini Roschach, 1437; Jörni Wiedenkeller, 1506; há detalhes completos começando com Hans Roschach, nasc. 1556, e Balthasar Wiedenkeller, nasc. 1562 (HRA 1:3; Ellenberger, *CE*, p. 44).

44. Hermann nasceu: HRA 1:1.

44. Ulrich se saiu bem: WSM, citando as transcrições de Anna e Ulrich. Ulrich lecionou na escola primária (crianças de 7 a 12 anos) e na *Realschule* (jovens de 12 a 14 anos na faixa acadêmica que levava ao *Gymnasium*, e jovens de 12 a 16 anos que depois já iniciavam uma profissão).

44. Schaffhausen é uma cidade pequena: 11.795 habitantes em 1880; atualmente, o número é aproximadamente o triplo desse.

44. "Nas margens": *Schaffhausen und der Rheinfall*, Europäische Wanderbilder 18 (Zurique: Orell Füssli, 1881), p. 3.

45. "o borrifo caía pesado sobre nós": Mary Shelley, *Rambles in Germany and Italy in 1840, 1842, and 1843* (Londres: Edward Moxon, 1844), 1:51-52

45. "uma pesada montanha": *Schaffhausen und der Rheinfall*, p. 28.

45. A casa era mais ampla: Esta seção de Anna R; WSM, citando entrevistas com Anna de 1960; Ellenberger, p. 175-77.

46. "podia ficar olhando para": Fanny Sauter, WSI.

47. "Ainda consigo ver diante dos meus olhos [...] um homem modesto": Schwerz.

46. uma pequena compilação: *Feldblumen: Gedichte für Herz und Gemüth* (Arbon: G. Rüdlinger, 1879), uma antologia de versos locais comum na época, contendo oito poemas escritos por Ulrich.

47. Em seu tempo livre, escreveu um texto de 100 páginas intitulado "Esboço": HRA 1:7.

49. Quando Ulrich morreu: O obituário de Ulrich atesta: "Ele não era apenas desenhista, mas também filósofo, dedicando grande parte de seu tempo à consideração detalhada das questões mais importantes. [...] Tinha um verdadeiro espírito artístico e provavelmente teria encontrado mais satisfação no trabalho puramente artístico, mas não tinha os meios para buscar uma educação geral e fazer viagens de estudo; sentia-se fortemente preso por considerações do bem-estar material da família. Apesar de seu pouco tempo na escola, o autodidatismo lhe deu uma base completa de conhecimento e o ligou a uma capacidade criativa proficiente. [...] A única coisa que faltava a Rorschach era autoconfiança e a confiança artística, a capacidade de ser ágil e seguro em seu comportamento externo; ele não sabia como transformar seu conhecimento e sua capacidade em realidade." Ulrich estava "sempre pronto para apreciar as realizações dos outros; era modesto demais para reconhecer seu próprio valor" (*Schaffhauser Nachrichten*, 9 de junho de 1903).

50. "Acredito que": Para Anna, 31 de agosto de 1911.

50. "Penso no papai": Para Anna, 31 de janeiro de 1910.

50. "a mentalidade de Schaffhausen": Para Anna, 24 de janeiro de 1909.

Capítulo 2: Jovem Klex

53. Fraternidades alemãs e suíço-alemãs: WSM; Theodor "Schlot" Müller e Kurt Bachtold, WSI; *100 Jahre Scaphusia: 1858-1958*, editado pelo mesmo Kurt Bachtold (Schaffhausen, 1958); *125 Jahre Scaphusia* (Schaffhausen, 1983); o registro das atividades da Scafusia e o álbum de recortes de 1903 (HRA 1:2).

55. Rorschach frequentou: Esta seção: Anna R; Schwerz; Regineli e ex-colegas de escola, WSI.

56. da dor de dente: *CE*, p. 133.

57. "Emancipação das Mulheres": HRA 1:2:1; veja Blum/Witschi, p. 60.

58. Em um dos desenhos: Essa imagem mostra Herbert Haug, membro da Scafusa no *Gymnasium* de Schaffhausen, olhando para uma foto de uma jovem mulher enquanto um cachorro preto, assustado, encara o espectador. Sob a imagem há um poema, que também sugere a melancolia sonhadora de Haug. Ele se afogou alguns anos depois, o que provavelmente foi um suicídio. (Para Anna, 31 de outubro de 1906, e WSM.)

59. Ernst Haeckel: Robert J. Richards, *The Tragic Sense of Life: Ernst Haeckel and the Struggle over Evolutionary Thought* (Chicago: University of Chicago Press, 2008), p. 2-4; Philipp Blom, *The Vertigo Years: Europe, 1900-1914* (Nova York: Basic Books, 2008), 342. Haeckel também desenvolveu uma teoria ondulatória da herança por meio do protoplasma, que influenciaria decisivamente a formulação da vontade de poder de Nietzsche: "que a vida surgiu das vibrações periódicas armazenadas dentro das diminutas estruturas materiais do protoplasma, [...] uma abordagem completamente mecânica da hereditariedade" (Robert Michael Brain, "The Pulse of Modernism: Experimental Physiology and Aesthetic Avant-Gardes circa 1900", *Studies in History and Philosophy of Science* 39.3 [2008]: p. 403-4 e notas).

61. Aspirante a pintor de paisagens: Irenäus Eibl-Eibesfeldt, "Ernst Haeckel: The Artist in the Scientist", em Haeckel, *Art Forms in Nature: The Prints of Ernst Haeckel* (Munique: Prestel, 1998), p. 19.

61. Darwin elogiou Haeckel: Richards, *Tragic Sense of Life*, 1, p. 262.

61. vocabulário visual para a *art nouveau*: Olaf Breidbach, "Brief Instructions to Viewing Haeckel's Pictures", em Haeckel, *Art Forms*, p. 15.

61. peça em exposição: O livro era "mostrado em todas as oportunidades possíveis, apresentado, examinado e até mesmo admirado" por crianças e avós na mesma medida (Richard P. Hartmann, prefácio de Haeckel, *Art Forms*, p. 7).

61. a principal ciência ateia: Richards, *Tragic Sense of Life*, p. 385. Ele destaca que os biólogos hoje têm menos fé em um Deus pessoal do que os cientistas de qualquer outro campo: 5,5%, contra 39,3% dos cientistas de elite em geral e 86% dos cidadãos norte-americanos, 94% se considerarmos a crença em um "poder superior". Uma pesquisa de 1914 mostra o mesmo padrão.

62. "Seus temores": De Haeckel, 22 de outubro de 1902.

62. diversas pessoas: Anna R, p. 73; Olga R, p. 88; Morgenthaler, "Hermann Rorschach", em *PD*, p 9; Ellenberger, p. 177. "Esse passo ousado de procurar um homem famoso em busca de conselhos parece característico de Rorschach": *L*, 25n1. "Parece duvidoso que Rorschach tenha colocado toda a opção de sua futura profissão nas mãos de um desconhecido. [...] A maioria das ações de Rorschach, conforme reveladas pelas suas correspondências, parecem deliberadas e premeditadas": WSM. Em 1962, a Casa Ernst Haeckel, em Jena, Alemanha, disse a Schwarz que não encontrou nenhuma carta de Rorschach para Haeckel.

Capítulo 3: Eu quero ler as pessoas

65. se formar no ensino médio: Rorschach se formou em quarto lugar na sua turma e ficou decepcionado com seus resultados, mas sua professora disse que ele não tinha falado o suficiente — o amigo de Rorschach, Walter Im Hof, futuro advogado, muito falante, tinha superado o bom ouvinte e futuro psiquiatra (Walter Im Hof, WSI; transcrição, HRA 1:1).

65. aulas particulares de francês: WSM.

65. direto a Paris: Anna para Wolfgang Schwarz, resposta a perguntas, c. 1960, WSA.

65. "um lugar mais idiota": Para Anna, 18 de janeiro de 1906.

65. diário particular: HRA 1:6:4.

66. "Todo mundo sabe" e outras citações: Para a família, 13 de agosto de 1904.

66. "Eles gostam de falar": Para Anna, 26 de maio de 1908.

66. dos doukhobors: Orlando Figes, *Natasha's Dance: A Cultural History of Russia* (Nova York: Picador, 2002), 307; Rosamund Bartlett, *Tolstoy: A Russian Life* (Boston: Houghton Mifflin, 2011), 271; Andrew Donskov, *Sergej Tolstoy and the Doukhobors* (Ottowa: Slavic Research Group, University of Ottowa, 1998), p. 4-5; V.O. Pashchenko e T.V. Nagorna, "Tolstoy and the Doukhobors: Main Stages of Relations in the Late 19th and Early 20th Century" (2006), *website* de genealogia dos doukhobors, www.doukhobor.org/Pashchenko-Nagorna.html, acessado pela última vez em janeiro de 2020.

66. Em 1895, Tolstói chamou: Um visitante de 1899 descobriu que, embora Tolstói "desprezasse o discipulado" mais do que qualquer pessoa, um grupo apelidado de "Colégio de Cardeais" tinha se reunido em torno dele: Vladimir Chertkov, Pavel Biryukov e Ivan Tregubov (James Mavor, *My Windows on the Street of the World* [Londres e Toronto: J. M. Dent and Sons, 1923], 2:70; cf. o panfleto de Chertkov, Biryukov e Tregubov *Appeal for Help* [Londres, 1897]). Os três logo foram expulsos do país; Tregubov retornou em 1905, onde fomentou a resistência antes da Revolução de 1917 e depois atuou no Comissariado da Agricultura, ainda tentando proteger os interesses dos doukhobors (Heather J. Coleman, *Russian Baptists and Spiritual Revolution, 1905-1929* [Bloomington: Indiana University Press, 2005], p. 200). Ele sobreviveu sob o comando de Stalin até 1931.

Em seu diário (HRA 1:6:4), Rorschach menciona primeiro Tregubov em um contexto político: "Partido Trabalhista Socialista de Dijon. Reunião noturna em Tréguboff (doukhobor)." Citações seguintes: Para Anna, 14 de abril de 1909, 21 de janeiro de 1907; Anna R, p. 73.

67. "Quero saber": Anna R, p. 73.

67. "nunca mais quero só ler livros": Para Anna, 19 de fevereiro de 1906.

67. ir à universidade: Matrícula em 20 de outubro de 1904, número de registro 15174.

67. apareceu em Zurique: Esta seção: Schwerz; para a família, 23 de outubro de 1904; visita a Weinplatz, novembro de 2012.

68. "fui a duas exposições de arte": Para Anna, 22 de outubro de 1904.

69. figurante no teatro estudantil: Lembrança de seu filho, Wadim (Blum/Witschi, 85).

69. no Künstlergütli: Detalhes de *Switzerland*, de Baedeker (1905 e 1907).

70. Rorschach as conduzia: Uma lembrança de Walter von Wyss, em Ellenberger, p. 211.

70. "Fui o único": Para Anna, 23 de maio de 1906.

71. "grande quantidade de jovens estrangeiros com mente revolucionária": Incluindo Herzen, Bakunin, Plekhanov, Radek, Kropotkin, Karl Liebknecht e um jovem Benito Mussolini (Peter Loewenberg, "The Creation of a Scientific Community: The Burghölzli", em *Fantasy and Reality in History* [Nova York: Oxford, 1995], p. 50-51).

71. na Pequena Rússia os debates eram acalorados: "Es wurde heiß debattiert und kalt gesessen," citado em Verena Stadler-Labhart, "Universität Zürich", em *Rosa Luxemburg*, ed. Kristine von Soden, BilderLeseBuch (Berlim: Elefanten Press, 1995), p. 58.

71. estudantes da universidade: Stadler-Labhart, "Universität Zürich", 56, 63n2; Blum/Witschi, 74; Universität Zürich, "Geschichte", n.d., acessado em 9 de janeiro de 2020, www.uzh.ch/about/portrait/history.html.

71. "Era simplesmente inconcebível": Deirdre Bair, *Jung: A Biography* (Boston: Little, Brown, 2003), p. 76. Emma, apesar de ter trabalhado como assistente do pai durante anos, foi enviada a Paris para ser, por um ano, *au pair* de classe alta dos amigos de negócios do pai e para buscar interesses culturais apropriados em seu tempo livre. Cf. Stadler-Labhart, "Universität Zürich", 56-57; John Kerr, *A Most Dangerous Method: The Story of Jung, Freud, and Sabina Spielrein* (Nova York: Knopf, 1993), p. 34.

72. "invasoras semiasiáticas": Stadler-Labhart, "Universität Zürich"; Blum/Witschi, p. 62-63.

72. "o anjo de Natal": *Christchindli*, uma menininha que porta um sino e voa de casa em casa entregando presentes.

72. e, possivelmente, sua aparência: O colega de quarto de Rorschach, Schwerz, que preservou a anedota 50 anos depois, não contou essas atrações, escrevendo apenas que o "esteta artisticamente inclinado Rorschach" estava interessado na beleza russa e que, em seu quarto, "a carta de Tolstói era admirada por todos". Nenhuma carta de Tolstói sobreviveu, mas uma fotografia autografada dele era uma das preciosas posses de Rorschach.

72. uma colega de turma: Schwerz.

72. Sabina Spielrein: Bair, *Jung*, p. 89-91; Kerr, *Most Dangerous Method*; Alexander Etkind, *Eros of the Impossible: The History of Psychoanalysis in Russia* (Boulder: Westview, 1997). Spielrein e Rorschach provavelmente se conheceram, pois tinham o mesmo conselheiro, ele saía com os russos, e Spielrein "frequentava as aulas diariamente, era pontual em todos os lugares e se sentia obrigada pela honra a participar plenamente" (Loewenberg, "Creation", p. 73, citando Jung).

72. Olga Vasilyevna Shtempelin: Штемпелин. A ortografia alemã, "Stempelin", pronunciada com um som inicial de *Sht*, frequentemente era usada em inglês, que sugere erradamente uma pronúncia como *St*. Em 1910, Olga assinou seu nome do meio "Vil'gemovna" em um documento com firma reconhecida, dando seu consentimento para se casar; na correspondência de Hermann com as autoridades suíças sobre as formalidades do casamento, ele também escreveu "Wilhelmowna" (agradeço a Rita Signer por essa informação). No entanto, na árvore genealógica que Rorschach fez posteriormente e em muitos outros documentos suíços, seu nome do meio é registrado como "Wassiljewna".

73. um privilégio: Segundo a filha de Hermann e Olga, Elisabeth (Blum/Witschi, p. 73-74 e 126n139).

73. "Meus amigos russos": Para Anna, 2 de setembro de 1906. Suas cartas a mencionam pelo nome pela primeira vez em 1908.

74. "Caro conde Tolstói": HRA 2:1:15:25. Traduzido e incluído aqui com a gentil permissão de Yuri Kudinov do Museu Estadual Liev Tolstói em Moscou.

74. nem um pouco sozinho: O livro sobre a influência da cultura russa no Ocidente ainda não tinha sido escrito antes da Primeira Guerra Mundial. Os romances e peças russos estavam deslumbrando leitores, desde Woolf até Hamsun e Freud; o balé russo era o queridinho de Paris; a imensidão física do país e sua combinação de profundidade espiritual e atraso político inspiraram veneração e ansiedade em todo o continente; os "tolstoianos" se espalharam pela Europa, abrindo restaurantes vegetarianos e pregando a irmandade cristã. A longa lista de romances indispensáveis sobre o assunto começa com *Under Western Eyes*, de Conrad, ambientado na Rússia e na Suíça por volta de 1907.

Capítulo 4: Descobertas extraordinárias e mundos beligerantes

77. silhueta compacta: Descrição de Auguste Forel, citada em Rolf Mösli, *Eugen Bleuler: Pionier der Psychiatrie* (Zurique: Römerhof-Verlag, 2012), p. 20-21; Bair, *Jung*, 58; ver "*Bleuler*" nesta página.

77. Outro professor: Bair, *Jung*, p. 97-98; ver nota na p. 437 para "*Carl Jung*".

78. Na primeira década do século XX, Zurique...: A melhor fonte sobre a ascensão da psiquiatria moderna, felizmente centrada em Zurique, é o livro magistral de Kerr, *Um Método Muito Perigoso*, cujo "Ensaio Bibliográfico" de 22 páginas é uma biblioteca em si. *The Discovery of the Unconscious* (Nova York: Basic Books, 1970), de Henri Ellenberger, ainda é o estudo mais detalhado e aprofundado. *Revolution in Mind: The Creation of Psychoanalysis*, de George Makari (Nova York: HarperCollins, 2008), é uma boa e mais recente fonte de história geral.

79. "a medicina nos dias Tchékhov": Janet Malcolm, *Reading Chekhov: A Critical Journey* (Nova York: Random House, 2001), p. 116.

80. 351 cópias: Sigmund Freud, *The Interpretation of Dreams* (John Wiley, 1961), p. xx. Por outro lado, o principal trabalho de Theodore Flournoy sobre o inconsciente, também publicado no fim de 1899, teve três edições em três meses e recebeu elogios entusiasmados em jornais acadêmicos e na imprensa popular por toda a Europa e nos Estados Unidos (*From India to the Planet Mars: A Case of Multiple Personality with Imaginary Languages* [Princeton: Princeton University Press, 1995], XXVII-XXXI). Para uma análise revisionista da "lenda" de que *A interpretação dos Sonhos*, de Freud, foi amplamente ignorado, veja Ellenberger, *Discovery*, p. 783-84.

80. "mais conhecido, entre os locais, pelo bordel": Kerr, *Dangerous Method*, p. 40.

80. Bleuler: Ellenberger, *Discovery;* Bair, *Jung;* Kerr, *Um Método Muito Perigoso;* Makari, *Revolution in Mind;* Mösli, *Eugen Bleuler;* Daniel

Hell, Christian Scharfetter e Arnulf Möller, *Eugen Bleuler, Leben und Werk* (Berna: Huber, 2001); Christian Scharfetter, ed., *Eugen Bleuler, 1857-1939* (Zurique: Juris Druck, 2001); Sigmund Freud e Eugen Bleuler, *"Ich bin zuversichtlich, wir erobern bald die Psychiatrie": Briefwechsel, 1904-1937*, ed. Michael Schröter (Basel: Schwabe, 2012); citado daqui em diante como "F/B". Bleuler geralmente é descrito como insuportável e um tanto arrogante, principalmente porque era assim que Jung o via (embora Kerr, *Most Dangerous Method*, p. 43, seja mais equilibrado). Conforme mais material sobre Bleuler é publicado, mais essa visão parece tendenciosa.

81. "A grande massa": Livro de Kraepelin *Einführung in die psychiatrische Klinik*, 4ª ed., 1921, citado em Christian Müller, *Abschied vom Irrenhaus: Aufsätze zur Psychiatriegeschichte* (Berna: Huber, 2005), p. 145. Müller continua: "O que há nessa citação do grande e inconteste mestre da psiquiatria que me incomoda? É o estilo, a escolha de palavras? A brutalidade com que ele rotula uma realidade que para ele era completamente objetiva? Esta citação destaca a poderosa transformação que ocorreu em nossa relação com o sofrimento humano como um todo. Nós nos tornamos mais sensíveis."

81. "Sabemos agora": Citado em Loewenburg, "Creation", p. 47, retificado.

81. entre 600 e 800 pacientes: Mösli diz 655 pacientes (*Eugen Bleuler*, p. 114), Makari diz "mais de 800" (*Revolution in Mind*, p. 183).

82. como adjetivo: Eugen Bleuler, "The Prognosis of Dementia Praecox", em *The Clinical Roots of the Schizophrenia Concept: Translations of Seminal European Contributions on Schizophrenia*, ed. John Cutting e Michael Shepherd (Cambridge: Cambridge University Press, 1987), p. 59. Um escritor atual diz que o simples fato de eliminar o termo *demência* ajudou muito a dar esperança de cura para os pacientes e suas famílias (Daniel Hell, "Herkunft, Kindheit und Jugend", em Mösli, *Eugen Bleuler*, p. 25-26).

82. Um dos assistentes de Bleuler: Abraham Arden Brill, citado em Mösli, *Eugen Bleuler*, p. 153.

83. "A maneira como olhavam para o paciente": Brill citado em Loewenberg, "Creation", p. 65-66.

83. Carl Jung: A literatura sobre Jung é enorme e cheia de controvérsias; *Jung Stripped Bare by His Biographers, Even* (Londres: Kamac, 2005), de Sonu Shamdasani, é um livro sobre as polêmicas nas *biografias* de Jung. *Um Método Muito Perigoso*, de Kerr, é o melhor lugar para começar; para um resumo da personalidade de Jung, é difícil superar o parágrafo que começa com: "É importante enfatizar a natureza quase rabelaisiana dos dons [de Jung]" (53). Veja também Bair, *Jung;* Sonu Shamdasani, *Jung e a Construção da Psicologia Moderna*.

84. "complexos": Como Jung explicou em 1934: "A palavra 'complexo', em seu sentido psicológico, entrou na fala comum tanto em alemão quanto em inglês. Todo mundo sabe, hoje em dia, que as pessoas 'têm complexos'. O que não é tão conhecido, apesar de ser muito mais importante em termos teóricos, é que os complexos podem *nos ter*." (*Collected Works of C. G. Jung* [Princeton: Princeton University Press, 1960-90], 8:95-96).

84. Independentes de Freud: Pelo menos no relato autocentrado de Jung — Jung de fato tinha lido *A Interpretação dos Sonhos* em 1900.

84. "inédita e extraordinária": Kerr, *Most Dangerous Method*, p. 59; Makari fala em "bomba" (*Revolution in Mind*, p. 193).

85. "Foi assim que": Bleuler em 1910, citado por Michael Schröter, introdução a F/B, p. 16.

85. "Caro e honrado colega!" F/B, carta 2B também explica o estilo incomum "2B" de citação, significando uma carta 2d na edição, uma carta de Bleuler.

85. "abriram um novo mundo": Ibid., p. 15.

85. pedindo dicas: "Embora eu tenha percebido na primeira leitura que seu livro sobre sonhos estava correto, raramente consigo interpretar um dos meus próprios sonhos. [...] Meus colegas, assim como minha esposa, uma psicóloga nata, não conseguem decifrar o enigma. Então você certamente vai me perdoar se eu recorrer ao Mestre." Freud agradeceu, e Bleuler enviou mais. Em 5 de novembro de 1905, sentado à sua máquina de escrever, seguiu as instruções de Freud e tentou escrever livremente: "Será que vai sair alguma coisa? [...] Nas minhas associações também só aparecem coisas antigas. Isso não contradiz a teoria de Freud de certo modo, no sentido dele? O princípio sem dúvida está correto. Será que todos os detalhes se aplicam a todos os casos? As diferenças individuais não importam? [...] É burrice eu ter dúvidas, com minha experiência limitada. Mas também é burrice eu raramente conseguir interpretar os meus sonhos. Empate. (Distraído pelo som da chuva, pensamentos de visitantes iminentes.)"

"Se ao menos eu soubesse", concluiu Bleuler com tristeza, "como devo escrever de maneira mais inconsciente" (F/B 5B, 8B). A análise do pedido por correspondência rapidamente se perdeu.

85. "Um reconhecimento absolutamente impressionante": Para Fliess, citado em Schröter, introdução a F/B, 15. "Estou confiante": F/B 12F.

86. "a guerra dos mundos": *The Freud/Jung Letters: The Correspondence between Sigmund Freud and C. G. Jung*, ed. William McGuire (Princeton, Nova Jersey: Princeton University Press, 1974), 3F.

86. Foi Jung: "Teoria da Histeria de Freud: Réplica a Aschaffenburg", uma explosão de sete páginas de elogios superficiais e de uma superioridade indiferente (Jung, *Collected Works*, 4:3-9); Jung expressa seus sentimentos reais em F/J 83J. Citações seguintes: F/J 2J, 219J, 222J, 272J.

87. "Eu sou a cidade de Nápoles": Esse paciente, um costureiro, era um dos exemplos preferidos de Jung (*Collected Works*, 2:173-74; *Memories, Dreams, Reflections*, Nova York: Vintage, 1989).

87. A acusação de Jung: Bair, *Jung*, 98, parafraseando Jung, *Memories*, p. 114; veja p. 683n8.

88. administrar um grande hospital: O principal ensaio de Bleuler foi publicado apenas em 1908 — dez anos depois de seu retorno ao Burghölzli e mais de vinte depois de começar a trabalhar em Rheinau — e seu célebre livro sobre esquizofrenia apareceu em 1911. Ele tinha dedicado seu tempo e sua energia a seus pacientes e a melhorar as condições no Burghölzli (duplicando a equipe, triplicando as admissões, aumentando o orçamento em dez vezes): "A divulgação de sua descoberta deu lugar ao problema da administração do manicômio" (Kerr, *Most Dangerous Method*, p. 43).

88. "vinte anos": Bair, *Jung*, p. 97.

88. nunca conhecera Rorschach: Uma entrevista de 1957, em *C. G. Jung Speaking: Interviews and Encounters* (Princeton: Princeton University Press, 1977), p. 329.

88. "em Viena": Para Morgenthaler, 11 de novembro de 1919. A palestra de 1916 (veja o cap. 8 abaixo) observa que a psicanálise é indicada para tratar menos tipos de doenças agora — "até Freud limitou gradualmente as indicações de certa forma" — e que geralmente não há necessidade de voltar até a infância para curar um neurótico.

89. teste de associação de palavras: A certa altura, Rorschach reservou 60 francos, um terço de todo o dinheiro que tinha, para comprar um relógio com um indicador de 1/5 segundo "para usar em experimentos psicológicos", sem dúvida o teste de associação de palavras (para Anna, 8 de julho de 1909). A aquisição veio a calhar um mês depois, quando um homem dispensado do exército foi levado para avaliação depois de roubar um cavalo. Rorschach usou o teste para estabelecer um diagnóstico preciso e considerar que ele não era legalmente responsável por suas ações (CE, 170-75).

89. "fascinado pelo pensamento arcaico": Olga R, 90.

90. "Por essa razão": Jung, *Collected Works*, 3:162.

90. sobre a glândula pineal: "Sobre a Patologia e a Operação de Tumor na Glândula Pineal" foi o único ensaio de Rorschach que o editor excluiu intencionalmente do *Collected Essays* de Rorschach, argumentando que era "quase totalmente não relacionado ao seu outro trabalho e longo demais para ser incluído" (CE, 11).

90. nenhum desses preconceitos: Mösli, *Eugen Bleuler*, p. 174. Bleuler trabalhou em estreita colaboração com a esposa e sempre creditou a visão psicológica dela (e da mãe) como indispensável.

90. "se uma pessoa idosa": Para Anna, 7 de julho de 1908.

91. promessa de abstinência: Para Anna, 23 de maio de 1906.

91. Johannes Neuwirth: "Experimento de Associação, Livre Associação e Hipnose na Remoção de Amnésia" (em CE). Rorschach chama o soldado de J.N.; expandido em pseudônimo para dar legibilidade.

Capítulo 5: Caminho próprio

95. "Trabalho real com pacientes reais": Para Anna, 23 de maio de 1906.

96. "O médico encontra": Para Anna, 2 de setembro de 1908.

96. "dois meses agitados sendo extrovertido": Para Hans Burri, 16 de julho de 1920.

96. "Eu já conheço pessoas demais": Para Anna, 2 de setembro de 1906.

97. "Berlim, com seus milhões": Para Anna, 2 de setembro de 1906.

97. "Estou em total solidão": Para Anna, 31 de outubro de 1906.

97. "um pouco de pedra": Para Anna, 10 de novembro de 1906.

97. metrópole moderna: Mencionado por Peter Fritzsche em *Reading Berlin 1900* (Cambridge: Harvard University Press, 1996), esp., p. 17, 109, 192.

97. "cacofonia de buzinas": Citado em ibid., 109, de Walter Kiaulehn, a quem Fritzsche chama de "grande cronista de Berlim do século XX" (17). Grande parte do livro de Fritzsche é sugestivo para o teste de Rorschach. Por exemplo, o trecho: "A representação da cidade em uma série interminável de imagens nítidas e visualmente atraentes" significava que "homens, mulheres e crianças, bem como recém-chegados, proletários e turistas, todos imaginavam a cidade de maneiras diferentes" (p. 130-31).

98. "Daqui a poucos anos": Para Paul, 5 de dezembro de 1906.

98. "frias" e "chatas": Para Anna, 31 de outubro de 1906.

98. a sociedade "desprezível": Para Paul, 5 de dezembro de 1906.

98. toda a experiência "idiota": Para Anna, 21 de janeiro de 1907.

98. "adoram o uniforme": Para Anna, 21 de janeiro de 1907; sobre o Capitão de Köpenick, veja Fritzsche, *Reading Berlin*, p. 160.

99. "a terra das possibilidades ilimitadas": Para Anna, 21 de janeiro de 1907.

99. "É possível ver e entender mais": Para Anna, 16 de novembro de 1908.

99. "refazendo os passos do nosso pai": Para Anna, 21 de janeiro de 1907.

99. Ninguém relê ***Guerra e Paz*****:** Para Anna, 25 de janeiro de 1909.

100. "decepcionado e um pouco deprimido": Olga R, p. 89.

100. "Berna não é ruim": Para Anna, 5 de maio de 1907.

100. Anna agarrou a oportunidade: Sua permanência na Rússia foi decisão dela: Hermann a tinha pressionado para que conseguisse um cargo de governanta na Inglaterra, preferindo esse país à Rússia como "uma escola de caráter, estilo de vida e *insight* da natureza humana", mas Anna recusou; alguns meses depois, ela aceitou, feliz, o emprego na Rússia. (Para Anna, 17 de setembro de 1907 e 31 de janeiro e 6 de fevereiro de 1908.)

100. "Quando li sua primeira carta": Para Anna, 9 de dezembro de 1908.

100. pinturas russas: Rorschach menciona especificamente um "belo quadro cinza" chamado *Cristo*, de Ivan Nikolayevich Kramskoi, que ele tinha pendurado acima de sua mesa em Berna; e *Deus, o Pai*, do folclorista e modernista romântico Viktor Vasnetsov, que estava pendurado em seu quarto. Ele também mencionou querer um cartão postal de *Acima da Paz Eterna*, de Isaac Levitan, mestre da chamada "paisagem calmante".

100. "Faça isso.": Para Anna, 16 de novembro de 1908.

101. "Estou anexando uma das minhas fotos": Para Anna, 21 de outubro de 1909.

101. "Eu podia ir até ele": ARL, p. 2.

101. "mercado de carne" das prostitutas de Berlim: Para Anna, 31 de outubro de 1906.

101. "Surpreendentemente, muitos homens veem as mulheres": Para Anna, 17 de setembro de 1907.

101. "A pergunta da cegonha": Para Anna, 15 de junho de 1908.

101. "você provavelmente vai saber mais": Para Anna, 16 de novembro de 1908.

101. "enxergam um país apenas quando": Para Anna, 9 de dezembro de 1908.

102. "Você só aprende a amar": Para Anna, 17 de setembro de 1907.

102. "Você precisa me escrever": Para Anna, 26 de maio de 1908.

102. "Sabe, Annali": Para Anna, 26 de maio de 1908.

102. aos quatro anos: Fut, 180.

103. "Meu amor": HRA 2:1:48. Este é o tom constante das cartas que sobreviveram; a maioria foi destruída por Olga ou seus filhos, em nome da privacidade (nota do catálogo HRA).

103. "Ela não se sente nada bem": Para Anna, 27 de novembro de 1908.

103. "Quatro pessoas morreram nas minhas mãos": Para Anna, 2 de setembro de 1908.

104. "Já estou cansado": Para Anna, 9 de dezembro de 1908.

104. "finalmente, finalmente! acabar": Para Anna, 27 de novembro de 1908.

104. suas opções profissionais eram limitadas: Ellenberger, p. 180.

104. Ele esperava poder ganhar em um ano lá o suficiente...: Para Anna, 25 de janeiro de 1909.

104. "A ciência não está muito avançada aqui": Para Anna, no início de julho de 1909.

105. "Eu gosto da vida russa": Para Anna, 14 de abril de 1914.

105. "Essa espera!": Para Anna, 2 de abril de 1909.

105. "Kazan não é uma cidade grande": Para Anna, 2 de abril de 1909.

105. Hermann ajudou Olga a estudar: Para Anna, 14 de abril de 1909.

105. "sem sabedoria": Para Anna, no início de julho de 1909.

105. "e obviamente não queríamos": Ibid.

107. "Nenhuma sociedade humana trata as mulheres": Para Anna, 26 de maio de 1908.

107. "provar que a mulher": Para Anna, 22 de dezembro de 1909.

107. "*é* verdade e *continua* sendo verdade": Ibid.

107. "um médico ou engenheiro": Ibid.

107. um último incidente enlouquecedor: Para Anna, 27 de agosto de 1909.

Capítulo 6: Pequenas manchas de tinta cheias de formas

109. Esses eram alguns: *CE*, 115 (paciente de outro médico), p. 112-13, 118.

109. coleção de casos psiquiátricos: HRA 4:2:1.

110. Clínica de Münsterlingen: STATG 9'10 1.1 (relatórios), 1.6 (brochura), 1.7 (álbum).

112. "Nossa vida aqui": Olga para Anna, 3 de agosto de 1910.

112. a mesma rota: Mikhail Shishkin, *Auf den Spuren von Byron und Tolstoi: Eine literarische Wanderung* (Zuriqua: Rotpunkt, 2012). Olga R, p. 89: "Ele adorava Münsterlingen e se sentia absolutamente feliz lá, quase como um rei em sua 'casa própria' de dois cômodos, com uma visão de seu amado lago de Constança que ele apreciava em todo tipo de clima". Citações de correspondências com Anna, 1909-11, salvo indicação.

114. arteterapia: Blum/Witschi, p. 92-93; John M. MacGregor, *The Discovery of the Art of the Insane* (Princeton University Press, 1989), p. 187 e n8. Em um sanatório perto de Berlim, "esportes, jardinagem e arteterapia estavam em pleno funcionamento" em 1908, e os pacientes tinham animais de estimação, inclusive um burro (Ellenberger, *Discovery of the Unconscious*, 799).

114. conseguiu um macaco: Ellenberger, p. 192.

115. de uma trupe de músicos itinerantes: Urs Germann, comunicação pessoal, 2014. O nome "Fipps" sobrevive apenas na legenda manuscrita de uma fotografia do macaco: STATG 9'10, 1.7.

115. 11 artigos: Três eram pequenas anotações sobre imagens sexuais que ele tinha encontrado em sua leitura ou prática, publicadas simplesmente para registro; outros eram ensaios psicanalíticos que aplicavam diretamente a teoria freudiana, como "A Sublimação Falha e o Caso do Nome Esquecido", "O Tema dos Relógios e do Tempo na Vida do Neurótico" e "A Escolha Neurótica de Amigos". Essa teoria explorava os elementos inconscientes no processo de escolha. Um artigo era forense e seguia as linhas junguianas, usando o teste de associação de palavras: "Roubo de Cavalo em Estado de Fuga" (*CE*).

115. "Para um período": Roland Kuhn, "Über das Leben...", STATG 9'10 8.4. Ele elogia os ensaios e dissertações de Rorschach por serem "bem escritos e interessantes, e especialmente atentos às qualidades humanas nas pessoas, retratando habilmente suas personalidades e seus destinos e destacando suas habilidades".

115. desenho de um paciente: "Notas Analíticas Sobre a Pintura de um Esquizofrênico" (*CE*).

116. sobre um pintor de paredes: "Análise do Desenho de um Esquizofrênico" (*CE*).

117. "Estou feliz": Para Paul, 8 de dezembro de 1914.

117. jornais suíços e alemães: O trabalho de Rorschach "como colunista era realmente incomum" (Müller, *Abschied vom Irrenhaus*, p. 103). "Seu desejo de se comunicar, formular ideias e comentar assuntos importantes do dia" (p. 107).

117. O autor era considerado: Suas peças eram apresentadas em toda parte e transformadas em filmes, incluindo *Ironia da Sorte* (1924). *O Pensamento* está em Leonid Andreyev, *Visions* (San Diego: Harcourt Brace Jovanovich, 1987), p. 31-78.

118. transcrevia trechos: Seus trechos de *Símbolos e Transformações da Libido*, de Jung, chegavam a 128 páginas; em seus estudos sobre seitas, mitologia e religião, ele fez anotações sobre livros como *Mitologia Geral e seus Fundamentos Etnológicos* e *Mitos e Lendas dos Povos Primitivos da América do Sul*, de Paul Max Alexander Ehrenreich, *A Reforma a Outras Facções Reformistas Anteriores*, de Ludwig Keller, os sete volumes de *Curso da História da Igreja*, de Karl Rudolf Hagenbach, e *A Civilização do Renascimento Italiano*, de Jacob Burckhardt. Rita Signer e Christian Müller, "Was liest ein Psychiater zu Beginn des 20. Jahrhunderts?", Schweizer Archiv für Neurologie und Psychiatrie 156.6 (2005): p. 282-83.

119. Justinus Kerner: Ellenberger, *Descoberta*; Karl-Ludwig Hoffmann e Christmut Praeger, "Bilder aus Klecksen: Zu den Klecksographien von Justinus Kerner", em *Justinus Kerner: Nur wenn man von Geistern spricht*, ed. Andrea Berger-Fix (Stuttgart: Thienemann, 1986), p. 125-52; Friedrich Weltzien, *Fleck — Das Bild der Selbsttätigkeit: Justinus Kerner und die Klecksografie als experimentelle Bildpraxis zwischen Ästhetik und Naturwissenschaft* (Göttingen: Vandenhoeck und Ruprecht, 2011).

119. botulismo, a intoxicação alimentar por bactérias: Erbguth e Naumann, "Historical Aspects of Botulinum Toxin: Justinus Kerner (1786-1862) and the 'Sausage Poison'", *Neurology* 53 (1999): p. 1850-53.

119. "curiosamente talentoso": Posfácio para uma edição de 1918 do primeiro romance de Kerner, *Silhuetas de Viagem*, citado em Kerner, *Die Reiseschatten* (Stuttgart: Steinkopf, 1964), p. 25.

119. *Klecksographien*: Projeto Gutenberg, gutenberg.spiegel.de/buch/4394/1. A estrofe de abertura do primeiro poema é típica: "Todo mundo carrega a morte dentro de si... / Quando tudo lá fora está rindo e brilhante / Você vagueia hoje à luz da manhã / E amanhã à sombra da noite".

120. "daguerreótipos": Kerner para Ottilie Wildermuth, junho de 1854 (citado em Weltzien, *Fleck*, 274): "De certa forma, elas me lembram as novas imagens fotográficas, embora não seja necessário um aparato especial e elas se baseiem em um material muito antigo: a tinta. [...] As imagens e figuras mais estranhas são formadas inteiramente a partir de si mesmas, sem nenhuma contribuição minha, como as fotos em uma câmera fotográfica. Você não pode influenciá-las nem guiá-las. Você nunca pode pôr em primeiro plano o que quer; muitas vezes você obtém o exato oposto do que esperava. É notável que essas imagens muitas vezes se assemelhem àquelas das antigas épocas da aurora da humanidade. [...] Para mim, são como daguerreótipos do mundo invisível, embora, por estarem amarradas ao pretume da tinta, só possam tornar visíveis os espíritos inferiores. Mas eu ficaria muito surpreso se também os espíritos mais elevados, os espíritos de luz do reino intermediário e do céu, fossem incapazes de organizar os processos químicos da fotografia à sua maneira, de modo a brilharem nela. O que são esses espíritos, afinal, se não errantes na luz?"

120. muitos historiadores: Ellenberger, p. 196; E.H. Gombrich, *Arte e Ilusão: Um Estudo da Psicologia da Representação Pictórica* (São Paulo: WMF Martins Fontes, 2007); H.W. Janson, "The 'Image Made by Chance' in Renaissance Thought", em *De Artibus Opuscula XL: Essays in Honor of Erwin Panofsky* (Nova York: New York University Press, 1961), 1:254-66; "Chronological and geographic-cultural proximity makes a direct link more than likely" (Dario Gamboni, *Potential Images: Ambiguity and Indeterminacy in Modern Art* [Londres: Reaktion, 2002], p. 58). Olga R, p. 90, diz que o marido conhecia essas imagens de Kerner desde o início, mas as descreveu no contexto da imaginação, não da percepção (veja no cap. 10 por que isso é enganoso): "Ele sempre se interessou pela 'imaginação' e a encarava como a 'centelha divina' da humanidade. [...] Era como uma premonição semiconsciente dentro dele de que talvez essas 'formas acidentais' pudessem servir como uma ponte para *testar a imaginação*.".

120. bem depois de Rorschach desenvolver seu teste...: De e para Hans Burri, 21 de maio e 28 de maio de 1920. Essas cartas eram pessoais, escritas antes da publicação do teste; Rorschach não tinha motivos para mentir sobre a influência de Kerner. O teste de Rorschach às vezes também é ligado à grafologia, mas Rorschach só ouviu falar desse assunto em 1920, e não ficou muito interessado (Martha Schwarz-Gantner, WSI).

121. brincadeira infantil: Jung, *Memories*, p. 18. Henry David Thoreau, *The Journal, 18371861* (Nova York: New York Review of Books, 2009), 14 de fevereiro de 1840, com uma página de manchas de tinta inserida, inédita mas preservada na Biblioteca Morgan, em Nova York. Irena Minkovska, WSI.

121. às vezes eram usadas: 1-13; Alfred Binet e Victor Henri, "La psychologie individuelle", *L'Année Psychologique* 2 (1895-96): 411-65, citado em Franziska Baumgarten-Tramer, "Zur Geschichte des Rorschachtests", *Schweizer Archiv für Neurologie und Psychiatrie* 50 (1942):1; cf. Galison, p. 259-60.

121. Chegou também à Rússia: F. E. Rybakov, *Atlas dlya ekspiremental'no-psikhologicheskogo issledovaniya lichnosti* (Moscou: Sytin, 1910), extraído de Baumgarten-Tramer, "Zur Geschichte", p. 6-7.

122. um norte-americano, Guy Montrose Whipple: Veja seu *Manual of Mental and Physical Tests* (Baltimore: Warwick and York, 1910), cap. 11, "Tests of Imagination and Invention", Teste 45: Manchas de Tinta.

122. o que servia de inspiração para Binet — Leonardo da Vinci: Baumgarten-Tramer, "Zur Geschichte", p. 8-9, cita o "Tratado" de Leonardo, especulando que Binet teve a ideia com esta passagem. A cena de Leonardo foi transformada em ficção por Dmitri Merejkovski em seu conhecido romance *The Romance of Leonardo da Vinci* (1902; repr., Nova York: Random House, 1931), p. 168, que Hermann e Olga leram juntos (Ellenberger, 198, citando a cena). George V. N. Dearborn, "Notes on the Discernment of Likeness and Unlikeness", *Journal of Philosophy, Psychology, and Scientific Methods* 7.3 (1910): p. 57.

122. primeiras manchas: HRA 3:3:3; Mrs. Gehring (primeiro nome não registrado), WSI.

Capítulo 7: Hermann Rorschach sente seu cérebro ser fatiado

125. "No meu primeiro semestre clínico": Dissertação de Rorschach (CE, p. 105-149), 108-109. As citações e exemplos deste capítulo são de sua dissertação, salvo indicação.

128. Robert Vischer: "On the Optical Sense of Form" (1873), em *Empathy, Form, and Space*, ed. Harry Francis Mallgrave e Eleftherios Ikonomou (Santa Monica, CA: Getty Center for the History of Art and the Humanities, 1994), citações das páginas 90, 92, 98, 104, 117, retificadas em alguns pontos. Veja a introdução dos editores em Ibid.; Irving Massey, *The Neural Imagination* (Austin: University of Texas Press, 2009), esp. "Nineteenth-Century Psychology, 'Empathy,' and the Origins of Cubism", p. 29-39. Carol R. Wenzel-Rideout, em uma dissertação meticulosa, não descobriu nenhuma ligação direta entre Rorschach e a teoria da empatia de Vischer, mas sim evidências circunstanciais convincentes de sua familiaridade com a literatura e "no mínimo uma forte afinidade" entre suas ideias ("Rorschach and the History of Art: On the Parallels between the Form-Perception Test and the Writings of Worringer and Wölfflin", diss. PsiD [Universidade Rutgers, 2005], 199-207; p. 70-74 sobre Worringer).

130. "dom de entrar": Richard Holmes: "John Keats Lives!", *New York Review of Books*, 7 de novembro de 2013.

130. era estudante de medicina: Massey, *Neural Imagination*, p. XII e 186-89, lendo "Ode to Psyche", poema de Keats, como uma fábula da neurociência que defende o lugar de Psique no Panteão e evoca detalhes neurológicos como células cerebrais dendríticas ("a treliça em forma de grinalda de um cérebro funcional") e neuroplasticidade ("pensamentos ramificados, recém-cultivados com uma dor agradável").

130. Como Freud queria: Ele disse a André Breton, em 1937, que "o aspecto superficial dos sonhos, o que chamo de sonho manifesto, não me interessa. Tenho me preocupado com o 'conteúdo latente' que pode ser derivado do sonho manifesto pela interpretação psicanalítica" (carta de 8 de dezembro de 1937, citada em Mark Polizzotti, *Revolution of the Mind: The Life of André Breton* [Boston: Black Widow Press, 2009], 406, cf. 347-48).

131. Karl Albert Scherner: 1825-89. Freud apreciava especialmente a atenção de Scherner em relação à realização de desejos, às experiências do dia anterior ao sonho e o anseio erótico como a substância transformada pelo sonho (Vischer, "On the Optical Sense", 92; Freud, *Interpretation of Dreams*, p. 83, 346, passim). Um estudioso recente chama Scherner de "uma figura interessante, mas misteriosa, fortemente enterrada sob as areias da história intelectual", embora ele "tenha a mais justificada alegação de ser o principal precursor de Freud, pegando o que era primariamente uma teoria estética e tranformando-a com base em sua psicologia dos sonhos" (Massey, *Neural Imagination*, 37, e Irving Massey, "Freud before Freud: K. A. Scherner (1825-1889)", *Centennial Review* 34.4 [1990]: p. 567-76).

131. *Abstraktion und Einfuhlung*: Wilhelm Worringer, *Abstraction and Empathy*, trans. Michael Bullock (1953; repr., Chicago: Ivan Dee, 1997). Rudolf Arnheim se refere a essa obra como "um dos documentos mais influentes na teoria da arte do novo século", cujo efeito "sobre o movimento moderno foi imediato e profundo" (*New Essays on the Psychology of Art* [Berkeley: University of California Press, 1986], p. 50, 51).

132. não mais válido nem mais estético: Worringer toma como representante Theodor Lipps (1851-1914), o pai da teoria psicológica "científica" da empatia, que despojou os tons místicos e panteístas de Vischer e definiu empatia simplesmente como o "autoprazer objetificado". Para Lipps, a distorção da realidade era "empatia negativa", também chamada de "feia". Worringer contrapõe corretamente que as distorções da realidade dão a outras culturas, a outros indivíduos, a mesma "felicidade e satisfação que a beleza da forma orgânica-vital *nos* proporciona" (*Abstraction and Empathy*, p. 17).

132. "paralelo valioso": "A Contribution to the Study of Psychological Types" (1913), Jung, *Collected Works*, 6:504-5. Em *Tipos Psicológicos*, Jung dedica um capítulo inteiro a Worringer.

133. quis propor cinco ideias: 17 de outubro de 1910; Ellenberger, p. 181; Akavia, 25ff.

133. *Reflexhalluzination*: O psiquiatra alemão Karl Ludwig Kahlbaum, que cunhou o termo *paranoia* (*Freud/Jung Letters*, p. 29n10), também criou essa expressão na década de 1860; sempre foi traduzido literalmente como "alucinações reflexas".

134. Mourly Vold: 1850-1907; *Über den Traum: Experimental-psychologische Untersuchungen*, 2 vols. (Leipzig: J. A. Barth, 1910-12). "É difícil imaginar duas teorias dos sonhos tão completamente opostas uma à outra": Ellenberger, 200-201; Akavia, p. 27-29.

134. pisava no pé: HRA 3:4:1, datado de 18-19 de março de 1911. O paciente se chamava Brauchli.

135. forçado a encurtar drasticamente: Para Bleuler, 26 de maio de 1912, 6 de julho de 1912, 16 de julho de 1912; *L*, p. 120n3. O ensaio de Rorschach, "Alucinação Reflexa e Simbolismo" (1912), contém material excluído da dissertação que o liga à psicanálise (*CE*; Ellenberger, p. 182; Akavia, p. 29).

Capítulo 8: Os delírios mais sombrios e elaborados

137. Em 1895: "Zwei schweizerische Sektenstifter (Binggeli-Unternährer): Eine psychoanalytische Studie" [Dois fundadores de seitas suíças (Binggeli-Unternährer): Estudo psicoanalítico], publicado no periódico de Freud sobre psicanálise e cultura, *Imago* 13 (1927): p. 395-441, e como um livro de 50 páginas (Leipzig: Internationaler Psychoanalytischer Verlag, 1927); dois ensaios anteriores são "Sobre Seitas da Suíça e seus Fundadores" e "Mais Considerações sobre a Formação de Seitas Suíças" (todos em *CE*).

138. Hermann Wille: Manfred Bleuler, WSI.

138. Rorschach seguiu Brauchli: Por acaso, um dos romances policiais canônicos em alemão, *Matto regiert* (1936), acontece em "Randlingen", um Münsingen mal-disfarçado, e é sobre o assassinato do diretor do manicômio, um certo "Ulrich Borstli". Friedrich Glauser (1896-1938) foi paciente lá em 1919 — e odiou Brauchli instantaneamente (que era lembrado por outras pessoas como cordial e gentil) — e de novo algum tempo depois. Seu romance descreve e transmite claramente a atmosfera, as salas e os corredores, os pacientes e tratamentos e a aparência da vida em um manicômio suíço, e "captura Brauchli com tanta precisão", conforme Max Müller, o segundo em comando no manicômio, "não apenas em sua aparência exterior, mas em todas as suas fraquezas, que ele morreria se colocasse as mãos em uma cópia da obra". Müller começou a censurar a correspondência de Brauchli para garantir que ele nunca ouvisse falar do livro. (*Matto regiert* [Zurique: Unionsverlag, 2004], p. 265n; a edição alemã tem anotações e fotografias de Münsingen que transmitem um sentimento de nostalgia. *In Matto's Realm*, trans. Mike Mitchell [Londres: Bitter Lemon Press, 2005].)

138. ficou fascinado: Morgenthaler, p. 98; veja Ellenberger, p. 186; Blum/Witschi, p. 112.

139. o trabalho de sua vida: Ellenberger, 185; Rorschach disse isso a Karl Häberlin, professor de filosofia da Universidade de Berna.

Tão perturbado quanto Binggeli era Theodor Niehans, um paciente esquizofrênico paranoico que foi hospitalizado em 1874 e viveu em Münsingen de 1895 a 1919. Seus sintomas incluíam esfaquear seu acompanhante e atear fogo na oficina de carpintaria do manicômio por ordem de Deus; Akavia dá uma descrição completa deles. Rorschach elaborou um longo estudo de caso (HRA 4:1:1), no formato de vários textos importantes da Escola de Zurique publicados entre 1910 e 1914 em *Anuário de Pesquisa Psicanalítica e Psicopatológica*, o periódico de curta duração de Bleuler e Freud editado por Jung. Ele também compilou uma tabela de 12 páginas comparando Niehans a Schreber, o esquizofrênico paradigmático de

Freud, "seguindo os passos de Jung e Bleuler", mas também os levando mais longe e "antecipando as críticas atuais da leitura de Freud sobre Schreber" (HRA 3:1:4; Akavia, p. 111 e ss; Müller, *Abschied vom Irrenhaus*, p. 75-88).

140. "um grosso livro": Para Pfister, 16 de outubro de 1920.

140. prova médica do estado russo: *L*, 128n4; Olga R, p. 90.

140. Era de Prata: Etkind, *Eros of the Impossible*; Irina Sirotkina, *Diagnosing Literary Genius: A Cultural History of Psychiatry in Russia, 1880-1930* (Baltimore: Johns Hopkins University Press, 2002); Magnus Ljunggren, "The Psychoanalytic Breakthrough in Russia on the Eve of the First World War", em *Russian Literature and Psychoanalysis*, ed. Daniel Rancour-Laferriere (Amsterdã: John Benjamins, 1989), p. 173-92; John E. Bowlt, *Moscow and St. Petersburg, 1900-1920: Art, Life and Culture of the Russian Silver Age* (Nova York: Vendome Press, 2008), p. 13-26, citando Alexandre Benois, *designer* dos Balés Russos sob o comando de Diaghilev e membro fundador do movimento World of Art.

141. "curar": Sirotkina, *Diagnosing Literary Genius*, p. 100, retificado.

141. Osipov, por exemplo: Sirotkina, *Diagnosing Literary Genius*, p. 112; Ljunggren, "Psychoanalytic Breakthrough", p. 175.

142. sanatório dava tratamento preferencial: Sirotkina 104; Etkind, *Eros of the Impossible*, p. 131.

142. diversos temas: Bowlt, *Moscow and St. Petersburg*, p. 29, 68, 90, 184.

142. terapia racional: Sirotkina, *Diagnosing Literary Genius*, p. 102.

142. folheto publicitário: Nikolai Vyrubov, citado em Ljunggren, "Psychoanalytic Breakthrough", p. 173. Nesse mesmo ano, Vyrubov lançou a recepção de Freud na Rússia com um artigo sobre suas experiências usando a psicoterapia freudiana em Kryukovo.

142. Tolstói, o sábio e humanista curador de almas: Esse é o tema de *Eros da Impossibilidade*, de Etkind. "Dificilmente poderia ter havido um jeito melhor de facilitar a recepção da psicanálise na Rússia do que ligando-a aos ensinamentos de Tolstói" (Sirotkina, *Diagnosing Literary Genius*, 107). Outra base comum foi a influência incalculável que Friedrich Nietzsche teve na Rússia, em Freud e em Jung (Etkind, *Eros*, 2). As visões gerais não centradas na recepção de Freud na Rússia descrevem a psiquiatria biomédica de estilo alemão como dominante: a linha que vai de Emil Kraepelin (que trabalhou na Rússia entre 1886 e 1891) até Pavlov e além. Nessa visão, os psiquiatras psicanalíticos de Kryukovo eram exceções "notáveis" (Caesar P. Korolenko e Dennis V. Kensin, "Reflections on the Past and Present State of Russian Psychiatry", *Anthropology and Medicine* 9.1 [2002]: p. 52-53).

142. Freud brincou: *Freud/Jung Letters*, 306F.

143. uma alusão explícita à censura: Citado em Etkind, *Eros*, p. 110.

143. um conto da cultura russa: Etkind, *Eros;* Ellenberger, *Discovery* (p. exemp., 543, 891-93); Sonu Shamdasani, introdução a Flournoy, *From India*. Não foi por "mero acaso" que o "paciente preferido de Freud, assim como seu autor favorito [Dostoiévski], fosse russo" — Freud, com uma mãe galega, era meio "russo" (Etkind, *Eros*, p. 110-12, 151-52; James L. Rice, *Freud's Russia: National Identity in the Evolution of Psychoanalysis* [New Brunswick, NJ: Transaction, 1993]).

143. uma palestra: Em Müller, *Abschied vom Irrenhaus*, e em grande parte dedicado a alguns casos bem atrevidos de intervenção psicanalítica em sua própria experiência.

144. abertura jornalística: Fut, p. 175. Provavelmente em 1915: Akavia, p. 135.

144. panela de pressão modernista: *Russian Futurism*, de Vladimir Markov (Berkeley: University of California Press, 1968), ainda é a melhor fonte.

144. "andavam de rosto pintado": Rorschach quase certamente viu o grande poeta Vladimir Maiakóvski — o surpreendente comedor de laranja — ao vivo: Maiakóvski era famoso por vestir camisas amarelas ou multicoloridas, ocasionalmente portando acessórios como uma jaqueta laranja, um chicote que levava na mão ou uma colher de pau na lapela, e o estudo de Rorschach sobre Niehans compara a "infantilidade" de Niehans a "um fenômeno que tive a oportunidade de observar na Rússia no inverno passado: um grupo de *futuristas* russos. Eles pintam o rosto, andam por aí com blusas fantasticamente coloridas e se comportam de maneira grosseira sempre que possível" (citado em Akavia, p. 133).

144. As explorações dos futuristas: Markov, *Russian Futurism*, p. 22, 5, 128-29, 105; Bowlt, *Moscow and St. Petersburg*, p. 310.

144. Nikolai Kulbin: "Em uma proclamação, lemos que P [cirílico para *R*] é vermelho, Ш [*ZH*] é amarelo; Kulbin falou em sua palestra de um C azul [cirílico para *S*]" (Fut, 179). Isso vem do manifesto de Kulbin, intitulado "O que é o Mundo"; uma descrição evocativa de Kulbin aparece em *Third Factory*, de Victor Shklovsky (1926; tr. Richard Sheldon [Chicago: Dalkey Archive Press, 2002], p. 29).

145. Poeta Aleksei Kruchenykh: Rorschach cita seu "Poema das Vogais" — "o e a / i e e i / a e e i" — e uma frase sem sentido dele como exemplo de linguagem futurista (Anna Lawton e Herbert Eagle, *Words in Revolution: Russian Futurist Manifestoes, 1912-1928* [Washington, DC: New Academia, 2005], p. 65-67; Akavia, p. 143; Markov, *Russian Futurism*, p. 131).

145. "foi-se o tempo": Fut, p. 175-76.

145. análise mais original: Fut, p. 183-84. Sua engenhosa explicação do "erro" é que o futurista, pintando uma perna após a outra e sentindo, como consequência, uma série de atitudes em seu corpo enquanto pinta, fica com "uma impressão de sucessão" que ele atribui à pintura em si... "Parece ser um movimento real para ele. Mas só para ele."

147. "Uma imagem: os trilhos": Fut, p. 183. Isso pode ser algo que ele ouviu pessoalmente — não aparece em nenhuma escritura futurista conhecida (John Bowlt, comunicação pessoal, 2014).

147. à frente de seu tempo: Embora um certo russo, dr. E.P. Radin, aparentemente tenha escrito *Futurism and Madness* em 1914, comparando imagens de crianças, loucos e pintores de vanguarda, "As excursões do dr. Radin à análise literária são ineficazes, e sua capacidade de interpretar criticamente pinturas e desenhos é limitada, para dizer o mínimo. No fim, ele é superado pela objetividade científica e afirma que não há dados suficientes para declarar os futuristas como mentalmente doentes, mas adverte que o caminho deles é perigoso" (Markov, *Russian Futurism*, 225-26). Além de um pequeno livro de 1921, *How Soviet Power Protects Children's Health*, não encontrei mais nenhum vestígio de Radin.

147. Freud admitiu francamente: "As revoluções na pintura, na poesia e na música explodindo ao seu redor deixaram Freud intocado; quando elas o compeliam a notá-las, algo que raramente acontecia, ele desaprovava energicamente" (Peter Gay, *Freud: A Life for Our Time* [Nova York: Norton, 1988], p. 165).

147. Jung escreveu: Jung "não lia ficção atual, era desdenhoso da música contemporânea e indiferente à arte moderna", e os dois ensaios se encontraram com um "criticismo pela imprensa e pelo público. [...] O ridículo público era humilhante" (Bair, *Jung*, p. 402-3).

147. o surrealista alemão Max Ernst: MacGregor, *Discovery of the Art*, 278.

148. "grupos de meninas": Hans Arp, citado em *Movement and Balance: Sophie TaeuberArp, 1889-1943* (Davos: KirchnerMuseum, 2009), 137.

148. Alfred Kubin: PD, 111-12; veja Akavia, 127-32. Kubin (1877-1959) foi associado ao grupo Blue Rider e também escreveu um romance comovente de fantasia, intitulado *Die andere Seite* (1909). Rorschach fez anotações extensas sobre o livro de Kubin (HRA 3:1:7; Diário, 2 de novembro de 1919; Akavia, p. 131), especialmente em relação à sinestesia, e em PD ele traça as mudanças na introversão e na extroversão de Kubin ao longo de sua carreira, conectando-as às suas diferentes produções artísticas.

148. "questão crônica": Para Paul, maio de 1914.

148. "anseio europeu": Olga R, p. 90-91; "Ele permaneceu e queria permanecer 100% europeu".

148. "É muito difícil trabalhar": 2 de abril de 1909. Em outra ocasião, ele defendeu, meio de brincadeira, sua restrição suíça contra expectativas de efusividade russa, assinando uma carta para Anna da seguinte forma: "Você escreveu recentemente para me perguntar por que não lhe mando beijos. Os beijos são baratos na Rússia e há muitos tipos de beijos. Aqui há menos, e pouquíssimos vindos de mim, você se esqueceu? Você terá que se contentar com cumprimentos, mas são cumprimentos calorosos de seu irmão, Hermann" (25 de janeiro de 1909).

148. Anna se lembrou mais tarde: *CE*, p. 32n.

149. "depois de nossas incansáveis perambulações ciganas": Em Morgenthaler.

149. no fim das seis semanas de Olga: Olga para Paul, 15 de maio de 1914.

149. por opção: Regineli (WSI) disse, sobre a permanência de Olga, que "talvez tenha sido um teste de força de vontade".

149. trabalho árduo: Ele tinha cerca de 100 pacientes do sexo masculino e fazia rapidamente suas duas rondas diárias para ter tempo para seus outros interesses. "Tudo era extraordinariamente rápido e fácil para ele. [...] Ele se conectava rapidamente com os pacientes, via o que precisava ser feito e dava suas instruções. [...] Ele também escrevia os registros de casos com rapidez — em casos típicos, algumas frases que abordavam as características essenciais." Ele passava mais tempo com pacientes que lhe interessavam, e "o diretor, bem como certos membros da equipe, às vezes reclamava que ele não se importava o suficiente com a roupa, o cadarço, as mesas de cabeceira dos pacientes e tudo mais", o que irritava Rorschach profundamente, embora, depois de alguns minutos e de uma piada ou duas, ele se acalmasse (Morgenthaler).

150. estudo pioneiro sobre o tema: Walter Morgenthaler, *Madness and Art: The Life and Works of Adolf Wölfli* (Lincoln: University of Nebraska Press, 1992); veja MacGregor, *Discovery of the Art*.

O outro trabalho pioneiro sobre o assunto foi *Bildnerei der Geisteskranken* [Criação de imagens por doentes mentais], de Hans Prinzhorn (1922; repr., Nova York: SpringerWienNewYork, 2011), e Rorschach também estava diretamente ligado a ele. Em 1919, ele elogiou o artigo de 1913 de Rorschach sobre o desenho de um esquizofrênico, chamando-o de "altamente instrutivo", e Rorschach lhe enviou obras de arte que tinha coletado de pacientes. Em 1921, ele escreveu para perguntar se o livro de Rorschach seria publicado a tempo para citá-lo com o de Jung e o de Morgenthaler, como ele queria; os atrasos das editoras, porém, impossibilitaram isso (de Karl Wilmanns, 13 de dezembro de 1919; para Bircher, 12 de fevereiro de 1921).

150. esquizofrênico chamado Adolf Wölfli: (1864-1930) Wölfli "poderia servir como Prova A de um estudo sobre o fenômeno do observador externo. [...] Sua conquista é uma revelação" (Peter Schjeldahl, "The Far Side", *New Yorker*, 5 de maio de 2003).

150. André Breton colocou Wölfli junto a Picasso: André Breton, catálogo *L'ecart absolu* (Paris: Galerie l'Œil, 1965); veja Jose Pierre, *Andre Breton et la peinture* (Paris: L'Age d'Homme, 1987), p. 253.

150. "um dia vai nos ajudar a ter": Rilke, carta para Lou-Andreas Salomé, 10 de setembro de 1921.

151. materiais visualmente interessantes: Morgenthaler mais tarde disse que muitas das obras de arte em sua coleção "foram obtidas pelos esforços perseverantes [de Rorschach]" com os pacientes (Ellenberger, p. 191). O trabalho de Rorschach sobre seitas também ajudou a encorajá-lo a dedicar seu tempo a Wölfli. Morgenthaler também tinha se interessado por seitas: sua pesquisa anterior sobre a história do tratamento da insanidade em Berna o levara a Unternährer, e ele coletara um arquivo de materiais com a intenção de voltar ao assunto. Mas, quando descobriu que Rorschach já o tinha feito e percebeu que Rorschach faria uso mais rápido e melhor de seu arquivo, entregou-o a ele e abandonou o assunto (Morgenthaler, p. 98-99).

Capítulo 9: Pedrinhas no leito de um rio

153. outonos precoces: Para Paul, 27 de setembro de 1920; Ellenberger, p. 185-187. Em certo mês de agosto, Hermann escreveu para Paul: "Infelizmente, as férias de verão foram o fim do verão. Aqui em Herisau o inverno está quase chegando, e alguns dias depois do banho de sol já tivemos que acender nosso fogareiro e andamos por aí fungando" (20 de agosto de 1919).

153. O Krombach: Koller, reminiscências, citado no WSM; Ellenberger 1857; *Historisches Lexikon der Schweiz*, ed. Marco Jorio (Basileia: Schwabe, 2002), "Herisau".

154. Rorschach se identificava mais: Morgenthaler, p. 96; WSI Regineli.

154. Quando o caminhão da mudança chegou: WSI Sophie Koller; para Paul, ca. fim de novembro de 1915.

154. seu filho se lembra de uma vez ter contado: WSI Fritz Koller.

155. "um pouco tacanho": Para Paul, 16 de março de 1916.

155. "Semana das Estatísticas": Para Roemer, 27 de janeiro de 1922; para Oberholzer, 8 de janeiro de 1920; para Oberholzer, 6 de janeiro de 1921.

155. O filho de Koller, Rudi, ainda se recordava: WSI Rudi Koller.

155. Os dias de trabalho de Rorschach: WSI Martha Schwarz-Gantner e Bertha Waldburger-Abderhalden.

155. "Mais ou menos à meia-noite": Diário, p. 75.

156. Rorschach era pessoalmente responsável: Para Morgenthaler, 11 de outubro de 1916; Diário, p. 54.

156. Koller temia que seus superiores: De Koller, 28 de junho de 1915.

156. Como pode ver: Para Morgenthaler, 12 de março de 1917.

156. Sociedade Suíça de Psicanálise: Esse grupo foi criado para ser mais freudiano do que a Sociedade Suíça de Psiquiatria e, ainda assim, independente da própria linha do grupo de Freud, a Sociedade Internacional de Psicanálise. "Mesmo que Freud apareça aqui e ali com uma aura demasiadamente papal", escreveu Rorschach para Morgenthaler, encorajando-o a se juntar ao novo grupo, "o perigo da hierarquização é menor quando as pessoas se unem e criam um contrapeso, representando diferentes pontos de vista" (para Morgenthaler, 11 de novembro de 1919; veja também *L*, 139n1 e 175n5, e para Oberholzer, 16 de fevereiro de 1919). Ernest Jones escreveu para Freud dizendo que seus "melhores membros são Binswanger, um psiquiatra chamado Rorschach e a dra. Oberholzer" (25 de março de 1919, citado em *L*, p. 152n1).

156. "É uma pena": Para Morgenthaler, 21 de março de 1920.

156. "Aqui nas províncias": Para Oberholzer, 3 de maio de 1920.

156. amigos diziam que sentiam inveja: De Oberholzer, 4 de janeiro de 1922.

156. "pessoas interessantes": Para Roemer, 27 de janeiro de 1922.

157. "se você colocar um pedaço de papel": Morgenthaler, p. 98.

157. tentou ser voluntário: Morgenthaler, p. 97.

157. Olga e ele foram voluntários: Para Paul, 16 de março de 1916.

158. "Houve uma reversão repentina": Para Paul, 15 de dezembro de 1918.

158. "desafiando toda a verdade": Para Paul, 15 de dezembro de 1918.

158. "Você já leu ou ouviu falar": Para Burri, 27 de setembro de 1920.

158. "Estou apenas começando": Para Paul, 27 de setembro de 1920.

159. "O que você acha": Para Burri, 28 de dezembro de 1920.

159. situação financeira: WSI Bertha Waldburger-Abderhalden. "Tudo custa caro", escreveu Rorschach para Paul. "Os salários estão aumentando, então o alfaiate ganha tanto quanto eu. [...] É uma loucura total. Todos acham que viveriam melhor se recebessem mais, depois ficam chocados quando todos os preços aumentam" (24 de abril de 1919). Meses depois: "Nossas circunstâncias salariais melhoraram um pouco, mas apenas a ponto de podermos substituir de vez em quando as roupas que usamos nos últimos anos. Não vai muito além disso" (22 de julho de 1919).

159. "Pelo menos sempre conseguimos": Para Paul, 20 de agosto de 1919, ligeiramente modificado.

159. "Estou sempre na oficina de marcenaria": Para Paul, 24 de abril de 1919. Estantes de livros: Diário, p. 83, 28 de janeiro de 1920.

159. Sua grande alegria em Herisau: Veja WSI, esp. Bertha Waldburger-Abderhalden e Anna Ita; para Oberholzer, 3 de maio e 18 de maio de 1920, e para Paul, 29 de maio de 1920.

159. "um genuíno nome suíço": Para Paul, 6 de maio de 1919.

160. Anna deixou a Rússia: Para Oberholzer, 6 de agosto de 1918.

160. Paul também se casara: Ele conheceu Reine Simonne Laurent em Amboise e a levou para o Brasil; eles se casaram em Paris, e sua filha, Simonne, nasceu na Bahia em 1921. *PD*, Caso 6 (p. 136-137), "Predisposição Introvertida em Carreira Extrovertida", é sobre Paul, apresentando a visão de Hermann sobre o irmão na linguagem do diagnóstico: "O sujeito vem de uma família talentosa e se tornou um homem de negócios mais por razões externas do que para seguir seus próprios impulsos. [...] Ele marcou traços introvertidos que não teve tempo de cultivar por causa das pesadas exigências de pensamento disciplinado que a vida lhe impôs. Afeto bem ordenado, boa capacidade para afinidade intensiva e extensiva, adaptabilidade emocional especialmente boa. [...] Em conjunto, essas qualidades formam a base de um certo dom para o humor. É um bom observador e relator original das coisas que viu."

Esses nascimentos e casamentos despertaram o interesse de Hermann pela história de sua família, e suas pesquisas genealógicas resultaram em um livro de 32 páginas caligrafadas e elaboradamente desenhadas à mão em papel pesado. A obra foi escrita num estilo arcaico, como uma crônica antiga, e ricamente ilustrada com imagens, incluindo as de ruínas do castelo dos condes von Rorschach, escudos, silhuetas, cenas da cidade natal dos membros da família e cenas imaginadas da vida de seus ancestrais. Hermann entregou o documento a Paul em 1920 como um presente de Natal atrasado (HRA 1:3; cf. Diário, fim de 1919).

160. se casou logo depois: O marido de Anna era viúvo, pai de três filhos, se chamava Heinrich Berchtold, e Rorschach percebeu a dinâmica familiar de imediato: "Não vai ser fácil criar os três garotos, é claro", escreveu para Paul. "Mas uma coisa boa é que o mais velho está praticamente fora de cena, já que não vai morar lá por muito tempo. A mais nova é uma querida e provavelmente vai conseguir fazê-lo dar atenção total a ela. O do meio é o que definitivamente vai dar mais problemas". De qualquer maneira, "Annali vai se dar bem com o noivo. [...] Ele pode ter umas atitudes boêmias aqui e ali, que ela aprendeu com seus círculos de estudantes russos, mas tenho certeza de que elas vão desaparecer em breve." (Para Paul, 24 de abril de 1919).

160. Mais tarde, ela se lembraria de Hermann: WSI Regineli.

160. Seu primo se lembrava dele: WSI Fanny Sauter.

160. lamber o papel: Priscilla Schwarz, filha de Wolfgang que continuou mais próxima de Lisa Rorschach, entrevista, 2013.

160. Em um certo Natal: Diário, 15 de setembro de 1919.

160. "Espero enviar a você": Para Paul, 24 de abril de 1919.

161. Mas nem tudo estava bem: WSI Fritz Koller, Sophie Koller, Regineli, Martha Schwarz-Gantner.

161. Os Koller: Rorschach se sentia especialmente próximo do filho mais velho de Koller, Eddie, um artista que planejava frequentar a mesma escola de arte em que o pai de Rorschach estudara em Zurique. Eddie sofria cada vez mais de depressão — um desdobramento que Rorschach previu e acompanhou com preocupação — e acabou cometendo suicídio em 1923, aos 19 anos.

162. Em um passeio de barco com a família: WSI Fanny Sauter; veja também para Paul, 16 de março de 1916; *L*, p. 139n3; Ellenberger, p. 187.

162. organizar peças de teatro: Blum/Witschi, p. 84-93.

162. "Ele rapidamente recortava": Rorschach era "especialmente magistral em observar, capturar e registrar movimentos" (Miecyzslaw Minkovski, obituário de Hermann Rorschach, em *CE*, p. 84).

163. "Minha esposa gostaria": Para Oberholzer, 12 de dezembro de 1920.

163. meados de 1917: Olga escreveria, muitos anos depois, que "em 1917" seu marido "retornou a seu interesse por 'manchas de tinta com formato aleatório' que tinha deixado de lado durante anos (talvez inspirado pela dissertação de S. Hens, que obviamente lembrou a ele dos experimentos que tinha conduzido em Münsterlingen, em 1911)" (Olga R, p. 91). "Não há dúvida de que o impulso estimulante veio do trabalho de pesquisa de Szymon Hens" (Ellenberger, p. 189). Em três entrevistas feitas em 1959, Hens disse que se encontrou com Rorschach duas vezes, com seis meses de intervalo, depois disse que foram três ou quatro meses de intervalo; os encontros foram em 1917, depois não tinha certeza se o primeiro não tinha sido em 1916, depois se perguntou se foram em 1918. Ele também disse que foi quando tinha 25 anos (dezembro de 1916 a dezembro de 1917) e antes da publicação de sua dissertação (dezembro de 1917). A data mais provável para o encontro decisivo é de meados a fim de 1917.

163. Hens usava oito manchas pretas rudimentares: Szymon Hens, *Phantasieprüfung mit formlosen Klecksen bei Schulkindern, normalen Erwachsenen und Geisteskranken* (Zurique: Fachschriften-Verlag, 1917). Diz-se às vezes que ele teria testado as "fantasias" dos sujeitos, mas isso é um erro de tradução da palavra *Phantasie*, "imaginação".

Hens passou o resto da vida convencido de que Rorschach tinha roubado sua ideia e transmitiu isso para sua filha e neta ("Honorável Joyce Hens Green", Projeto de História Oral, Sociedade Histórica do Circuito do Distrito de Columbia, 1999-2001, p. 4-5: "para dizer com delicadeza, as manchas de tinta de meu pai foram 'adotadas' por Rorschach" [www.dcchs.org/Joyce-HensGreen/joycehensgreen_complete.pdf]; Ancestry.com, Sobrenome: Hens, no tópico "Western New York Hens", mensagem postada em 4 de novembro de 2010: "meu avô foi o autor do Teste de Manchas de Tinta de Rorschach [...] O dr. Rorschach convenientemente recebeu o crédito por isso porque usou a pesquisa de meu avô em suas apresentações e estudos" [boards.ancestry.com, acessado pela última vez em agosto de 2016]). Ainda se encontra menção à prioridade de Hens, especialmente em relatos que tentam imputar a Rorschach o plágio ou a desonestidade intelectual.

Rorschach citou Hens em uma palestra em fevereiro de 1919 (HRA 3:2:1:1), em cartas e em *PD*: "Hens sugere algumas das perguntas a respeito de forma investigadas aqui, embora não consiga abordá-las com mais profundidade" por causa de sua preocupação exclusiva com o conteúdo. Em outro lugar: "Tenho que enfatizar que meu próprio trabalho não veio do de Hens. Eu já estava explorando um experimento diagnóstico-perceptivo de interpretação de formas havia anos, e conduzi experimentos com a escola secundária de Altnau em 1911, quando morava em Münsterlingen, em conexão com minha dissertação sobre alucinações reflexas." O ponto de partida do teste foi a investigação de alucinações reflexas em sua dissertação, embora seja "óbvio que toda a abordagem psiquiátrica e mentalidade psicológica remonte à influência de Bleuler e seus escritos" (*PD*, p. 102-3; para Hans Maier, 14 de novembro de 1920, para Roemer, 18 de junho de 1921).

O próprio Hens (WSI) disse alternadamente que não contribuiu muito para o teste, que este era inadequado, que "as pessoas vão me atacar se eu disser que o teste de Rorschach não é científico", e que "era errado" uma conferência acadêmica ter a maior mesa redonda sobre Rorschach: "Talvez eu esteja com inveja do fato de ser Rorschach e não Hens. Deveria ser Hens-Rorschach." Ele também admitiu que "talvez Rorschach houvesse tido a ideia quatro ou cinco anos antes de 1917" antes de dizer que Rorschach pegou tudo dele: "De onde mais Rorschach tiraria essa ideia?".

Szymon Hens emigrou para os Estados Unidos, mudou seu nome para James Hens, e mais tarde foi condenado a cinco anos de prisão por tentar ajudar desertores durante a Segunda Guerra Mundial (Harry Lever e Joseph Young, *Wartime Racketeers* [Nova York: G.P. Putnam's Sons, 1945], 95ff.). Em 1959, Wolfgang Schwarz o localizou para três entrevistas dramáticas (WSI). Schwarz alegou observá-lo manipulando e flertando inadequadamente com os pacientes, "um total abuso de seu papel como médico", e o achou paranoico, sempre preocupado com "fazer inimigos" se dissesse o que realmente pensava, e ao mesmo tempo "obcecado com sentimentos de onipotência", a ponto de Schwarz sentir que ele "parecia louco".

163. usando apenas o conteúdo: Hens, *Phantasieprüfung*, p. 12.

165. "suas namoradas": Hens, WSI.

165. "Os doentes mentais não interpretam": Hens, *Phantasieprüfung*, p. 62

Capítulo 10: Experimento simples

169. As manchas não deviam parecer "feitas": Galison chama as manchas de tinta de "uma arte primorosa da falta de arte" (p. 271, cf. P. 273-74); a "neutralidade" do teste é fundamental para o ótimo ensaio de Galison, que li no início do processo de escrever este livro e que influenciou meu pensamento mais do que está explicitamente refletido nestas notas. Gamboni o expande (p. 65-72). Para a importância das manchas como "feitas por elas mesmas", ver nota "inúmeras outras conexões visuais" na p. 479.

169. Depois de "passar muito tempo": Para Roemer, 22 de março de 1922. Especificamente, "no interesse de melhores comparações entre resultados, cálculos mais confiáveis e maior probabilidade de respostas de Movimento".

169. "conduzido como jogo": Rascunho, p. 1.

170. ele as chamara de *experimento*: Foi originalmente planejado para ser um "*experimento* diagnóstico-perceptivo e uma ferramenta dinâmica para o desenvolvimento posterior da teorização psicológica e psiquiátrica", e não "o 'teste' da psicotecnologia ossificada que se tornou desde então" (Akavia, p. 10).

170. Fazer as manchas simétricas: Mais tarde, Rorschach leu um texto de Ernst Mach sobre simetria e elogiou o autor, dizendo que era "um pensador independente!", mas não encontrou nada para acrescentar às suas próprias ideias (Diário, 21 de outubro de 1919).

170. do ensaio de Vischer: "On the Optical Sense", p.98 (veja cap. 7 acima).

171. (os antropólogos descobriram): Brent Berlin e Paul Kay, *Basic Color Terms: Their Universality and Evolution* (Berkeley: University of California Press, 1969); Marshall Sahlins, "Colors and Cultures" [1976], em *Culture in Practice: Selected Essays* [Nova York: Zone Books, 2000], apresentam mais fatos sobre o vermelho e inserem essas descobertas aparentemente biológicas no contexto da cultura.

171. escolheu a mais intensa: Veja Ernest Schachtel, "On Color and Affect: Contributions to an Understanding of Rorschach's Test", *Psychiatry* 6 (1943), p. 393-409.

171. instruir ou não sujeito a: PD, p. 16.

171. "criar uma resposta": PD, p. 104.

172. Duas respostas: Rascunho, p. 24-25; PD, p. 103, 137-39.

172. "Barack Obama": Citado por James Choca, "Reclaiming the Rorschach from the Empiricist Pawn Shop", conferência da Sociedade para Avaliação da Personalidade, Nova York, 6 de março de 2015.

173. "As interpretações de imagens casuais": PD , p. 16.

174. em 5 de agosto: Para Miecyzslaw Minkovski, 5 de agosto de 1918. PD usa casos do Rascunho, e como as comparações exigem o uso da "mesma série de pranchas" ou "uma série análoga adequadamente padronizada" (PD, p. 20, 52), as imagens devem ter sido finalizadas em 1918. Em algum momento, suas pranchas tinham lacunas na numeração após as atuais III e VI, mas a carta para Minkovski menciona dez pranchas, assim como sua carta para Bircher, em 29 de maio de 1920. A alegação de que o editor de Rorschach "aceitou apenas dez pranchas" do "manuscrito com quinze pranchas originais" é falsa (Ellenberger, p. 206; veja *L*, p. 230n1).

O resumo no restante do capítulo foi extraído do Rascunho, salvo indicação.

177. *"A ressurreição"*: Em *PD* (p. 163), ele chamou a resposta de "uma contaminação muito complexa" e a pontuou de forma mais completa: toda a declaração é "DG CF- Original Abstrato-" ("DG" = uma resposta Global confabulada de um Detalhe); a "*ressurreição*" (apontando para os animais vermelhos sendo ressuscitados) é "DM + A" ("A" = animal); a nomenclatura de cores é "DCC"; as "*veias*" são "Dd CF- Anatomia Original-"; e "Outros fatores determinantes da interpretação não podem ser obtidos".

179. "Talvez logo cheguemos ao ponto": Para Burri, 28 de maio de 1920.

180. respostas Globais podem ser um bom sinal: Rascunho, Caso 15; *PD*, Caso 16.

181. "Trata-se de um experimento muito simples": Para Julius-Springer Verlag, 16 de fevereiro de 1920.

Capítulo 11: Ele provoca interesse e desaprovação por toda parte

183. Greti Brauchli: Diário, 26 de outubro a 4 de novembro de 1919; cartas de e para Greti e Hans Burri, citadas abaixo; WSI Hans Burri e Greti Brauchli-Burri.

183. "Ele entendeu!": Diário, 6 de outubro de 1919.

183. "que realmente entendeu o experimento": Brauchli foi "a primeira pessoa depois de Oberholzer" a entender — ver nota para "Emil Oberholzer" na p. 453.

183. "Obrigada pelo seu relatório!": De Greti Brauchli, 2 de novembro de 1919.

184. Rorschach escreveu uma calorosa resposta: Para Greti Brauchli, datada de 5 de novembro de 1919, escrita em 4 de novembro.

185. "meu clérigo neurótico compulsivo": Para Oberholzer, 6 de maio de 1920.

185. "Uma análise nunca deve ser": Para Burri, 15 de maio de 1920.

186. As 71 respostas de Burri: *PD*, p. 146-55, e Diário, p. 77-83; veja Diário, 7 de fevereiro de 1920, e para Burri, 20 de maio, e de Burri, 21 de maio de 1920.

186. "Obrigada por tudo": De Greti, 22 de maio de 1920.

186. Quatro meses depois: Para Burri, 27 de setembro de 1920. Cinquenta anos depois, em 1970, Burri disse que a morte de Rorschach era uma catástrofe, enquanto lágrimas brotavam dos olhos de Greti (WSI).

187. "um periódico": *Arquivos Suíços de Neurologia e Psiquiatria*, de Constantin von Monakov, no qual Rorschach publicava com frequência (*L*, 148n2). Veja para Monakov, 28 de agosto e 23 de setembro de 1918; para Morgenthaler, 7 de janeiro de 1920. Monakov (1853-1930), um neurologista russo de renome internacional que ocupou a primeira cátedra em neurologia na Escola de Medicina da Universidade de Zurique, reapareceu muitas vezes na vida de Rorschach. Pode ter sido a primeira pessoa a fazê-lo se interessar pela Rússia. Ele tratou seu pai, Ulrich. Rorschach fez cursos com ele a partir de 1905 e realizou seu trabalho sobre a glândula pineal sob orientação dele. Em 1913, eles eram colegas próximos — quando Rorschach partiu para a Rússia, Monakov escreveu um aviso para um jornal local dizendo que era "lamentável, no mais alto grau, que a instituição [em Münsingen] não conseguisse mantê-lo aqui". "Não fique muito tempo em Moscou", escreveu diretamente para Rorschach. "Você pode se dar melhor na Suíça, seja como neurologista ou psiquiatra." Em certo ponto, Rorschach brincou que seria melhor desencorajar Monakov de participar de sua palestra sobre seitas, "porque, do contrário, ele poderia sofrer outro colapso, que pesaria na minha consciência. Alguém precisa dizer a ele que o assunto é totalmente psicanalítico — ou seja, para ele, digamos assim, apresenta risco de vida." Em 1922, ele estava pensando em voltar a trabalhar com Monakov, "como eu planejara em Münsingen"; intelectualmente, ele sentiu que "o conceito de percepção de Bleuler está ultrapassado", e afirmou que "não apenas minha inclinação pessoal, mas também os fatos, estão me empurrando em uma direção biológica monakoviana" (Anna R, p. 73; WSM; *L*, p. 127n1, 128n4, para Mieczyslav Minkowski, 5 de agosto de 1918, para Monakov, 8 de agosto e 9 de dezembro de 1918, para Oberholzer, 29 de junho de 1919, para Max Müller, 6 de janeiro de 1922.

187. uma versão sem cor para que os próprios compradores colorissem: Para Monakov, 23 de setembro de 1918 (mais literalmente: "Esses pensamentos arcaicos que se tem hoje em dia").

187. "feliz pelo teste não ter sido impresso": Para Morgenthaler, 7 de janeiro de 1920.

188. "Subjetivamente, por exemplo, sinto": Palestra para a Sociedade Pedagógica-Psicológica de St. Gallen, fevereiro de 1919, HRA 3:2:1:1.

188. Emil Oberholzer: 1883-1958. Sua esposa era a psiquiatra judia russa Mira Gincburg (1884-1949), uma importante analista, por mérito próprio, que tinha analisado Oberholzer antes de mandá-lo para Freud em 1913. Em 1919, eles abriram uma clínica juntos (*L*, p. 138-39n1; Müller, *Abschied vom Irrenhaus*, p. 160).

188. cunhou o termo: Ellenberger, p. 225.

189. "os experimentos de controle foram assim": Para Julius-Springer Verlag, 16 de fevereiro de 1920.

189. um pouco ambivalente: *PD*, p. 121. "parecesse muito com": Para Oberholzer, 15 de junho de 1921.

189. "Onde, em Herisau": Para Roemer, 15 de março de 1922.

189. quando conseguia explicar: Diário, 4 de novembro de 1919.

189. entregou suas manchas: Morgenthaler, p. 100.

189. já estava intrigado: "Depois de 1918, havia apenas um analista em cujo trabalho Bleuler teve um interesse claro: Hermann Rorschach. Ele elogiava o teste de Rorschach publicamente e em particular" (Schröter, introdução a Freud e Bleuler, "*Ich bin zuversichtlich*", p. 54.

189. "Hens também deveria ter explorado": Diário 63, 1º de novembro de 1919.

189. testes de todos os seus filhos: Para Oberholzer, 3 de junho de 1921.

189. futuro psiquiatra Manfred Bleuler: "Der Rorschachsche Formdeutversuch bei Geschwistern", *Zeitschrift für die gesamte Neurologie und Psychiatrie* 118.1 (1929): p. 366-98; veja Müller, *Abschied vom Irrenhaus*, p. 164.

190. "Você deve imaginar": Para Roemer, 18 de junho de 1921.

190. "Incrivelmente positivo": Citado em Rorschach para Oberholzer, 28 de junho de 1921.

190. "confirmado seus resultados": *CE*, p. 254.

190. "Só coisas sombrias, imagine!": Para Roemer, 21 de setembro de 1919.

190. "certo plano": Para Paul, 20 de agosto de 1919.

190. "Uma análise bem-sucedida": Para Roemer, 27 de janeiro de 1922.

191. de neurotípicos: Nove eram de sujeitos saudáveis, quatro de pessoas com neuroses, mas não com doenças mentais sérias como esquizofrenia. Chamar isso de mudança talvez seja um exagero: "Desde o começo, desde os primeiros experimentos de dez anos atrás, sempre testei o experimento em pessoas normais de todos os tipos. Isso fica claro no livro — acima de tudo, ele é sobre pessoas normais" (para Roemer, 18 de junho de 1921).

191. Em fevereiro de 1919: As citações neste parágrafo e no próximo vieram da Palestra em St. Gallen (ver nota "Subjetivamente, por exemplo, sinto" nesta página).

191. "o problema mais complicado": Citações de *PD*, salvo indicação: p. 25-26, 31, 33-36, 34, 77-79, 86-87, 94-95, 107, 110-13.

192. Um colega: Georg Roemer, *Vom Rorschachtest zum Symboltest* (Leipzig: Hirzel, 1938). Em um dos casos, a discussão mudou o número total de respostas M em um teste de sete para dois.

193. "Cor": Diário, 21 de outubro de 1919.

195. ousar cada vez mais: Em *PD* (ver nota "o problema mais complicado" nesta página) e Diário, início de setembro e 12 de dezembro de 1919.

196. primeiras lembranças da infância: Rorschach especulou que as lembranças de movimento estavam ligadas à primeira infância, de modo que o número de Ms indicava a idade das lembranças mais antigas — ou então era um sinal de repressão dessas lembranças se as idades não combinassem (Diário, 3 de novembro de 1919). Ele rapidamente abandonou essa teoria por ser simples demais, mas não sem antes coletar as primeiras lembranças de várias pessoas e gravar as suas próprias:

> **Primeiras lembranças da infância**
> eu: seis a sete anos de idade — poucas lembranças de brincadeiras com a irmã mais nova da mãe, irmão e irmã no corredor da escola de tecelagem de seda — um longo corredor, cuja extremidade traseira é apropriadamente escura — sinto que isso está ligado à lembrança "escura" — o jogo é 'Bruxas': A tia corre atrás de nós com uma vassoura — tudo muito desbotado e embaçado —

Como ele certamente percebeu, essa lembrança entrelaça diferentes períodos da sua infância. Ele devia ter sete ou oito anos, já que Paul nasceu quando Hermann tinha sete anos. Outra das irmãs de sua mãe, não a mais nova, desempenharia um papel crucial na vida dele como sua madrasta. A escola de tecelagem de seda sem dúvida era a escola famosa que havia em sua cidade natal, Zurique. As vassouras aparecem de novo, como em sua estranha insistência em "*dois mascarados de Ano Novo com vassouras*" como uma resposta de Movimento (HRA 3:3:14:2).

196. missionário da Costa do Ouro: H. Henking.

196. Emil Lüthy: 1890-1966. *L*, p.208-9n6; WSI Lüthy; Diário, 11 de outubro de 1919. "Na verdade, todo artista": *PD*, p. 109. Para Lüthy, 17 de janeiro de 1922, inclui mais de uma dúzia de amostras de cores e conjecturas fascinantes — como o roxo sendo a cor mais complicada e misteriosa porque oscila entre o vermelho e o azul, o quente e o frio. O roxo claro pode parecer incrivelmente revigorante e jovem, enquanto "um azul-roxo rico e escuro parece místico (a cor do teosofista!)".

197. estudantes, em geral alunos de Bleuler: A mais excêntrica deles era Hedwig Etter, que tinha proposto uma dissertação sobre o experimento das manchas de tinta e contatado Rorschach em 1920. Ofereceram a ela a posição de voluntária no Krombach, apesar das ressalvas de Rorschach, e ela deixou Koller e Rorschach em apuros dois dias antes da data de início no trabalho. Depois de todo o tempo que Rorschach e Oberholzer dedicaram à coleta de material de teste para Etter, ela foi até Viena para ver Freud e depois de setembro de 1921 ninguém nunca mais soube dela (*L*, p. 213-4n1, passim).

197. Hans Behn-Eschenburg: 1893-1934. *L*, p. 187n5 e passim; Müller, "Zwei Schüler von Hermann Rorschach", cap. 10 em *Abschied vom Irrenhaus*. "Whoever wanted to work": Gertrud Behn-Eschenburg, "Working with Dr. Hermann Rorschach", *JPT* p. 19.1 (1955), p. 3-5.

197. Behn aplicou o teste de Rorschach: Sua dissertação foi "Exame Psicológico de Crianças em Idade Escolar com Teste de Interpretação de formas".

197. "O décimo quarto ano": Para Burri 16 de julho de 1920.

197. inexpugnável e que causasse uma boa impressão: Para Behn-Eschenburg, 14 de novembro de 1920.

198. Rorschach escreveu seções inteiras: Para Paul: "Ele estragou sua dissertação sobre meu experimento de forma tão miserável que no fim eu tive que fazer quase tudo sozinho" (8 de janeiro de 1921); "Eu simplesmente não conseguia ficar vendo ele estragar todo aquele material tão rico em problemas e novas perspectivas" (para Oberholzer, 12 de dezembro de 1920). Para o orientador de Behn, Hans Maier: "Era tarde demais quando vi que esses projetos realmente exigem muito mais do que a simplicidade do método poderia sugerir, e que não são muito adequados para iniciantes" (24 de janeiro de 1921). A série de imagens de Behn foi posteriormente publicada pelo psicólogo infantil Hans Zulliger como o "Teste de Behn-Rorschach", mas o próprio Behn não publicou mais nada sobre as manchas de tinta.

198. "O experimento é muito simples": Para Behn-Eschenburg, 28 de novembro de 1920.

198. Georg Roemer: 1892-1972. Müller, "Zwei Schüler"; *L*, p. 164-66n1 e passim; Blum/Witschi, p. 94-107; a declaração mais importante das muitas de Roemer é "Hermann Rorschach und die Forschungsergebnisse seiner beiden letzten Lebensjahre" (*Psyche* 1 [1948], p. 523-42).

Assim como Paul, Roemer aparece anonimamente em PD. Caso 2: "O sujeito é cientista, multitalentoso, desenha e pinta. Um observador perspicaz e um pensador claro, com uma educação diversificada, um pouco inclinado a se dispersar e se fragmentar. Facilmente irritável; muito minucioso no que lhe interessa, mas salta rapidamente de um tópico para o outro. [...] Permite se deixar levar pelas emoções; sua instabilidade emocional é bem egocêntrica".

198. "Eu também acho que o experimento": Para Roemer, 11 ou 12 de janeiro de 1921. "fazendo séries de manchas de tinta próprias": Diário, 13 de novembro de 1919.

199. "o sujeito ser pego": PD, p. 121-22.

200. "Acho suas perguntas extremamente interessantes": Para Roemer, 11 ou 12 de janeiro de 1921.

200. Martha Schwarz: posteriormente, Schwarz-Gantner (b. 1894). WSI; L, p. 322n2. É engraçado o fato de que ela achou que sua entrevista de trabalho seria muito competitiva, mas o pessoal em Herisau estava desesperado para preencher a vaga sem salário. Rorschach perguntou se ela poderia atuar nas peças — ela interpretaria os papéis sérios, e ele os cômicos. Ela sabia cantar? Tocar piano? Dançar? Ótimo, estava contratada. Eles se tornaram bons amigos, muitas vezes passeando juntos pela cidade para comprar chá ou bolo. Ela aplicou o teste de manchas de tinta em toda a família e disse que aprendeu muito sobre as pessoas com as interpretações dele: "Consegui tratar meus pais de maneira muito mais justa depois disso. Rorschach fez isso de uma maneira muito silenciosa".

200. Albert Furrer: L, p. 284n3, citações de para Roemer, 23 de maio e 18 de junho de 1921, e para Paul, 16 de outubro de 1921.

201. "O objetivo não é ilustrar": Para Bircher, 19 de maio de 1920.

201. "Testar o experimento": Para Oberholzer, 18 de junho de 1919.

201. Oskar Pfister: 1873-1956. Se Bleuler e Jung foram figuras importantes por inserir Freud nos hospitais, Pfister foi importante por inseri-lo na cultura. Futuro autor de mais de 270 livros, ele era um pastor que sempre acreditou que a psicologia era compatível com a crença religiosa. Encontrou a psicanálise com Jung em 1908 e escreveu o primeiro livro sobre o tema em 1913, com introdução de Freud; sua "visão completamente cristã da psicanálise tinha se mostrado enervante, mas não completamente indigesta" para Freud (Kerr, *Most Dangerous Method*, p. 210), e Pfister continuou sendo uma figura crucial na história de Freud e da religião. Freud pediu a ele que respondesse ao seu livro *O Futuro de uma Ilusão* (1927), o que ele fez em "The Illusion of a Future: A Friendly Disagreement with Prof. Sigmund Freud" (1928; traduzido em *International Journal of Psychoanalysis* 74.3 [1993]: 557-79). Sigmund Freud e Oskar Pfister, *PsychoAnalysis and Faith: The Letters of Sigmund Freud and Oskar Pfister* (Londres: Hogarth Press, 1963); Alasdair MacIntyre, "Freud as Moralist", *New York Review of Books*, 20 de fevereiro de 1964.

201. versão curta e popular: Rorschach tinha deixado seus estudos sobre seitas de lado havia quase um ano para trabalhar no teste, mas, em outubro de 1920, pensando que PD seria publicado a qualquer momento, ele planejava voltar a eles. "Eis o meu conselho", escreveu Pfister: "Hoje em dia, livros grossos são tão caros que ninguém os compra, portanto ninguém os lê. Mas publique monografias sobre o material das seitas! Primeiro, uma obra para nós, 'Seitas e doenças mentais'. Acessível, mas bem fundamentada em termos científicos — como é óbvio para você. [...] Mesmo para um cientista pesquisador, escrever para um público popular é uma prática excelente, e muitas vezes você consegue alcançar um público muito mais amplo dessa maneira." Rorschach concordou: "Não será difícil preencher 50 páginas sobre o assunto. Acho que posso escrever a coisa para você neste inverno" — embora, como disse a Oberholzer, "eu naturalmente não queira usar meu melhor material, Binggeli e Unternährer, em um pequeno panfleto popular, por isso tenho que reunir outros materiais, e isso está dando um pouco mais de trabalho do que eu tinha previsto" (de Pfister, 18 de outubro e 3 de novembro de 1920; para Pfister, 7 de novembro de 1920; para Oberholzer, 20 de março de 1921).

202. Morgenthaler: Mais tarde, ele montou uma Comissão Rorschach (1945), fundou a Sociedade Internacional Rorschach (1952) e estabeleceu o Arquivo Hermann Rorschach (1957), mas não publicou nada sobre o teste de Rorschach nos anos 1920 e 1930, com exceção da segunda edição de *PD* (o panfleto de Rita Signer, *The Hermann Rorschach Archives and Museum* [Berna, n.d.], 28ff.; Müller, *Abschied vom Irrenhaus,* p. 153).

202. "a longa primavera úmida de Herisau": Para Morgenthaler, 21 de maio de 1920. "Meu manuscrito está terminado": para Bircher, 22 de junho de 1920. Rascunhos: HRA 3.3.6.2 e 3.3.6.3.

202. ele pensava: Em um diário que Rorschach manteve por seis meses, começando em setembro de 1919 — nada característico dele, e mais uma confirmação de sua virada introvertida entre os 33 e 35 anos. A primeira entrada protestava, dizendo que era apenas "uma espécie de diário" porque "manter um diário é uma coisa pedante a se fazer".

202. A primeira carta de Bircher para Rorschach: 18 de novembro de 1919.

202. Rorschach escreveu para o irmão: 4 de dezembro de 1919.

202. em uma fonte diferente: Para Oberholzer, 14 de janeiro de 1921.

202. tantos "Fs" maiúsculos: Para Roemer, março de 1921.

203. Uma das mensagens: Para Bircher, 29 de maio de 1920.

205. argumentou Morgenthaler em agosto de 1920: De e para Morgenthaler, de 9 a 20 de agosto.

205. "extremamente arrogante": Para Roemer, 11 ou 12 de janeiro de 1921.

205. *Psicodiagnóstico* foi publicado: Para Bircher, 19 de junho de 1921.

205. "Acho que esta pesquisa": De Oberholzer, 12 de julho de 1920.

206. "Caro doutor": De Pfister, 23 de junho de 1921.

206. "Todos eles são futuros ministros": Para Burri, 5 de novembro de 1921.

206. ele tinha planos de testar: Ibid.

206. em novembro de 1921: *CE*, p. 254.

207. "Bem, é isso —": *CE*, p. 100.

207. "Bleuler agora se expressou": Para Martha Schwarz, 7 de dezembro de 1921.

207. A crítica de Arthur Kronfeld, publicada em 1922: *CE*, p. 230-33.

207. Ludwig Binswanger: *CE*, p. 234-47, publicado originalmente em 1923, mas uma carta de Binswanger, de 5 de janeiro de 1922, expressou diretamente a Rorschach o mesmo elogio em relação a *PD* e as mesmas críticas à sua falta de base teórica.

207. William Stern: *L*, p. 218n4, 335n1.

207. "abordagem de Rorschach [...] era artificial": Ellenberger, p. 225-26, que sugeriu que a reação de Stern "deprimiu" Rorschach — mesmo que Rorschach não tenha procurando tratamento médico para isso no ano seguinte —, o que, no entanto, nunca foi confirmado.

208. "propondo modificações desnecessárias": Para Oberholzer, 17 de junho de 1921.

208. "Múltiplas séries diferentes": Para Roemer, 18 de junho de 1921. "No geral", continuou Rorschach, antes de fazer uma longa lista de ressalvas e preocupações, "você subestima enormemente as dificuldades envolvidas" na aplicação e na interpretação do teste.

208. "mais acessível": Para Guido Looser, 11 de julho de 1921. Veja também suas queixas sobre o comportamento de Roemer em uma carta a Binswanger, 3 de fevereiro de 1922.

208. Um médico chileno: Fernando Allende Navarro.

208. "a América do Norte seria, obviamente": Para Roemer, 27 de janeiro de 1922.

208. a única diferença racial ou étnica: *PD*, p. 97, 112. "É claro que não é novidade descobrir que o appenzeller é mais adaptável emocionalmente, tem mais afinidade e é fisicamente mais ativo do que o reservado, impassível e lento bernense, mas vale a pena ressaltar que o teste confirma esse elemento do conhecimento comum." Em outro lugar, Rorschach atribuiu a alta taxa de suicídio dos appenzellers ao fato de eles serem muito mais expressivos emocionalmente do que outros suíços, de modo que transformavam a depressão em ação (reunião da Comissão de Saúde de 1920, WSA). Um ensaio recente brinca com o fato de que, como Rorschach falou tão pouco em *PD* sobre diferenças culturais, Oberholzer teve que fazer uma comparação com o suíço appenzeller ao discutir o alorês indonésio nos anos 1940 (Blum/Witschi, p. 120). Vale dizer que Jung também disse aos seus alunos avançados que, ao visitar o sudoeste norte-americano, ficou "impressionado com a semelhança das mulheres indígenas dos *pueblos* com as suíças do cantão Appenzell, onde temos descendentes de invasores mongóis". Essa é uma explicação que ele oferece para "por que os norte-americanos estão mais próximos do Extremo Oriente do que os europeus" (*Introduction to Jungian Psychology: Notes of the Seminar on Analytical Psychology Given in 1925* [Princeton: Princeton University Press, 2012], p. 116).

208. pesquisas etnográficas e relacionadas às seitas: Os últimos resumos de resenhas de Rorschach para o periódico *Imago*, de Freud, foram sobre dois estudos comparativos de desenhos de crianças europeias e índios Dakota, um livro não psicanalítico sobre a criação de crianças indígenas e um estudo sobre os antonianos (*CE*, p. 311-14, todos de 1921).

208. populações chinesas: WSM.

208. quarto de hotel de Albert Schweitzer: Para Oberholzer, 15 de novembro de 1921; para Martha Schwarz, 7 de dezembro de 1921; WSI Sophie Koller. Rorschach mandou mais detalhes para Burri (5 de novembro de 1921): "Todas as cores, até o mais profundo azul escuro, simplesmente lhe provocam repulsa. Ele é totalmente racionalista, e mesmo assim se tornou missionário. Ele insiste que os negros da selva só conhecem o 'eterno verde repugnante' da selva e que nunca tiveram a chance de ver o vermelho. Pássaros vermelhos, borboletas vermelhas, flores vermelhas — isso não existe, disse ele quando perguntei. Por fim, ele teve que admitir, com espanto, que os negros viam vermelho pelo menos quando golpeavam a cabeça de alguém ou esmagavam o próprio dedo."

209. "Ainda há muito mais": Para Roemer, 18 de junho de 1921.

Capítulo 12: A psicologia que ele vê é a psicologia dele

211. Um paciente: Para Roemer, 27 de janeiro de 1922, *L*, p. 403n1; *PD*, p. 207.

212. "psiquiatria dinâmica": *Discovery of the Unconscious*, de Ellenberger, é o relato confiável; definições de *dinâmica* em p. 289-91.

212. um desses desempenhos virtuosos: *PD*, p. 184-216, incluído na segunda edição e em todas as posteriores. As citações abaixo são da p. 185 (nota preliminar de Oberholzer) e 196-214, salvo indicação.

215. "o teste de Rorschach deve ser liberado": Roemer, *Vom Rorschachtest zum Symboltest*, citado em *L*, 166n1.

215. "mais complicado e estruturado": Para Roemer, 22 de março de 1922, citado no cap. 10 acima.

215. "Minhas imagens parecem desengonçadas": Para Roemer, 27 de janeiro de 1922. Os últimos anos amargos de Roemer, depois de episódios de colaboração com os nazistas, foram gastos tentando obter reconhecimento na Alemanha e nos Estados Unidos, porém em vão: apesar de décadas de esforços, ele não conseguiu encontrar uma editora e acabou autopublicando suas imagens em 1966. Ele continuou a enfatizar seus três anos de suposta "estreita colaboração diária" com Rorschach, e reivindicou o manto do legado de Rorschach, mas ao mesmo tempo minava constantemente as próprias ideias dele e caracterizou mal o teste.

216. "O essencial": Para Roemer, 28 de janeiro de 1922.

217. *Tipos psicológicos*, de Jung: (*Collected Works*, vol. 6, 1976). Freud recebeu uma cópia e se referiu a ela como "trabalho de um esnobe e místico, nenhuma ideia nova" (para Ernest Jones, 19 de maio de 1921, em *The Complete Correspondence of Sigmund Freud and Ernest Jones, 1908-1939* [Cambridge: Harvard University Press, 1993], p. 424).

217. "Jung agora está na sua quarta versão": Para Roemer, 18 de junho de 1921.

217. "quase nada em comum": PD, p. 82. O uso de introversão e extroversão por Rorschach remonta a seus estudos sobre seitas; seus sucessivos entendimentos das ideias sucessivas de Jung sobre introversão são um desdobramento complicado, que ninguém identificou claramente (Akavia e K.W. Bash, "Einstellungstypus and Erlebnistypus: C.G. Jung and Hermann Rorschach", JPT, 19.3 [1955]: 236-42, e *CE*, 341-44, sem acesso a algumas fontes).

217. longas e criteriosas descrições: Por exemplo, Jung em *Psychological Types*, p. 160-63, sobre como um introvertido pode reclamar que os extrovertidos não conseguem ficar parados, mas só um introvertido se incomodaria — o extrovertido está simplesmente vivendo sua vida.

218. Quando perguntaram a Jung: *C. G. Jung Speaking*, p. 342.

218. Jung escreveu no epílogo: Páginas 487-495; as citações abaixo são dessas páginas da edição estado-unidense, salvo indicação.

219. "surgiu originalmente da minha necessidade": Citado em Jung, *Psychological Types*, v; cf. P. 60-62 e *C. G. Jung Speaking*, p. 340-43, 435.

219. ele levou anos: Em 1915, Jung recrutou um extrovertido colega psiquiatra, Hans Schmid-Guisan, como parceiro de briga, que não o deixava escapar impune de seus próprios preconceitos. Na época, Jung ainda achava que o pensamento extrovertido era intrinsecamente inadequado, que sentir era algo irracional e, em geral, que todos os traços contrários aos dele eram "meras aberrações". O diálogo termina em frustração mútua, pois os dois lados se mostram incapazes de entender o outro — Jung, em particular, sai como um idiota autocrático, mas supõe-se que ele seja assim mesmo, já que está representando o papel do visionário imperioso e introvertido contra o coleguismo extrovertido e socialmente adaptado do outro homem. Mas funcionou: cinco anos depois, Jung passou a reconhecer a existência e a validade de outros tipos. "O introvertido não pode saber nem imaginar como aparece para seu tipo oposto, a menos que permita que o extrovertido lhe diga na cara, correndo o risco de ter que desafiá-lo para um duelo", escreve Jung em *Tipos Psicológicos* — mas isso foi exatamente o que Jung fez, e provou seu ponto de vista (*The Question of Psychological Types: The Correspondence of C.G. Jung and Hans Schmid-Guisan, 1915-1916* [Princeton: Princeton University Press, 2013]; Jung, *Psychological Types*, p. 164; Bair, *Jung*, p. 278-85).

220. "Agora estou lendo os *Tipos* de Jung": Para Oberholzer, 15 de novembro de 1921.

220. "ele realmente queria ter": Para Burri, 5 de novembro de 1921.

220. "Estou lendo Jung": Para Oberholzer, 17 de junho de 1921.

220. "Tenho que concordar com Jung": Para Roemer, 28 de janeiro de 1922.

220. "De início, achei que os tipos de Jung": Para Burri, 5 de novembro de 1921. Rorschach achava os tipos Sentimento Introvertido, Sensação Introvertida e Intuição Extrovertida "especialmente duvidosos", e de fato eles são menos convincentes do que os outros cinco — exatamente como poderia ter sido previsto pela personalidade de Jung. Jung, *C. G. Jung Speaking*, p. 435-46; Jung, *Introduction to Jungian Psychology*; carta de Jung para Sabina Spielrein, 7 de outubro de 1919, que diagrama as posições de Freud, Bleuler, Nietzsche, Goethe, Schiller, Kant e Schopenhauer nos eixos de Pensamento/Sentimento e Sensação/Intuição (Coline Covington e Barbara Wharton, *Sabina Spielrein: Forgotten Pioneer of Psychoanalysis* [Nova York: Brunner-Routledge, 2003], p. 57; passagens importantes são citadas em Jung e Schmid-Guisan, *Question of Psychological Types*, p. 31-32).

221. muito ou pouco inclinado: PD, p. 26, 75, 78.

222. "Meu método ainda está engatinhando": Para Hans Prinzhorn (ver nota "estudo pioneiro sobre o tema" na p. 447), talvez a última carta de Rorschach.

222. capazes de influenciar o conteúdo: Para Roemer, 27 de janeiro de 1922.

222. "Uma visão geral": PD, p. 192, do ensaio de 1922.

222. "Todo o meu trabalho me mostrou": Para Roemer, junho de 1921.

222. pacientes da Clínica de Surdos-Mudos: Para Ulrich Grüninger, 10 de março de 1922; para Roemer, 15 de março de 1922.

Capítulo 13: No limiar de um futuro melhor

225. No domingo, 26 de março: Olga para Paul, 8 de abril e 18 de abril de 1922; WSI; relatório médico do dr. Koller (*L*, 441-42); Ellenberger.

226. "De repente, ele me disse": 8 de abril de 1922.

227. "boquiaberto": Rorschach tinha enviado a Pfister um detalhado diagnóstico cego, e ele respondeu: "Que trabalho maravilhoso! Estou boquiaberto com a precisão do seu julgamento" (10 de fevereiro de 1922).

227. ontem perdemos: Pfister, *PsychoAnalysis and Faith*, retificado. Freud respondeu com uma certa ambivalência, em 6 de abril (em ibid.): "A morte de Rorschach é muito triste. Vou escrever algumas palavras para sua viúva hoje. Minha impressão é de que talvez você o superestime como analista; observo com prazer, pela sua carta, a alta estima com que você o considera como homem."

228. "Encontrei nele uma busca": HR, 1:4.

228. Binswanger publicou um ensaio: Em *CE*, p. 234-47.

Capítulo 14: As manchas de tinta chegam aos Estados Unidos

233. David Mordecai Levy: 1892-1977. Veja David M. Levy Papers, Oskar Diethelm Library, DeWitt Wallace Institute for the History of Psychiatry, esp. Box 1; a biografia em *American Journal of Orthopsychiatry* 8.4 (1938): 769-70; David M. Levy, "Beginnings of the Child Guidance Movement", *American Journal of Orthopsychiatry* 38.5 (1968): 799-804; David Shakow, "The Development of Orthopsychiatry", *American Journal of Orthopsychiatry* 38.5 (1968): 804-9; obituários em *American Journal of Psychiatry* 134.8 (1977): 934 e *New York Times*, 4 de março de 1977; Samuel J. Beck, "How the Rorschach Came to America", *JPA* 36.2 (1972): 105-8.

234. deixar o cargo para passar um ano no exterior: Bruno Klopfer e Douglas McGlashan Kelley, *The Rorschach Technique: A Manual for a Projective Method of Personality Diagnosis* (Yonkers-on-Hudson, Nova York: World Book, 1942; 2ª ed., 1946), p. 6.

234. Levy publicou o ensaio de Rorschach: Hermann Rorschach e E. Oberholzer, "The Application of the Interpretation of Form to Psychoanalysis", *Journal of Nervous and Mental Disease* 60 (1924): 225-48. O tradutor não é mencionado, mas, devido ao relacionamento de Levy com o periódico, à sua fluência em alemão, ao seu conhecimento sobre Rorschach e às anotações em sua cópia do *Psychodiagnostik* (David M. Levy Papers), é muito provável que a tradução seja dele. De acordo com Exner, Levy publicou em 1926 uma tradução à qual se referiu como "a primeira publicação sobre o teste de Rorschach a aparecer em um periódico norte-americano": a descrição se encaixa, exceto pela data (ExRS, p. 7).

234. primeiro seminário sobre o tema nos Estados Unidos: Em 1925 (M. R. Hertz, "Rorschachbound: A 50-Year Memoir" [*JPA* 50.3 [1986]: 396-416).

234. Na Suíça, a pessoa que se defendia: Roland Kuhn (ver Capítulo 6 e nota "Para um período" na p. 441).

234. na Inglaterra, seu defensor: Theodora Alcock (veja R.S. McCully, "Miss Theodora Alcock, 1888-1980", *JPA* 45.2 (1981): 115, e Justine McCarthy Woods, "The History of the Rorschach in the United Kingdom", *Rorschachiana* 29 (2015): 64-80.

234. mais popular no Japão: Yuzaburo Uchida (veja Kenzo Sorai e Keiichi Ohnuki, "The Development of the Rorschach in Japan", *Rorschachiana* 29 (2015): 38-63.

234. em ascensão na Turquia: Tevfika İkiz, "The History and Development of the Rorschach Test in Turkey", *Rorschachiana* 32.1 (2011): 72-90. Franziska Minkovska, pioneira do teste de Rorschach na França, trabalhou com crianças judias durante e após o Holocausto.

234. nos Estados Unidos: Sobre a história inicial do teste de Rorschach nos Estados Unidos, veja ExRS; ExCS (1974), p. 8-9; John E. Exner, et al., "History of the Society", em *History and Directory: Society for Personality Assessment Fiftieth Anniversary* (Hillsdale, Nova Jersey: Lawrence Erlbaum, 1989), p. 3-54. Wood, p. 48-83, é minucioso, mas polêmico.

235. Os psicoterapeutas que trabalham: Ellenberger, *Discovery*, p. 896.

235. "Ele resulta de duas abordagens diferentes": Para Roemer, 18 de junho de 1921.

236. Os dois mais influentes: A rixa inicial está em Samuel J. Beck, "Problems of Further Research in the Rorschach Test", *American Journal of Orthopsychiatry* 5.2 (1935): 100-115; Beck, *Introduction to the Rorschach Method: A Manual of Personality Study* (Nova York: American Orthopsychiatric Association, 1937); Bruno Klopfer, "The Present Status of the Theoretical Development of the Rorschach Method", RRE 1 (1937): 142-47; Beck, "Some Present Rorschach Problems", RRE 2 (1937): 15-22; Klopfer, "Discussion on 'Some Recent[*sic*] Rorschach Problems'", RRE 2 (1937): 43-44, em um número do periódico de Klopfer que inclui dez artigos que argumentam contra Beck; Klopfer, "Personality Aspects Revealed by the Rorschach Method", RRE 4 (1940): 26-29; Klopfer, *Rorschach Technique* (1942); Beck, resenha de *Rorschach Technique*, de Klopfer, em *Psychoanalytic Quarterly* 11 (1942): 583-587; Beck, *Rorschach's Test*, vol. 1 (Nova York: Grune and Stratton, 1944).

Reflexões posteriores: Beck, "The Rorschach Test: A Multi-dimensional Test of Personality", em *An Introduction to Projective Techniques and Other Devices for Understanding the Dynamics of Human Behavior*, ed. Harold H. Anderson e Gladys L. Anderson (Nova York: Prentice-Hall, 1951); entrevista sobre a história oral com Beck, 28 de abril de 1969, Arquivos da História da Psicologia Americana, Universidade de Akron, Ohio; Beck, "How the Rorschach Came"; editorial, Edição de Prata em homenagem a Bruno Klopfer, JPT 24.3 (1960); Pauline G. Vorhaus, "Bruno Klopfer: A Biographical Sketch", JPT 24.3 (1960): 232-37; Evelyn Hooker, "The Fable", JPT 24.3 (1960): 240-45. Também: obituário de John E. Exner feito por Beck, *American Psychologist* 36.9 (1981): 986-87; K. W. Bash, "Masters of Shadows", JPA 46.1 (1982): 3-6; Leonard Handler, "Bruno Klopfer, a Measure of the Man and His Work", JPA 62.3 (1994): 562-77, "John Exner and the Book That Started It All", JPA 66.3 (1996): 650-58, e "A Rorschach Journey with Bruno Klopfer", JPA 90.6 (2008): 528-35. Annie Murphy Paul, *The Cult of Personality* (Nova York: Free Press, 2004), apresenta material original sobre Klopfer e Beck, mas não é confiável no que diz respeito a Rorschach.

236. outono de 1927: Beck, *Introduction to the Rorschach Method*, IX.

236. "Vi alguns dos melhores": Entrevista de história oral com Beck, citado em Paul, *Cult of Personality*, p. 27.

236. "por método científico": Ibid.

236. "compensar com seu pensamento aguçado": Vorhaus, "Bruno Klopfer".

237. popular programa de rádio semanal: Handler, "Rorschach Journey", p. 534.

237. seu filho de oito anos: Paul, *Cult of Personality*, p. 25.

237. O país estava favorável aos negócios: Ellenberger, p. 208.

238. conversas loquazes: Molly Harrower, descrevendo onde conheceu Klopfer em outubro de 1937, em Exner et al., "History of the Society", p. 8.

238. centenas de assinantes: "Retrospect and Prospect," RRE 2 (julho de 1937): 172.

238. "um fluoroscópio na psique": Beck, "Multi-dimensional Test", 101 e 104; Beck, *Introduction to the Rorschach Method*, 1.

238. "não revela uma imagem do comportamento": Klopfer, "Personality Aspects Revealed", p. 26.

239. "Depois que a resposta finalmente é avaliada": Beck, "Some Present Rorschach Problems", p. 16.

239. Klopfer, embora concordasse: ExRS, p. 21.

239. "combinava, em grau acentuado": Klopfer, *Rorschach Technique*, p. 3.

239. "sabia o valor da livre associação": Beck, "The Rorschach Test: A Multidimensional Test", p. 103.

239. "Rorschach era capaz de lidar": Beck, resenha de Klopfer, *Rorschach Technique*, p. 583.

240. "um estudante treinado na": Ibid.

240. "não parece consistente": Beck, "Some Present Rorschach Problems", p. 19-20.

240. "pouca influência derivada do": Beck, *Rorschach's Test*, vol. 1, XI.

240. Os alunos das oficinas de Klopfer: Exner et al., "History of the Society", p. 22.

240. No verão de 1954: Handler, "John Exner", p. 651-652.

240. "impressionar os que o rodeavam": Exner, obituário de Beck. Os escritos posteriores de Beck, especialmente a pontuação de Experience Actual, que reflete o "estado interior como vitalidade psicológica total", entram em um território muito especulativo.

241. Uma de suas inovações: ExRS, p. 158.

241. de "consciência": ExRS, p. 27, 42.

241. seu primeiro artigo: "The Normal Details in the Rorschach InkBlot Tests", *RRE* 1.4 (1937): 104-14.

242. Hertz alertou Beck: "Rorschach: Twenty Years After", *RRE* 5.3 (1941): 90129.

242. "muito mais flexível": Em Exner et al., "History of the Society", p. 14.

242. Seu esforço mais drástico: Marguerite R. Hertz e Boris B. Rubenstein, "A Comparison of Three 'Blind' Rorschach Analyses", *American Journal of Orthopsychiatry* 9.2 (1939): 295-314. Tecnicamente, como ela observa, sua própria análise foi "parcialmente cega", já que ela administrou o teste pessoalmente, conhecendo apenas a idade do sujeito. Ela oferece todas as advertências necessárias: este exercício não validou os procedimentos de teste, nem disse se o teste de Rorschach revela estruturas de personalidade, e é claro que muitos estudos adicionais são necessários. Mas "a correspondência marcada nesses registros só pode ser interpretada como uma descoberta positiva". Dentro do campo, este foi um "confronto famoso" (Ernest R. Hilgard, *Psychology in America: A Historical Survey* [San Diego: Harcourt Brace Jovanovich, 1987], p. 516).

243. Hertz recebeu um telefonema: ExRS, p. 26-27 e 157, citando correspondência pessoal de Hertz e relatando que "o manuscrito estava quase completo". A data do desastre não é clara: 1937 ou 1940 ("Hertz, Marguerite Rosenberg", *Encyclopedia of Cleveland History*, acessado pela última vez em 1997, ech.case.edu/cgi/article.pl?id=HMR; Douglas M. Kelley, "Report of the First Annual Meeting of the Rorschach Institute Inc.", *RRE* 4.3 [1940]: 102-3).

243. aparentemente querendo que Klopfer: ExRS, p. 44.

244. Em 1940: Kelley, "Survey of the Training Facilities for the Rorschach Method in the U.S.A.", *RRE* 4.2 (1940): 84-87; Exner et al., "History of the Society", p. 16.

244. Sarah Lawrence: Ruth Munroe, "The Use of the Rorschach in College Guidance", *RRE* 4.3 (1940): 107-30.

246. "um reservatório permanente": Ruth Munroe, "Rorschach Findings on College Students Showing Different Constellations of Subscores on the A. C. E." (1946), em *A Rorschach Reader*, ed. Murray H. Sherman (Nova York: International Universities Press, 1960), p. 261.

Capítulo 15: Fascinante, impressionante, criativo e dominante

249. uma mudança: Definido por Warren I. Susman em "'Personality' and the Making of Twentieth-Century Culture", cap. 14 de *Culture As History: The Transformation of American Society in the Twentieth Century* (Nova York: Pantheon, 1984). Sua formulação e os exemplos em Roland Marchand, *Advertising the American Dream: Making Way for Modernity, 1920-1940* (Berkeley: University of California Press, 1985), têm sido usados desde então em diversas disciplinas como base para uma série de argumentos; Susan Cain, por exemplo, os usa para justificar a ideia de que a cultura da personalidade privilegia os tipos extrovertidos (*Quiet: The Power of Introverts in a World That Can't Stop Talking* [Nova York: Crown, 2012], p. 21-25).

251. Um estudo clássico: Roland Marchand, *Advertising the American Dream: Making Way for Modernity, 1920-1940* (Berkeley: University of California Press, 1985).

251. "Ainda em 1915": Alfred Kroeber citado em Hallowell, "Psychology and Anthropology" (1954), repr. em *Contributions to Anthropology* (Chicago: University of Chicago Press, 1976), p. 163-209, 208-9.

252. ensaio de 1939: Reimpresso em *Rorschach Science: Readings in Theory and Method*, ed. Michael Hirt (Nova York: Free Press of Glencoe, 1962), p. 31-52; veja também Frank, "Toward a Projective Psychology", JPT, 24 (setembro de 1960): 246-53.

252. Lawrence K. Frank: Obituário, *New York Times*, 24 de setembro de 1968; Ellen Herman, *The Romance of American Psychology: Political Culture in the Age of Experts* (Berkeley: University of California Press, 1995), p. 177. Como presidente da Fundação Macy, ele concordou em patrocinar a primeira conferência acadêmica que reuniu psicólogos acadêmicos e clínicos que usavam o teste de Rorschach, em 1941 (Exner et al., "History of the Society", p. 17).

253. Teste de Apercepção Temática: Publicado pela primeira vez em Christiana D. Morgan e Henry A. Murray, "A Method for Investigating Fantasies: The Thematic Apperception Test", *Archives of Neurology and Psychiatry* 34.2 (1935): 289-306. O TAT ainda hoje tem seus defensores e é usado de forma relativamente ampla, sujeito a várias atualizações multiculturais, incluindo um "Teste de Apercepção Temática Negro" e um conjunto de imagens para idosos.

254. (Eu vejo um lobo): Galison tem um argumento semelhante: "No mundo das manchas de tinta de Rorschach, os sujeitos fazem os objetos, é claro: 'Eu vejo uma mulher', 'Eu vejo a cabeça de um lobo'. Mas os objetos também fazem os sujeitos: 'depressivos', 'esquizofrênicos'" (258-59).

254. presumia que temos um eu individual e criativo: O teste de Rorschach "refletia essa nova interioridade [do *self*] e, mais ativamente, fornecia um poderoso procedimento de avaliação, um signo visual universalmente reconhecido e uma metáfora central convincente" (Galison, p. 291).

255. Antes de 1920: Essa história é parafraseada de Hallowell, "Psychology and Anthropology" e "The Rorschach Technique in the Study of Personality and Culture", *American Anthropologist* 47.2 (1945): 195-210.

256. "era a relação entre": Citado em Hallowell, "Psychology and Anthropology", p. 191.

257. segunda pessoa a levar: Beck, "How the Rorschach Came", p. 107.

257. O ensaio de 1935 dos Bleuler: M. Bleuler e R. Bleuler, "Rorschach's Ink-Blot Test and Racial Psychology: Mental Peculiarities of Moroccans", *Journal of Personality* 4.2 (1935): 97-114. O periódico em si é um artefato revelador da época, repleto de análises de caligrafia, testes de gêmeos separados no nascimento e comparações entre culturas. Originalmente era um periódico bilíngue, chamado *Charakter* em alemão e *Character and Personality* em inglês, e o artigo de abertura da primeira edição (1932), de autoria de William McDougall, "Of the Words Character and Personality", é rico em evidências sobre a mudança do termo *caráter* para *personalidade*, discutida anteriormente.

259. mais fácil falar do que fazer: Samuel Beck criticou exatamente esse apelo à empatia, dizendo que o que o teste precisava era de padrões fixos, não de mais subjetividade ("Autism in Rorschach Scoring: A Feeling Comment", *Character and Personality* 5 [1936]: 83-85, citado em ExRS, p. 16).

259. Cora Du Bois: 1903-91. *The People of Alor* (Minneapolis: University of Minnesota Press, 1944). Atualmente existe uma biografia: Susan C. Seymour, *Cora Du Bois: Anthropologist, Diplomat, Agent* (Lincoln: University of Nebraska Press, 2015).

261. "O cerne das questões": Citado em Seymour, *Cora Du Bois*, e-book.

261. Será que alguma coisa de útil podia ser aprendida: Emil Oberholzer, "Rorschach's Experiment and the Alorese", em Du Bois, *People of Alor*, p. 588. Respostas abaixo tiradas de p. 638.

262. Qualquer argumento desse tipo seria divulgado: George Eaton Simpson, *Sociologist Abroad* (Haia: Nijhoff, 1959), p. 83-84.

262. Um EEG: John M. Reisman, *A History of Clinical Psychology* (Nova York: Irvington, 1976), p. 222.

262. A figura geralmente creditada: Por exemplo, Gardner Lindzey, *Projective Techniques and Cross-Cultural Research* (Nova York: Appleton-Century Crofts, 1961), 14; Lemov, "X-Rays of Inner Worlds: The Mid-Twentieth-Century American Projective Test Movement", *Journal of the History of the Behavioral Sciences* 47.3 (2011): 263.

262. A. Irving Hallowell: Jennifer S.H. Brown e Susan Elaine Gray, "Prefácio dos editores" a A. Irving Hallowell, *Contributions to Ojibwe Studies: Essays, 193472* (Lincoln: University of Nebraska Press, 2010); Hallowell, "On Being an Anthropologist" (1972), em ibid., 1-15., este volume contém todos os ensaios de Hallowell citados abaixo, salvo indicação. Hallowell usou a ortografia mais antiga, "Ojibwa" (ojíbua), em seus ensaios; retificada para "Ojibwe" nas citações. Muitos ojíbuas agora se referem a si mesmos como anishinaabe (plural anishinaabeg).

262. verões às margens do Berens: Veja especialmente "The Northern Ojibwa" (1955) e o mencionado "Shabwan: A Dissocial Indian Girl" (1938).

262. "um país de hidrovias labirínticas": "Shabwán", p. 253.

263. "tendas cobertas com casca de bétula": "Northern Ojibwa", p. 35.

263. "Nessa atmosfera": "Northern Ojibwa", p. 36.

263. "a estranha palavra Rorschach": Citado em "Note to Part VII" em Hallowell, *Contributions*, p. 467; cf. Hallowell, "On Being an Anthropologist", p. 7, e George W. Stocking Jr., "A. I. Hallowell's Boasian Evolutionism", em *Significant Others: Interpersonal and Professional Commitments in Anthropology*, ed. Richard Handler (Madison: University of Wisconsin Press, 2004), p. 207.

264. "'Vou lhe mostrar'": Citado em Rebecca Lemov, *Database of Dreams: The Lost Quest to Catalog Humanity* (New Haven: Yale University Press, 2015), p. 61.

264. dezenas de protocolos de testes de Rorschach de ojíbuas: Os originais estão em Bert Kaplan, *Primary Records in Culture and Personality*, vol. 2 (Madison, WI: Microcard Foundation, 1956). Hallowell acabou coletando 151 protocolos.

264. diferentes estágios da assimilação dos ojíbuas: Citações e paráfrases de "Acculturation Processes and Personality Changes as Indicated by the Rorschach Technique" (1942), reimpresso em Sherman, *Rorschach Reader*, and "Values, Acculturation, and Mental Health" (1950).

265. dois artigos inovadores: "The Rorschach Method as an Aid in the Study of Personalities in Primitive Societies" (1941); "The Rorschach Technique" (1945). Veja também "Some Psychological Characteristics of the Northeastern Indians" (1946), esp. 491-494, no qual ele argumenta que o teste de Rorschach é melhor para testar a inteligência do que outros testes padrão porque é menos culturalmente tendencioso aos modos ocidentais de inteligência. Seu argumento é muito semelhante ao que Hermann Rorschach usou em uma carta de 1920 para um possível editor.

266. "já que o significado psicológico": "The Rorschach Technique", p. 204.

266. embora fosse "concebível": Ibid., p. 200.

266. estudo de 1942 sobre os samoanos: Cook, "The Application of the Rorschach Test to a Samoan Group" [1942], em Sherman, *Rorschach Reader*.

267. "um dos melhores meios disponíveis": "The Rorschach Technique", p. 209.

267. Hallowell era presidente: Lemov, *Database of Dreams*, p. 136.

267. "parecia uma máquina de radiografia mental": Walter Mischel, que continuou conduzindo o famoso "experimento do marshmallow", relacionando o autocontrole de crianças pequenas ao sucesso posterior, citado em Jonah Lehrer, "Don't!", *New Yorker*, 18 de maio de 2009.

Capítulo 16: O Rei dos Testes

269. Três semanas depois: ExRS, p. 32; Exner et al., "History of the Society", p. 18-20.

269. Teste de Classificação Geral do Exército: Thomas W. Harrell (que ajudou a projetá-lo), "Some History of the Army General Classification Test", *Journal of Applied Psychology* 77.6 (1992): 875-78.

269. Técnica de Inspeção: Ruth Munroe, "Inspection Technique", RRE 5.4 (1941): 166-91, e "The Inspection Technique: A Method of Rapid Evaluation of the Rorschach Protocol", *RRE* 8 (1944): 46-70.

269. Técnica de Rorschach em Grupo: M. R. Harrower-Erickson, "A Multiple Choice Test for Screening Purposes (For Use with the Rorschach Cards or Slides)", *Psychosomatic Medicine* 5.4 (1943): 331-41; veja também Molly Harrower e Matilda Elizabeth Steiner, *Large Scale Rorschach Techniques: A Manual for the Group Rorschach and Multiple Choice Tests* (Toronto: Charles C. Thomas, 1945).

270. "as grandes dificuldades": "Group Techniques for the Rorschach Test", em *Projective Psychology: Clinical Approaches to the Total Personality,* ed. Edwin Lawrence e Leopold Bellak (Nova York: Knopf, 1959), p. 147-148.

271. Harrower comentou depois: Ibid., p. 148.

272. uma recepção positiva: Ibid., p. 172 ff.

272. testes padronizados: Reisman, *History of Clinical Psychology,* p. 271.

272. "rei dos testes": Hilgard, *Psychology in America,* p. 517n.

273. o ponto de virada: Reisman, *History of Clinical Psychology,* cap. 6-7; Jonathan Engel, *American Therapy: The Rise of Psychotherapy in the United States* (Nova York: Gotham Books, 2008), cap. 3; Wood, cap. 4-5; Hans Pols e Stephanie Oak, "The US Psychiatric Response in the 20th Century", *American Journal of Public Health* 97.12 (2007): 2132-42.

273. 1.875.000 homens: William C. Menninger, "Psychiatric Experiences in the War", *American Journal of Psychiatry* 103.5 (1947): 577-86; Braceland, "Psychiatric Lessons from World War II", *American Journal of Psychiatry* 103.5 (1947): 587-93; Pols e Oak, "US Psychiatric Response".

274. "lamentável": Engel, *American Therapy,* p. 46-47.

274. "praticamente todos os membros": Edward A. Strecker, "Presidential Address [to the American Psychiatric Association]" (1944), citado em Pols e Oak, "US Psychiatric Response".

274. No fim da guerra: Menninger, "Psychiatric Experiences"; Reisman, *History of Clinical Psychology,* 298.

274. projetar painéis complexos de instrumentos: Reisman, *History of Clinical Psychology,* p. 298.

275. Por uma questão de tempo: Não havia nenhum livro didático sobre o MMPI até 1951 (Wood, p. 86 e n14).

275. segundo tipo de avaliação de personalidade mais popular: C. M. Louttit e C. G. Browne, "The Use of Psychometric Instruments in Psychological Clinics", *Journal of Consulting Psychology* 11.1 (1947): 49-54. assunto de dissertação: Hilgard, *Psychology in America,* p. 516.

276. um primeiro tenente: Max Siegel, presidente da Associação Americana de Psicologia nos anos 1980, em Exner et al., "History of the Society", p. 20.

276. fadiga operacional: Seymour G. Klebanoff, "A Rorschach Study of Operational Fatigue in Army Air Forces Combat Personnel", RRE 10.4 (1946): 115-20.

276. conferências de estudo de casos: Hilgard, *Psychology in America,* p. 516-17.

277. símbolo de *status*: Wood, 97-98; Engel, *American Therapy,* p. 16-17, 65-70.

277. "em um momento de emergência": Klopfer, *Rorschach Technique,* IV.

277. Lee J. Cronbach: Citado em Wood, p. 343n10; importante psicólogo educacional: Wood, p. 175.

277. Ruth Bochner e Florence Halpern: *The Clinical Application of the Rorschach Test* (Nova York: Grune and Stratton, 1942); veja Wood, p. 85. Encontrei pouca coisa sobre Ruth Rothenberg Bochner (graduada em Vassar e Columbia) e

Florence Cohn Halpern (1900-1981, PhD em 1951, ativa no movimento de direitos civis e conselheira dos pobres do campo nos anos 1960).

278. "um trabalho escrito sem cuidado": Morris Krugman, primeiro presidente do Instituto Rorschach de Klopfer, resenha de Bochner e Halpern, *Clinical Application*, em *Journal of Consulting Psychology* 6.5 (1942): 274-75. A resenha de Samuel J. Beck está em *Psychoanalytic Quarterly* 11 (1942): p. 587-589.

278. revista *Time*: 30 de março de 1942.

278. imediatamente: De uma revisão espirituosa de Edna Mann, *American Journal of Orthopsychiatry*, 16.4 (1946): 72436.

Capítulo 17: Icônico como um estetoscópio

281. 22,5 milhões: Erika Doss, *Looking at Life Magazine* (Washington, DC: Smithsonian Institution Press, 2001).

281. futuro romancista Paul Bowles: Suas respostas foram "um pouco intransigentes e ousadas" e sugeriam uma personalidade "incrivelmente complexa e individualista, com pouca coisa em comum com pessoas 'normais'" ("Personality Tests: Ink Blots Are Used to Learn How People's Minds Work", *Life*, 7 de outubro de 1946, p. 55-60).

282. mancha de tinta em anúncios impressos: Marla Eby, em "X-Rays of the Soul: Panel Discussion", 23 de abril de 2012, Harvard University, vimeo.com/46502939.

282. a revista *Life*, dois anos depois de sua foto...: Donald Marshman, "Mister See-odd mack", *Life*, 25 de agosto de 1947; Siodmak foi diretor de *Espelhos da Alma*. A foto do marinheiro é da *Life*, 27 de agosto de 1945.

284. manchete da revista *Life* sobre Jackson Pollock: 8 de agosto de 1949.

284. "A maioria dos pintores modernos": Entrevista de 1950 com William Wright; Evelyn Toynton, *Jackson Pollock* (New Haven, CT: Yale University Press, 2012), p. 20, 37, 52; T. J. Clark, *Farewell to an Idea: Episodes from a History of Modernism* (New Haven: Yale University Press, 1999), 308; Ellen G. Landau, *Jackson Pollock* (Nova York: Abrams, 2000), p. 159; John J. Curley, *A Conspiracy of Images: Andy Warhol, Gerhard Richter, and the Art of the Cold War* (New Haven: Yale University Press, 2013), p. 27-28. Rorschach tinha ideias semelhantes: Emil Lüthy disse que Rorschach "não estava interessado na arte em si, mas na arte como uma expressão da alma. [...] Ele tendia a julgar as coisas artísticas como expressões do estado mental, espiritual, emocional ou psicológico de seu criador. Ele colocava o peso principal na expressão da alma por meio dos sentidos ou do corpo, das mãos, do movimento, por exemplo" (WSI).

286. "tão intimamente associadas": Arthur Jensen, "Review of the Rorschach Inkblot Test", em *Sixth Mental Measurements Yearbook*, ed. Oscar Krisen Buros (Highland Park, Nova Jersey: Gryphon Press, 1965).

286. Uma dissertação alemã: Resumido pelo autor em Alfons Dawo, "Nachweis psychischer Veränderungen...", *Rorschachiana* 1 (1952/53): 238-49. A metodologia de Dawo dificilmente inspira confiança — por exemplo, na primeira vez foram mostradas aos sujeitos as manchas de Rorschach e, na segunda, a "série alternativa" de Behn-Eschenburg.

287. Anne Roe: *The Making of a Scientist* (Nova York: Dodd, Mead, 1953). C. Grønnerød, G. Overskeid, e E. Hartmann, "Under Skinner's Skin: Gauging a Behaviorist from His Rorschach Protocol", JPA 95.1 (2013): 1-12, dá todas as respostas de Skinner; meu agradecimento a Greg Meyer pela referência. Outras citações: B. F. Skinner, *The Shaping of a Behaviorist* (Nova York: Knopf, 1979), p. 174-75.

287. não a passar mais fins de semana: Piada roubada de Grønnerød, Overskeid, e Hartmann, "Under Skinner's Skin".

287. adotaram brevemente este teste de Rorschach auditivo: Alexandra Rutherford, "B. F. Skinner and the Auditory Inkblot", *History of Psychology* 6.4 (2003): 362-78.

287. Edward F. Kerman, MD: "Cypress Knees and the Blind", JPT 23.1 (1959): 49-56.

288. Uma nova teoria: Fred Brown, "An Exploratory Study of Dynamic Factors in the Content of the Rorschach Protocol", JPT 17.3 (1953): 251-79, citação de 252.

289. Robert Lindner: "The Content Analysis of the Rorschach Protocol", em Lawrence e Bellak, *Projective Psychology*, p. 75-90 ("terapia de eletrochoque" abaixo foi retificada em razão do termo, agora obsoleto, "terapia convulsiva", presente no original).

289. A posição do próprio Rorschach: PD, p. 123, 207.

289. David Rapaport: David Rapaport com Merton Gill e Roy Schafer, *Diagnostic Psychological Testing*, vol. 2 (Chicago: Year Book, 1946), 473-91, esp. 480, 481, 485.

291. Manfred Bleuler: "After Thirty Years of Clinical Experience with the Rorschach Test", *Rorschachiana* 1 (1952): 12-24, citação em bloco de 22, retificada.

292. não havia convenções: Lawrence Frank antecipou esse argumento já em 1939, no mesmo ano de seu ensaio inovador sobre métodos projetivos: o teste de Rorschach "revela a personalidade do indivíduo, *como um indivíduo*", e não em relação às normas sociais, "porque o sujeito não tem consciência do que está dizendo e não tem normas culturais para se esconder" ("Comments on the Proposed Standardization of the Rorschach Method", *RRE* 3 [1939]: 104). Cf. Hallowell em 1945: "Por causa do caráter não pictórico e não convencional das manchas, elas estão abertas a uma variedade praticamente ilimitada de interpretações" ("The Rorschach Technique", p. 199).

292. Rudolf Arnheim: "Perceptual and Aesthetic Aspects of the Movement Response" (1951), em *Toward a Psychology of Art*, 85 e 89; "Perceptual Analysis of a Rorschach Card" (1953), em ibid., p. 90 e 91.

293. também questionou: Ernest Schachtel argumentou que a "projeção", no sentido de Frank, era tão geral que não fazia sentido: "Projection and Its Relation to Creativity and Character Attitudes in the Kinesthetic Responses", *Psychiatry: Interpersonal and Biological Processes* 13.1 (1950): 69-100.

293. considerava o manual de Klopfer de 1942 vago: Revisão de *Rorschach Technique* em *Psychiatry: Interpersonal and Biological Processes* 5.4, de Klopfer e Kelley (1942): 604-6, seguida de uma crítica desdenhosa de um parágrafo do livro de Bochner e Halpern: "Ele parece ter sido escrito às pressas [...] uma descrição simples das categorias técnicas [e] alguns registros de casos interessantes". Schachtel escreveu um ensaio incisivo sobre Beck em 1937: "Original Response and Type of Apperception in Dr. Beck's Rorschach Manual", *RRE* 2 (1937): 70-72.

295. "não as palavras": Ernest Schachtel, "The Dynamic Perception and the Symbolism of Form", *Psychiatry: Interpersonal and Biological Processes* 4.1 (1941): 93n37 retificado.

295. "o teste se tornará": Resenha de *Rorschach Technique*, de Klopfer e Kelley.

295. aceitou o pedido de Arnheim, em 1951: Depois que Arnheim criticou especificamente Schachtel, entre outros, por dizer (em "Projection and Its Relation to Creativity", p. 76) que qualquer coisa na mancha deve ter sido projetada nela, Schachtel levou a lição a sério. Seu livro que coleta e expande seus ensaios anteriores cita com aprovação o artigo de Arnheim: Ernest Schachtel, *Experiential Foundations of Rorschach's Test* (Londres: Tavistock, 1966), 33n, 90n.

295. Ele analisou a unidade ou fragmentação das manchas: Ibid., 33-42; tamanho: 126-130.

296. descobertas científicas sobre a percepção: Wolfgang Köhler, *Gestalt Psychology: An Introduction to New Concepts in Modern Psychology* (1947; repr., Nova York: Mentor, 1959), 118n8; Maurice Merleau-Ponty, *The Structure of Behavior* (1942; Pittsburgh: Duquesne University Press, 2002), p. 119, e *Phenomenology of Perception* (1945; Londres: Routledge, 2012), 547n3; Rudolf Arnheim, *Visual Thinking* (Berkeley: University of California Press, 1969), p. 71.

Capítulo 18: Os testes de Rorschach dos nazistas

299. os Julgamentos de Nuremberg: Este capítulo se baseia, em grande parte, em Eric Zillmer et al., *The Quest for the Nazi Personality: A Psychological Investigation of Nazi War Criminals* (Nova York: Routledge, 1995); veja também "Bats and Dancing Bears: An Interview with Eric A. Zillmer", *Cabinet* 5 (2001), e Jack El-Hai, *The Nazi and the Psychiatrist* (Nova York: PublicAffairs, 2013). Christian Müller complementa Zillmer com novo material primordial. Descrições adicionais de Nuremberg tiradas de Douglas M. Kelley, *22 Cells in Nuremberg* (Londres: W.H Allen, 1947); Gustave M. Gilbert, *Nuremberg Diary* (1947; repr., Nova York: Da Capo, 1995).

301. "Além de exames médicos e psiquiátricos cuidadosos": Kelley, *22 Cells,* 7.

301. sem nenhuma autoridade real: John Dolibois, antecessor de Gilbert, disse que o comandante da prisão, Andrus, "não saberia distinguir entre um psicólogo e um fabricante de botas"; "Gilbert tinha a mão livre e seu livro ocupava o primeiro lugar em sua mente desde o dia em que chegou" (citado em Zillmer et al., *Quest,* p. 40).

301. "mal podia esperar": Gilbert, *Nuremberg Diary,* p. 3.

301. Alguns nazistas: Zillner et al., p. 54 f. Gitta Sereny, *Albert Speer: His Battle with Truth* (Nova York: Knopf, 1995), registra que Speer considerou os testes "idiotas" e respondeu a eles com "absurdos totais", especialmente ao teste de Rorschach. No entanto, "parece que ele ficou bem irritado quando descobriu que, como resultado, o psicólogo dr. Gilbert o classificou como o 12º em inteligência" (573).

302. "riu de exultação": Gilbert, *Nuremberg Diary,* p. 15.

303. "incrível inteligência, que se aproximava do mais alto nível": *22 Cells,* p. 44.

303. "No Geniuses": *The New Yorker,* 1º de junho de 1946.

303. "Com pouco tempo": Kelley, *22 Cells,* p. 18.

303. exceto quando se tratava de outros países: Geoffrey Cocks, *Psychotherapy in the Third Reich,* 2ª ed. (New Brunswick, Nova Jersey: Transaction, 1997), 306, retificado; Zillmer et al., *Quest,* 49n.

304. Kelley aplicou o teste de Rorschach: Zillmer et al. (p. XVII, 87, 195ff.) lista sete testes aplicados por Kelley: Rudolf Hess, Hermann Göring, Hans Frank, Rosenberg, Dönitz, Ley e Streicher; no apêndice que apresenta todos os protocolos, ele apresenta seis — sem Hess, cujo teste não estava no arquivo no qual os protocolos foram recuperados em 1992. No entanto, os resultados de Hess foram encontrados entre os documentos de Kelley (citados por El-Hai); outra cópia dos protocolos de Kelley, nos documentos de Marguerite Loosli-Usteri (HRA Rorsch LU 1:1:16), inclui os mesmos seis sem Hess, mais um de Joachim von Ribbentrop, previamente desconhecido (Christian Müller, *Wer hat die Geisteskranken von den Ketten befreit?* (Bonn: Das Narrenschiff, 1998), p. 289-304, esp. 300-301).

304. Os resultados dos prisioneiros: Zillmer et al., *Quest,* cap. 6.

305. "se deitou no catre": Gilbert, *Nuremberg Diary,* 434-35, última elipse no original.

305. "essencialmente sãos": Citado em Zillmer et al., *Quest,* p. 79.

306. "tipos não espetaculares": Kelley, *22 Cells,* p. 195ff.

307. O mais provável é que eles mesmos não sabiam: Zillmer et al., *Quest,* p. 67.

308. "Nós funcionávamos com a suposição": Citado em Zillmer et al., *Quest,* p. 60-61, citação resumida aqui.

308. insultos e retaliações: Zillmer et al., *Quest,* p. 61-67.

309. "interessado apenas em obter": Citado em El-Hai, *Nazi and the Psychiatrist,* p. 175.

309. *Criminal Man*: El-Hai, *Nazi and the Psychiatrist,* 190; cf. 188, 214.

309. vínculo desconfortavelmente próximo: Kelley, *22 Cells,* p. 10, 43.

310. "Göring morreu": Gilbert, *Nuremberg Diary,* p. 435.

310. Kelley se suicidou: Aqui, El-Hai suplanta Zillmer et al. Veja também "U.S. Psychiatrist in Nazi Trial Dies", *New York Times*, 2 de janeiro de 1958; "Mysterious Suicide of Nuremburg Psychiatrist", *San Francisco Chronicle*, 6 de fevereiro de 2005.

311. o nazista encarregado: Zillmer et al., *Quest*, 239-40; Hannah Arendt, *Eichmann in Jerusalem: A Report on the Banality of Evil* (1963; repr., Nova York: Penguin, 2006); Alberto A. Peralta, "The Adolf Eichmann Case", *Rorschachiana* 23.1 (1999): 76-89; Istvan S. Kulcsar, "Ich habe immer Angst gehabt", *Der Spiegel*, 14 de novembro de 1966; Istvan S. Kulcsar, Shoshanna Kulcsar e Lipot Szondi, "Adolf Eichmann and the Third Reich", em *Crime, Law and Corrections*, ed. Ralph Slovenko (Springfield, IL: Charles C. Thomas, 1966), p. 16-51.

311. "The Mentality of SS Murderous Robots": Citado em Zillmer et al., *Quest*, 89 and n.

311. "uma pessoa mediana, 'normal'": Arendt, *Eichmann*, 26. esp. XXIII n7, 23-25, 48-49, 251-252, 277-279, 287-290, 293-297.

311. uma pessoa afiliada a grupos: Um termo (*joiner*) usado no útil "Misreading *Eichmann in Jerusalem*", de Roger Berkowitz, *Opinionator*, 7 de julho de 2013, opinionator.blogs.nytimes.com/2013/07/07/misreading-hannah-arendts-eichmann-in-jerusalem/.

311. "pensar pelo ponto de vista": Arendt, *Eichmann*, p. 49. Veja XIII e XXIII sobre o termo "negligência" de Arendt, uma péssima escolha de palavras em inglês para "incapacidade de pensar"; "**provocar mais estragos**": p. 278; "**como se um criminoso**": p. 289; "**desde o *Zeitgeist***": p. 297; "**uma das questões morais centrais**": p. 294; "**verdadeiramente a última coisa**": p. 295; "**parece que a opinião pública**": p. 296.

312. Stanley Milgram: "Behavioral Study of Obedience", *Journal of Abnormal and Social Psychology* 67.4 (1963): 371-78; *Obedience to Authority* (Nova York: Harper and Row, 1974).

313. apesar de ela nunca ter dito que ele era um seguidor relutante: Berkowitz ("Misreading *Eichmann in Jerusalem*") também escreve que "a errônea percepção generalizada de que Arendt viu Eichmann como alguém que meramente seguia ordens emergiu, em grande parte, de uma mistura de suas conclusões com as de Stanley Milgram".

313. "meia dúzia de psiquiatras": Arendt, *Eichmann*, p. 49. Kulcsar disse a Michael Selzer que nenhum outro psiquiatra examinou Eichmann. Agora parece estar provado que Arendt também interpretou Eichmann erroneamente: um livro recente, contendo um convincente trabalho de investigação histórica, mostrou que Eichmann estava bem ciente de seus crimes e entusiasmado com eles, não de maneira banal e "impensada", como Arendt tinha imaginado (Bettina Stangneth, *Eichmann Before Jerusalem* [Nova York: Knopf, 2014]). Aquele israelense especialista em almas podia estar certo, no fim das contas.

314. só em 1975: Zillmer et al., *Quest*, p. 90 ff; **"É uma posição supersimplificada":** Citado em p. 93.

314. "The Murderous Mind": *New York Times Magazine*, 27 de novembro de 1977.

314. *The Nuremberg Mind* [A Mente de Nuremberg]: Nova York: Quadrangle/The New York Times Book Co., 1975; veja Zillmer et al., *Quest*, p. 93-96.

315. Em uma análise de 1980: Robert S. McCully, "A Commentary on Adolf Eichmann's Rorschach", em *Jung and Rorschach: A Study in the Archetype of Perception* (Dallas: Spring Publications, 1987), p. 251-60.

Capítulo 19: Crise de imagens

318. "O Homem com a Camisa Rorschach": *I Sing the Body Electric* (Nova York: Knopf, 1969): 216-227, parcialmente citado nos parágrafos acima.

318. "a atitude intransigente": Wood, p. 128.

318. cientistas da Força Aérea: W.H. Holtzman e S. B. Sells, "Prediction of Flying Success by Clinical Analysis of Test Protocols", *Journal of Abnormal Psychology* 49.1 (1954): 485-90.

319. Harrower já tinha observado: Molly Harrower, "Clinical Aspects of Failures in the Projective Techniques", *JPT* 18.3 (1954): 294-302, e "Group Techniques", p. 173-74.

320. Em outros estudos: Discutido em Wood, 137-153. Provavelmente o mais lido desses estudos na época foi J. P. Guilford, "Some Lessons from Aviation Psychology", *American Psychologist* 3.1 (1948): 3-11.

320. Em um estudo de 1959: Kenneth B. Little e Edwin S. Shneidman, "Congruencies among Interpretations of Psychological Test and Anamnestic Data", *Psychological Monographs,* toda a edição 73.6 (1959).

321. estava começando a parecer muito diferente: Wood, p. 158-174.

322. JFK viu "um campo de futebol": Curley, *Conspiracy of Images,* p. 10.

322. "crise de imagens da Guerra Fria": Ibid.; Joel Isaac, "The Human Sciences and Cold War America", *Journal of the History of the Behavioral Sciences* 47.3 (2011): 225-31; Paul Erickson et al., *How Reason Almost Lost Its Mind: The Strange Career of Cold War Rationality* (Chicago: University of Chicago Press, 2013).

322. confiscavam pinturas abstratas: Curley, *Conspiracy of Images,* p. 17, 21-23.

322. "lavagem cerebral": Lemov, "X-Rays of Inner Worlds", 266; Joy Rohde, "The Last Stand of the Psychocultural Cold Warriors", *Journal of the History of the Behavioral Sciences* 47.3 (2011): 232-250, 238. A lavagem cerebral tinha uma contrapartida capitalista desconfortavelmente próxima dessas terríveis técnicas comunistas para nos roubar o livre-arbítrio com estímulos codificados, objeto de grande interesse e ansiedade no período: a publicidade (Curley, *Conspiracy of Images,* p. 62-63, 131-33).

323. "As fantasias da era da Guerra Fria sobre olhar para a mente das pessoas": Lemov, *Database of Dreams,* p. 233.

323. 5 mil artigos: Lemov, "X-Rays".

323. A Prancha VI, ele disse, *"é como um planeta morto"*: Ibid., p. 186.

324. "Sabe, esse Rorschach": Ibid., p. 65.

324. Talvez o ponto baixo: Rohde, "Last Stand", citações de p. 232, 239.

324. Walter H. Slote: *Observations on Psychodynamic Structures in Vietnamese Personality* (Nova York: Simulmatics Corporation, 1966); veja Rohde, "Last Stand", p. 241-43.

326. "fascínio quase hipnótico": Ward Just, "Study Reveals Viet Dislike for U.S. but Eagerness to Be Protected by It", *Washington Post,* 20 de novembro de 1966.

326. "extraordinariamente perspicaz": Rohde, "Last Stand", p. 242.

326. "fornecer uma espécie de radiografia psíquica instantânea": Lemov, "X-Rays", p. 274.

327. seu antigo defensor, Irving Hallowell: Nota da Parte VII, em Hallowell, *Contributions,* p. 468-69.

327. Arthur Jensen: "Review of the Rorschach", esp. 501 e 509.

328. um crítico do *Times*: Bruce Bliven Jr., 7 de junho de 1964.

328. Charles de Gaulle logo: Stanley Hoffmann, 18 de dezembro de 1966.

328. *2001, uma odisseia no espaço,* de Stanley Kubrick: Renata Adler, 5 de maio de 1968, inspirando uma carta ao editor: "Verdade, mas que Rorschach; e que revelação! Uma mancha de tinta abrasadora!"

Capítulo 20: O sistema

331. John E. Exner Jr.: Obituário, *Asheville Citizen-Times,* 22 de fevereiro de 2006; Philip Erdberg e Irving B. Weiner, "John E. Exner Jr. (1928 —2006)", *American Psychologist* 62.1 (2007): 54.

331. idiossincrático "Perceptanálise" de Zygmunt Piotrowski: 1904-85. Psicólogo experimental formado como matemático, Piotrowski abordou o teste de Rorschach por um ângulo muito diferente. Ele enfatizou os fundamentos teóricos do teste e seu uso no diagnóstico de condições orgânicas (influenciado pelo seu amigo íntimo e colega de exílio Kurt Goldstein, neuropsicólogo gestaltista, em Nova York na década de 1930). Sua insistência na interdependência tremendamente complexa dos componentes de pontuação o levou a começar a trabalhar em um programa de computador para integrar as informações. Em 1963, seu programa estava funcionando, incluindo cerca de 343 parâmetros e 620 regras; em 1968, tinha 323 parâmetros e 937 regras. (ExRS, 121ff.). Em parte por suas diferentes preocupações, em parte porque seu livro sintético *Perceptanalysis: A Fundamentally Reworked, Expanded, and Systematized Rorschach Method* (Nova York: Macmillan) só saiu em 1957, a influência de Piotrowski nos principais debates sobre o teste de Rorschach se manteve relativamente marginal.

332. "adicionando intuitivamente um 'pouco de Klopfer'": ExCS (1974), x, retificado.

332. onde você deve se sentar?: p. 24-26.

334. Sofrimento Atual (eb): A fórmula aparece pela primeira vez na p. 293; o nome "Índice de Egocentrismo" e os pontos de corte de 0,31 e 0,42 foram adicionados em versões posteriores do sistema.

335. pontuação de Exner, WSum6: Irving B. Weiner, *Principles of Rorschach Interpretation* (Mahwah, Nova Jersey: Lawrence Erlbaum, 2003), p. 126-28; Marvin W. Acklin, "The Rorschach Test and Forensic Psychological Evaluation: Psychosis and the Insanity Defense", em *Handbook of Forensic Rorschach Assessment*, ed. Carl B. Gacono e F. Barton Evans (Nova York: Routledge, 2008), p. 166-68.

335. nova era da medicina norte-americana, orientada por dados: Marvin W. Acklin, "Personality Assessment and Managed Care", *JPA* 66.1 (1996): 194-201; Chris Piotrowski et al., "The Impact of 'Managed Care' on the Practice of Psychological Testing", *JPA* 70.3 (1998): 441-47; Randy Phelps, Elena J. Eisman, e Jessica Kohout, "Psychological Practice and Managed Care", *Professional Psychology* 29.1 (1998): 31-36.

336. Mesmo pensando em termos utilitários tacanhos: T.W. Kubiszyn et al., "Empirical Support for Psychological Assessment in Clinical Health Care Settings", *Professional Psychology* 31 (2000): 119-30.

336. "informações relevantes para o tratamento e com custo reduzido": James N. Butcher e Steven V. Rouse, "Personality: Individual Differences and Clinical Assessment", *Annual Review of Psychology* 47 (1996): 101.

336. "relevante e válida": Phelps, Eisman e Kohout, "Psychological Practice", p. 35.

337. "meio impossível": *PD*, p. 192.

337. Já em 1964, apenas quatro anos: Jill Lepore, "Politics and the New Machine", *New Yorker*, 16 de novembro de 2015, p. 42, datado de "1960, um ano depois de o Comitê Nacional Democrata ter contratado a Simulmatics Corporation".

337. enorme concordância: Caroline Bedell Thomas et al., *An Index of Rorschach Responses* (Baltimore: Johns Hopkins University Press, 1964).

337. artigo assustador: C. B. Thomas e K. R. Duszynski, "Are Words of the Rorschach Predictors of Disease and Death? The Case of 'Whirling'", *Psychosomatic Medicine* 47.2 (1985): 201-11.

338. "Esta pessoa parece": John E. Exner Jr. e Irving B. Weiner, "Rorschach Interpretation Assistance ProgramTM Interpretive Report", 25 de abril de 2003, www.hogrefe.se/Global/Exempelrapporter/RIAP5IR%20SAMPLE.pdf; frases semelhantes com "ele/ela" foram substituídas.

338. o estrago estava feito: Galison, um tanto aterrorizado, cita "um trecho do programa de pontos de venda anunciados em um [programa] popular" e trechos de "um arquivo de casos produzido automaticamente" (284-86). Exner, "Computer Assistance in Rorschach Interpretation", *British Journal of Projective Psychology* 32 (1987): 2-19; sua rejeição aos computadores aparece no último texto que escreveu: um comentário sobre "Science and Soul", de Anne Andronikof, *Rorschachiana* 27.1 (2006): 3. "A dependência excessiva de programas interpretativos é uma psicologia ruim e reflete uma espécie de ingenuidade ou descuido por parte do usuário do programa e, em última análise, presta um grave desserviço aos clientes e à profissão." Cf. Andronikof, "Exneriana-II", *Rorschachiana* 29 (2008): 82 e 97-98.

338. começaram a elogiar o rigor: Wood, p. 212-13.

339. "O melhor de tudo": Hertz, "Rorschachbound", p. 408.

340. "manuais de escriturários": Exner, "The Present Status and Future of the Rorschach", *Revista Portuguesa de Psicologia* 35 (2001): 7-26; Andronikof, "Exneriana-II", 99, retificado.

340. Uma pesquisa de 1968: M.H. Thelen et al., "Attitudes of Academic Clinical Psychologists toward Projective Techniques", *American Psychologist* 23.7 (1968): 517-21.

340. não estão dispostas a se avaliar em termos objetivos, nem são capazes disso: Gregory J. Meyer e John E. Kurtz, "Advancing Personality Assessment Terminology: Time to Retire 'Objective' and 'Projective' as Personality Test Descriptors", *JPA* 87.3 (2006): 223-25.

341. o teste de Rorschach deixou: N.D. Sundberg, "The Practice of Psychological Testing in Clinical Services in the United States", *American Psychologist* 16.2 (1961): 79-83; B. Lubin, R.R. Wallis, e C. Paine, "Patterns of Psychological Test Usage in the United States: 1935-1969", *Professional Psychology* 2.1 (1971): 70-74; William R. Brown e John M. McGuire, "Current Psychological Assessment Practices", *Professional Psychology* 7.4 (1976): 475-84; B. Lubin, R.M. Larsen, e J. D. Matarazzo, "Patterns of Psychological Test Usage in the United States: 1935-1982", *American Psychologist* 39 (1984): 451-54; Chris Piotrowski, "The Status of Projective Techniques: Or, Wishing Won't Make It Go Away", *Journal of Clinical Psychology* 40.6 (1984): 1495-1502; Chris Piotrowski e John W. Keller, "Psychological Testing in Outpatient Mental Health Facilities", *Professional Psychology* 20.6 (1989): 423-25; Wood, p. 211, 362n114, 362n115.

341. policial da cidade de Nova York: Entrevista, novembro de 2014.

342. volume adicional de seu manual: Aqui e abaixo, ExCS vol. 3: *Assessment of Children and Adolescents* (Nova York: John Wiley, 1982), esp. 15, 342 375-76, e 394-434 (caso apresentado anonimamente no livro; nomes inventados para dar mais clareza).

342. normas muitas vezes eram diferentes: Caroline Hill (veja Introdução acima) falou de maneira mais nítida: "Todo menino normal de doze anos que conheço já enxerga explosões no teste de Rorschach, e psicólogos menos experientes tendem a achar que isso é um problema, mas não é. Eles são meninos." (Entrevista)

345. verdades, mas sem obter respostas: Veja o trabalho de Adam Phillips, por exemplo, *On Flirtation* (Cambridge: Harvard University Press, 1994), p. 3-9.

Capítulo 21: Pessoas diferentes veem coisas diferentes

347. Rose Martelli: Wood, p. 9-16; data do caso de James M. Wood, entrevista, março de 2016.

348. "o uso das interpretações de testes de Rorschach": Robyn M. Dawes, "Giving Up Cherished Ideas", *Issues in Child Abuse Accusations* 3.4 (1991), extraído de *Rational Choice in an Uncertain World* (San Diego, CA: Harcourt Brace Jovanovich, 1988), e *House of Cards: Psychology and Psychotherapy Built on Myth* (Nova York: Free Press, 1994).

349. Hillary Clinton: Walter Shapiro, "Whose Hillary Is She Anyway?", *Esquire*, agosto de 1993, 84, e "Editor's Notes: Whose Hillary Is She Anyway?", *Esquire*, 7 de janeiro de 2016, classic.esquire.com/editors-notes/whose-hillary-is--she-anyway-2/; *Who Is Hillary Clinton? Two Decades of Answers from the Left*, ed. Richard Kreitner (Londres: I. B. Tauris, 2016).

351. "O trabalho é apenas uma coisa pronta": Curley, *Conspiracy of Images*, p. 18.

351. "trabalho físico real": Barry Gewen, "Hiding in Plain Sight", *New York Times*, 12 de setembro de 2004.

352. pinturas de manchas de tinta: Robert Nickas, "Andy Warhol's *Rorschach Test*", *Arts Magazine,* outubro de 1986, p. 28; Benjamin H.D. Buchloh, "An Interview with Andy Warhol", 28 de maior de 1985 (as citações de Warhol abaixo são desta entrevista), e Rosalind E. Krauss, "Carnal Knowledge", introdução a *Andy Warhol: Rorschach Paintings* (Nova York: Gagosian Gallery, 1996), ambos em *Andy Warhol,* ed. Annette Michelson, Arquivos de Outubro (Cambridge: MIT Press, 2001).

352. "São pinturas abstratas": Mia Fineman, "Andy Warhol: Rorschach Paintings", *Artnet Magazine,* 15 de outubro de 1996, www.artnet.com/Magazine/features/fineman/fineman10-15-96.asp.

353. *The Inkblot Record*: Toronto: Couch House Books, 2000, citação de p. 102-103.

354. Em 1989: Piotrowski e Keller, "Psychological Testing"; B. Ritzler e B. Alter, "Rorschach Teaching in APA-Approved Clinical Graduate Programs: Ten Years Later", *JPA* 50.1 (1986): 44-49.

354. novamente em segundo lugar: W.J. Camara, J.S. Nathan, e A.E. Puente, "Psychological Test Usage: Implications in Professional Psychology", *Professional Psychology* 31.2 (2000): 141-54. Este ranking não conta os testes de QI, dois dos quais eram usados com mais frequência. O teste de Rorschach era "o segundo instrumento de avaliação de personalidade mais comum nos Estados Unidos".

354. cerca de seis milhões: Wood, p. 2, chamando isso de "número conservador".

354. "Is the Rorschach Welcome in the Courtroom?": De Irving B. Weiner, John E. Exner Jr., e A. Sciara, *JPA* 67.2 (1996): 422-24.

354. padrões reais: Gacono e Evans, *Handbook,* p. 57-60. Em 1993, depois do caso *Daubert vs. Merrell Dow Pharmaceuticals,* o padrão Daubert substituiu o padrão Frye de 1923, que era mais fraco, na maioria dos estados. Os depoimentos de testemunhas especializadas só seriam admissíveis se o juiz determinasse que eram baseados em ciência objetiva. Os critérios incluíam: A teoria ou hipótese é testável e falsificável? As descobertas foram submetidas a uma revisão por pares e à publicação? A teoria foi, de forma geral, aceita como válida na comunidade científica relevante? O Sistema Compreensivo sempre foi considerado dentro do padrão Daubert.

354. "praticamente sozinho": Conselho de Assuntos Profissionais da APA, "Awards for Distinguished Professional Contributions: John E. Exner, Jr.", *American Psychologist* 53.4 (1998): 391-92.

355. "Tentar decidir": James M. Wood, M. Teresa Nezworski, e William J. Stejska, "The Comprehensive System for the Rorschach: A Critical Examination", *Psychological Science* 7.1 (1996): 3-10; Howard N. Garb, "Call for a Moratorium on the Use of the Rorschach Inkblot in Clinical and Forensic Settings", *Assessment* 6.4 (1999): 313.

355. quatro críticos mais contundentes: Wood, se baseando em muitos dos artigos anteriores dos coautores. No texto, eu me refiro aos coautores do livro como Wood ou "ele" por conveniência; "James Wood" se refere ao indivíduo.

355. "What's Right with the Rorschach?": De James M. Wood, M. Teresa Nezworski, e Howard N. Garb, *Scientific Review of Mental Health Practice* 2.2 (2003): 142-146.

356. 14 estudos da década de 1990: Wood, p. 245 e 369 n111.

356. centenas de estudos inéditos: Wood, p. 219 f.

356. Um problema mais sistemático: Wood, p. 150-151, 187-188.

356. um problema que data de 2001: Wood, p. 240 f.

357. James Wood admitiu: Entrevista, janeiro de 2014.

357. Várias críticas: Gacono e Evans, *Handbook,* reúne Hale Martin, "Scientific Critique or Confirmation Bias?" (2003), Gacono e Evans, "Entertaining Reading but Not Science" (2004; citação de p. 571), e J. Reid Meloy, "Some Reflections on *What's Wrong with the Rorschach?*" (2005), que dá um exemplo da verificação detalhada das referências de Wood e da descoberta em Wood de "distorções de detalhes, falsa imputação e a construção de um espantalho. [...] Este é um livro complicado e ardiloso que infelizmente mancha a credibilidade científica de seus autores" (p.

576). Os editores de *Handbook* listam vários outros artigos científicos que respondem ao que chamam de "pseudodebates" engendrados pelos ataques de Wood (p. 5-10).

358. Mas uma declaração de 2005: Conselho Administrativo da Sociedade para Avaliação da Personalidade, "The Status of the Rorschach in Clinical and Forensic Practice", *JPA* 85.2 (2005): 219-37. Um artigo subsequente de 2010 chega a conclusões semelhantes: Anthony D. Sciara, "The Rorschach Comprehensive System Use in the Forensic Setting", Rorschach Training Programs, n.d., acessado em 11 de julho de 2016, www.rorschachtraining.com/the-rorschach-comprehensive-system-use-in-the-forensic-setting.

358. citado com uma frequência três vezes maior: Reid Meloy, "The Authority of the Rorschach: An Update", em Gacone and Evans, *Handbook*, p. 79-87, que conclui (p. 85) que ou as críticas de Wood "paradoxalmente resultaram em bases científicas muito mais sólidas para o teste de Rorschach" ou os debates "passaram em grande parte despercebidos" por psicólogos forenses e tribunais de recurso. Quando, por outro lado, o teste era mal utilizado, as conclusões do psicólogo "eram consideradas infundadas e especulativas" e rejeitadas pelo tribunal.

358. "culto ao teste de Rorschach": Wood, p. 300, 318-319, 323.

Capítulo 22: Além do verdadeiro ou falso

361. artigos densamente quantitativos: Um desses artigos reuniu dados de mais de 125 metanálises sobre a validade dos testes e 800 amostras que examinavam a avaliação multimétodo, concluindo que: "(a) A validade do teste psicológico é forte e convincente, (b) a validade do teste psicológico é comparável à do teste médico, (c) métodos distintos de avaliação oferecem fontes únicas de informação, e (d) clínicos que confiam exclusivamente em entrevistas são propensos a entendimentos incompletos" (Meyer et al., "Psychological Testing and Psychological Assessment: A Review of Evidence and Issues", *American Psychologist* 56.2 [2001]:128-65).

362. "impreciso" dizer que ela "causava discórdia": Entrevista, setembro de 2013. A declaração impressa está em Erard, Meyer e Viglione, "Setting the Record Straight: Comment on Gurley, Piechowski, Sheehan, and Gray (2014) on the Admissibility of the Rorschach Performance Assessment System (R-PAS) in Court", *Psychological Injury and Law* 7 (2014): 165-177, esp. a história em 166-168: "O R-PAS não está realmente competindo com o CS; está evoluindo além disso e foi projetado para substituí-lo".

362. Sistema de Avaliação por Performance no Rorschach, ou R-PAS: Meyer et al., *Rorschach Performance Assessment System Manual* (veja nota 1 à Introdução acima), daqui em diante apenas *Manual*.

363. "não era aconselhável": Palestra para professores em St. Gallen, 18 de maio de 1921 (HRA 3:2:1:7), p. 1.

363. não há resposta certa ou errada: *Manual*, p. 11.

363. "Como é possível obter algo": *Manual*, p. 10.

363. SPARC, grupo de apoio: Eles pareciam assumir a posição de que o teste de Rorschach era injusto com os homens, enquanto os oponentes de Rorschach que se preocupavam com a injustiça em relação às mulheres eram igualmente contundentes, por exemplo, Elizabeth J. Kates ("Re-evaluating the Evaluators" e "The Rorschach Psychological Test": n.d., acessado em 11 de julho de 2016, www.thelizlibrary.org/liz/child-custody-evaluations.html e www.thelizlibrary.org/therapeutic-jurisprudence/custody-evaluator-testing/rorschach.html). Veja o site da SPARC, especialmente as páginas "The Rorschach Test" e "The Rorschach Test: Additional Information and Commentary" (www.deltabravo.net/cms/plugins/content/content.php?content.35 e ... content.36). Entrevista com Waylon (fundador do SPARC), novembro de 2011.

364. registrado em 1991: Silvia Schultius, Hogrefe Verlag, comunicação pessoal, 2016.

364. "Has Wikipedia Created a Rorschach Cheat Sheet?": De Noam Cohen, *New York Times*, 28 de julho de 2009.

365. estudo preliminar de 2013: D. S. Schultz e V. M. Brabender, "More Challenges Since Wikipedia: The Effects of Exposure to Internet Information About the Rorschach on Selected Comprehensive System Variables", JPA 95.2 (2013): 149-58: "Pesquisas recentes feitas para investigar a capacidade que o teste de Rorschach tem de não ser afetado por tentativas conscientes de distorção das respostas geraram resultados inconsistentes". Veja também Ronald J. Ganellen, "Rorschach Assessment of Malingering and Defensive Response Sets", em Gacono e Evans, *Handbook*, p. 89-120.

365. "Como as imagens das manchas de tinta": *Manual*, p. 11.

365. teste com várias métricas: Wood, Nezworski, e Stejska, "Comprehensive System", p. 5.

366. Em 2013, as descobertas de Mihura apareceram no *Psychological Bulletin*: J. L. Mihura et al., "The Validity of Individual Rorschach Variables", *Psychological Bulletin* 139.3 (2013): 548-605.

366. parece ter chegado ao fim: Alguns dos críticos habituais apontaram limitações do R-PAS, chamando-o de "meia medida", afirmando que se tratava de algo "apressado em existir antes de se conseguir estabelecer uma base científica verdadeiramente empírica" (veja a próxima nota e a entrevista com James M. Wood, janeiro de 2014). Enquanto isso, outros criticaram o R-PAS por ir longe demais. Eles se uniram à defesa póstuma de Exner e fundaram uma "Organização Internacional de Rorschach para o Sistema Compreensivo", com o protesto sincero de que os desenvolvedores do R-PAS tinham "confundido e desnorteado muitas pessoas na comunidade psicológica" com suas correções. "Nosso objetivo deve ser continuar o processo evolutivo deliberado e metódico do dr. Exner para chegar a um Sistema Compreensivo ainda melhor", embora não esteja claro como o material pode ser legalmente atualizado, evolutivamente ou não. Veja Carl-Erik Mattlar, "The Issue of an Evolutionary Development of the Rorschach Comprehensive System (RCS) Versus a Revolutionary Change (R-PAS)", Rorschach Training Programs, 2011, www.rorschachtraining.com/wp-content/uploads/2011/10/The-Issue-of-an-Evolutionary-Development-of-the-Rorschach-Comprehensive-System.pdf. Brigas à parte, os debates científicos parecem ter sido resolvidos.

366. Os críticos chamaram: James M. Wood et al., "A Second Look at the Validity of Widely Used Rorschach Indices: Comment", *Psychological Bulletin* 141.1 (2015): 236-49, p. 243. Eles ainda tinham várias queixas, mas, para ler uma refutação convincente, veja Mihura et al., "Standards, Accuracy, and Questions of Bias in Rorschach Meta-analyses: Reply", *Psychological Bulletin* 141.1 (2015): 250-60.

366. defesa judicial do novo sistema: Erard, Meyer, e Viglione, "Setting the Record Straight". Não pude consultar Mihura e Meyer, ed., *Applications of the Rorschach Performance Assessment System (R-PAS)* (Nova York: Guilford Press, lançado em 2017), que tem diversos artigos sobre o assunto.

366. mais de 80%: 35 de 43 programas, *versus* 23 de 43 (Joni L. Mihura, Manali Roy, e Robert A. Graceffo, "Psychological Assessment Training in Clinical Psychology Doctoral Programs", JPA [2016, publicado on-line], p. 6).

367. Avaliação Colaborativa/Terapêutica: Stephen E. Finn e Mary E. Tonsager, "Information-Gathering and Therapeutic Models of Assessment: Complementary Paradigms", *Psychological Assessment* 9.4 (1997): 374-85, e "How *Therapeutic Assessment* Became Humanistic", *Humanistic Psychologist* 30.1-2 (2002): 10-22; Stephen E. Finn, *In Our Clients' Shoes: Theory and Techniques of Therapeutic Assessment* (Mahwah, Nova Jersey: Lawrence Erlbaum, 2007) e "Journeys Through the Valley of Death: Multimethod Psychological Assessment and Personality Transformation in Long-Term Psychotherapy", JPA 93.2 (2011): 123-41; Stephen E. Finn, Constance T. Fischer, e Leonard Handler, *Collaborative/Therapeutic Assessment: A Casebook and Guide* (Hoboken, Nova Jersey: John Wiley, 2012);

Stephen E. Finn, "2012 Therapeutic Assessment Advanced Training", *TA Connection* newsletter 1.1 (2013): 21-23.

368. um homem entrou no consultório de Finn: Finn e Tonsager, "How *Therapeutic Assessment* Became Humanistic".

369. "*lupas de empatia*": Finn e Tonsager, "Information-Gathering".

369. "vem para uma avaliação psicológica": Finn, Fischer, e Handler, *Collaborative/Therapeutic Assessment*, p. 11.

370. um número crescente de estudos controlados: Ibid., p. 13 ff.

370. metanálise, feita em, 2010: John M. Poston e William E. Hanson, "Meta-analysis of Psychological Assessment as a Therapeutic Intervention", *Psychological Assessment* 22.2 (2010): 203-12. S. O. Lilienfeld, H. N. Garb, e J. M. Wood, "Unresolved Questions Concerning the Effectiveness of Psychological Assessment as a Therapeutic Intervention: Comment", e discussão, *Psychological Assessment* 23.4 (2011): 1047-55.

370. Uma mulher na faixa dos 40 anos: Finn, "2012 Therapeutic Assessment Advanced Training".

371. "Não consideraríamos necessariamente": Finn e Tonsager, "Information Gathering", p. 380.

371. suas raízes remontam a um tempo mais distante: Molly Harrower, "Projective Counseling, a Psychotherapeutic Technique", *American Journal of Psychotherapy* 10.1 (1956): 86, retificado. Para uma história, veja Finn, Fischer, e Handler, *Collaborative/Therapeutic Assessment*, cap. 1.

371. "Em essência, o teste de Rorschach": *Manual*, p. 1.

372. "o desempenho no teste de Rorschach e as experiências": Schachtel, *Experiential Foundations*.

372. "o encontro com o mundo das manchas de tinta": 51.

372. pessoas que outras terapias muitas vezes não conseguem alcançar: B.L. Mercer, "Psychological Assessment of Children in a Community Mental Health Clinic"; B. Guerrero, J. Lipkind, e A. Rosenberg, "Why Did She Put Nail Polish in My Drink? Applying the Therapeutic Assessment Model with an African American Foster Child in a Community Mental Health Setting"; M.E. Haydel, B.L. Mercer, e E. Rosenblatt, "Training Assessors in Therapeutic Assessment"; e Stephen E. Finn, "Therapeutic Assessment 'On the Front Lines':", *JPA* 93 (2011): 1-6, 7-15, 16-22, 23-25. Cf. Barbara L. Mercer, Tricia Fong, e Erin Rosenblatt, *Assessing Children in the Urban Community* (Nova York: Routledge, 2016).

373. Lanice, uma garota afro-americana de onze anos: Guerrero, Lipkind, e Rosenberg, "Why Did She Put Nail Polish?".

375. se desfazer dos antigos rótulos: Meyer e Kurtz, "Advancing Personality Assessment Terminology". Exner iniciou o processo de minimizar o inconsciente e falar mais sobre os processos cognitivos: "Searching for Projection in the Rorschach", *JPA* 53.3 (1989): 520-36. A edição mais recente do livro sobre o sistema de Exner explica o seguinte: "A natureza da tarefa do teste de Rorschach gera um processo complicado, que inclui processamento, classificação, conceituação, tomada de decisão e abre as portas para a projeção ocorrer" (ExCS [2003], p. 185). E, mesmo quando um examinado *está* projetando alguma coisa na imagem, isso não é totalmente subjetivo nem arbitrário. Coisas diferentes provocam projeções diferentes; coisas diferentes pedem, digamos assim, para ser projetadas de maneiras diferentes. Como escreve o psicanalista e ensaísta Adam Phillips, "a projeção muitas vezes é uma relação de considerável sutileza" porque "as pessoas e os grupos de pessoas acessam coisas diferentes umas nas outras" (*Equals* [Nova York: Basic Books, 2002], p. 183).

375. na opinião dos céticos: Wood, p. 144; ele supõe que o teste de Rorschach como "uma situação interpessoal" simplesmente não pode ser confiável (p. 151-53).

375. Para Meyer e Finn: Gregory Meyer, "The Rorschach and MMPI", *JPA* 67.3 (1996): 558-78, e "On the Integration of Personality Assessment Methods", *JPA* 68.2 (1997): 297-330; Stephen E. Finn, "Assessment Feedback Integrating MMPI-2 and Rorschach Findings", *JPA* 67.3 (1996): 543-57, e "Journeys Through the Valley".

Capítulo 23: Olhando adiante

379. Chris Piotrowski: Comunicação pessoal, julho de 2015. Na opinião dele: "Tudo isso depende do tipo de profissional que você pesquisa — psicólogos clínicos *versus* conselheiros *versus* psiquiatras e assim por diante. Se você olhar para *todos* os profissionais de saúde mental, o teste de Rorschach provavelmente seria mais bem classificado em 12º (a partir do fim de 2015, 2016)." Outra pesquisa, publicada em 2016, mas realizada em 2009, com o objetivo de cobrir o campo da psicologia como um todo, encontrou o teste de Rorschach classificado abaixo do MMPI, do MCMI e de um número não declarado de "medições específicas de sintomas" como o Inventário de Depressão de Beck (junto com testes de inteligência e medições de funcionamento cognitivo), e ligeiramente à frente de outras avaliações baseadas em desempenho ou projetivas (C.V. Wright et al., "Assessment Practices of Professional Psychologists: Results of a National Survey", *Professional Psychology: Research and Practice* (*on-line*, 2016): 1-6; meu agradecimento a Joni Mihura pela referência).

380. também eram críticos de Freud: Veja a revisão de Wood feita por Frederick Crews: "Out, Damned Blot!" (*New York Review of Books*, 15 de julho de 2004), que conclui, de maneira previsível: "Este teste é uma relíquia ridícula, mas ainda assim perigosa".

380. O teste de Rorschach se tornou: Bruce L. Smith, entrevista, novembro de 2011; Chris Hopwood, entrevista, janeiro de 2014.

380. Na mídia popular: A única exceção que encontrei foi "The Rorschach Test: A Few Blots in the Copybook", *Economist*, 12 de novembro de 2011.

381. A APA exige: Ibid., 1.

381. cerca de duas aulas de três horas cada: Chris Hopwood, entrevista, março de 2015.

381. "Mesmo para simpatizantes": Chris Hopwood, entrevista, janeiro de 2014.

382. Se uma mulher: June Wolf, entrevista, agosto de 2015.

382. um cientista finlandês: Emiliano Muzio, "Rorschach Performance of Patients at the Mild and Moderate Stages of Dementia of the Alzheimer's Type", conferência da Sociedade para Avaliação Psicológica, Nova York, 7 de março de 2015; a pesquisa remete à sua dissertação de 2006, e os testes foram administrados entre 1997 e 2003.

383. "dez figuras ambíguas": Tomoki Asari et al., "Right Temporopolar Activation Associated with Unique Perception", *NeuroImage* 41.1 (2008): 145-52.

384. "Isso sugere que a ativação emocional": Stephen E. Finn, "Implications of Recent Research in Neurobiology for Psychological Assessment", JPA 94.5 (2012): 442-43, fazendo referência a Tomoki Asari et al., "Amygdalar Enlargement Associated with Unique Perception", *Cortex* 46.1 (2008): 94-99.

384. os movimentos dos olhos ao percorrerem: Dauphin e Greene, "Here's Looking at You: Eye Movement Exploration of Rorschach Images", *Rorschachiana* 33.1 (2012): 3-22.

385. "*como* uma pessoa *percebe*": Rorschach, palestra em St. Gallen, 18 de maio de 1921 (HRA 3:2:1:7).

386. Olhe bem para esta imagem: G. Ganis, W.L. Thompson, e S.M. Kosslyn, "Brain Areas Underlying Visual Mental Imagery and Visual Perception: An fMRI Study", *Cognitive Brain Research* 20 (2004): 226-41, em cima de S. M. Kosslyn, W. L. Thompson, e N. M. Alpert, "Neural Systems Shared by Visual Imagery and Visual Perception: A Positron Emission Tomography Study", *NeuroImage* 6 (1997): 320-34.

386. Stephen Kosslyn: "Mental Images and the Brain", *Cognitive Neuropsychology* 22.3/4 (2005): 333-47. Veja também "Cognitive Scientist Stephen Kosslyn: Why Different People Interpret the Same Thing Differently" (vimeo.com/55140758) e "Stanford Cognitive Scientist Stephen Kosslyn: Mental Imagery and Perception" (vimeo.com/55140759), ambos carregados em 7 de dezembro de 2012.

387. Kenya Hara: *White* (Zurique: Lars Müller, 2007), p. 3.

387. "Na percepção, existem três processos": PD, p. 17. Rorschach não aceitou a estrutura geral de Bleuler sem críticas.

388. de maneira impulsiva, sonhadora, hesitante: Os advérbios são de Schachtel, que enfatizou que a forma como uma pessoa vê no teste de Rorschach "pode ser hesitante, titubeante, tateante, perplexa, ansiosa, despercebida, vaga, impulsiva, vigorosa, paciente, impaciente, perspicaz, laboriosa, intuitiva, brincalhona, indolente, ativamente curiosa, exploradora, absorvida, entediada, aborrecida, frustrada, zelosa, espontânea, sonhadora, crítica e assim por diante" (*Experiential Foundations*, p. 16-17).

388. "Quando olhamos": HRA 3:2:1:7.

389. Ernest Schachtel apontou: *Experiential Foundations*, 15 f., 24 f.

390. A pergunta "O que você vê?": Ibid., p.73.

390. drogas psicodélicas: Pesquisas sobre as propriedades terapêuticas do LSD e de outras drogas psicodélicas, muito promissoras nos anos 1950 e 1960 e encerradas no início dos anos 1970, foram retomadas e parecem ter resultados extraordinários (Michael Pollan, "The Trip Treatment", *New Yorker*, 9 de fevereiro de 2015).

391. Uma metanálise de 2007: M.J. Diener, M.J. Hilsenroth, e J. Weinberger, "Therapist Affect Focus and Patient Outcomes in Psychodynamic Psychotherapy: A Meta-analysis", citado em "Implications of Recent Research", p. 441.

391. "Basicamente, proponho": Ibid., p. 442, condensado.

392. uma menina perturbada de oito anos: Amy M. Hamilton et al., "'Why Won't My Parents Help Me?' Therapeutic Assessment of a Child and Her Family", JPA 91.2 (2009): 118.

392. a visão não precede o pensamento: Arnheim, *Visual Thinking*, p. 13, 72-79; cf. "A Plea for Visual Thinking", em Arnheim, *New Essays*, p. 135-52.

392. O interesse no pensamento visual: A contação de histórias visuais em livros também alcançou a respeitabilidade total, com marcos importantes que incluem *Maus*, de Art Spiegelman (1992), *Jimmy Corrigan*, de Chris Ware (2000), e *Fun Home*, de Alison Bechdel (2006); na categoria de não ficção, o muito elogiado *What We See When We Read*, de Peter Mendelsund (2014) e *Desaplanar*, de Nick Sousanis (2015), um quadrinho sobre os princípios do pensamento visual que cita Arnheim, entre muitos outros.

394. homens e mulheres brasileiros: Gregory Meyer e Philip Erdberg, apresentação em conferência, Boston, 25 de outubro de 2013; Meyer também discute essa pesquisa em "X-Rays of the Soul Panel Discussion", vimeo.com/46502939.

396. "Uma questão importante": Diário, 3 de novembro de 1919.

397. uma conexão "social": Arnheim, *Visual Thinking*, p. 63.

397. Jean Starobinski: "L'imagination projective (Le Test de Rorschach)", em *La relation critique* (Paris: Gallimard, 1970), p. 238.

397. continuam a ser reconhecidos: "Rorschach's most creative contribution to the study of personality" (Samuel J. Beck, *The Rorschach Test: Exemplified in Classics of Drama and Fiction* [Nova York: Stratton Intercontinental Medical Book, 1976], p. 79). "Desde [...] a monografia de Rorschach, as respostas de movimento humano (M) ao teste foram quase unanimemente consideradas uma das melhores fontes de informação sobre a dinâmica da personalidade" (Piero Porcelli et al., "Mirroring Activity in the Brain and Movement Determinant in the Rorschach Test", JPA 95.5 [2013]: 444, citando vários exemplos de décadas passadas). Akavia é o primeiro livro a definir as ideias de Rorschach sobre o movimento em seu rico contexto cultural, ligando-as não apenas a Bleuler, Freud, Jung e psiquiatras anteriores da catatonia, mas também ao futurismo, ao expressionismo, e às "euritmias" de Emile Jaques-Dalcroze, um sistema de ensino de música pelo movimento.

397. No início dos anos 1990: Uma visão geral entusiasmada dos neurônios espelho é de Marco Iacoboni em *Mirroring People: The New Science of How We Connect to Others* (Nova York: Farrar, Straus and Giroux, 2009). Relatos céticos incluem o texto de Christian Jarrett, "Mirror Neurons: The Most Hyped Concept in Neuroscience?", *Psychology Today*, 10 de dezembro de 2012, e Alison Gopnik, "Cells That Read Minds? What the Myth of Mirror Neurons Gets Wrong About the Human Brain", *Slate*, 26 de abril de 2007, que escreve: "Os neurônios espelho se tornaram o 'cérebro esquerdo/cérebro direito' do século XXI. [...] A intuição de que estamos ligados de maneira profunda e especial a outras pessoas certamente está correta. E não há absolutamente nenhuma dúvida de que isso é por causa do nosso cérebro, porque tudo na nossa experiência é por causa do nosso cérebro (certamente não é por causa dos nossos dedões dos pés ou dos lóbulos da orelha). Mas isso é pouco mais que uma bela metáfora para dizer que nossos neurônios espelho nos unem." As opiniões de 2012 das principais figuras em lados diferentes dos debates são resumidas em Ben Thomas, "What's So Special About Mirror Neurons?," *Scientific American Blog*, 6 de novembro de 2012.

398. conexão com o teste de Rorschach: L. Giromini et al., "The Feeling of Movement: EEG Evidence for Mirroring Activity During the Observations of Static, Ambiguous Stimuli in the Rorschach Cards", *Biological Psychology* 85.2 (2010): 233-41. Robert Vischer, em 1871, já havia identificado muitos fenômenos que os neurônios espelho seriam usados para explicar: "A expressão facial sugestiva [que vemos] é executada internamente ou repetida"; "Existe uma conexão muito real e íntima entre [o toque e a visão] [...]: a criança aprende a ver tocando" etc. ("Optical Sense of Form", p. 105, 94).

398. Outros estudos sobre o teste de Rorschach: J.A. Pineda et al., "Mu Suppression and Human Movement Responses to the Rorschach Test", *NeuroReport* 22.5 (2011): 223-26; Porcelli et al., "Mirroring Activity"; A. Ando et al., "Embodied Simulation and Ambiguous Stimuli: The Role of the Mirror Neuron System", *Brain Research* 1629 (2015): 135-42, todos disponíveis na página web da Biblioteca da R-PAS.

398. continua controverso: Um relato crítico, feito por um coautor de *What's Wrong with the Rorschach*, foi positivamente revisado por um cocriador do R-PAS: Sally L. Satel e Scott O. Lilienfeld, *Brainwashed: The Seductive Appeal of Mindless Neuroscience* (Nova York: Basic Books, 2013); Dumitrascu e Mihura, resenha de Satel e Lilienfeld, *Brainwashed*, em *Rorschachiana* 36.1 (2015): 404-6.

398. Outros experimentos recentes: Iacoboni, *Mirroring People*, p. 145 e passim.

399. A empatia tem sido ainda mais discutida: *The Science of Evil*, de Simon Baron-Cohen (Nova York: Basic Books, 2011), argumentou que a noção de mal deveria ser substituída por "erosão da empatia". Também em Jon Ronson, *The Psychopath Test* (Nova York: Riverhead, 2011); Leslie Jamison, *The Empathy Exams* (Minneapolis: Graywolf Press, 2014).

399. Paul Bloom: "The Baby in the Well", *New Yorker*, 20 de maio de 2013, e "Against Empathy", *Boston Review*, 10 de setembro de 2014, www.bostonreview.net/forum/paul-bloom-against-empathy, um fórum com respostas de Leslie Jamison, Simon Baron-Cohen, Peter Singer e outros.

400. O trabalho de Stephen Finn: Finn, "The Many Faces of Empathy in Experiential, Person-Centered, Collaborative Assessment", *JPA* 91.1 (2009): 20-23. Este foi um ensaio em homenagem a Paul Lerner, pioneiro do uso psicanalítico do teste de Rorschach que via a empatia como o "coração" do processo do examinador.

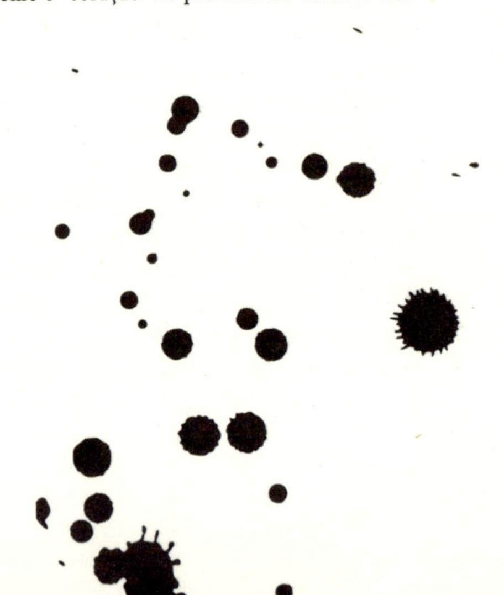

Capítulo 24: O teste de Rorschach não é um teste de Rorschach

403. Randall Ferriss: Os nomes e os detalhes identificadores foram alterados.

404. Irena Minkovska: WSI. Ela disse que as outras manchas são "dinâmicas".

404. Franziska Minkovska: Depois de trabalhar com Bleuler em Zurique e escrever um importante estudo sobre esquizofrenia, ela se voltou para o teste de Rorschach, desenvolvendo um sistema próprio intuitivo e centrado no emocional (*Le Rorschach: A la recherche du monde des formes* [Bruges: De Brouwer, 1956]). O elogio de seu cunhado contém detalhes surpreendentes sobre a sobrevivência dela como judia polonesa em Paris na época nazista e seus passeios diários pela cidade, usando a estrela amarela, até o hospital onde ela aplicava o teste de Rorschach em epilépticos e crianças. "Ela usava seu próprio método pessoal de afinidade emocional direta e empatia. [...] Junto da pontuação e interpretação quantitativa das respostas de acordo com o método clássico de Rorschach, Minkovska prestava especial atenção à forma como o sujeito do teste pegava o cartão e o segurava ou movimentava, além do modo como ele usava a linguagem, suas construções de sentença, o uso de palavras relacionadas ao tempo, e as mudanças nas reações e nos comportamentos durante o teste em si, e tirava suas conclusões a partir desses elementos." De acordo com outro elogio, este de seu viúvo: "Ela sempre falava com reverência sobre as ideias de Rorschach, sua visão essencial sobre a exploração do mundo das formas visuais, com a 'profunda convicção' de que ela estava sendo fiel a elas" (Mieczyslav Minkovski, *Schweizer Archiv für Neurologie und Psychiatrie* 68 [1952]: 413; Eugene Minkovski, fala no Burghölzli, 26 de janeiro de 1951, em *Dr. Françoise Minkowska: In Memoriam* [Paris: Beresniak, 1951], p. 58-74, 71).

405. as pessoas geralmente reagem com um susto: Schachtel sugeriu que provavelmente tinha tanto a ver com "uma mudança súbita e inesperada" no teste quanto com a cor em si (*Experiential Foundations*, p. 48).

Na narração de Wood (p. 153-54, 289, 36-37), "A ideia do Choque de Cor começou a desmoronar" em 1949; vários outros estudos nos anos 1950 fizeram a ideia ser "desacreditada"; o choque de cor se "mostrou inútil" ("medíocre", "geralmente lúgubre"), concluiu, citando a edição de 1993 do manual de Exner. Exner, na página citada, estava, na verdade, abordando a questão mais ampla de Rorschach — a de que as respostas de Cor estão ligadas a reações emocionais. "Infelizmente, grande parte dessa controvérsia não se concentrou na" questão geral, "mas sim no conceito de 'choque de cor'." Os estudos da teoria cor-emoção como um todo, afirmou Exner, "em geral têm apoiado o conceito" (ExCS, 421; cf. uma visão geral de 1999 da pesquisa de Helge Malmgren, "Colour Shock: Does It Exist, and Does It Depend on Colour?", Captain Mnemo, captainmnemo. se/ro/hhrotex/rotexcolour.pdf).

405. Um longo ensaio: Gamboni.

405. *Inventing Abstraction*: O ensaio é de Peter Galison, "Concrete Abstraction", em *Inventing Abstraction, 1910-1925: How a Radical Idea Changed Modern Art*, ed. Leah Dickerman (Nova York: Museum of Modern Art, 2012), p. 350-57. Ele é o autor de "Image of Self" e co-organizador de uma exposição de 2012 no Centro de Ciências de Harvard, "X-Rays of the Soul", conectando as manchas de tinta na psicologia ao seu papel na cultura mais ampla.

405. inúmeras outras conexões visuais: Estudos das manchas de tinta também estão florescendo em outros lugares fora da ciência. Um livro incrível de 2011 sobre as manchas de tinta de Justinus Kerner, *Fleck—Das Bild der Selbsttätigkeit* [Mancha — A Imagem de Criar a Si Mesma], de Friedrich Weltzien, liga a afirmação de Kerner de que suas manchas vieram do outro mundo à ideia de algo que cria a si mesmo, que era central para o pensamento do século XIX em uma variedade enorme de disciplinas: a fotografia como "a imagem que cria a si mesma"; os instrumentos de autorregistro como sismógrafos; a automação industrial (o sonho de produtos que fabricam a si mesmos) junto com seu duplo sombrio, a automação descontrolada (a fábula do Aprendiz de Feiticeiro, escrita em 1797). A evolução era uma teoria da "força da vida"; em Hegel, o espírito do mundo se desdobrou ao longo do tempo, uma ideia reformulada pela vontade empreendedora de Schopenhauer e pela vontade de poder de Nietzsche.

405. "o lugar onde nosso cérebro e o universo se encontram": Citado por Paul Klee, depois por Maurice Merleau-Ponty ("Eye and Mind", em *The Primacy of Perception* (Evanston, IL: Northwestern University Press, 1964), 180.

406. 85%: Stephen Apkon, *The Age of the Image: Redefining Literacy in a World of Screens* (Nova York: Farrar, Straus and Giroux, 2013), p. 75, sem fonte citada.

408. "o espaço negativo": Christian Rudder, *Dataclysm: Who We Are When We Think No One's Looking* (Nova York: Crown, 2014), p. 158-69.

408. Barack Obama: Citado por Peter Baker em um artigo pós-eleição, "Whose President Is He Anyway?", *New York Times*, 15 de novembro de 2008. Baker continua: "A parte de Rorschach pode desaparecer com o fim da campanha, mas a parte do teste está lá".

408. a metáfora mudou: Douglas Preston, "The El Dorado Machine", *New Yorker*, 6 de maio de 2013; Lauren Tabach-Bank, "Jeff Goldblum, Star of the Off-Broadway Play 'Domesticated'", *T Magazine, New York Times*, 18 de dezembro de 2013.

410. "acaba aplicado erroneamente": Caroline Hill, entrevista de janeiro de 2014.

410. "juízes costumam conceder liberdade condicional": "I Think It's Time We Broke for Lunch...", *Economist*, 14 de abril de 2011; Binyamin Appelbaum, "Up for Parole? Better Hope You're First on the Docket", *Economix* (blog do *New York Times*, 14 de abril de 2011, economix.blogs.nytimes.com/2011/04/14/time-and-judgment).

412. Por fim, a Prancha I: Gary Klien, "Girl Gets $8 Million in Marin Molest Case", *Marin Independent Journal*, 12 de agosto de 2006; Peter Fimrite, "Teen Gets $8.4 Million in Alleged Abuse Case", *San Francisco Chronicle*, 12 de agosto de 2006; Dr. Robin Press e Basia Kaminska, comunicação pessoal, 2015.

413. em linguagem cotidiana clara: Gacone e Evans, *Handbook*, p. 7.

Apêndice

417. Depois da morte de Hermann Rorschach: Blum/Witschi, p. 72-83.

418. 25 francos: Ellenberger, p. 194.

CRÉDITOS DE IMAGENS

As manchas de tinta do Teste de Rorschach são reproduzidas a partir da primeira impressão de 1921: o conjunto foi montado em papel amarelo e cedido por Hermann Rorschach para Hans Behn-Eschenburg, no Wolfgang Schwarz Archive, e é usado com autorização.

Todas as imagens não listadas abaixo são do Archiv und Sammlung Hermann Rorschach, Biblioteca da Universidade de Berna, Suíça, e usadas com autorização. Muitas estão duplicadas no Arquivo Wolfgang Schwarz, agora incorporado ao Arquivo Hermann Rorschach.

página 36: Foto © Rudy Pospisil, rudy@rudypospisil.com, usada com autorização.

página 60: Pranchas 70 e 58 de Ernst Haeckel, Kunstformen in Natur (Leipzig e Viena, 1904), entalhadas por Adolf Giltsch segundo os desenhos de Haeckel.

páginas 113 a 115, 164, e 417: Reproduzido do álbum de fotos (statg 9'10, 1.7.0.0/0) no Staatsarchiv, Cantão de Thurgau, Frauenfeld, Suíça, usado com autorização.

página 120: Justinus Kerner, em Klecksographien, publicado postumamente (Stuttgart, 1890).

página 146: Wilhelm Busch, "Forte vivace" e "Fortissimo vivacissimo", de Der Virtuos: Ein Neujahrskonzert (Munique, 1865).

página 146: Giacomo Balla (italiano, 1871-1958). Dinamismo di un Cane al Guinzaglio (Dinamismo de um cão na coleira), 1912. Óleo sobre tela, 35 3/8 x 43 1/4 polegadas. Coleção da Galeria de Arte Albright-Knox; Legado de A. Conger Goodyear e Presente de George F. Goodyear, 1964 (1964:16). © 2016 Artists Rights Society (ars), Nova York/SIAE, Roma. Fotografia de Tom Loonan.

página 168: Prancha 8 de Szymon Hens, Phantasieprüfung mit formlosen Klecksen bei Schulkindern, normalen Erwachsenen und Geisteskranken (Zurique, 1917).

página 282: Olivia de Havilland em Espelhos da Alma, dir. Robert Siodmak (Universal Pictures, 1946).

página 285: Anúncio do perfume Bal de Tete, 1º de setembro de 1956.

página 286: Uso de "Rorschach" em inglês, do Google Ngram, acessado em maio de 2016.

página 294: Figuras 2, 3, 5 e 6 de Rudolf Arnheim, "Perceptual Analysis of a Rorschach Card" (1953), em Toward a Psychology of Art (University of California Press, brochura 1972), p. 92-94. © University of California Press.

página 350: Andy Warhol, Rorschach (1984). Pintura de polímero sintético sobre tela, 20 x 16 polegadas. © 2016 The Andy Warhol Foundation for the Visual Arts, Inc./Artists Rights Society (ARS), Nova York. Cortesia da Galeria Gagosian.

página 385: Figura 1 de Barry Dauphin e Harold H. Greene, "Here's Looking at You: Eye Movement Exploration of Rorschach Images". Reproduzido com autorização de Rorschachiana 33(1):3-22. © 2012 Hogrefe Publishing, www.hogrefe.com, DOI: 10.1027/1192-5604/a000025.

página 386: © Can Stock Photo Inc.

página 394: Gráfico de Zipf, creditado a Crown.

ÍNDICE REMISSIVO

A.

B.

C.

D.

E.

F.

G.

H.

I.

J.

K.

L.

M.

N.

O.

P.

R.

S.

T.

U.

V.

W.

Y.

Z.

Rorsc

Damion Searls é um escritor e tradutor estado-unidense. Cresceu em Nova York e estudou na Universidade de Harvard e na Universidade da Califórnia, em Berkeley. Especialista em tradução de idiomas da Europa Ocidental, cómo alemão, norueguês, francês e holandês, Searls já traduziu obras de Rilke, Proust e de cinco ganhadores do Prêmio Nobel. Colaborou para a *Harper's*, *n+1* e *The Paris Review* e escreveu três livros: *Manchas de Tinta*, *Everything You Say Is True: A Travelogue* e *What We Were Doing and Where We Were Going*. Damion Searls é ganhador dos prêmios National Endowment for the Arts, Cullman Center Fellowship, Leon Levy Biography Fellowship, Guggenheim Fellowship e National Endowment for the Arts. Saiba mais em damionsearls.com.